云南省普通高等学校"十二五"规划教材

美学原理教程

主 编 ◎ 骆锦芳 李健夫

MEIXUE
YUANLI
JIAOCHENG

北京大学出版社
PEKING UNIVERSITY PRESS

图书在版编目(CIP)数据

美学原理教程/骆锦芳,李健夫主编. —北京：北京大学出版社,2012.1
（大学文科基本用书）
ISBN 978-7-301-20005-6

Ⅰ.①美… Ⅱ.①骆…②李… Ⅲ.①美学－高等学校－教材 Ⅳ.①B83

中国版本图书馆 CIP 数据核字(2011)第 277642 号

书　　　名：美学原理教程
著作责任者：骆锦芳　李健夫　主编
责 任 编 辑：张文礼
标 准 书 号：ISBN 978-7-301-20005-6/B·1030
出 版 发 行：北京大学出版社
地　　　址：北京市海淀区成府路 205 号　100871
网　　　址：http://www.pup.cn　电子邮箱：pkuwsz@yahoo.com.cn
电　　　话：邮购部 62752015　发行部 62750672　出版部 62754962
　　　　　　编辑部 62756467
印　刷　者：北京鑫海金澳胶印有限公司
经　销　者：新华书店
　　　　　　787mm×1092mm　16 开本　16.5 印张　366 千字
　　　　　　2012 年 1 月第 1 版　2012 年 1 月第 1 次印刷
定　　　价：35.00 元

未经许可,不得以任何方式复制或抄袭本书之部分或全部内容。
版权所有,侵权必究
举报电话：010-62752024　　电子邮箱：fd@pup.pku.edu.cn

目 录

导 论 1

第一章　审美发生论 19
　第一节　人类生存与审美冲动 19
　第二节　审美发生的前提条件 22
　第三节　人类早期的审美活动 25

第二章　审美意识论 34
　第一节　审美经验的特征 35
　第二节　审美意识的组织 40
　第三节　审美意识的运行 48
　第四节　审美意识是人类生存的真质 52
　第五节　审美意识是艺术家创造的宝库 54

第三章　生活审美论 57
　第一节　生活审美是人生的基本活动 58
　第二节　生活审美的心理机制 65
　第三节　生活审美的特点 68
　第四节　生活审美的价值与作用 72
　第五节　生活审美对人类生存的重大意义 76

第四章　艺术审美论 81
　第一节　艺术审美的心理机制 81
　第二节　艺术审美的特点 89
　第三节　艺术审美的价值与作用 94
　第四节　当代艺术审美的迷惘与出路 98

第五章　自然审美论 102
　第一节　自然审美的历史考察 102

第二节	自然审美的心理机制	111
第三节	自然审美的特点	117
第四节	自然审美的价值与作用	125

第六章 审美主体论 ……………………………………………… 131
第一节	主体和主体性	131
第二节	文化主体	143
第三节	审美主体的诞生	152

第七章 审美价值论 ……………………………………………… 160
第一节	审美价值的发生	161
第二节	审美理想与审美价值追求	164
第三节	审美价值追求与审美主体的超越和升华	167
第四节	主体的自觉与审美境界的创造	171

第八章 审美创造论 ……………………………………………… 182
第一节	审美创造的发生	182
第二节	审美创造的文化形态	187
第三节	审美创造的生存意义	197
第四节	人类文明发展的动力	201

第九章 审美规律论 ……………………………………………… 205
第一节	从审美规律到美学原理	205
第二节	美学原理的形成与理论表达	211
第三节	审美原理的内在尺度作用	215
第四节	人类审美创造规律的先导性	220

第十章 审美发展论 ……………………………………………… 228
第一节	审美的发展本性	228
第二节	人生发展的审美本质	235
第三节	社会发展的美学本质	240
第四节	不断超越发展的美学	248

参考文献 ……………………………………………………………… 254
编后语 ………………………………………………………………… 256

导 论

这里展现的《美学原理教程》，作为教材，是对美学这门学科的基本知识的梳理与总结；作为哲学观、人生观、美学观的阐释与建构，意在以科学主体论美学思想为引导，使大学本科阶段的学习者，能够作为一个独立的生存发展的主体站立起来，以自由的生存发展愿望为强大动力，以科学性为有力的支撑，逐步形成自觉的主体精神，并且不断追求科学性与主体性的统一，随着科学性、主体性的提升和越来越高的同一实现，走上人生塑造与文明创造的价值实现的顺利成长之路。

一、对美学学科的基本认识

美学，作为学科名称，最早出现于18世纪的德国，称为"感性学"；但那时，它还不是一门具有独立自足性的学科。后来经过德国古典哲学时期思想家们如康德和黑格尔等人的进一步研究，基本上形成一门学科，今天称之为"古典美学"。19世纪30年代以后，西方社会转型，哲学和美学研究出现了根本性的转折。特别是科学主义思潮、人本主义思潮和马克思恩格斯的思想出现，对现代美学与哲学思想的发展具有重要影响。到20世纪，由于科学方法论和分析哲学的影响，美学研究逐渐走向了科学化的里程，美学研究的科学性日益受到重视。这就出现了与"古典美学"相对立的现代美学观。但是由于科学思想与人本思想的分离，美学思维方法未能达到完整高度，美学思维仍然片面狭隘。20世纪后期，在研究并整合前人思想成果的基础上，特别是在马克思"人本主义与自然主义"统一的整体观启示下，出现了较高科学性与较高主体性统一的思维方法，以及运用这种方法研究的思想成果：现代美学原理。这里说的美学，是指现代意义上的、较高科学性与较高主体性统一的"现代美学原理"。

美学作为一门学科出现，不等于是作为一门科学已经成立。美学的科学化过程，是一个艰苦而漫长的探索过程。美学作为学科出现与自在的美学规律在人类生活中起作用（作为一门潜学科存在）是两回事。西方早在古希腊时期，特别是民主雅典国家就能自觉按照审美的规律进行审美与创造,创造了审美价值很高的文学和艺术作品。中国数千年的文明发展中,同样按照美学规律展开审美创造,出现了灿烂的中国文化。因而,真正属于人类的美学,是在研究把握人类审美创造活动和文明发展的规律基础上总结提升出来并且不断完善的。每一个时代对美学规律都应有所研究、有所发现和有所贡献,不能一味依赖于西方古典美学的理论模式而忘记美学规律的不断深入研究和现实运用。现代美学研究,应该不断提高美学这门学科的科学性与主体性,并在科学性与主体性同一实现的思维高度上,建构这门真正属于人类自身生存发展规律的自觉把握与运用的学问。

中国对美学学科的研究,主要是在20世纪中期以后接受"古典美学"思想的影响,认为美学研究的对象是"美",即研究"美的本质"。20世纪统编的美学教材基本上是古典美学思想的承传。80年代开始接受西方现代美学思想的影响,特别是心理派和经验派美学思想的影响;这在90年代以后逐渐取得优势。在2000年的全国美学会议上,学者们热烈讨论了美学科学化问题,引起了大家关于美学如何成为一门科学的思考;这次讨论意味着古典美学的终结。此后,古典美学观终于渐渐退出学界和讲坛。这在中国美学发展史上是一个重大转折。2001年和2002年,《美学思想发展主流》和《现代美学原理——科学主体论美学思想体系》(中国社会科学出版社)两书先后出版,在事实上宣告了"现代美学原理体系"的诞生。这一体系只是初步建构,2006年出版的修订版得到进一步完善。随着人类社会的发展,美学研究将不断深入,美学原理体系也将伴随人类生存发展而不断发展和逐渐完善。美学原理的完善过程,就是人类生存发展走向完整实现的过程。美学作为完整的科学体系,它最后完成之日,是悬置于无限的未来,不能将初构的美学原理体系看成封闭的最终成果。现代美学体系的根本特点在于它的生存现实性和开放发展性;它是一个向人类生存发展现实全面开放、需要人们不断拓展和深化研究而使之不断丰富完善、伴随人类生存发展而同步行进的具有无限生命活力的人类性的科学。

这里要特别强调的是,追求科学性与主体性的不断提高与同一实现的现代美学,即科学主体论美学,是一个开放性的体系。它不是人为设定一种封闭的思想禁锢,而是拆除一切影响思维开拓的障壁,不断"解蔽",向人类生存的一切事实空间展开思维,在"心理交流体系"的鼓动之下,纳世界于心胸,又创造表现于世界,不断交流运行,不断推出科学性与主体性的同一实现的事实(即创造成果)。现代美学与世界同步发展,努力取得美学与人类生存发展的一致性和对应性,同时还要体现美学规律对于社会人生和思想文化发展的先导性。这样的美学才能体现它应有的价值和意义。否则,它就不能算是属于人类的美学,而只能像古典美学那样,成为远离人生的神学。

同时,在此更须强调:人的现实生存是人间第一大事。有生存自觉意识和生存尊严的人生,不要盲目信从那些欺骗人生的神学,而要努力钻研真正属于人类整体生存和发展的"生存科学"。如果人生没有自觉的价值意识,丧失生存的尊严,那就是垮掉的生存,即非生存。这样的人当然就不需要现代美学,他们只要眼前的物质利益和纵欲享乐；他们满足于酒足饭饱、纵情声色、浪掷生命，就在这种随波逐流的苟活中得意洋洋、狂放恣肆，消磨充满焦虑苦闷的煎熬般的短促生命。现代美学本可以引导他们，但是他们根本看不起真学问。也许有一天他们会有良知自我发现，这良知，实际上就是现代美学的生存道理。较完整的良知，就是美学原理体系。美学原理体系，作为开放的人类良知或良心表达的思想体系，它也就是合乎人类生活规律的体系；它向社会人生呼唤良知，向一切觉醒的人开放，并化入觉醒者的心灵，潜入人生正常生存发展的过程之中。正因为如此，就必须再次强调：美学学习研究是一种人类良知的体认过程，美学教育是一种良知引导。现代美学的学习研究，包括教学或教育，必须发生良知或人生智慧的感动，以人生应有的良知来领会完整而明确的生存智慧。这样才能有效地学习研究美学，或者实现有效的美学教学或完整教育。不然就是一种没有任何价值意义的虚应故事而已。现在的学术研究，学校教育——包括高等教育，人生造就实效如何？这里提请人们反思自问。

现代美学，通过对人类审美创造规律的研究把握，逐步实现较为科学的原理体系建构，赋予了美学这一学科较为真实而完整的意义，力求使之成为真正的科学。现代美学以人类生存与发展为研究对象，内涵意义极为丰富：它研究并掌握人类审美创造规律，用于指导人们主动自觉地追求审美与创造，不断创造人间文明事物，在塑造人生的同时也创造世界，推动人类社会和历史的发展。简单说，它就是追求人生完美发展的学问。也可简称"完美生存学"。作为追求生存完美实现的学科，它与虚假的古典美学和那些人为主观设定的伪科学根本不同。现代美学研究的基本要求是：它必须符合人类生存发展的整体事实和内在规律，它要伴随人类的生存发展，逐渐获得整体的意义；它要按照人类生存发展的基本规律来建构理论体系，而不是偏离现实人生去搞虚假学问来欺骗人；它必须研究人生现状和社会实际，力求贴近人类的现实生存，总结社会人生的发展运行规律；它必须关心社会人生的现实发展，力求发现并解决社会人生发展中出现的具体问题；它必须努力研究和解决人生现实问题，特别是现代人生存危机的严重问题。研究人生、总结人生、关心人生、引导人生、健全人生，这既是美学研究的核心、本质和终极目的，也是美学之为"美学"（即"现代美学"）的根本宗旨所在。

学习现代美学的目的，不是为了应付学科学习的任务，而应当以积极的人生态度来面对现实社会与人生，深入思考并认识社会人生，解决自身生存发展中出现的问题，同时也学习处理好自身与他人和社会的关系；在未来塑造自身人生形象的生活历程中，同时也为社会历史发展创造文明事物。

这里要强调一下，现代美学与古典美学具有根本的区别。

现代社会的发展，需要美学成为能够指导社会人生发展的科学。因此，作为科学的美学，就应该是美学的科学原理体系。我们所说的"美学原理"，指的是具有现代科学性的"美学原理"。追求科学性的"现代美学原理"，与过去不科学的"古典美学"有着根本的区别。在19世纪30年代西方社会发生根本转折之前，主要是马克思思想体系出现之前，西方思想文化大体上可称为古典时期；而此后，随着德国古典哲学的终结，以德国的费尔巴哈、叔本华和法国的孔德为分界,以马克思为新的起点,开拓了哲学和思想文化的现代时期。而随着哲学思想的大转折,各门社会人文学科和自然科学都建立于社会人生的事实基础之上,重视科学性与人本性,因而具有了现代的性质。美学自然也展开了审美事实的实验研究,开始探索科学的研究途径,力求重构现代美学思想体系。这是从审美实验研究和审美心理研究开始的。同时现代小说与现代诗歌的出现,现代文艺评论的促进,也加速了美学学科的科学化进程;西方现代哲学的合理思想也促进了美学问题的深入探索,英国经验主义、法国实证主义思想、德国古典哲学和现代人本哲学、德国试验心理学等,都为美学的科学化探索奠定了必要的基础。现代美学在此基础上应运而生。

现代美学是在现代思想高度上产生的研究成果,它不同于古典机械论思维的产物——古典美学。在思维方法上,现代美学思维是科学的整体思维方法,它要求真实地把握人类生存发展的整体事实,在此基础上揭示自古以来一直支配人类审美创造的美学规律;而古典美学使用的是机械论或独断论的思维方式,对人类世界做自上而下的假定和虚妄推断(如柏拉图认为美就是最高理式,即神;理式生出一切)。在思维对象上,现代美学尊重人类历史和生活现实,把它作为研究美学规律的出发点;而古典美学则漠视人生现实,将思维的最高假定——理念看做世界本原(如黑格尔),完全歪曲或颠倒了人生现实与意识的关系。所以,现代美学是人类生存现实规律的提升和理论体系化的表达,力求做到科学性与主体性的同一实现,理论贴近人生实际,以有利于指导人们的审美和创新;而古典美学则是虚假的理论构想,既背离了科学性,又不符合人类生存发展的主体性。由于现代美学原理追求科学性与主体性的同一实现这一较佳的审美创造境界,从实质上说,它可以称为"科学主体论美学原理体系"。就在科学性与主体性同一实现这一点上,它更为符合人生现实,符合人类的审美创造实际;由此,它也跟其他各种美学观点明显地区别开来。

现代美学原理的特色主要是:(1)思维方法上努力达到较高科学性和较高主体性的同一;(2)美学研究更为贴近人生整体事实,使之成为属于人类自身研究、能够把握人生并指导人生的科学;(3)科学性与主体性的严格统一或者同一的思维活动,是现代美学的根本思维特征和理论基础;(4)思想体系具有科学整体性、与社会人生的整体对应性、现实应用性和未来发展性等,这是其学科本性;(5)其思维体系体现人生的"有机整体活性",这是现代美学的生命活力所在。

下面就具体说明现代美学的几个方面基本内涵。

二、现代美学的学科性质

现代美学,即现代美学原理体系,其性质是人类性的大学科,是研究人类与大自然在整体关系中生存发展的最高的学科。在传统意义上,由于美学没有被充分认识,往往将它看成附属于哲学的一个无关紧要的分支学科,被视为人文社会科学中可以忽略不计的小学科。但是,在今天的科学整体思维方法视阈中,这样的性质认定就显得狭隘和机械。因为美学,在马克思和恩格斯看来就是在历史高度上把握人类一切文明创造的根本规律的科学,怎么能够将它人为地框限于人文社会科学之中而与自然科学对立起来呢?所以,根据马克思和恩格斯的合理观点,我们认为:现代美学,是研究把握人类文明发展总规律的整体性很高的学科。在其无限展开性上,它是引领各门学科发展的先导性学科;在其原理深度上,它是一切思想文化(含各学科)的根本依据——一切学科之根源的学科;在其人类性的发展规律上,它是研究并把握人类审美创造从而带来文明发展的学科;在其无限运动发展的自然性和必然性上,它是作用于人生和人类生存与发展全过程的学科。正因为如此,马克思才认为,人类是按照"美的规律来造型"[1];正是基于此,恩格斯才指出,"美学的高度",是评价一切文明事物的"最高的标准",亦即最高思维视点[2],同时,这一高度也就是人类历史的高度(注意:不是指历史学的高度),就是人类性的高度,或是人类文明发展史的高度。这就对美学的研究和学习提出了较高的要求。

首先,在总体上,现代美学作为研究与把握人类文明发展规律的科学,美学要求研究者站到人类文明历史发展的高度上,审视并把握人类文明发展规律,这才能够真正站到"美学和历史的高度",掌握衡量一切文化现象的"最高的标准"。如果思想站不到这样的高度,就不可能在美学的高度上思考问题、把握人类文明创造并以"最高的标准"来衡量人类各种文化现象。当然,也就不可能研究并理解把握美学这一学科。可见,马克思和恩格斯对美学研究与把握的要求是很高的。研究人文现象的任何一门学科都不能降低自身要求,必须自觉承担人类生存发展科学规律研究、把握并应用于人生的历史责任。如何放弃了这一责任,学科也就丧失了它存在的意义。

其次,现代美学作为引领各门学科发展的先导性科学,要求具有很高的科学性并引领人类思维科学性提升的责任。因而,它承担着提高自身科学性与对其他学科的科学化改造的重要任务。美学不能不是科学,不能成为一些思想贵族随便假定、随意编造、用于游戏人生而最终丧失生存价值的思维游戏;它应当是人们严肃对待自身生存并引导人类科学地去生存的智慧的总结,也就应该成为生存科学性很高的学问。如果它提高了从思维方法到思维运行、思维成果及思想体系的科学性,它就不仅使自身成为真正科学的美学,而且也自然地促进了其他人文学科的科学化提升。这不仅是现代美学的责任,也是各门学科自身发展的责任。

第三,现代美学作为一门整体掌握人类在大自然间整体生存发展的学科,它为人类进步的思想文化提供科学性与主体性同一实现的基本原理,初步形成了科学主体论美学

---

1 "美的规律",准确地说就是美学的规律,即审美与创造的规律。参看《1844年经济学—哲学手稿》,第61页。
2 参看《马恩列斯论文艺》,第101页。

原理体系，为其他学科提供了思想理论的依据。如果能够理解并且运用这一原理体系，就可以用科学主体论思维方法来研究和解决社会生活各领域的问题，还可以研究各种学科的内涵及其科学性状况。

第四，现代美学学习研究，应当把握人类审美创造带来的现实人生文明提升和社会文明发展的总体状况。应当整体认识自身在内的生存现实，力求整体掌握自己置身其中的现代社会和人类生存的实际状况。不能脱离人类生存的现实空谈美学。因为这样的学习必不能理解美学原理，不能获得真知。

第五，现代美学学习研究，应当关心人类古今生存发展的历史全景。人类生存发展全过程就是一个整体的生存与发展过程，其中就包含着生存发展的整体的规律；对人类生存发展整体的规律的研究与揭示是人类思维的长远目标。在这一意义上说，应当看到美学是整体性极高的科学，它的未来发展是无限的。

学习现代美学的要求，应是学习研究者的自觉追求，只有自觉，甚至是高度自觉，人们才能主动思考和探索人生根本和生存发展的大义：人类的生存和发展高于一切，人生的价值意义实现高于一切。

三、美学思想发展主流

人类的全部历史，一直贯穿着美学思想发展的主线。当美学还没有作为一门学科提出时，美学的规律已经自然地、潜在地作用于人类的生存与发展过程。只要人类存在，美学的规律也就同时伴随人类的生存与发展而自然地发生作用。人类生存与发展的整个文明创造的历史，也就是美学的历史，这是美学发展的主流或核心线索。当然，反生存与发展，即反人类的社会现象不在其列。把握了人生以至人类生存的自然本性，就可以把握这样一条发展主脉。不论东方还是西方的社会人生发展，都自然也是必然为这一主脉所贯通和支配。所以，我们就由这一不争的生存事实出发，描写出东方的和西方的美学思想史。下面，我们着重描述的是中国美学思想史和西方美学思想史。

中西美学思想史，可以从古代传说、考古发现和文献中分析出来。早期的思想是"具体思想"，不能认为只有抽象概念表达的思想才是思想，因为人类的思想大量是具体形态的；至今广大民众的思想，也还是具体的思想；就是到了将来人类发展到最高文明程度，也还是具体思想的完整实现。而所谓"纯粹抽象的思想"，恰恰是人类思维的一种"异化"。人类思想的发展，必然是向"具体思想"的整体回归。当然，与此相对，也存在一种"反美学"思想史，这是必须加以揭露和批判的，只有将二者相对照，才能看清真正的美学思想是怎样的。实质上，从古代贵族社会出现开始，就出现了公开反对广大平民追求美好生活理想的贵族统治思想。西方古典哲学和古典美学长期不能走出迷误，就是贵族化的理性主义思想专制和思维封闭的结果。西方现代哲学中的非理性主义思潮，虽然冲击了贵族理性主义哲学，探索了现代思想文化的发展道路；但是由于思维方法的局限，美学研究仍然无法走出困境。

　　中国美学思想发展的主要线索大体是：上古时期尧、舜、禹时代对人生审美的要求是美德与智慧的统一，追求社会生活审美的美和秩序，重视人生审美整体评价的美德和智能，重视社会生活整体审美评价的美政和民权，并且力求达到二者统一，这是上古时期最为核心、对未来民生文化影响最大的美学思想。社会生活审美的价值指标基本确定下来，才有后来思想家政治家的思想行为标准，尧舜禹也才能因此而成为美好的行政楷模和人们社会生活审美理想中的圣贤。在春秋战国时代，众多文化人继承了尧舜禹的社会人生审美价值传统，对社会生活和人生的审美评价依然是人们普遍的审美价值取向。有识之士，都要对当时现实生活和人生做出一定角度的审美评价。诸子百家，特别是孔子、孟子、荀子和屈原，还有老子和庄子，都是在现实生活与人生的审美评价基础上提出他们的见解，形成各自思想主张的。可以说，这一时期以孔子、孟子、荀子和屈原为代表的平民主流文化对中华民族的精神造型具有规定性的影响。而自夏启以后，形成贵族专制社会，贵族统治阶级及其文人也利用已有的文化经典做出歪曲解释，在贵族生活理想的基础上，形成了他们的审美理想并利用劳动者的技术和艺术来为他们制造专用审美产品，供其享乐。对于贵族享用的审美创造产品，一定要做正确分析：即虽然是贵族占有享用劳动者艺术家的创造物品，但审美与创造的主人却不是贵族而是平民大众。不认清这一点，就必然要站到贵族立场上，将平民劳动创造的审美产品视为贵族审美文化产品。这是对历史的最大歪曲。秦帝国大一统之后，特别在汉代，形成了封建贵族专制文化与觉醒的文化人反专制文化的对立，延续到魏晋时代，出现了人性自觉、个性自主的反贵族专制思想文化潮流，美学思想空前活跃发展。特别是对主体精神的探索、自觉的社会人生审美、文学艺术审美创造追求、自然审美与自然形象塑造等方面，出现了美学思想的广泛深入的自觉开展，这对自然人性的充分展开和对未来社会人生的探索与发展奠定了坚实的基础。在前代审美文化与审美创造成果的直接影响下，唐代美学思想发展出现了空前的拓展。主要表现为当时文化人审美意识的开放和审美个性的自觉，这就带来了审美视野的大开放，人们对人生、艺术和自然展开了宏阔的审美天地，涉及对社会人生的各阶层、各领域的审美与艺术创造，表现为大量文学和艺术作品的创造，出现了文学艺术的空前发展，也带来各类文明事物的创新发展，以及人们多样化的审美价值追求。北宋时期基本上继承了盛唐时代的审美创造余波，但南宋之后，政治条件对自由创造日益不利，人们的审美创造追求遭受了压抑和摧残，平民审美创造转入下层而成为市民阶层的追求。宋代出现的话本小说、元代的杂剧、明清时代的长篇小说，是平民文化的集中表现。其中表现了广大平民文化人的美学思想，出现了一些简短的诗论、画论和小说理论。对于中国近古出现的以感悟为主的具体的美学思想，至今仍需对其内在意义作充分的研究和明朗的揭示。中国美学思想在上古就已形成一定格局，对后来的美学思想发展具有规定性的作用，这应当成为美学研究的重要参照。现代美学原理，是在研究了中国美学思想和西方美学思想的基础上，提炼出美学多方面的原理并整合为"现代美学原理体系"，从而初步建构起以审美创造为核心的人类生存发展的学问。

西方美学思想发展的主要线索大体是：古代雅典民主社会形成的美学思想，古罗马时期在对古希腊美学思想的反思中继承下来的美学思想，文艺复兴时期人文主义的美学思想，英国17世纪经验主义的美学思想，启蒙运动时期的美学思想，德国古典哲学的美学思想，西方现代美学思想。古希腊的神话体系和雅典民主制社会形成的人文思想文化体系，是西方美学文艺思想的主要源头。古希腊神话在人类历史上，在西方思想文化发展史上具有特殊的重要意义。古希腊神话体系是一个早期人文精神变相表现的文化体系，它具有多方面的意义，也具有美学的意义。站到美学高度来看，它自然地包含着早期不够自觉的、形象的美学思想，今天我们应当将这种思想分析揭示出来。这种内在的美学思想的自然发展，其结果就是为人的合理生存造型，为民主社会造型，为人文思想文化造型，总体上也就是为人类最高的学问——美学造型。雅典民主社会，是人类历史上最为成熟的民主型社会，它在人类发展史上提供了民主社会造型的参照。这一时期形成的人文思想体系，作为人类生存价值的表现，也为美学提供了充分的内涵。而美学这一学科的内涵，也就是人文思想体系的充分表达。孟子说："充实之谓美。"鲍姆嘉通说：感性意识的完善为美。他们说出了一个同样的意思，那就是立足于人的生存现实来论断，美好感受与人生的完整性有关。这是极有合理性与启发性的论断。美学研究不能离开这一合理基础。可是，古希腊衰落以后，西方思想长期陷入了形而上学的魔圈。古罗马贵族审美观成为主流，平民审美意识处于被压迫地位。特别是中世纪，上帝是意识的主宰，现实人生根本失去了生存应有的审美活动。直到文艺复兴以后，人性有了新的生机，审美才回到了人间，慢慢才有了人生的美学思想复苏。特别是在启蒙运动时期，启蒙主义鼓动人的自然人性，上升到人权、平等、民主、自由相统一的人文思想高度，实现了较为完整的生存启蒙，使人类的生存意识回到了美学的轨道上来，为现代社会人生的开放性大发展奠定了思想基础；同时，也为美学思想的发展和逐步走向完善、为人类美学高度上的高价值生存追求奠定了现实和理论的基础。这一思想在德国得到了深化和开展，特别是在歌德和席勒那里，取得了符合自然与人生主体的自然合理性，出现了科学性与主体性二者互补的整体思维方式和思维成果，具有很高的价值意义，对后来的思想者产生巨大影响。马克思在此思想框架影响下，整合了德国古典哲学的合理因素（主要是黑格尔和费尔巴哈），思维方法上形成了自然主义与人本主义统一的整体思维大格局，在此格局中思考和批判有史以来的各种思想文化或社会人生现象，取得了具有较高合理性的、丰富多样的思维成果，至今仍然值得人们借鉴发扬。因此，可以说，无论是哲学还是美学，在马克思和恩格斯那里，开创了一个新的时代，是现代哲学和现代美学的真正开端。现代美学原理，就是在这样一个高度上去思考和建构的科学性与主体性同一的学问。

四、现代美学的对象与任务

现代美学，即现代美学原理体系，它是一门既科学又符合人类主体生存事实的研究探索现代美学原理的学科；它的研究对象与任务不同于古典美学的形而上学的假定的对象与任务。过去流行的古典美学，研究"美是什么"，千年无果，那就是把对象搞错了，任务也随之落空。作为一个形容词的"美"字，它主要表达审美主体因人生、事件、时间、地点、心境和对象不同而产生的不同感受，做出的不同评价。虽然评价通用一个"美"字（或"丑"、"崇高"、"滑稽"等字眼），但其中的心理内涵（即审美意识个性特点）是千差万别的。这是古典美学最终落空的主要原因。鉴于古典美学思维和理论的严重失误，现代科学性与主体性统一的美学就不能蹈其覆辙；它必须走出古典的思维方法和思维误区，回到人生现实之中，重新建构符合人类生存实际而又能够指导人生的科学理论体系，即科学主体论美学原理体系。这里说的美学，指的就是这样一个现代美学原理体系。

（一）美学研究的对象

现代美学研究的对象，从总体上说就是研究人类的完满生存与发展问题。具体说，就是研究并掌握人类的审美创造活动规律，并提升到美学原理体系高度，从而自觉应用美学原理指导人生完满生存发展、追求越来越高的生存价值、提高人类生存境界等重大问题。大体上可以分为三个有机联系的层面：研究人类生存的整体事实、揭示审美与创造活动的内在真相、把握人类生存与发展的美学规律。研究人类生存整体事实是美学研究的入门和基础，揭示审美创造内在真相是美学研究的核心，把握人类生存与发展的审美创造规律是目的。这三个方面具有不同于其他学科的特点，即研究对象的人生整体性、审美创造性，美学目标性。

首先，美学研究的对象，从基础上说，主要就是人类生存与发展的整体现实。理由何在？第一，人类生存的整体事实，是一切科学研究的基地，也是一切科学研究的归宿。这是人类生活世界对一切学科研究对象与目标的总体规定。人间任何一种学科的研究，离开了这一总体规定，它就不成其为学问。第二，美学研究的目的，最终是达到人类生存的整体完善与完美实现，如果不从人类生存的具体事实入手，又怎能解决人生现实问题，又怎能达到完美生存设计的远大目标？美学作为真正的人学，作为人生走向完美实现的学问，关心人类的整体生存事实，就是它的神圣使命。第三，人类整体生存事实的把握是美学研究的基本任务；要使美学成为一门科学，就必须按照人类生存的整体事实来做整体的考察，使之转化为头脑中掌握了的整体，即马克思说的，头脑中掌握的"具体总体"；这样才有可能思考这一对象，并且进一步揭示其中多方面的原理，形成科学的学问体系。第四，一切科学的基础都是实际存在的事实，历史上的一切具有某种合理性的思想成果，都是在一定程度上、在某个角度上符合了人生世事的思想。而要在整体上符合人生现实，就必须整体掌握人生事实。脱离人生事实而做主观唯心的假定，则是伪科学或反科学的做法。人类生存的整体事实，自古至今很多严肃的文学作品和具有价值的思想理论著作都在描述，今天我们只要站到人类历史与文化发展的高度上审视，不难看出这一整体事实：那就是人类自古至今都一直追求着多层次、多领域的生存关系的统一实现。

人类整体生存事实的结构，自低层向高层，大体上可以分为：生命层次，日常生活层次，社会伦理、经济与政治层次，科学研究与认知探求层次，自由审美与文明创造层次，社会价值追求实现与精神永恒追求层次等。按照人生领域来看，又有生命、饮食、衣物、居住、行游、使用、娱乐、体育、交往、恋爱、婚姻、家庭、权利、财富、知识、才能、事业、文化、审美、创造、自由、价值等等。对人生多层次与多领域的追求进行整合，人生就有了一种完整的形态，一种理想的"完整的人"的形象就在观念中显现。这就是美学与历史高度上的人类生存形象，也是人类生存的终极性追求。这就是席勒说的"完整的人"；也是马克思说的"完整的人"，即自然感性充分实现的人，这就是真正解放了的人。

其次，美学研究的对象，具体现实的着眼点，就是审美活动和创造活动。揭示审美与创造活动的内在真相，即弄清马克思说的审美创造的"音乐的耳朵"、"审美的眼睛"与"内在的尺度"。马克思说，人是按照"美的规律"进行创造。美的规律，说的是人类审美和创造的规律。具体说就是：人们在审美中形成了一定的审美意识，又在审美意识中想象设计，形成符合理想的内心形象，又进一步按照想象情景创造出更高级的审美对象或生活现实。所以说，"美的规律"，是人们生存与发展的内在的规律，是人类从文明起步开始就一直遵循的生存发展的规律。人们在感觉中不断积累对万事万物的感受，又在各种感受中进行比较选择，而最佳感受的选择与追求就是审美的驱动力，最佳感受对象的创造就是创造的驱动力。在人类漫长的审美创造过程中，审美意识的积累和创造越来越丰富多样，就在人们心理上形成了越来越强的审美功能，使耳朵成为既能指导优美音乐创造、又能欣赏音乐的耳朵，使眼睛成为既能引导艺术形象创造、又能欣赏各种艺术形象的眼睛。这就是"音乐的耳朵"与"审美的眼睛"的内在依据。所谓"内在的尺度"，也就是这样一种在内心中发生强大作用，支配人们审美与创造的审美意识体系。

从研究审美创造活动入手，进一步深入研究审美意识的发生和组织建构，是美学研究的核心任务。只有弄清审美意识在心理上的组织结构及内在的作用，才能真正弄清楚审美活动和创造活动的心理隐秘；而审美意识的发生与内在活动研究，又涉及现代心理学和哲学的重大难题，我们在教材中只对基本问题作一些粗浅说明。

再次，现代美学的研究对象，在理性认知层面上，主要是研究人类审美与创造的内在规律。美学要研究人类审美与创造的基本问题，从中揭示审美与创造的内在规律，提升为现代美学原理，形成美学原理体系。这是现代美学应当承担的艰巨而又神圣的历史使命。人类审美活动和创造活动，是一种基本的事实，但还不是美学。一个人可以进行审美活动，也可以进行创造活动；但他不一定懂得美学。美学要求研究者既能"入"，又能"出";既能亲身参与现实进行审美创造活动的体验,又能站到审美创造活动之上,把握审美创造活动完整过程;作为自觉的美学研究主体,研究审美活动与创造活动,揭示审美与创造的内在规律。这样,美学研究主体的认知高度,就不是审美之中对某一事物的、一般哲学意义上的认知,而是对于审美活动与创造活动的认知。在这个意义上说,美学的认知境界高于哲学的一般性认知。

美学规律的研究与揭示,是一项艰苦浩大的科学研究工程,它将伴随人类生存发展的始终。美学是人类性的学问,不可能在现代全部完成。现代美学,只是在现代研究水平上来确立研究的基本方向和任务,揭示部分原理;随着人类社会发展,美学研究还将不断深化,原理研究不断丰富。人类的整个发展过程,就是美学历史不断展开、美学原理不断研究和不断书写的过程。

(二)美学研究的任务

古典美学有古典美学的任务,它服从于贵族思想文化、服务于贵族政治需要和阶级利益的目的。现代美学自然具有在现代社会中服务于广大平民生存发展需要的目标。现代美学研究的任务,大致有三个方面:学科理论体系建构、学科应用研究、社会人生指导研究。这三个方面的任务又相互联系、共同促进,在将来的美学发展史上逐渐走向美学科学原理体系的完整建构。

首先是美学科学理论体系的建构任务。美学不能总是作为一个随意性很大的、由各家各派观点拼凑而成的杂烩式的学科而存在,它如果要对社会人生负责,真正起到科学的指导作用,就必须成为一门真正的科学。如果仅仅作为一种思想游戏的方式而存在,对人生现实毫无作用;那么,在科学的意义上,它就毫无存在价值。我们认为,社会人生需要关怀,特别是需要科学的合乎人生实际的思想理论来全面关怀。没有这样的关怀,就必然出现精神欺骗和麻醉的精神毒药——有形的毒药和无形的精神毒剂被渴求痛饮!这样的道理人们都能体悟到,但是面对现实问题却往往束手无策。而美学,即关心人生的科学主体论的美学,却要主动领受使命,着眼于人类生存的完善目标,努力开发生存现实,揭示生存原理,建构人类完满生存的理论,用于指导人生,改进现实,推进社会历史健康发展。美学原理体系建构是一项长期的任务,只要方向明确,这项任务就能与现实发展同步并行,促使社会和人生尽可能避免恶性循环,走上良性发展的道路。

其次是美学科学理论体系的应用性研究的任务。美学来自于人类生存的整体事实,它又要能够回到人生现实中去,引导人生与社会走向完整生存与发展的目标。这就是美学的应用性研究。美学的应用天地无限宽广,可以覆盖人类各个生活领域,指导人类生活各个领域、各种关系、各种活动、各种人文现象的整体性研究。同时又可以指导人们对各种文化艺术产品及精神文化内涵的审视分析(或审美透视),辨别其是非正误并做合理评判。而更重要的是,它能够用于指导人们的生存与发展设计,尽量减少人生与社会发展的失误。

再次是美学科学理论体系对社会人生的运用与设计的研究任务。美学应当对社会人生产生动力作用，促进社会发展进步和人生完满健全成长。随着人类社会历史快速发展，人生问题与社会问题日益复杂而充满矛盾，这就对美学以及各社会人文学科提出了更高的科学性与主体性的要求：要能够引导现代人类正常生存与发展，能够对社会人生展开全面的科学性与主体性统一的设计规划，尽量避免人生和社会出现严重的危机；因为现代人性变异而出现的生存和社会危机已经严重地影响到人作为人的正常而完满的生存。

现代美学对现代生活具有直接的现实任务。从现代生活的表面看来，人类的科学技术超前发展，物质产品和文化艺术从多方面满足了人们的物质欲求和感官需要；但是，这一切都是建立于少数人经济财富的欲求满足的目标之上，利益竞争必然导致掠夺平民利益，甚至危害广大平民的生存（如制造伪劣产品、欺骗顾客、贪污受贿、纵情食色、以权谋私等）；而平民中又有一些人在这一现实的引诱之下，利欲熏心，出现种种失德、违法、犯罪的行为。这不仅仅是个人的生存选择问题，也是一个社会整体性的问题。社会不能推卸回避这一责任！广大平民也应该反思现实，关心自己的生存，承担起这一责任。而现代美学，就是为了承担这一历史的神圣责任，因而急切地要求完成自身建构并对社会人生产生引导作用。这一责任，要言之，就是为人类生存发展做出科学性与主体性统一的合理设计。这是现代美学重大的历史性任务。

五、美学研究的思维方法

现代美学与古典美学的根本区别，就是思维方法不同。思维方法对于科学研究的思维来说具有整体的规定性；思维方法的合理与否，直接关系到思维路线和形成思想观点或理论的科学性程度。如果思维方法片面、机械、脱离现实，那么，思维活动和思想观点也就失去了完整性、真实性或科学性。就是在日常的思维活动中，思维方法也直接规定着人们思维和行为的正确与否，当然也直接规定着人们行为的成败，甚至是生活的顺利与挫折、事业的兴旺与衰微、命运的上升与沉沦。现在不少学科的研究，不注意科学完整的思维方法的研究与训练，思维就难免带有随意性，思想理论自然也就不尽合理。

美学的思维方法，是力求合理思考并完整把握人类生存现实的科学的整体方法。它不仅是科学研究采用的较为合理的方法，而且也是人类生存思维应有的方法。过去人生经验总结的话语中，如大量人生格言，多半体现着这种思维方法；但只是人们对整体合理方法的不自觉使用，还没有认真加以总结提升，形成人们自觉使用的思维方法。一种合理的思维方法，不仅应当是学术研究的思维方法，同时也应该成为人类生存与发展思考的思维方法。学问或学科的研究与人生应当统一起来。过去脱离人生的虚假学问与片面或错误的思维方法应当反思批判。

现代美学研究的方法，是在借鉴前人合理思维方法的基础上，特别是马克思自然主义和人本主义统一的思维方法基础上，在现代思维高度上进行思考整合而形成的、更为符合人类生存发展整体事实的思维方法。

现代美学研究的思维方法，是人生事实和人类审美活动所规定的、应当如此思维的方法。人生现实就是整体性的事实，整体性的事实进入人的意识世界，就是整体的经验，进一步又上升为整体的意识体系。人生经验基础上展开审美活动——不论是经验世界内部的内视审美活动还是向外展开的"外视"审美活动，在审美过程中，经验结构又进一步组织为审美经验，或自觉地组织为审美意识系统，又进一步在漫长的人生过程中扩展为生活全景的审美意识体系。审美活动本身就是一种整体性活动——即主体整体与对象整体的对立统一运动，构成了审美活动过程整体。对这一过程的整体掌握，决定了美学研究的方法，必须是整体的方法，特别是科学性与主体性由统一到同一实现的思维方法，不用这样的方法就不能掌握审美、审美活动、审美意识、艺术创造等等美学基本问题。

但是，人类的思维具有自然惰性，在思维惰性无意识作用下，思维活动很容易滑向简单化、片面化、机械性的思维道路。思维惰性阻碍着思维的整体开展。一是大脑惰性导致的思维倦于深究事理、细致考察和缜密思考；二是满足于片面印象，导致偏听偏信、以偏概全的片面思维；三是形成直线性思维习惯或定势，导致思维的机械性、简单化，形成避难从易的幼稚思维；四是大脑运动的随意性带来个人主义和自由主义的、以主观臆断的设想代替事实的主观性思维。这些思维都不是健全的思维，只能算是不成熟的病态思维。这些思维严重地阻碍着人们整体掌握对象的思维运行张力，往往导致人们思维世界的狭隘与偏误，不论是认知评价还是审美评价都达不到公正、客观、合理的程度。

整体掌握对象，是人类自古就意识到应当重视的认识和思维的方法。如战争中，要掌握战争全局，"知己知彼，百战不殆"。掌握人物事件，要多方面考察，不可偏听偏信，"兼听则明，偏听则暗"。荀子强调要"解蔽"，意思就是不能蔽于片面，不知全体；一叶障目，不见泰山。审美评价应在整体认知基础上进行；美学研究，也要在对审美活动的整体掌握基础上，深究审美规律，经分析综合，形成科学的美学原理。否则，就会导致审美评价的失误，出现美学研究的主观片面性。这种思维方法就是：科学性与主体性统一起来达到两方面"同一"的思维方法，简称为"科学主体同一论"或"科学主体论"方法。不论认识还是审美，都是在主体与对象的同一运动过程中，最终达到主体掌握对象，对象成就了主体（成为真正的认识主体或审美主体），就是主体性与科学性达到同一的程度。这时，不论是认识主体还是审美主体才能成立。在人类生存活动中，主体与对象是不能分割的；因为没有主体，对象不能成立；没有对象，主体也不能成立。只有在主体与对象的统一关系中考察，才能突破人自身的片面性，整体地思考并且把握人与对象的整体关系，这就是整体掌握对象的科学主体论方法。

人类合理生存的即文明发展的历史（不是野蛮的贵族专制史），可以说就是科学性与主体性同一实现的历史。科学性与主体性之间的统一过程就是规律探索与应用的过程；而文明进步的实现，就是科学性与主体性同一的实现。所以，只有在科学性与主体性达到同一时，才是价值的实现，也才感到美好。从小事到大事，从家事到国事，从个体之事到人类之事，大体如此。因此才说，真正的美学应是科学主体同一论的美学。这是"科学主体论美学"的命名理由之一。

现代美学运用科学主体论的思维方法，思考并把握审美活动的规律，概括美学原理，所以暂时称之为"科学主体论美学"。将来实现了美学的科学性与主体性的同一化，美学实现了自身，那就不用在"美学"前面冠以"科学主体论"了。

六、现代美学原理的学习研究

（一）现代美学原理的体系结构与入门方式

现代美学作为一门科学（而不仅仅是一门学科）的基本成立，在于它初步具备了自身的科学思想体系，即初步构成了一个较为严密的科学的原理体系。这是美学作为真正的美学能够确定自身存在的基础。今天是讲究科学性的时代，同时也是讲求主体性的时代，确切地说，应是追求科学性与主体性统一直至同一的时代。科学原理体系的探索与基本形成，是一门学科或科学确立的基础或应有内质。如果没有这样的内涵，就不能称之为"某某学"。如过去称道的古典时期的"哲学"，严格说来，就不是科学原理体系意义上的哲学。过去时代"美学"也一样，充其量也只能算是一门初步设想建构的学科，根本就不能成为一门科学。可见，美学原理体系的建构和具体陈述，是现代美学实现其自身的思想基础和文本基础。而在这一点上，现代美学原理初步做到在思维方法与思维体系陈述的话语体系上，与古典美学严格地区别开来。现代美学原理体系的内涵是整体统一和圆融一体的。它在有机整体活性上，不仅对应于人的生命整体，也对应于整体人生现实关系，对应于社会整体自然，对应于民族文化的整体结构。

这里编写的《美学原理教程》，是大学本科生教学使用的教材，不可能对美学规律做过深的充分的研究与论述；同时，受限于大学本科阶段一个学期内的有限课时，本教材的内涵不能论述过多；此外，还要求教材适应大学生的理解接受能力。在这样的有限条件下，《美学原理教程》目前只能初步展现部分原理，以便学生能在有限的思维水平上、在有限的教学时段内初步掌握几个方面的原理，并能运用这些原理解决一些人生现实问题。本教材所做出的有限陈述，具体包括以下方面：审美发生原理、审美意识生成与组织原理、生活审美原理、艺术审美原理、自然审美原理、审美主体确定原理、审美价值原理、审美创造原理、美学规律原理、美学发展原理等，分为十章逐层阐述。十章之间，由审美活动发生开始，逐步展开，形成一个具有内在逻辑关系的有机整体，表现出一定的体系性。但作为教材，理论不能太深，也就不能成为严格的科学体系。要了解现代思维高度上建构的美学原理体系，还得参看别的专著。

要学好现代美学原理，必须将美学原理著作或教材与人生现实这本活书相互参照，两本书一起读。这样就可以将原理这本书读活。这是学习美学的入门方式。具体说，应注意以下几个方面：

首先要认识到，美学，即现代美学原理，是来自于人生现实的学问，又必须应用于现实。现代美学是站到人类历史的高度和现代美学研究的高度，总览人类生存发展过程，从而总结提升出来的更具有合理性的审美与创造的原理，初步构成现代美学原理体系。它不再是人们过去观念中的玄学，而是具有直接应用性的真知。因为扬弃了玄学的思维，就必须代之以领悟性思维，通过调动悟性，领悟理解人生发展中审美创造规律。

其次，须认识到，现代美学原理是潜行于人生过程与人类历史发展过程的内在必然性。人类历史发展过程，尽管经历过了无数曲折与悲剧性挫折，但主流是人类文明发展行进的历史。文明发展的内在支持力量，这就是美学规律的作用。在自觉的美学原理被提升出来以前，潜在的美学规律总是强硬地促起人类多数人的文明冲动，追求审美创造，改变自身的命运。

第三，美学的学习研究必须领悟理解并掌握和运用科学主体论思维方法，克服思维片面狭隘性。人类思维发展到一定水平，足以站到人类生存发展相当高度之时，就能够超越思维的机械、狭隘和片面，在整体上领悟理解人生和人类世界的规律，于是就形成马克思说的头脑中的"具体总体"；这时，也就能理解科学性与主体性两方面统一再到同一实现的进行态关系；对科学主体论思维方法的必然提出，科学主体论美学必然诞生等一系列理论问题，也就在文明历史的高度上相应理解。

第四，自觉训练掌握科学主体论思维方法。科学性与主体性同一的思维方法，是在总结前人生存发展基础上提出的自然合理的思维方法。它来源于人类古今生存发展的现实，又从中国上古时期的尧、舜、禹和孔丘、孟轲、荀卿等思想家的合理思想中得到启示，特别是从古希腊雅典民主时代的生活方式中，从西方杰出人文主义思想家或作家但丁、卢梭、歌德、席勒，以及马克思的思想中取得重要参照的基础上形成。它消除了西方人为设定的二元对立的思维方式，以及在此基础上形成的虚假思维结果；从人类生存发展的整体事实出发，立足于人类主体生存发展历史主流来展开整体研究，即以科学性与主体性同一的思维方法开展研究，使美学与哲学研究获得较高的合理性。

由于科学性与主体性同一的思维具有较高的合理性，它就必然要在人们理解接受的基础上导入现实应用。用于引导人生设计，用于指导人生形象塑造，用于指导科学研究，用于事业成功设计，用于社会各方面的设计创造。特别是在强调社会事业发展的愿望方面，科学主体论思维对各类科学主体的塑造与社会整体塑造，具有较高合理性的思想引导与开拓功能。

（二）学习现代美学原理的目的

学习现代美学原理，目的在于对现代人类生存与发展进行自觉设计。首先，它是广大平民生存与发展的学问，与过去时代贵族的学术目的有本质区别。

现代美学原理，不再是限于空谈的玄学，也不是封闭于书斋的贵族的思想专利品；而是贴近广大平民生活世界的、既符合平民生存现实又能指导平民实现生存价值的、具有现实应用性与人生指导作用的学问。

学习现代美学原理的目的，一为人生健全幸福，二为人类生存与发展，三为社会文明进步，四为人类历史正常运行。但总之就是一句话，为了人类生存的幸福美满。美学的方向与目的，这里归纳为一句口号："为生存而战！"真正意义上的"生存"，不是肤浅认识的活命、物质享乐或庸俗的苟活，也不是机械论的孤立个体的主观奋斗；而是指人类性的完整的发展意义上的生存，也是人生完整意义实现的过程。即作为一个整体意义上的"人"有尊严、有价值地生存发展着。对此，现代美学原理提出了做人的价值意义标准，借以唤醒生存、检验生存、支持引导生存。

人生健全实现，是每一个生存者的终身大事。人生在世，一生的目的都在于追求美好生活前景；自小学习知识，增长才干，进入社会从事某种职业，掌握更高学问和技能，自觉追求审美创造，实现越来越高的生存价值等，是其正常生存发展的阶梯。可是，在目前的社会里，是不是每一生存个体都有这样的生存自觉追求呢？是否每一个人都有文化条件受到这样的生存启示呢？是否社会与家庭环境允许每一个人都能顺利地走上正常发展之路呢？显然不是这样。这就证明，今人需要真正关心人生的现代美学来唤醒生存的自觉，现代生活需要科学主体论美学来引导人生价值方向，现代社会发展需要以科学主体论美学为先导的现代文化来引领开拓和设计建构，使人类生存走上正确的轨道。在这里，人生的健全生存发展，是基础，是起点，是核心；但人生个体又不能孤立存在，必须由良性生存文化来陶冶，还要良性社会条件来保障。所以必须用整体思维的方法来思考和解决人生多层次、整体性的问题。

人的生存发展问题，是人生开展过程必然面临而又必须解决的问题。人的生存，是物质性与精神性的统一，个体性与社会性的统一，是血肉生命之躯与大脑控制下的神经反应及意识活动的整体统一。因而，人的生存，是生命在特定环境中和一定社会关系中的整体性的活动过程；是精神意识引导下的生命保存、生命延续、生命活动展开、生活逐渐丰满、生活取得价值意义、在社会上能够自立自强并有利于他人和社会；人生就是这样一种个体生命与社会集体生命统一的生存。要处理好这样一些统一层面，没有高度的生存智慧是不行的。而美学，就是力求总结人类生存智慧的科学。它来自人生，符合人生整体事实，同时又要能够回到人生，为生存的价值意义的导向。研究和学习美学的首要目的，就是解决好人的生存发展问题。既要保障躯体的健康长寿，又要有足够坚强的精神支柱支撑人生；既要在物质欲求层面基本满足，又要有丰富的智慧和创造才能；既要有社会活动的实际能力，又要有精神财富创新的才能；这样才能逐步发展生存，提高生存的价值意义。所以，人的生存，是发展中的生存；人的发展，是生存基础上的发展。没有生存，当然就不能发展；而没有发展，也就没有实质意义上的生存，而是"死亡生存"或"虚假生存"——即"虽生犹死"、名存实亡。孟子所说"生于忧患，死于安乐"，就是强调，人生应当有在忧患意识的激发之下清醒自觉，追求发展中的生存，这才获得生存真义；如果只满足享乐安逸，人生就失去了应有的意义，成为行尸走肉。物质利益追求压倒一切，人——真正意义上的人，也就被压垮了。人生的生存发展意义被压垮、被取消、被掩蔽，这是人生最大的不幸，即"哀莫大于心死"。而研究现代各种

"心死"现象，拯救濒死心灵，成为既能自救也能救人的心灵医师，也是学习美学的目的之一。

社会文明进步，是以社会每一个体的自强自立和价值创造为基础的。没有任何社会，不需要社会每一成员的自觉自强和价值创造而能够自然地强盛进步。社会文明，是广大平民百姓智慧力量的结晶。一般说，推动社会发展，促进文明进步，只是一种集体性目的；要落到实处，还得从社会的每一个体入手。强化个体，才能强大民族和国家；发展个体，才能发展社会和历史；提高每一个体的文明水平，才能促进社会文明进步；提高大多数人的审美创造能力，才能提高民族和社会的创造发展活力。社会的发展机制、创新活力，来自于广大平民的生存发展动力和创新能力；社会文明进步的程度，取决于社会平民的文明水平和进步现状。由此可知，社会文明进步的具体标志，在于社会个体的生存状况。学习美学的社会目的，不应该是空洞的、模糊的呼吁，而是立足于人生引导的具体工作。

人类历史的发展，就是人类前进于正常的道路，过去称为历史发展规律。其实，不过就是人类生存发展的运动状态、过程和留下的轨迹。回顾历史，我们就能清楚看见人类发展的历史长河。其中有上升也有跌落，有激荡也有平稳，有顺畅也有曲折，历史承载着多少平民生存的悲辛和痛苦，也承载着多少贵族的罪恶和衰亡。在无数朝代的兴亡交替之中，广大平民的血肉之躯又经历着何等残酷的压榨！人生，广大平民的生存，恰恰就是一种被统治者绞杀的痛苦的死亡过程。在这样的历史长河中，流淌的不是人生应有的欢乐幸福，而是广大平民的血和泪。这样的历史，人们不应忘记，更不允许歪曲，心中有这样的历史记忆，人生才会警惕，才能激发意志追求人生应有的幸福完美的生存。有鉴于此，我们就可以说，学习和掌握真正的美学，就是为了人类生活得越来越好，为了人类生存能够面对自然无所愧疚，为了把人类的灾难史改写为为人类幸福生存和文明进步的辉煌历史。

（三）学习现代美学原理的意义

学习现代美学原理的意义是多方面的，又是整体性的；主要是：人的生存意义、发展意义、文化意义、社会意义和历史意义等几个层面。从整体上说就是人类的生存发展意义。

人的生存意义，就是要学习并能应用现代美学原理，解决人生现实问题，力求营造每一生存个体生活的幸福美满状态，从而实现人类集体生存的美满幸福。

人生发展意义，即通过学习现代美学，唤醒人生，追求自觉主动的生存，做出科学性与主体性统一的发展设计；尽量减少生存发展的失误，使人的躯体生存与精神生存充分协调，二者相辅相成，共同促进人生整体健康成长与生命健全发展，努力成为当代水平上的"完整的人"，开创人类生存的最佳境界。

文化意义，即通过学习现代美学，掌握先进的人文思想文化体系，在美学的高度上审视过去的思想文化，进行批判与总结，继承合理成分，建构真正有用于人生的社会人文科学；同时研究过去艺术文化的审美价值与美学意义，揭示其中的美学规律、审美观念和审美教育作用。历代的审美与创造，积累了丰富的审美性质的文化，如大量文学作品和艺术作品。人类必须以过去的艺术文化作为审美的基础，即文化基础，才能展开新的审美与创造，作出新的文化贡献，创造更高审美价值，不断提高人类文明水平。

社会意义，即通过学习现代美学，明确人的生存是社会性的生存，个体生存理想和生活追求，同社会大众生活理想实现、社会的文明进步变革、社会的民主自由争取是密切相关、统一实现的。特别是要有正确的社会发展的观念，具有关心广大平民生存发展的社会责任感，将自身造就成社会文明创造的主体，按照美学的价值方向，努力创造各种文明事物，推进社会高速发展。

历史意义，即通过学习现代美学，认识人类的历史，就是人生不断完善、走向完美或完整生存的历史，即实现"完整的人"的漫长过程。应该明确历史发展目标方向，主动承担历史责任，参与人类文明发展的创造，以优秀的创造成果汇入历史发展主流，为人类文明历史发展做出应有贡献。

现代美学原理的研究和学习是相辅相成、互动互进的。美学原理的研究概括，是一项人类性、历史性的工程，它要通过一代代人的努力，逐渐完善科学原理体系的建构。我们今天所能做到的，就是在有限发展的现代，尽可能考察研究人类生存发展的内在必然性，力求总结和掌握这种必然性，应用于社会人生现实，使人生与社会健康地发展，尽量少一些生存的失误和错误，少一些发展的迷误和挫折。最终目的是，人生、国家、社会历史，力求减少或避免由人类自身发生的、人类能够防止的各种灾难，较为顺利平安地行进于未来无限的历史航程。

归根结底，现代美学是人生追求完美生存与发展的学问。通过学习掌握并运用现代美学原理，能够将现代美学原理体系化入自身生存的人，必定是善于生存的人，也必将是美满而幸福的人。人们只要清醒自觉起来，看清自身生存的历史必然性，就必将会开辟出一条追求人类生存共同幸福的历史大道。

美学这门课程学习的实效如何，就看学习者能否重视自身与他人和社会人类同一性的生存。直接地看，就是精神状态是否振奋自强，是否主动积极寻求人生问题的解决，特别是解决自身长远的生存发展的问题。这样的学习和研究，才有实际意义。检验学习成果，不应是机械的背诵考试，而是在人生有了根本性的改善基础上，写出创造性的文章或作品（可以参看云南师范大学《美学原理》省级精品课程建设网站，关于教学方法部分）。从根本上说，就是能否实现自身的开放性发展，实现思维和创造能力的提高，真正成为社会发展需要的杰出人才。

第一章
审美发生论

审美发生论，是从人生的基本起点上来考察生存活动的结构，再由此导入人的生存活动体验、生存经验发生与积累、感受选择与审美发生、审美经验发生与积累、自觉审美出现与审美意识结构形成等各个心理环节。过去人们多从早期人类的自然崇拜和巫术礼仪活动以及后来的神话为依据研究艺术起源问题；但艺术起源不同于审美发生。审美发生是一个人生本原的问题，它是古往今来人生成长过程中的发生，而不仅仅是早期人类的审美发生。所以审美发生研究主要是看现实人生的审美成长事实，在事实基础上做出审美发生事实的描述。

第一节 人类生存与审美冲动

现代美学研究审美发生问题，是立足于人类的生存事实来进行具体深入考察和科学分析，从而提升出审美发生原理的。这与古典美学中的审美或艺术发生有根本区别。

古典的审美或艺术发生说多种多样，主要有古希腊哲学家德谟克利特和亚里士多德提出的"摹仿说"，德国作家席勒和社会学家斯宾塞提出的"游戏说"，德国考古学家雷拉克提出的"宗教魔法说"，英国人类学家爱德华·泰勒、弗雷泽和美国心理分析学家弗罗姆提出的"巫术说"，奥地利精神病理学家弗洛伊德提出的"心灵表现说"，俄国马克思主义理论家普列汉诺夫提出的"劳动说"等。以下介绍几种有代表性的学说：

一、游戏说

游戏发生说认为审美发生的动因源自人类所具有的游戏本能，代表人物是康德、席勒、谷鲁斯。最早从理论上系统阐述游戏说的是德国哲学家康德，他指出一方面由于人类具有过剩的精力，另一方面由于人类可以将这种过剩的精力投入到没有功利性的活动中，于是体现为一种自由的游戏，艺术是"自由的游戏"，其本质特征就是无目的的合目的性或自由的合目的性。席勒和斯宾塞事进一步阐述和完善了游戏说，他们的观点共称为"席勒—斯宾塞理论"。席勒在《美育书简》中指出，人在现实生活中，既要受自然力量和物质需要的强迫，又要受理性法则的约束，是不自由的。人只有在游戏时，才能摆脱自然的强迫和理性的强迫，获得真正的自由，只有通过游戏，人才能实现物质与精神、感性与理性的和谐统一。席勒进一步认为，人的这种游戏本能或冲动，就是审美创造的动机。后来，斯宾塞又进一步发挥和补充了这种说法，他在《心理学原理》一书中指出，人有更多的过剩精力，艺术和游戏就是人的这种过剩精力的发泄。斯宾塞强调，游戏的主要特征是没有实际的功利目的，它并不是维持生活所必需的活动过程，而是为消耗机体中积聚的过剩精力，并在自由地发泄这种过剩精力时获得快感和美感，因此从实质上来讲，审美活动就是一种游戏。德国学者谷鲁斯对这种观点又进行了修改和补充。谷鲁斯还认为游戏并不是完全没有实际的功利目的，而是为将来的实际生活做准备或做练习，如小猫游戏、小女孩游戏、小男孩游戏等。艺术活动可以归结为"内模仿"的心理活动，它在本质上与游戏相通。

二、巫术说

巫术说是法国考古学家雷纳克依据英国人类学家泰勒和弗雷泽的理论建立的。英国人类学家爱德华·泰勒在《原始文化》一书中，最早提出艺术起源于巫术的理论主张，对原始人来说，周围的世界异常陌生和神秘，令人敬畏。原始人思维的最主要特点是万物有灵，山川草木、鸟兽虫鱼都可以与人交感。泰勒认为是原始人的万物有灵观念导致了巫术观念，并支配着他们的一切生存活动。人类学家们从现代残存的原始部落中，确实也找到大量人与动物交感的现象。

弗雷泽在对原始巫术进行大量的实证研究后进一步指出，原始巫术遵从的是"交感律"，在这种由于原始人"联想"的错误运用而形成的"交感巫术"中，"物体通过某种神秘的交感可以远距离地相互作用，通过一种我们看不见的'以太'把一物体的推动力传输给另一物体"[1]。交感巫术又分为接触巫术和模仿巫术，接触巫术蕴含着以部分代替整体的原则，认为通过与人接触过的物体就可对人本身施加影响，模仿巫术则遵从相似性具有同一性的原则，相信通过模仿就可以实现自己的意志，并产生了舞蹈、咒语等巫术仪式。雷纳克借此提出审美起源于原始巫术活动，甚至原始人的审美活动就是巫术活动。

---

1 弗雷泽：《金枝》，徐育新、汪培基、张泽石译，大众文艺出版社，1998年，第21页。

三、劳动说

劳动说认为审美最初是从生产劳动中萌芽和产生的，人类为自身生存和发展而进行的劳动是审美发生的根源。恩格斯、普列汉诺夫等人对此都有专门的论述。普列汉诺夫在《没有地址的信》中指出，人类社会最初的艺术是从劳动中产生的，因为劳动不仅创造了人，也创造了人类艺术。美感是在劳动过程中产生的，人的审美观念是与物质生活方式相适应，由物质生活方式决定的。普列汉诺夫曾引用许多资料来证明，在人类早期的审美创造中，音乐、舞蹈和诗歌是紧密结合在一起的，它们有一个突出的特点，即具有鲜明的节奏，"在原始部落那里，每种劳动都有自己的歌，歌的拍子总是十分精确地适应这种劳动所特有的生产动作的节奏。""歌的节奏总是严格地由生产过程的节奏所决定"。与此相应，审美活动与劳动生产的紧密联系还表现在早期的审美创造是为了表达劳动的喜悦，而审美活动的内容主要就是反映劳动生活。原始氏族的洞穴壁画，无论是分布在欧洲的还是分布在非洲、澳洲的，都有一个共同的题材——动物：野牛、野猪、鹿、野马、狒狒、孔雀、河马、大象、雁等，这些都是原始人的主要狩猎对象，是他们赖以生存的主要食物来源。

上述观点从不同角度对审美发生的问题作了有益的探讨，都有合理的部分，但又不同程度地存在一些缺陷：

游戏说具有合理因素，主要体现在它肯定了人们只有在满足了衣食住行的基本物质生活需要的前提下才可能有过剩的精力来从事游戏。这种观点将审美创造和游戏联系在一起，在某种程度上也揭示了审美发生与人类情感需要的关系，突出了审美的超功利性。虽然游戏说试图从心理学、生物学和生理学的角度揭示艺术发生的奥秘十分必要，但是仅仅从生物学或心理学的角度出发，把审美活动仅仅归结为"本能冲动"或者"天性"，又不能解释这种"本能冲动"或"天性"来自何处，仍然未能揭示出审美发生的最终原因。把游戏看做人和动物共有的本能，更是错误的论断，因为审美活动是人类社会所专有的。动物的游戏可以归结为过剩精力的发泄，而人的游戏则是为了满足精神需要，二者之间有着严格的区别。而过分强调艺术与劳动的对立，艺术与功利的对立，也有一定的片面性。

巫术说揭示了原始宗教活动与审美发生的直接关系，强调巫术活动中的审美创造具有双重的意义，它既能够增加巫术效果的气氛、情绪与形象的逼真，又能够使这种摹仿的外观创造及情绪渲染将人们带入一种幻觉真实，从而导引出一种愉快的感觉，最终又使之转化为审美愉快，审美脱离了实用的、功利性的目的，获得了独立的意义。但是，如果将巫术作为艺术发生的根本动因或唯一原因也是不妥的，一些学者的研究成果表明，并不是所有的原始艺术都与巫术有关。巫术说的论者把精神动机视为原始艺术发生的唯一动力，忽视了恩格斯所说的隐藏在精神动机后面的动机，即人类的物质生产劳动，因而未能从根本上解决艺术起源的问题，原始的审美活动虽然具有明显的巫术动机或巫术目的，但归根结底还是离不开人类的实践活动，尤其是物质生产劳动。

但是，过分注意劳动与审美发生的关系，也不免有些简单化。劳动是人类社会生活最重要的组成部分，但却不是社会生活的全部。劳动以外的其他社会生活的内容，也与审美的发生有着密切的关系。此外，审美创造是以人的双手由于劳动而达到的高度完善为前提的，但审美发生还应探究社会学意义和心理学意义上的推动力，也就是说原始人最初的创作动机究竟是什么，从这一意义上来探讨劳动与审美的关系，还很难判定它在审美发生方面的作用究竟如何。劳动说以历史唯物主义理论为基础，肯定了物质生产实践在审美活动中的决定作用，其理论具有一定的科学性，但劳动说忽视了其他社会因素在审美发生过程中的作用，仍然不足以解释各种审美活动的起源。

现代美学强调，审美主要是一种心理活动，这种心理活动的实质是心理上积累的生活经验或审美经验，在面对一定事物时发生"审美主体与审美对象"结构关系的生成，从而发生了以主体内在经验或意识为依据的审美心理交流或对话活动。不论在原始先民那里还是各个民族的生存个体那里，审美发生的心理事实大体如此。[1]

第二节　审美发生的前提条件

总的看来，以往关于艺术发生的诸种学说均有其合理性，但也不同程度地存在着片面性，只有仔细地分析诸种因素，研究它们之间的关系，才能较为深刻地把握艺术起源的问题。审美发生的问题和人类起源的问题是紧紧联系在一起的，因为只有人类才从事审美活动，探讨审美的发生，实质上就是探索早期人类为什么会进行审美创造和他们怎样创造。而在漫长的历史发展过程中，审美的发生应该有其多种因素，并非只有一两种简单的原因，这已基本在学界达成了共识。这种有关审美发生的"多元说"认为：审美的发生经历了一个由实用到审美，以巫术为中介、以劳动为前提的漫长历史发展过程，原始人类模仿自然的本能（模仿说）、表现情感的需要（表现说）、游戏的冲动（游戏说）也渗透其中，尤其是对于原始人来说更为重要的原始巫术（巫术说）与原始生产劳动（劳动说），更是在其中发挥了决定性作用。审美的发生应当是多因的，而不是单因的，归根结底审美的产生和发展是人类社会生活的必然产物。审美发生的探索，经历了各个角度的多方面探索，逐渐找到了一个审美发生的原始起点。

---

[1] 参看李健夫《现代美学原理》第2章第2节，中国社会科学出版社，2006年。

一、物质生产劳动是审美发生的物质基础

审美发生或者说人类的审美活动发生需要具备一定的物质基础和生理基础,一方面,只有先民的生活有了起码的保障,社会生产力得到一定的发展,人们才有剩余的时间和精力从事审美活动,另一方面,审美创造是一种复杂的精神劳动,需要创造主体具备一定的生理基础。劳动说正是在这一点上究其根源,强调了艺术产生的生理基础和现实基础。劳动说就认为审美意识的产生须以人类一般意识的产生为基础,是劳动使人的脑容量越来越大,工具的制造和使用使人能够直立行走,从而拥有不同于动物的大脑和双手,恩格斯说:"首先是劳动,然后是语言和劳动一起,成了两个主要的推动力,在它们的影响下,猿脑逐渐过渡到人脑;后者和前者虽然十分相似,但要大得多和完善得多。"[1] 在劳动过程中,人具备了独有的运用语言符号的能力,并在使用工具改造自然的活动中不断改造自身,马克思将之称作"内在的自然人化",人作为一种与自然相区别的主体力量也才站立起来,"动物只是在直接的肉体需要的支配下生产,而人甚至不受肉体需要的支配也进行生产,并且只有不受这种需要的支配时才进行真正的生产;动物只生产自身,而人再生产整个自然界;动物的产品直接同它的肉体相联系,而人则自由地对待自己的产品。动物只是按照它所属的那个种的尺度和需要来建造,而人懂得按任何一个种的尺度来进行生产,并且懂得处处把内在的尺度运用到对象上去;因此,人也按照美的规律来建造。"[2]

正是在劳动过程中,人在生理机能不断健全、主体意识日益完善的同时,真正属人的现实世界也产生了。就如马克思所言,只有当人按照"美的规律"进行有目的、有意识的自由创造时,人才将自己的本质力量对象化,在外在自然上也打上了主体的印记,创造了"人化的自然",艺术创造即是人在实践中不断累积日常经验的同时,又努力超越日常经验世界的重要表现。因此,原始人的物质生产实践特别是劳动工具的制造和使用才是艺术发生的根本前提,原始巫术仪式活动只是审美和艺术发生的直接契机和最重要的中介。

劳动创造了人,先民的物质生产劳动是审美发生的基本前提,尤其是劳动工具的制造有着特殊的重要意义。工具的制造和使用彰显着人类文化的起源,也成为审美发生的重要标志,一直以来,学界也从先民劳动工具的制造和使用入手,考察审美发生。从考古发掘的情况看,在旧石器时代中期,已经出现了大量制作讲究并具有一定分工性能的专门性、定型化的劳动工具。到旧石器时代晚期,伴随着人类石器制作技艺的提高和骨器的普遍使用,还出现了丰富的装饰品,特别是19世纪以来,人们在世界许多地方发现了大量属于旧石器时代的艺术品。由此推断,最迟在旧石器时代中晚期,人类已形成了

---

[1] 《马克思恩格斯选集》第4卷,人民出版社,1995年,第377页。
[2] 《马克思恩格斯全集》第42卷,人民出版社,1979年,第97页。

一定的审美意识。

总之，作为艺术起源的主要因素的人类生命的向力，还只是一种内在的、潜在的精神冲动。这种力量必然要转化为人的外在行为，转化为实践活动特别是早期的物质实践活动。在原始社会，生产力极其低下，人类的实践活动也极其简单，随着时间的推移，生产力的逐步发展，人类的生存条件有了一定的改善，这时，实践活动的范围不断扩大，实践活动的形式也日益丰富，审美活动作为与物质生产活动既有联系又有区别的另一种活动形式，正是在这种情况下产生的。

二、审美意识的产生是审美发生的特有标志

审美的发生不仅需要物质基础和生理基础，还需要心理的依据，因为审美毕竟是一种心理的过程，没有心理的动力和能力，审美也不可能发生。在有关审美发生的学说中，曾有学者从生物本能、性欲本能探究审美发生的原因，但原始欲望的宣泄或升华的要求仅仅是审美的深层动力，它只间接推动审美的发生，而不能成为审美的直接动力。审美发生的直接心理动力是审美需要，人与动物的区别，从根本上说，是人能劳动、能使用语言、有理性等，但这不是人的最高品格，人的最高品格是人不仅能创造现实，而且还能超越现实。正是由于现实和人自身的不完善性，人具有超越性的自由要求，审美正是人类获得超越的重要的、直接的途径，审美活动是自由的精神创造，它按照审美理想——自由的要求，借助想象力，使人脱离现实存在，成为一个自由的人，使世界成为一个自由的世界。席勒提出游戏冲动是审美的原动力，指的就是人具有这种超越性的自由的要求，具有审美的需要。审美需要与审美意识具有十分密切的关系，审美需要是审美意识的内在驱动力，审美意识则是审美需要的心理表现。严格地说，只有当审美意识从原始意识的母体中脱胎而出，真正体现属人的价值和特性时，审美才真正发生，审美意识的产生是审美发生的特有标志。

要探究审美活动的发生，还需要进一步追问人的审美意识是如何产生的。具体看，审美意识是伴随着原始意识的解体和分化逐渐显现、确立起来的。人类意识的发生首先与其动物祖先——古猿在漫长的进化过程中由于环境的突变而导致的直立行走、手脚分工等形态特征的变化有直接的联系，这不仅为意识的形成奠定了生理的基础，还对真正人类意识的产生具有决定性的作用：正是制造和使用工具的物质生产劳动，把人类动物性的本能提升为一种观念的形式，使人类的活动成为有目的、有意识的活动，这是人类意识发生的根本条件。只不过，人的意识并非一开始就那么成熟，与人自身的历史进化过程相一致，人的意识本身也经历了一个从模糊到清晰、从粗拙到精密、从简单到复杂的漫长演变过程，原始意识是人类意识的最早发端，是孕育了人类包括审美意识在内的宗教意识、科学意识、道德意识等各种意识形式的原始母体，只有人类创造性的感性实践活动不断拓展，以及由此而造成的人的主体意识日益增强，才最终导致原始意识的解

体和分化，从而促进人的意识的重大发展。

审美意识从人的一般意识中分化的过程，从根本上说，就是人的审美需要从实用需要中分离出来的过程，也即人类逐渐超越自己原发性的自然需要，而使之上升到社会文化的层次并赋予其一定的社会文化意义的过程。比如，由性选择所萌发和产生的单纯肯定人体某些生理特征的自然尺度向着具有了特定的文化含义和观念性内容的审美尺度的转变，在生产领域中由对劳动工具单纯的实用性要求逐渐向着同时要求劳动工具具有悦目的形式方面的转变，在原始宗教仪式活动中由娱神向娱人的转变等，都是人的审美需要开始生成和审美意识逐渐确立的过程，这在本章的下一部分还会进一步展开分析。

可以说，促成上述转变过程的一个关键因素是人的自我意识的觉醒和发展，因为只有当人具有了自我意识时，才会把自身的生命活动也作为一种对象，而只有当人在其所创造的对象世界中体验到生命活动的韵律，意识到自身的创造、智慧和力量，并引起情感上的某种愉悦和满足时，才会唤醒人的审美需要，只有通过这种对象化的活动，人的自我意识才会真正确立，人也才能真正摆脱实用需要而直观自身，并关注对象的形式意蕴，从而使审美意识最终从混沌同一的原始意识中分离出来。只有当审美意识作为一种独立的意识形式出现后，才意味着审美活动的真正发生，而审美需要一旦进入人的自觉意识，就会成为人永不熄灭的一种精神追求。

第三节 人类早期的审美活动

现代科学发现，人实际上是一个具有能量转换的生命系统，人们的欲求、需要、意志和情感等，是一种生命本质的表现；而人的外在行为，则表现为社会实践活动。人的生命的本质表现和人的社会实践活动互相依存、互相影响，统一于人的本身。因此，在一定意义上可以说，审美发生于人的生命表现和社会实践活动的统一。人的存在是一种生命现象，没有人的存在，就没有人的生命，就没有人的一切。离开了人本身，就没有审美活动，更无从探讨审美的发生。人之所以要和自然界发生关系，是为了从自然界得到物质资料，以维持人的生命，这就是人类社会必须从事生产劳动的根据；而人之所以要通过各种手段表现自己，则是为了从客观世界中观照自己的生命，这就是审美之所以发生的根据。由此可见，人的生命本质的表现是内在动机，而人的实践活动则是外在反映。没有内在动机，人的实践活动就丧失了目的和指向；没有实践活动，人的内在动机就无法表现。人的生命本质决定了实践活动的意义，而实践活动反过来又不断地丰富生命本质的内涵，不断强化生命本质的向力。从根本意义上说，正是这两者之间的相互联系和相互影响，才使人类社会的审美得以发生，并且促进审美活动的不断发展和进步。

一、审美体验活动

　　世界各民族的早期审美发生的原初体验活动大体是相同的结构，但在相同结构中的意识因素往往有较大差别。审美虽然是个体性的经验或意识作用，与审美者的物质欲望，特别是性爱追求相关。而早期文化人的审美多半与人品素质的修养相关；如中国的孔丘、孟子、荀子和屈原。后来的文化人，特别是文学家和画家，人文精神的寄托和提升，成为审美体验的传统。这与其他一些原始落后民族有明显区别。其他的民族或有自然崇拜意识，或有巫术礼仪观念参与了审美心理活动。但不可忽略各个民族与各民族的生存个体千差万别的生活体验和审美体验特色。也就是说不可忽略审美体验的个性特点。

　　西方的文艺观认为，祭坛就是艺坛；这是西方讨论原始巫术文化与人类早期的审美活动，尤其是艺术创造活动关系时常用的表述，虽然巫术和艺术的性质截然不同，但原始巫术文化与审美发生有直接关联，是孕育艺术之"母体"的观点比较流行；并且寻找了考古学的一些证据的支持。巫术说和原型说在有关艺术发生的诸学说中一直很有影响，只不过在对艺术发生问题进行理论探究时，巫术说侧重从文化角度解析了审美包括艺术的起源问题，原型说侧重从内在心理层面和艺术形象发轫的角度揭示了原始巫术与艺术创造的关系。

　　具体到巫术活动与人类早期审美创造的关系上，原型说的代表人物荣格指出，原型是先民在早期形成并遗传下来的集体无意识，一方面，艺术就是人们在这种潜藏于群体意识深层的朦胧精神推动下创造的，另一方面，这种集体心理倾向的核心内容是原始意象（集体表象），而原型最早形成和存在于神话中，艺术形象就是原型的一种转换形式。由于对原始时代的文化艺术存续状况没有任何文字的记载，上述观点的主要依据一个是对文化遗存物的考古发现，一个就是对现存"原始部族"审美活动的人类学考查，如许多尚属活形态的审美活动就完全可以作为审美和艺术发生问题的佐证。

　　在社会发展的初级阶段，大自然是先民生存繁衍的重要依托，人们一方面亲近自然、依从自然的节律从事生产劳动，另一方面，面对变幻莫测、庞大而神秘的现实世界，又深切地感受到自然力量的威胁，雷电、风雨、梦境、疾病、死亡等现象，常常使人感到惊惶和恐惧，感到似乎有一种超越自身的力量在冥冥之中主宰着自己的生活。先民对大自然所蕴涵的神秘力量充满恐惧和敬畏，甚至时常把事物的客观属性当做神秘世界的标志和符号来加以膜拜[1]，于是自然崇拜成为人类最早的一种崇拜形式。在原始人眼里，日月星辰、飞禽走兽、花草树木、石头泥土等，都有感情意志，具有与人同样的心理和某种神秘功能，原始人这种把一切生命和非生命的存在都看做是相互关联和渗入的思维特征，或者说原始思维所遵循的原则，被列维-布留尔称做"互渗律"。在原始思

---

[1] 列维-布留尔：《原始思维》，丁由译，商务印书馆，1985年，第58页。

维的影响作用下，万物有灵观念成为原始宗教的基本内涵，并越来越集中地体现在对自身精神状况的认知，"在远古时代，人们还完全不知道自己身体的构造，并且受梦中景象的影响，于是就产生了一种观念：他们的思维和感觉不是他们身体的活动，而是一种独特的寓于这个身体之中而在人死亡时就离开身体的灵魂活动。从这时候起，人们不得不思考这种灵魂对外部世界的关系。既然灵魂在人死时离开肉体而继续活着，那么就没有任何理由去设想它本身还会死亡，这样就产生了灵魂不死的观念。"[1] 相应的，神灵崇拜对先民的生存实践活动产生了重大影响。

神的诞生使人与自然的关系发生了巨大的变化，人们除了与物质性的客观实在相联系外，还与一个由主观虚构出来的精神世界发生联系，并由此产生观念上的一系列变化，对活动方式和文化发展造成深远的影响，而神的存在和作用，永远受两种附属物的辅助，这便是神话和仪式。[2] 神话是人类围绕神的存在这个原始观念的核心，对世界所作的最早的哲学思考，由于凝聚着人类最基本的宇宙观和伦理道德观念的最初原型，神话世界成为人类早期精神世界的重要依托，而为了得到神的护佑和恩赐，巫术仪式的操演成为原始人沟通人神之间的联系，谋求与自然之和谐与平衡的最重要举措。

神话的出现进一步确立了神在人们精神生活中的重要地位，与具有"互渗性"的原始思维相对应，神话思维作为一种先于逻辑的"隐喻的思维"[3]，对世界的认识思考方式并非抽象理性的方式，而是通过具体的想象（或幻想），以象征的方式去反映世界和认识世界的，在浅表直观的层面上，以神话思维为代表的原始思维具有高度具体化、形象化和对事物进行整体把握的特点，而在神话以象表意的、后人看来充满隐喻之表象系统中，更重要的是渗透了特定群体的集体规范和文化个性，在这个意义上，神话思维是一种创造性思维，不同民族都有自己独特的一套象征符号系统，这些"集体表象"不单在神话中，而且在特定民族的整个文化象征符号系统中都发挥着标识的作用。

神话最核心的母题是与人的生命存在紧密联系的人类的起源、死亡和再生问题，围绕这个母题，大多数民族都有自己最具特色的集体表象，如佤族便是司岗、葫芦、牛和木鼓。如前所述，人类起源问题是佤族神话《司岗里》阐释的重点，"司岗"在佤语中为"石洞"之意，"里"表示"出来"，佤族认为人类是从"司岗"中"出来"的。不过，由于佤族历史上没有文字，在《司岗里》的口传过程中有变异，沧源佤族大多认为人类是从"西岗"（葫芦）里出来的。从学理上看，人类从石洞里出来抑或从葫芦里出来的说法，既反映了佤族对穴居生活的朦胧记忆，又体现出先民对生命孕育生产的粗浅认识，并带有明显的生殖崇拜倾向。其实不单是佤族，在很多民族中，围绕葫芦这个原始意象，也派生出不少有关人类起源与葫芦相联系的"葫芦神话"。这些神话大同小异，若论其类别主要有两种：第一种，认为葫芦是逃生工具，以人类祖先因为躲在葫芦

---

[1] 《马克思恩格斯选集》第4卷，人民出版社，1972年，第219—220页。
[2] 杨知勇：《宗教·神话·民俗》，云南教育出版社，1992年，第41页。
[3] 卡西尔：《语言与神话》，于晓等译，三联书店，1988年，第102页。

中而保存了人种的解释居多。如在洪水将要淹没大地的时候，彝族的始祖阿朴独姆兄妹就是靠众神之王涅浓倮佐送的葫芦籽，种出葫芦作为庇护之所而躲过劫难；在苗族古歌《洪水淹天》里，是雷公送给姜央儿女一颗葫芦籽，俩人躲在结出的葫芦里飘上南天门，躲过了灭顶之灾。第二种，是葫芦孕育了人类的祖先。如印度的《罗摩衍那》中就有这样的记载："须摩底呢，虎般的人！生出来了一个长葫芦，人们把葫芦打破，六万个儿子从葫芦里跳出来。"还有就是洪水中幸存的兄妹俩结婚生下葫芦，葫芦又再生人类。

葫芦与牛的表象也体现了原始社会中晚期先民的血亲观念，"人从葫芦出"这个普遍存在于汉、彝、傣、傈僳等二十多个民族神话中的表述，带有人类在特定历史阶段浓烈的生殖崇拜特色，因而，对生殖崇拜问题的解析，是把握神话之深层内涵的一条重要路径。"历史中的决定性因素，归根结底是直接生活的生产和再生产。但是，生产本身又有两种。一方面是生活资料即食物、衣服、住房以及为此所需的工具的生产；另一方面是人类自身的生产，即种的繁衍。……劳动愈不发展，劳动产品的数量、社会的财富愈受限制，社会制度就愈在较大程度上受血族关系的支配。"[1] 正因如此，在人类早期的社会实践中，出于求生欲望不仅有迁徙等一系列生存活动，而且还不断衍生出生殖、性等一系列观念活动。

从文化功能上看，"神话和仪式远非象人们常常说的那样是人类背离现实的'虚构机能'的产物。它们的主要价值就在于把那些曾经（无疑目前仍然如此）恰恰适用于某一类型的发现的残留下来的观察与反省的方式，一直保存至今日：自然从用感觉性词语对感觉世界进行思辨性的组织和利用开始，就认可了那些发现。这种具体性的科学按其本质必然被限制在那类与注定要由精确的自然科学达到的那些结果不同的结果，但它并不因此就使其科学性减色。在万年之前，它们就被证实，并将永远作为我们文明的基础"[2]。若借此推论，对神话观念的仪式化操演不单具有祈祷村寨部落人丁兴旺、谷物丰收等原始宗教内涵，神话和仪式也是先民整个精神文化赖以存在的重要基础，这就包含本部分论证的重点问题：神话和仪式是人类艺术的摇篮。——"希腊神话不只是希腊艺术的武库，而且是它的土壤。……希腊艺术的前提是希腊神话，也就是已经通过人民的幻想用一种不自觉的艺术方式加工过的自然和社会形式本身。"[3] 马克思在论述古希腊神话时所说的这段话，精辟地论证了神话对世界的表达方式与艺术传递人类精神的方式之间十分密切的关系。不过要看到古希腊神话或体系与其他民族的神话具有本质区别。只要深入研究就可发现其人文价值意义。

神话向来被视做人类早期的一种重要文学样式，这其中，由于象征手法的运用而呈现的一系列集体表象与艺术形象的关联、神话思维与艺术思维的共通性是重要的原因。

---

[1] 恩格斯：《家庭、私有制和国家的起源》，《马克思恩格斯选集》第4卷，人民出版社，1972年，第2页。
[2] 列维·施特劳斯：《野性的思维》，李幼蒸译，商务印书馆，1987年，第22页。
[3] 《马克思恩格斯全集》第2卷，人民出版社，1972年，第28页。

维柯与黑格尔都对艺术做过历史形态学的研究，黑格尔就将人类最初的艺术类型称做象征型艺术，"象征一般是直接呈现于感性观照的一种现成的外在事物，对这种外在事物并不直接就它本身来看，而是就它所暗示的一种较广泛较普遍的意义来看"[1]。在黑格尔看来，象征型艺术的主要特征是物质的表现形式压倒精神的内容，形式和内容的关系仅是一种象征关系，物质不是作为内容的形式来表现内容，而是用某种符号、某种事物，来象征一种朦胧的认识或意蕴，由于感性的形式压倒了理念的内容，象征型艺术只是"艺术前的艺术"。维柯则对人类早期的艺术创造予以充分肯定，他从考察原始民族的思维特征入手探究艺术的起源，指出原始思维具有"以己度物"和"想象性的类概念"两个重要特征[2]，维柯是最早对艺术思维特征进行研究的人，他的研究也揭示了原始思维与艺术思维的密切关联。若做进一步的解析，由于一切神话都是"在人们的想象中经过不自觉的艺术方式所加工过的自然界和社会形态"，并且都是用"想象和借助想象以征服自然力，支配自然力，把自然力加以形象化"[3]的结果，神话中特定民族的"集体表象"和艺术创造中的艺术形象相通契合，神话才成为既以"意象"为核心，又以"意象"为媒介的审美思维的摇篮。

此外，神话对世界的表达方式与艺术传递人类精神的方式之间的密切关系还体现在宗教情感和审美情感的交融互渗。表现在行为层面上，各族先民对神灵的崇拜与艺术创造的中介是原始的巫术仪式活动，为了得到神灵的保护和恩赐，先民借由在仪式活动中强烈的身体体验和情感体验，从日常经验领域逃遁到超自然领域，并试图以逐步完善的操作体系，以巫力的作用来达到对自然的控制，致使审美意识和审美创造在宗教活动中逐渐萌生，或者可以说，仪式活动产生的超现实的神秘体验一经开始，无论对人们的心智结构、精神活动和创造行为，还是对早期的艺术创造都发生了重大影响。"人类审美意识作为精神活动的一个方面，也常常体现出宗教和巫术活动的一般特征。宗教和巫术的体验同时也是一种审美体验，而在审美体验的机体中，也渗透着宗教和巫术体验的骨血。巫术和宗教的创造行为即把来自于超自然领域的感受转换为形象必须以审美意识和形象制作来实现；而形象创造活动必须得源于宗教或巫术的精神动力。"[4]可以说，正是仪式化的感性的操演刺激了人类的生理感官，并进而促进了大脑的发育和心智的不断健全，促生了审美意识发生的重要条件，提升了人类对具有形式美的对象的感受、体验能力，当仪式以物态化的形式来表达主体内在情感体验及创造性想象时，咒语有了诗的韵律，动作有了舞的灵动，图腾物就是最早的雕塑，献祭成为整出"神话剧"的高潮。

总的看来，神话和巫术仪式以及由此而来的性、生殖崇拜在早期人类的精神生活中占据着支配的地位，并且神的观念也渗透到其生活的方方面面。祭坛就是艺坛，少数民

---

1 黑格尔：《美学》第2卷，朱光潜译，商务印书馆，1979年，第10页。
2 维柯：《新科学》，朱光潜译，人民文学出版社，1986年，第161—162页。
3 马克思：《政治经济学批判导言》，《马克思恩格斯选集》第2卷，人民出版社，1972年，第29页。
4 张晓凌：《中国原始艺术精神》，重庆出版社，1992年，第57页。

族这种"象征型艺术"与黑格尔崇尚的"古典型艺术"或者说经典美学标举的纯审美、纯艺术的最大区别,就在于具有实用性和混融性:艺术创造有相当一部分是为了适应巫术活动的需要而产生,并作为巫术活动的组成部分而存在的,人们拜谒神灵敬奉祖先,宗教信仰与审美体验交织,艺术创造充满"诗性智慧","浑身是强旺的感觉力和生动的想象力",[1]具有神圣性的特征。

二、日常生活与审美创造融合

苏珊·朗格指出,人类用两种手段来把握世界:推论性符号与呈现性符号,前者由语言而科学,后者由神话、祭仪而艺术;前者是科学性的符号,而后者是生命性的符号。当语言不能完成情感的表达、不能忠实体现"内在生命"的需求时,祭仪和艺术则使我们能够真实地把握到生命运动和情感的产生、起伏和消失的全过程。如具体到对舞蹈的认识上,苏珊·朗格认为舞蹈是原始生活中最严肃的智力活动,"它是人类超越自己动物性存在的那一瞬间对世界的关照;也是人类第一次把生命看做一个整体——连续的、超越个人生命的整体,这个生命荣衰有期,取养于天。这样看来,舞蹈是在史前得到发展就不足为怪了。这个过程就是宗教思想发展的过程,当宗教思想孕育了'神'的观念时,舞蹈则用符号表示了它。"当然,"对于'神话意识'来说,这些创造出来的神是实际存在的,而不是符号。人们根本没有感觉到是舞蹈创造了神,而是用舞蹈对神表示祈求,宣布誓言、发出挑战和表示和解,这样看情况而定。世界的象征,即用舞蹈表示的王国,就是这个世界。而跳舞则是人类精神在这个王国中的活动。"[2]在原始歌舞中,人们运用模拟的方法,通过各种极具象征性的形体动作宣泄、传递情感,在发挥"娱神"功用的同时,这种"有意味的形式"亦因蕴含着主体的审美意识和审美创造同时也在"娱人"。

如前所述,严格说来,只有当审美意识从原始意识的母体中脱胎而出,真正体现属人的价值和特性时,审美才真正发生,具体到艺术的功用上,学界通常强调由"娱神"到"娱人",或者说由实用到审美的转换。可事实上,这一转换的过程是极其漫长的,人类的"准艺术"创造呈现的是人神共舞、实用与审美并置的事实,现存的"原始部族"创造的"艺术前的艺术"可提供大量例证支持。如前所述,佤族等少数民族艺术一方面是宗教意识与审美体验的交织,具有神圣性特征,另一方面,由于审美意识尚未与其他意识完全分化开来,审美创造与物质生产劳动、知识传达、记忆保存等实际需求紧密相连,在审美创造方式上模仿自然,风格上自然拙朴,洋溢生活气息,还具有审美与日常生活紧密相连的世俗性特征。

---

[1] 维柯:《新科学》,朱光潜译,人民文学出版社,1986年,第161—162页。
[2] 苏珊·朗格:《情感与形式》,刘大基、傅志强、周发祥译,中国社会科学出版社,1986年,第217页。

人类艺术符号生成的基本方式通常有两种：抽象和描摹，这两种方式源自先民对非现实之神灵世界的表现和对日常生活情景的模仿，可大致将其划分为两个系统：象征符号系统和日常经验符号系统。[1] 象征符号系统的主要内容来自非现实世界，其表现方式无论是抽象还是描摹，都表现出一种强有力的象征力量，如在"祭祀艺术"中，先民更多地是通过对"集体表象"（原型）的模仿和抽取来获得形象，并且由于非现实世界神秘之力的作用，其形象在今人看来往往较为怪异。但与此同时，先民的大部分时间事实上是生活在日常经验世界的，他们也更多地用描摹的方式将其日常生活状貌呈现出来，这类形象因基本排除了神灵世界和怪异特征，具有浓郁的世俗趣味。作为此观点的佐证，原始的崖画就是两个符号系统之集大成，除了上述与原始宗教观念紧密联系而形成的象征符号系统，如崖画也如实反映了先民狩猎、放牧、采集、战争、舞蹈、村落生活的状况，被视做一部内容丰富、形象生动的，认识和了解史前时期人类社会生活的风物志。

如佤族的蜂桶鼓舞据说曾有驱赶恶鬼之目的，但随着审美意识从巫术观念中不断分化出来，与日常经验符号系统的其他艺术文本相同的是，蜂桶鼓舞等风俗性舞蹈之功用更多的已是娱人而不是娱神了，有歌词为证：

> 从前，我们像野兽一样吃野菜野果，不懂得生活，我们也不会说话，而白蚂蚁却能沙沙地唱歌。/从前，我们没有地方住，餐风露宿。/我们的祖先想啊想，这是为什么？我们的祖先学小鸟"惹"用树木盖起房子，还要像白蚂蚁一样唱歌。我们的祖先用竹筒、木筒和牛皮制作会唱歌的鼓。围着第一间房欢呼、跳跃。/第一间房子，柱子断了，是白蚂蚁蛀的，椽子断了，是风雨淋的，我们要再盖新房子。/我们唱，我们跳，祝贺新房子，祝贺新房子的主人！

从伴舞的歌词看，佤族创制蜂桶鼓和搭建第一间房子一样，并不是受神的指引，而是为了生存对自然进行朴素的模仿，努力为自己搭建现实的栖居之所，并借蜂桶鼓舞传递对新房落成的祝贺和喜悦之情。

虽然艺术在其漫长的发生过程中不断由娱神向娱人转化，但即便到今天，在人类审美创造、艺术创造的精神实践活动中，抽象与描摹两种艺术创造方式同样一直并行不悖。人类主体意识的觉醒和现实世界的日趋丰富是审美创造的主、客两个重要条件，在自在自为的原始时代，种的繁衍是人类之第一要务，相应便形成了以生殖崇拜为核心的一系列巫术仪式，到原始社会后期，如何处理好两性关系以保证种族的繁衍仍然至关重要，但一夫一妻的婚姻关系取代了之前处于自然状态的"人自身的生产"形式，在审美意识浸润下属人的美感取代了动物的快感，对异性的爱慕和欣赏也取代了纯粹的人种的

---

[1] 张晓凌：《中国原始艺术精神》，重庆出版社，1992年，第154页。

繁衍需求，于是有了真正意义上的审美创造。以一夫一妻制的个体家庭为中心的生产生活方式逐渐形成，随之而来的便是家族之间、男女之间婚姻关系的缔结，反映青年男女恋爱婚姻状况、抒发个人情感的抒情长诗也相伴而生，这些诗歌无论在比兴、排比、对衬和隐喻相结合的艺术表现手法的运用上，还是抒发的情感内容上，都已从实际功利需求中脱离出来，成为较为独立的审美文本。

若从主体审美心理的角度分析，由娱神到娱人的转换或者说推动审美意识产生的力量，是属人的审美需要。"审美需要在每种文化、每个时代里都会出现，这种现象甚至可以追溯到原始穴居人时代。"[1]如果说原始人在出于动物的习性和本能吸引异性的时候，在源自实际的需求通过交感巫术力图控制自然的仪式化操演中，体现出来的对色彩、形状、声音的愉快感受更多还是情绪性的生理反应的话，在人有了审美意识，具备了过剩的"能量"和"剩余精力"（斯宾塞）之后，在人的"游戏冲动"（席勒）即审美需要的推动之下，人类开始美化自己的身体，修饰居所、劳动工具等所有的器物，载歌载舞进行情感的交流，其生物本能需求得到了"升华"（弗洛伊德）。在此，无论是弗洛伊德的"本能说"还是席勒、斯宾塞的"游戏说"都强调了审美需要、审美创造的超越性特征，进一步说，人正是在审美需要的推动下按照"美的规律"（马克思）进行创造，努力通过对现实人生之超越，由自在自为逐步走向自由自觉的。

具体到为何要超越、怎样超越这一系列问题上，尼采的解析最有代表性，他在《悲剧的诞生》中指出，艺术的本质是对苦难人生的慰藉和拯救，古希腊艺术就产生于人们意识到的人生的极度痛苦和难以遏止的冲突，在为苦难的、悲剧性的人生找寻存在的意义和理由时，古希腊人发现"只有作为一种审美现象，人生和世界才显得是有充足理由的"[2]，"艺术拯救他们，生命则通过艺术拯救他们而自救"[3]。在尼采看来，艺术超越苦难人生的方式有两种：日神的梦幻和酒神的醺醉。日神精神表现为梦，是一种"壮丽的幻觉"[4]，人类运用想象力，创造出审美的"幻象"来表现审美理想，或者说通过艺术将人生审美化，使人沉浸于梦幻般的幻象中忘却人生的苦难；酒神精神则表现为醉，在醺醉狂欢中人的原始激情奔涌，在浑然忘我的癫狂中，人超越了短暂的个体生命，用审美的眼光欣赏生命世界的生生不息。

尼采的观点显然有助于解答这样的疑问：原始先民为什么会有那么高的审美创造水平，其艺术为什么有那么强的感染力？事实上，用"苦难"二字状述先民长期受神灵观念禁锢，以及物质上的贫困匮乏的并不为过。酒神精神是尼采美学思想的核心范畴，他认为正是音乐、抒情诗和戏剧等酒神艺术体现了"永恒的本原的艺术力量"[5]，它使人

---

[1] 弗兰克-戈布尔：《第三思潮：马斯洛心理学》，吕明等译，上海译文出版社，1987年，第45页。
[2] 尼采：《悲剧的诞生——尼采美学论文选》，周国平译，三联书店，1987年，第105页。
[3] 同上书，28页。
[4] 同上书，108页。
[5] 同上书，第107页。

们穿越现象感悟生存的乐趣,达到和生命本原的融合,获得一种对现实悲苦人生的慰藉。可以说,歌舞已经成为先民的一种生活方式,只要有酒有歌舞,无论物质上怎样贫乏,生活都洋溢着欢乐,这是"一种彻底摆脱出来的生命的自然纯真和热烈,是来自灵魂深处的歌声和舞蹈,是对现实苦难的摆脱和漠视,他们在这样的歌舞中沉醉,其间洋溢的是一种快乐、自信和坚决"[1]。这才是"审美感情的最直率、最完美,却又最有力的表现",相形之下,"现代的舞蹈不过是一种退步了的审美和社会的遗物罢了"[2]。先民喝茶饮酒有歌、渔猎农耕有歌,在他们吟古唱今、自娱自乐,歌舞着迎接一个又一个黎明之时,想必已窥见了几许人类文明的曙光。

---

[1] 左永平编著:《木鼓回归》,云南大学出版社,2008年,第99页。
[2] 格罗塞:《艺术的起源》,蔡慕晖译,商务印书馆,1984年,第156页。

第二章
审美意识论

　　审美意识论在前一章研究审美经验和审美意识基础上，进一步考察审美意识在心理上和审美活动中的组织结构和运行状况。

　　这一部分，我们主要研究审美主体的审美意识、审美经验和审美心理，即作为审美主体的人对美的感受。研究人的审美经验在整个美学研究中有重要的意义，这一问题在近代以来日益受到重视。1871年，德国美学家费希纳出版了《实验美学》一书。在书中，费希纳提出要把自上而下的美学与自下而上的美学区别开，主张把美学从哲学本体论的体系中解放出来，把审美、美感作为美学研究的重点，着重研究审美主体的感受，通过不断的归纳来寻求美的法则，他把这一法则称为自下而上的美学。本世纪以来，自下而上的美学已逐步成为西方美学的主流。

　　审美意识是主体对客观感性形象的审美属性的能动反映。包括人的审美感觉、情趣、经验、观点和理想等。人的审美意识起源于人与自然的相互作用过程中，与社会实践发展的水平有关，并受社会制约，但同时具有人的个性特征。审美意识是审美对象反映在人们头脑中形成的一切主观的意识形式。

　　一般所谓"美感"，有广义和狭义之分。审美意识是广义的美感，指审美主体反映美的各种意识形式，包括审美感受，以及在审美感受的基础上形成的审美趣味、审美体验、审美理想、审美观念等所共同组成的意识系统。审美意识是社会意识的一种，它是社会存在的反映，并积极地影响人的精神世界，反作用于人们改造客观世界的活动。审美意识系统是审美心理学研究的内容，但是研究的核心和基础，是审美经验。狭义的美感指审美经验，也叫做审美鉴赏、审美判断或审美趣味。是指审美主体对于当时当地的审美对象所引起的一种愉快的心理体验、欣赏和评价，是内心引起的满足感、愉悦感和幸福感，是外物的形式契合了内心结构所产生的和谐感以及暂时摆脱了各种束缚之后精神上获得的自由感，即审美感受。本章所讲的审美经验取广义的理解。下面我们通过对审美经验进行研究，进一步认识审美意识系统。

　　审美意识不是先天的、永恒的，它本质上是一种特殊的精神现象和社会意识。审美意识与其他的社会意识（科学意识、道德意识）既有联系，又有区别。审美意识和科学意识都是对现实的一种认识，但审美意识不是概念的、冷静的认识，而是对现实的一种感性的、形象的认识，始终伴有主体的情感态度。审美意识从总体看，也有社会功利性，但由于审美活动主要满足的是精神需要，具有审美享受的特点，在历史的发展中，随着生产力的发展和科技的进步，具有日益远离实用功利范围的趋向。因此，在审美活动中所形成的审美意识，其功利性是比较间接、隐蔽的，并且常常隐蔽在个人差异性和全人类性之中。

审美意识具有时代性、民族性、阶级性。审美意识随时代而发展变化，人们的审美感受、审美能力、审美趣味、审美理想都带有时代的特色，不同时代有不同的审美风尚，作为审美意识凝聚物的艺术也受时代的制约。每一个民族都长期生活在共同的领域，过着统一的政治经济生活，形成统一的生活习惯，接受共同的语言和文化传统，他们的审美意识也各具特色，构成审美意识的民族性。在阶级社会中，人的审美意识归根到底要受人们经济地位的制约，因而往往带有阶级性。但不同阶级的审美意识，在特定条件下，也有某些共性，不能把审美意识的阶级性绝对化。

第一节　审美经验的特征

审美经验是指审美主体对于当时当地的审美对象所引起的一种愉快的心理体验、欣赏和评价，是内心引起的满足感、愉悦感和幸福感，是外物的形式契合了内心结构所产生的和谐感以及暂时摆脱了各种束缚之后精神上获得的自由感。

一、审美经验理论的历史回顾

在西方美学史上，关于审美意识的本质和根源，唯物主义和唯心主义有根本不同的解释。唯心主义者否认审美意识的客观内容和社会性质，他们把审美意识归结为神赐的、天生的精神能力。在古希腊时柏拉图就对审美经验做出过说明，他把文艺创作看做神赐的迷狂和神秘的灵感，就是对审美体验达到高峰时的状态的描述。英国经验派舍夫茨别里、哈奇生认为，人有内在的审美感官，天生就能分辨美丑；康德认为审美判断根源于"先天的共通感"，根本不依赖审美对象。旧唯物主义者亚里士多德、柏克、狄德罗、费尔巴哈、车尔尼雪夫斯基等人认为，审美意识是对客观对象的认识和反映，承认审美意识是第二性的。但他们不了解人与自然的辩证关系，不了解社会实践对审美意识的决定作用，往往把审美意识作出片面的理解。只有马克思主义才为科学地说明审美意识的本质提供了正确的世界观和方法论的基础。

审美意识根源于社会实践，是社会实践的产物。就其内容来说，它是审美对象的能动的反映，直接决定于审美对象和社会存在的一定发展状况和水平。就其反映形式来说，它是在人类长期社会实践基础上历史地形成的。人类最初的审美意识直接产生于生产劳动，它已为大量的原始艺术的材料所证明。最初的审美意识还没有同实用和生理快感分开，只是随着社会实践的发展，人类的审美意识才逐渐得到提高和不断丰富，得到相对独立的发展。归根结底，审美意识的发展取决于人们的物质生活条件，取决于一定的社会实践。

亚里士多德曾在《伦理学》中，认为审美经验大致有六个特征：①这是一种在观看和倾听中获得的极其愉快的经验。这种愉快是如此的强烈，以至使人忘却一切忧虑，专注于眼前对象；②这种经验可以使意志中断，不起作用，人似乎自己像在海妖的美色中陶醉了；③这种经验有种种不同的强烈度，即使它过于强烈或过量，也不会使人感到厌烦（其他的愉快过多时，人会厌烦）；④这种愉快的经验是人独有的。虽然其他生物也有自己的快乐，但那快乐是来自于气味的嗅觉和味觉。而人的审美快乐则是源自于视觉和听觉感受到的和谐；⑤虽然这种经验源自于感官，但又不能仅归因于感官的敏锐。动物的感官也许比人的敏锐得多，但动物并不具有这种经验；⑥这种愉快直接来自于对对象的感觉本身，而不是来自它引起的联想。（亚里士多德解释说，感觉，有的可以因自身而愉快，有的是因为它使人联想到其他东西而愉快。如食物和饮料的气味就是因为它使人联想到吃喝的愉快而愉快，看和听得到的愉快大都是因其自身而得。）[1]

到了18世纪后期，随着哲学的认识论转向，西方美学研究的重心也发生了重大转向。美学研究的重心不再是"什么是美？""什么样的事物是美的？"而转向研究"人最喜欢什么样的事物？""人认为什么样的东西是美的？"[2]于是对美的本质的研究转向对审美经验、审美能力的研究，美学的范围也随之扩大了。这在英国经验主义美学中表现比较明显。

英国经验主义美学以夏夫兹博里、荷迦兹、哈奇生、休谟为代表。夏夫兹博里、哈奇生等人认为人天生就有辨别美丑的能力，人们凭借"内在感官"或"第六感官"就能把握美、观照到美。英国经验主义美学家伯克认为美依存于客观事物的某些可感属性，美感即是这些属性所引起的松弛舒畅的感觉，也就是说美感即由对象所引起的五官的快感。

车尔尼雪夫斯基依据他关于"美是生活"的命题，把美感看成是从对象身上观照到生活所引起的无私的快感。他说："凡是我们发现具有生的意味的一切，特别是我们看见具有生的现象的一切，总使我们欢欣鼓舞，导我们于欣然充满无私快感的心境，这就是

---

[1] 参见塔塔科维兹《六个概念的历史》，伦敦，1980年，第314页。转引自滕守尧《审美心理描述》，四川人民出版社，1998年，第2页。
[2] 滕守尧：《审美心理描述》，四川人民出版社，1998年，第13页。

所谓美的享受。"[1]马克思主义强调社会生活在本质上是实践的,人经过实践,在对象世界中能动地、现实地复现自己的本质力量,创造了美,于是人也能从自己所创造的世界中通过感觉直接观照这一本质力量,肯定这一本质力量,引起由衷的喜悦而获得美感,美感是作为实践主体的人对自己本质力量的观照。

二、审美经验的特征

1. 形象直观性

审美经验是对客观世界的一种特殊的认识方式,它以感性认识为基础。对象首先以感性的形色声呈现出来,主体对对象的感知就从其感性状貌进行的,进而感知到对象的美,如大海深蓝的色彩、起伏的波涛、击打岩石的声响,引起主体对大海的感知。

直观,指主体对对象的美的感知,不是听别人的介绍和议论,不是间接的、概念的,而是主体亲自的观照、直接的感受。

直接性还表现在:我们在对对象进行欣赏时,常常是不假思索的,不需要借助于抽象的思考、概念、判断和推理,就能直接感知到对象美。普列汉诺夫说:"一件艺术品,不论使用的手段是形象或声音,总是对我们的直觉能力发生作用,而不是对我们的逻辑能力发生作用,因此,当我们看见一件艺术品,我们身上只产生了是否有益于社会的考虑,这样的作品就不会有审美的快感。"[2]这种直觉能力即指审美主体对审美对象的一种不假思索而马上把握领悟到对象的美的能力。逻辑能力及抽象思维的能力,指辩证的思维活动,在认识过程中,通过分析、综合、归纳、演绎,从许多感性材料中,提取事物共同的本质属性,舍弃其特殊的非本质属性的理性思维活动。普列汉诺夫的话说明艺术作品具有感性特征,并直接作用于主体的感官,主体不需要经过抽象思考的过程,即能对艺术作品的美进行把握。我们欣赏花草也是如此,当我们面对一棵树、一朵花时,我们不需要去了解它们的种属,也不需要对它们进行抽象的分析归纳,而常常是一看到它们,它们的状貌使主体感受到它们的美,引起美感。

美感的直觉性,不但存在于对美的欣赏过程中,也存在于美的创造中,特别是艺术美的创造。

叔本华、柏格森、克罗齐等把直觉看成是一种本能,一种先天的、内心直观的特殊能力,一种与理性认识相对立的美学认识的高级形式。克罗齐在著作《作为表现的科学和一般的语言的美学的历史》的第一部分《美学原理》中,把审美直觉看做是理性认识之前的单纯感性直观,是不分真伪、不辨时空的简单感官反应。认为"直觉是离理智作用而独立自主的;它不管后起的经验上的各种分别,不管实在与非实在,不管空间时间

---

[1] 车尔尼雪夫斯基:《当代美学概念批判》,《美学论文选》,人民文学出版社,1957年,第54页。
[2] 普列汉诺夫:《没有地址的信》,《普列汉诺夫哲学著作选集》第5卷,三联书店,1959年,第409页。

的形成和察觉，这些都是后起的"[1]。事实上，审美经验的形象直接性，并不排除理性思维的因素，在感性中包含着理性思维的内容。车尔尼雪夫斯基曾说过："美感认识的根源无疑是在感性认识里面，但是美感认识毕竟与感性认识有本质的区别。"[2] 审美经验中的理性因素，不同于科学认识活动中的理性思维。审美经验中的理性思维，不是分析、归纳和逻辑推理，是在审美感受中包含着的领悟、比较和品味等理性思维活动。它潜藏在对美的感性形象的欣赏与体验之中，它始终不脱离具体的感性形象，而是融合渗透在知觉和表象等感性因素中。

审美经验的形象直接性是由于长期的审美实践形成的。长期的审美活动，使得丰富的社会内容融汇、积淀在审美的形式当中，当人们在直观美的感性形式时，便能通过感性形式而把握到其中丰富的观念、情感和意蕴。还有，在长期的审美实践活动中，由于某些活动的反复性，主体对其中包含的概念、判断、推理过程已经烂熟于心，当主体再次面对这些现象时可以立刻作出判断，而大大压缩了理性思维的过程，这种情况，表面上看起来就好像不假思索。科学认识中的逻辑思维是明确的。而审美经验中对对象包含的观念、情感、意蕴的领悟与品味是不明确的、多义的、无尽的。如对达·芬奇的名画《蒙娜·丽莎》的欣赏，那迷人的有意味的微笑，给人无限的想象与联想的空间。

2. 情感愉悦性

动情贯穿于审美经验的始终，反映了审美主体对对象的态度，表现了审美经验强烈的主观倾向。情感指人的喜怒哀乐等心理反应，是人们对客观事物的主观态度，人类在社会发展进程中所形成的稳定的社会关系决定着人们对客观世界的态度，客观事物能否满足人们的需要，使人们产生积极的或消极的情绪反应。

人的需要是多方面的，有生理需要、实用需要，也有精神情感的需要。审美需要就是一种精神、情感的需要，表现为一定的审美趣味、审美标准和审美理想。审美经验的愉悦性是由审美需要的满足而引起的，总是与人对生活的情感体验相连的。当人体验到自由创造、人的智慧、才能和力量，见到人的生活理想得以实现，会在精神上产生一种自由、舒畅和愉悦。车尔尼雪夫斯基曾说过："大地上美的东西都与人生的幸福和欢乐相连的。"[3] 审美经验是由生理快感和实用感升华而成的一种人类才有的高级精神情感体验，在其中，潜藏着社会功利性，但它摆脱了狭隘的生理需要和实用需要，表现为精神的愉悦与舒畅。

3. 潜藏的功利性

康德认为审美经验是"无目的的合目的性"，即指出了审美经验的非功利性和功利

---

[1] 克罗齐：《美学原理》，作家出版社，1958年，第11页。
[2] 车尔尼雪夫斯基：《美学论文选》，1959年，第36页。
[3] 车尔尼雪夫斯基：《美与生活》，人民文学出版社，1957年，第11页。

性的特征。

审美经验无目的的非功利性表现在：首先，审美时，我们不作实用的考虑；其次，审美时，我们会产生强烈的情感体验，但是并不立刻做现实的、实用的行动反应；再次，我们获得的美感不是私人占有，可以与他人分享而丝毫不会减损。

但在审美经验的无功利的深处，潜藏着社会功利性。这种功利性经过历史的长期积累和演变，常常不为人察觉。"社会人之看事物和现象，最初是从功利的观点的，到后来才移到审美的观点去，在一切人类所以为美的东西，就是于他有用——于为了生存和自然以及别的社会人生的斗争上有着意义的东西。功用由理性而被认识，但美则凭直觉的能力而被认识。享乐着美的时候，虽然几乎并不想到功用，但可由科学的分析而被发现。所以美的享乐的特殊性，即在那直接性，然而美的愉乐的根柢里，倘不伏着功用，那事物也就不见得美了。"[1]鲁迅这段话对美感的功利性做了深刻的说明。

审美经验的功利性是由事物的功利性、实用性发展而来的。原始人常常用野兽的牙、骨、皮、毛装饰自己，在他们看来，这是战胜这些野兽的标志，显示着自己的力量和勇敢，所以能引起自己巨大的喜悦。在人类最初的实践活动中，事物对于人类来说，是先有实用价值，后有审美价值的。人们先有了对事物的实用的看法，随着实践活动的深入、范围的扩大，人类心理的发展、健全，才逐渐产生出美的感受、观念。某一事物一旦获得审美价值后，人们往往只为了其审美价值而忘记这审美价值的来源。

审美经验的功利性是潜伏在审美经验的非功利、愉悦性的背后。普列汉诺夫指出："不过功利性究竟是存在的，它究竟是美的欣赏基础。如果没它，对象就不会显得美了。"[2]审美经验的功利性还表现为，个人的审美活动不可能脱离社会，所以个人的审美趣味和审美理想，总和一定社会的政治、道德、宗教、哲学观念相联系，总会反映一定的时代精神。

再者，审美经验的社会功利性还表现为审美活动满足人们的精神生活这一特点。审美的愉悦性对人是一种安慰与休息，有利于生活和人们的健康、有益于社会生产。

审美经验的功利性是潜伏着的，它不同于个人的实用功利。个人的实用功利是外在的，是物质或财富的满足，是一种感官需要或生活需要的满足，是一种物质财富的消耗和占有，受个人功利需要的制约，是不自由的。而审美经验不受物质功用的制约，是无私的和自由的。正如黑格尔所说，满足这种需要和欲望的事物，是要"利用它们，吃掉它们，牺牲它们来满足自己。……欲望所需要的不仅是外在事物的外形，而且是它们本身的感性的具体存在。欲望所要利用的木材或是所要吃的动物如果仅是画出来的，对欲望就不会有用"[3]。画出来的东西不能满足对物质的需要，画饼是不能充饥的，但如果它是艺术品的话，它能给人精神的满足和愉悦。

---

1 鲁迅：《艺术论》，《鲁迅全集》第4卷，人民文学出版社，1981年，第263页。
2 普列汉诺夫：《从社会学观点论十八世纪法国戏剧文学和法国绘画》，《译文》1956年12月号。
3 北大哲学系编《西方美学家论美和美感》，商务印书馆，1980年，第206页。

第二节 审美意识的组织

审美意识是指包括审美感受，以及在审美感受的基础上形成的审美趣味、审美体验、审美理想、审美观念等所共同组成的意识系统，是主体在进行审美活动时所产生的一种综合性的心理反应，是一种复杂的心理反应过程。一般认为，感知、想象、情感和理解等心理要素相互诱发、相互作用、相互交融构成了审美主体的审美经验。审美经验是审美意识的核心。

一、审美感知

1. 感觉、知觉

感觉是客观事物的个别属性或表面某些特征在人头脑中的直接反映，人对客观事物的反映，首先是通过感觉的形式进行的。在实践中，客观事物、现象作用于人的感官，就在人的大脑中产生感觉的这种反映。列宁曾说："感觉是运动着的物体作用于我们感觉器官的结果。"[1] 人的感觉一般分为两大类：一类是由外分析器所产生的感觉，如视觉、听觉、嗅觉、味觉、触觉；一类是由内分析器所产生的感觉，如运动感觉、平衡感觉和器官感觉。

感觉是认识的初级形式，是一切心理活动的基础，而知觉是对于事物的各个不同特征，包括形状、色彩、声音、气味等要素组成的完整形象的整体性把握，是人脑对客观事物的综合反映，甚至还包含着对这一完整形象所具有的含义和情感表现性的把握。知觉是事物的整体性和事物之间关系的反映，需要各种感觉器官的共同作用，才能形成事物的完整性。

感知的直接产物是表象，表象是在感觉和知觉的基础上形成的，保留和储存在记忆中的感性形象。表象既有直观性，又有概括性。在审美过程中，表象由于主体思想、感情的作用，成为既保留着鲜明的具体感性特征，又含有情感色彩和理性因素的新表象，即审美意象。

感知对于审美经验非常重要，审美必须有对象的刺激，通过主体的感知，才能产生美感。美国学者帕克曾说过："感觉是我们进入审美经验的门户；而且，它又是整个结构所依靠的基础。"[2] 审美经验的心理基础是感知，而感知的生理基础是人的感觉器官，主要有眼、耳、鼻、舌、身，相对应的是视觉、听觉、嗅觉、味觉和触觉。这些感官在审美活动中，所起的作用并不完全相同，在审美活动中，起主要作用的是视觉和听觉。柏

---

[1] 《列宁选集》第2卷，人民出版社，1995年，第308页。
[2] 帕克：《美学原理》，商务印书馆，1965年，第50页。

拉图认为视觉和听觉所获得的快感高于饮食、色欲的快感。托马斯·阿奎那认为人人可以通过嗅觉感受玫瑰的芳香获得美感，但是他认为与美关系最密切的感官是视觉与听觉。黑格尔说："艺术的感性事物只涉及视听两个认识性的感觉，至于嗅觉、味觉和触觉则完全与艺术欣赏无关，因为嗅觉、味觉和触觉只涉及单纯的物质和它的可直接用感官接触的性质。例如嗅觉只涉及空气中飞扬的物质，味觉只涉及溶解的物质，触觉只涉及冷热平滑等等性质。因此，这三种感觉与艺术品无关。……这三种感觉的快感并不起于艺术的美。"[1] 视觉和听觉作为主要的审美感官，是因为第一，视听觉和其他感觉相比有更为广阔的感知范围，受时空限制较小。第二，视听觉较少受生理需要的制约，减少利己性和占有性，其社会化程度更高，有更强的社会性，所以更能真实地反映事物的特征。

在审美活动中，视听觉发挥着主要作用，其他感觉也发挥着重要的辅助作用。比如在欣赏雕像时，建立在触觉经验上的质感就特别重要，大理石材质的雕像和青铜材质的雕像在审美效果上是有明显区别的。在日常生活和审美活动中，各种感觉经常相互打通、交融，即人们常说的通感。如看见某种颜色，觉得似乎有冷暖，有声响，这在中国的传统诗歌和新感觉派小说中运用十分普遍。不过嗅觉、味觉和触觉虽然参与到审美活动中，但始终起辅助的作用。

2. 审美感知的特点

第一，审美感知带有浓厚的感情色彩。人们在感知当下对象时，总要调动以往的经验作为补充，把过去曾建立的某种暂时联系恢复起来，从而使过去经验中的情绪因素转而附着在当下的表象上，使得一般表象也会融入某种程度的情绪因素。审美感知侧重于具体表象，而且这一表象要联系于主体的快感与不快感，形象记忆要伴随情绪记忆一同活跃起来，具体表象所带有的情绪色彩恰恰成为人们刻意追求的东西，使整个审美感知过程带有浓厚的主观情绪因素；"物色之动，心亦摇焉"（刘勰《文心雕龙·物色》），物色的不同意态，会唤起主体不同的情绪感受，物色意态与主体的情绪相融合，使感知所得，就不单是一般的表象，而是充满情趣的审美意象了。审美感知的结果是生动的审美意象，它能触发人的想象和情感活动，使审美活动得以进一步展开。

第二，审美感知伴随有敏锐的选择力。审美感知时，作用于感官的事物是丰富的，在这许多的感性事物，人不可能同时接受，而必须根据自己的兴趣和爱好，有选择的接受部分事物。主体对对象的感性形式产生审美注意，对象的感性形式是千姿百态，富于变化的，所以要求主体在欣赏时要善于捕捉对象在每一瞬间所给予的印象以及对象在运动中的每一精微变化，具有特别敏锐的选择能力。比如，两人同时同地游览某一景点，可能会一个注意各种各样的花，另一个可能会特别注意草地。如张岱在七月半游西湖

---

[1] 黑格尔：《美学》第1卷，商务印书馆，1979年，第48—49页。

时,他选择的不是西湖的美景,不是七月半的明月,而是月下各类赏月的人。在《西湖七月半》的篇首就说:"西湖七月半,一无可看,只可看看七月半之人。"

第三,审美感知还有整体性的特点。虽然感觉反映的是对象的个别属性,但是感觉会迅速地过度为知觉,将个别感觉迅速组合为完整映象,而且各感觉之间还存在着相互作用和对比关系。某一器官的感受性会因另一器官的同时活动而发生变化。弱的味觉能提高视觉的感受性;噪音则会降低视觉感受性。如以动写静就属于审美心理过程中的感觉的相互作用和对比。

审美知觉对事物的整体把握,突出的表现为统觉作用。由于感觉的相互作用,一种感觉具有唤起另一种感觉的作用,一种感觉具有另一种感觉的作用,这就是统觉。在知觉中,视觉、听觉、味觉、嗅觉和触觉相互作用,这在中国古代诗词和新感觉派的作品中都比较常见。

对于审美知觉的完整性,格式塔心理学派认为,知觉的完整性在于人在知觉活动中,能将杂乱无章的对象改造成一定结构、一定形状的完形能力,并且强调感知的整体性不是各个感觉的机械相加,而是有机的交融,整体大于部分之和,部分只有放在整体中来感知才有意义。

二、联想与想象

想象是一种特殊的思维方式,在审美心理中非常重要,有的理论家把想象当做衡量艺术家艺术才能的重要标准。在审美心理中,想象能够借助情感的推动,把审美感知和理解联结起来,对记忆基础上的表象进行再现、组合和改造。由于感知是充满感情的,在情感的推动下,它会激活记忆中存留的旧表象,借助于想象,可以将发生在不同时空的表象与当下的审美意象相联系、综合、交融,遵循情感的逻辑,将它们改造成新的审美意象。由于想象的改造加工,审美感知超越了时空的限制,感受更加自由,感受内容也更加深广。

想象活动分为初级形式和高级形式两种。初级形式是简单联想,或称联想,高级形式是复杂想象。

1. 联想

联想是由一事物想到另一事物的思维活动过程,是客观事物普遍联系的特点在人们头脑中的反映。联想通常分为接近联想、类似联想和对比联想。

(1)接近联想

由于甲乙两事物在时间和空间上非常接近,在人们的经验中常常将它们联系在一起,所以常常看到甲会想到乙,或者看到乙会想到甲,并会引起相应的情绪反应,这就是接近联想。我们常说的"睹物思人"、"爱屋及乌"都属于接近联想。艺术家常常可以借助于接近联想的功能，描写甲，而将欣赏者引向间接表现的乙，从而由实得虚，虚借实生，虚实结合的意境，产生言有尽而意无穷的美感。

陆游的诗《关山月》，通过明月的意象，从时间的接近来打破空间的距离，把将军、征人和沦陷区的百姓三组不同的生活画面交织在一起，抒发了作者报国无门，空怀壮志的悲愤。苏轼的词作《念奴娇·赤壁怀古》因空间的接近，打破时间的跨度，将三国时火烧赤壁的赤壁与眼前泛舟面对的赤壁联系起来，借古抒怀，表达了苏轼积极进取，建功立业的豪情及对人生的感悟。

（2）类似联想

由于甲乙两事物在性质或状貌上有某些类似而引起的联想，叫做类似联想。艺术创造中常用的比喻、象征等手法，其心理基础就是类似联想，我国古代诗歌中常用的比兴手法的基础也是类似联想。例如"新月如钩"，本体新月与喻体吴钩在形状上极为相似，都是弯的。《诗经·关雎》用雎鸠鸟的鸣叫起兴，即爱情专一的雎鸠鸟的来比喻君子与淑女，这种联想既有民歌的特点，又富有诗意。

比喻的喻体和本体之间既类似又有差异，包含着相反相成的因素。钱锺书认为："两者不合，不能相比；两者不分，无须相比。不同处愈大，则相同处愈有烘托；分得愈开，则合得愈出意外，比喻就愈新奇，效果愈高。"[1] 不论比喻还是象征，都能使读者在异中有同、同中有异、似是而非的体味中，展开积极的心理活动，把各自独立的事物结合成为错综复杂的意象，以取得更大的思想感情的容量。如波斯诗人哈菲斯的诗句："世界的行程是一把血染的刀，滴下的每点血都是皇冠。"

（3）对比联想

由于甲乙两事物在性质或状貌存在对比关系而引发的联想即对比联想。在审美欣赏中的对比、反衬都与对比联想有关。我们常说的"忆苦思甜"这种联想的目的不是突出对某一事物的感受，而是强化对两事物所具有的对立关系的理解和感受。如杜甫的诗句："朱门酒肉臭，路有冻死骨"用"酒肉臭"与"冻死骨"的反差对比，深刻揭示出阶级的对立，包含着对统治阶级的强烈不满和对下层百姓的深切同情。司汤达的小说《红与黑》借色彩的对比，揭示出法国大革命后波旁王朝复辟以后的社会现状，表达了作者对现实的强烈不满与批判。有时可以借助对比联想将两种具有对立关系的事物组合起来，构成乖谬的意象，如鲁迅的《死火》中，将火与冰组合在一起，创造出被严寒冻结起来的死火的意象，表明鲁迅心中始终活跃着任何寒冰都冻结不了的革命激情。

2. 想象

想象分为再造性想象和创造性想象，二者既有联系又有区别。它们的基础都是无数

---

[1] 钱锺书：《读拉奥孔》，《旧文四篇》，上海古籍出版社，1979年，第37页。

次的感知、大量的观察和丰富的经验。再造性想象是人们在作品或他人所提供的形象化描述的基础上，在自己的意识中构成新的形象。常常我们未曾见过的东西或未曾到过的地方，凭借他人或文学作品的描述，仿佛出现在我们眼前。通常在欣赏活动中，再造性想象占优势。

无需借助他人或文学作品的描述，而将记忆中存储的表象进行综合、加工，创造出新颖、独特的形象的心理活动，叫做创造性想象。如斯芬克斯、孙悟空、美人鱼等形象就是创造性想象产生的形象。通常，在创造活动中，创造性想象占优势。再造性想象与创造性想象的区别只是相对的。

丰富的记忆表象是想象的基础，但是想象的动力不是某种想努力恢复某些记忆图像的愿望，而是主体所体验到的人类的种种情感。感情越强烈，想象越丰富。情感激发想象，想象自由而宽广，超越时空和现实的逻辑。但想象必须遵循一定的情感逻辑和生活逻辑，其中理解力不着痕迹地支配着想象力，使表象按照一定的情感逻辑和生活逻辑不断得到综合和改造。

童庆炳认为："广义地说，想象是意象的自由组合运动，它是对人的心灵的一种能力。"[1] 想象活动最终产生的形象不一定是现实生活中具有的事物，大多数事物的形象都要在想象中被重新组合、创造，它们或被夸张、或被缩小、或被扭曲变形。新形象的创造过程反映了主体的需要、愿望和目的的指向性，概括了主体对于客体的态度和关系，并使主体的感情得以抒发。

对于想象，陆机谈到"精骛八极，心游万仞"。刘勰在《文心雕龙·神思》中说："文之思也，其神远矣。故寂然凝虑，思接千载；悄焉动容，视通万里；吟咏之间，吐纳珠玉之声；眉睫之前，卷舒风云之色；其思理之致乎。"所谓"神思"即想象，想象与丰富的生活经验、文化学识有密切的关系。丰富的生活经验、文化学识等为想象提供了或直接、或间接的表象和广阔的想象空间，为想象增添了翅膀。

3. 审美想象与科学想象的差异

科学研究也需要想象，但与审美想象有明显的不同。

首先，科学想象求真，不允许虚构，不能以想象代替和构成科学的最后成果，可以大胆想象，但必须小心求证，得出科学的结论。而审美想象求美，可以虚构。

其次，科学想象要揭示规律，要尽量排除感情、个性化和主观因素，因而更为客观。而审美想象始终饱含情感，不必遵循科学逻辑，更具有主观化、个性化的色彩。

再次，科学想象的最后结果是得出抽象的规律，是由具象到抽象的过程。而审美想象始终伴随形象，是从形象到形象的心理活动。

---

[1] 童庆炳：《艺术创作与审美心理》，百花文艺出版社，1992年，第237页。

三、情感与审美情感

1. 情感是审美过程中最活跃的因素，它渗透在审美过程的始终，又触发其他心理因素并推动它们的发展

情感是指人的喜怒哀乐等心理表现。情感是在人认识世界和改造世界的社会实践中产生和发展的，是人对自己与周围世界所结成的关系的反映和评价。在现实生活中，人总是会对对象是否满足自己的需要，产生一定的心理反应，也会对自己的行为产生一定的心理反应。情感同人的要求、愿望、理性密切相联，带有强烈的主观性。情感是在人认识世界和改造世界的社会实践中产生和发展的，并伴随着人的立场、观点和生活经历为转移的。当对象满足人的需要时，就会产生积极的、肯定性的情感体验，产生愉悦、快乐和幸福的心理反应。反之则产生消极的、否定性的情感体验，诸如忧伤、悲哀、恐惧甚至痛苦的心理反应。

情感是人对客观现实的一种特殊的反映形式，是人对客观事物是否符合、满足自己的需要所做出的一种心理反应。与认识不同，情感不是对客观事物的属性及其相互关系的反映，而是对对象与主体之间所结成的关系的反映和评价。人的种种需求包括人作为有机体所具有的生理需求和人作为社会关系产物所具有的精神需求。在现实生活中，人们总会因对象是否满足自己的要求而产生一定的态度，如果对象满足了自我的需要，在心理上表现为积极的态度，比如愉快、喜悦、幸福等，相反，则产生消极的态度，如沮丧、悲哀、痛苦等。情感还包括主体对自己的行为、举止、活动是否满意的态度和评价，带有自我评价的特点。情感与人的愿望、要求在现实中的实现程度相关联，是人的一种心理反应，所以带有强烈的主观倾向性，并伴随着人的立场、观点和生活经历而变化的。

情感中还包括人作为有机体的生物需要是否得到满足的反应，即情绪，如对安全需求、性需求、食物需求等生理需求是否获得满足而做出的心理反应。情感不仅受生理机制所制约，更受到个人的生活条件和理性所制约，在不同的生活条件以及不同的理性认识中，会产生不同的情感体验。

2. 审美情感与日常情感有密切的关系，但二者又有不同

第一，日常情感与人的生理快感并没有严格的区别，生理需要的满足也属于日常情感。而审美情感要求赏心悦目，是在感官的生理快适的基础上要求获得精神的满足，属于高级情感。康德认为，快感在先还是判断在先是区别快感与美感的关键。快感在先是对生理快感的肯定，不是真正的审美，比如先觉得这东西好吃，然后将其称为"美食"。如果对象一开始就引起主体想象力和理解力的和谐运动，先判断它美，然后感到愉快，才是真正的审美的愉快。

第二，审美情感中包含着理性认识，比日常情感有着丰富的、深刻的社会内容。日常情感来自于主体个人需要的满足。而审美情感来自人在对象中直观到人类的自由创造、人的智慧，才能时获得的满足愉悦，已经超越了狭隘的个人功利，上升到社会功利的高度，所以审美情感比日常情感内容更丰富、更深刻，更能丰富、陶冶净化人的心灵。

第三，日常情感是主体正在经历的体验，通常过于强烈、外露，对人有较大的刺激，会影响审美活动的正常进行。而审美情感往往是再度体验的情感，寓热于冷，是对过去生活的回忆、沉思，是升华以后的、智慧的情感，可以供人享受。鲁迅曾说："我以为感情正烈的时候，不宜作诗，否则锋芒太露，能将'诗美'杀掉。"[1] 苏珊·朗格也曾说："一个艺术家表现的是情感，但并不是像一个大发牢骚的政治家或是像一个正在大哭或大笑的儿童所表现出来的情感……一个专门创作悲剧的艺术家，他自己并不一定要陷入绝望或激烈的骚动之中。事实上，不管什么人，只要他处于上述情绪状态之中，就不可能进行创作，只有当他的脑子冷静地思考着引起这样一些情感的原因时，才算是处于创作状态中。"[2]

3. 审美情感产生的根源

（1）客观论者认为，审美情感是由审美对象自身所具有的形色声等因素及其组合决定的，是对象本身所固有的，与欣赏者的主观态度无关。一个眼神、一种姿态、一种旋律能够直接展示出痛苦、欢乐、悲哀，是由他们自身的结构决定的，是我们对对象结构性质的认识与把握，情感的产生只在于事物的客观性质，与主体的想象、移情无关。

（2）移情说，是心理学美学最有代表性的理论，以立普斯和费孝尔父子为代表。他们认为所谓"移情"，就是通过主体意识的活动，把主体的感情"外射"到对象中去，与对象融为一体，使对象人格化。这样一来，对象仿佛也有了生命、情感、意志。立普斯说："移情作用所指的不是一种身体感觉，而是把自己'感'到审美对象里面去。"在这种理论看来，"审美的欣赏就不是对一个对象的欣赏，而是对于一个自我的欣赏。它是一种位于人自己身上的直接的价值感觉，而不是一种涉及对象的感觉。毋宁说，审美欣赏的特征在于在它里面我感到愉快的自我和使我感到愉快的对象并不是分割开来的两回事，这两方面都是同一个自我，即直接经验到的自我。"[3] 立普斯在《空间美学》中说，当人们在欣赏古希腊的多利安式的石柱时，给我们耸立向上的感觉，产生这种感觉的原因不在于对象本身，而在于人把自己承受重压时，耸立向上的观念和意象外射到石柱之上，所以，人们欣赏石柱的向上腾飞实际上是对自我的欣赏，是在欣赏一个客观化的自我。依照立普斯的观点，石柱只起到一个诱因的作用，没有自我的移情，就没有美的对象，美就不存在了。

---

[1] 鲁迅：《两地书三二》，《鲁迅全集》第9卷，人民文学出版社，1958年，第79页。
[2] 苏珊·朗格：《艺术问题》，中国社会科学出版社，1983年，第23页。
[3] 《古典文艺论丛》第8册，人民文学出版社，第44—45页。

（3）同构说，以格式塔心理学派为代表，该派主要人物阿恩海姆提出"大脑力场"理论，认为，当外部事物在大脑立场中所造成的结构与伴随着某种情感生活的力的结构相对应，达到同形时，这种外物就具有了这种情感性质。所以所谓的物我同一、主客观一致，外在对象与内在情感的协调，就是这种同构的结果，有了这种同构，才能产生对称、均衡、和谐感，才能产生心理体验和审美快感。阿恩海姆认为一棵垂柳之所以看上去是悲哀的，是因为垂柳的力的结构与悲哀在大脑立场中的结构是一致的。

在审美过程中，情感因素是感知和想象的诱因，也是情感和想象的动力，并推动着审美的过程。

四、理解与审美理解

1. 理解是一种特殊的认识活动

美感中既有感性形式，又有理性的因素。美感中的理性因素，我们称为理解，美感中的理解是渗透于感知、想象与情感之中的。一般的理解是指通过揭示事物间的联系而认识新事物的心理过程，可分为对事物外部联系的理解和对事物内部联系的理解。

对审美经验中的理解，把它等同于一般的理性认识，忽略审美经验的感性特征和直观性特点的看法，带有机械唯物主义的倾向，但是认为审美经验是一种非理性的直觉，与理性无关，否认美感的认识功能，会落入直觉主义和神秘主义的窠臼。审美理解指在审美活动中，对于对象所具有的社会内容的理解和认识，是伴随着生动的形象性，又在审美感受中包含着领悟、比较、推敲、品味等思维和理解的理性活动。在审美活动中，感知、想象、情感和理解等诸因素处于和谐的运动状态，共同构成审美心理的完整过程，任何一个因素都不可能单独存在。审美经验中的理解是渗透在感知、想象和情感之中，没有一个单独的理解阶段。

2. 理解在审美活动中的作用：

审美经验中的理解有三层含义：

第一，对审美状态的理解。就是要把真实生活中的事件、情节和感情与审美状态或艺术中的事件、情节和情感区别开，自觉地理解到自己是在非实用的审美状态中，不必对所见所闻采取实际行动。这是对审美中理解的基本要求，否则就无法进入到审美欣赏活动当中。

第二，是对审美对象的象征意义、题材、典故、技法等的理解，如果看京剧，知道一些相关的技法、程式的话，就会明白几个人挥动马鞭在舞台上不断地穿梭，表示千军万马骑马奔驰几百里路程。对此理论有所了解，就能更好地欣赏诗词、绘画中出现的梅、兰、竹、菊等意象。

第三，是对形式中蕴涵的意味的把握。这种理解始终渗透在感知、想象、情感等因素之中，与之融成一体，构成非确定的、多义性的认识。这种认识不像理性认识那样确定，它往往朦胧多义，难以用概念明确表达。

审美理解与感知、想象和情感处于交融和谐的运动状态，理解不可能单独存在，而且它不是抽象的判断、概念和推理，它始终伴随着形象，并具有多义性和朦胧性，这也是审美理解与一般理性认识的区别。

3. 直觉与审美直觉

关于审美理解中的直接领悟，是指对对象的直接观照而达到对对象本质的了解，即直觉。这是在长期的社会实践中发展起来的高级的感受能力，由于感性经验的积累，使人们能够凭借对某种现象的感知，略过一些中间环节，对复杂的事物作出判断。黑格尔把审美理解的直接领悟，叫做"敏感的观照"，他说："'敏感'一方面涉及存在的直接的外在的方面，另一方面也涉及存在的内在本质。充满敏感的观照并不能把这两方面分别开来，而是把对立的方面包括在一个方面里，在感性直接观照里同时了解到本质和概念。"[1]

对于审美中的直觉的研究，武乾的看法对我们有很大启发。他认为："当前审美对象的信息传递到大脑时，由于它的形象和美的品格与大脑储存的信息中某种形象和美的品格有某些类似，一霎那间在神经之间由此及彼地相应地传导和联系起来（一般认为通过生物电），后者既是美的和伴随着愉悦之情的储存，则类似的前者也应是美的，可愉悦的。这种自然的逻辑联系，使美感具有理性的深度，使美感高于和富于一般的感觉和知觉，能极其准确地判定当前对象的美，因而审美者虽不自知，却能够直觉地感知当前对象的美而动情。"[2] 在审美活动中，感知、想象、情感和理解是相互渗透、相互交融的，如果没有理解，感知就成了一种动物性的信号反应，如果没有情感，想象就没有动力，如果情感中，没有理解，情感就没有规范，就会成为偶然性的自然情感的发泄，如果理解中没有情感，就只有抽象的思想。所以审美中的感知是审美活动发生的起点，情感是动力，想象为审美活动开拓了更为广泛的空间，理解为审美活动指明了方向并增强了审美活动的内涵和意义。这四种要素的有机交融，使内在心灵和谐运动，从而使审美活动得以进行。

第三节 审美意识的运行

王一川在《审美体验论》中将审美体验发生的结构分为历构层、临构层和预构层三

---

[1] 黑格尔：《美学》第1卷，商务印书馆，1979年，第167页。
[2] 武乾：《试论美感的性质》，《哲学研究》1981第5期。

个层次[1]，借鉴他的观点，我们可以将审美意识划分为历构层和临构层两个层次。历构层，指个人和社会早先进行的活动在个体头脑中不断内化而积淀成的层次，是历次人类活动的内心投影，是人类审美意识的积淀，也是新的审美活动发生的基础。临构层不是一种积淀，而是一种凸现，指作为客体的外部世界与作为主体的自我及其相互关系内化在头脑之中，变成主体所意识到的活动图式，或者说是在凝神静观的瞬间主体对活动图式的内化建构，是内化建构与外化建构同时进行的双向建构过程。[2] 每一次审美活动的发生都是历构层和临构层相互作用、交融的过程。审美意识的运行过程也就是审美因素积极参与，历构层与临构层相互作用的动态过程。

英伽登把审美意识的动态过程描述为：（1）初发的情感阶段即审美经验的预备情绪阶段。（2）审美对象的形成阶段，主体与对象交融，并通过想象等活动构成完整的审美对象。（3）最后阶段，对已构成的审美对象的静观并做出情感反应。英伽登的描述对我们有重要的启发作用。

按照在时间中的先后发展，我们将审美经验的动态过程描述为：初始阶段、高潮阶段和延续阶段。

一、初始阶段：审美注意与审美期待

初始阶段，即准备阶段，对象的某种特征打动我们，吸引我们的注意力，引发主体的初发情感，主体会将这种情感投射到对象上。这时整个心理机制进入一种特殊的审美注意阶段，使我们从日常生活的实际态度转变为审美态度，日常意识的中断，注意力全部集中在眼前对象的形式特征，集中于对象的形式美的诸要素及其有机组合。伴随着这种审美注意，主体会产生一种期待，表现为对美的极度渴求与紧张探究的心理，同时与审美暂时无关的考虑被抛开，而一心沉浸在由对象唤起的情感愉悦中。审美期待直接通向审美实现阶段，能否使主体顺利转入实现阶段，形成审美体验的高潮，关键在于审美期待的心理定势的强弱和延续时间的长短。这一阶段，审美感知发挥主要作用。

审美态度包括审美注意和审美期待两个相关环节。这一阶段，审美态度的确立至关重要，它是决定我们的审美活动是否能够继续下去的关键。

审美态度，指主体摆脱了日常的功利和实用态度后对对象所产生的一种观照、欣赏的态度。主体是否具有这样的态度，是其能否与对象建立审美关系并进入审美活动的关键。主体摒弃私欲，而着眼于对对象的直观，以审美的态度对待对象，割断种种实用功利对个人的羁绊，采取一种超功利而暗含功利的观赏态度，这时的主体即叔本华所说的

---

[1] 王一川：《审美体验论》，百花文艺出版社，1992年，第85页。
[2] 同上书，第82—99页。

"纯粹的、无意志的、无痛苦的、无时间的主体"[1]。审美态度也是一种持续的、兴味盎然的审美注意,是对对象的一种凝神观照,"用志不分,乃凝于神"。由于胸无利己的杂念而又注意力集中,主体就可能充分地感知对象,产生强烈的"第一印象",同时也可以更为顺利地诱发联想与想象,使主体的整个心理活跃起来。我国古代提出的"虚静",正好描述进入审美状态时主体的心理,亦即"湛怀息机"(况周颐《蕙风词话》卷二),"罄澄心以凝思"(陆机《文赋》)都可以看做是对审美态度的说明。

审美态度是非功利的,但是在其中蕴涵着深刻的社会历史内涵,潜伏着全人类的或是某一社会集团的功利内容,是审美经验对立与统一的表现,非功利里面有功利,自由中又存在着必然性。

瑞士心理学家、语言学家、美学家布洛在1912年发表的论文《"心理距离"作为一项艺术因素与审美原则》的论文,提出了著名的"心理距离说"。他认为心理距离是审美意识的本质特征之一,是"一切艺术的共同因素","也就成了一种审美原则",心理距离是产生美与美感的根源,他认为:"距离是通过把客体及其吸引力与人的本身分离开来而获得的,也是通过使客体摆脱了人本身的实际需要与目的而取得的。"[2]他说:"适意是一种无距离的快感。美,最广义的审美价值,没有距离的间隔就不可能成立。"[3]布洛举例说明,在海上航行时遇上浓雾,人们会担心、紧张,甚至惊慌失措,担心行期与自身的安全,在这种情况下,人们很难有闲情逸致去欣赏雾中的美景。但是如果人们忘掉危险,换一种心境的话,就会欣赏到大雾笼罩下大海上的美。前一种情况是由于无距离,后一种情况是由于有距离。所谓距离,就是脱离现实、脱离功利、客观地看待事物的一种心理状态,要求客体与人的实际需要与实用功利分离开来,把实用关系变成欣赏关系,这种心理状态就是审美态度。没有距离就不能产生不同于实用态度的审美观照。

布洛的距离说还有一层意思:审美主体只有和对象拉开一定的距离,才可能在意识中构成对象,并对其作出具有普遍性的审美评价。

布洛认为主体与对象的距离应该远近适度,不能太远,太远的话,我们无法对对象进行了解,我们会忽略对象;也不能太近,距离太近了,会使人对对象采取实用功利的态度,不可能获得美,这远与近的关系,就是布洛说的"距离的内部矛盾"(或叫做"距离的二律背反"),距离的远近都会导致距离的消失,"所以说,无论是在艺术欣赏的领域,还是在艺术生产之中最受欢迎的境界乃是把距离最大限度地缩小,而又不在于使其消失的境界"[4]。

布洛也看到不同的人度量距离的习惯尺度各异,即便是同一个人,在不同的客体面

---

[1] 叔本华:《作为意志和表象的世界》,商务印书馆,1982年,第249—250页。
[2] 蒋孔阳主编《二十世纪西方美学名著选》上册,复旦大学出版社,1987年,第245页。
[3] 北大哲学系编《西方美学家论美与美感》,商务印书馆,1980年,第278页。
[4] 蒋孔阳主编《二十世纪西方美学名著选》上册,复旦大学出版社,1987年,第248页。

前，保持距离的能力也是不一样的。

布洛的"心理距离说"建立在唯心主义的基础上，脱离社会实践来谈论美感，把美感建立在距离上。片面强调了审美的无功利性，而完全忽略了审美的非功利背后潜藏着社会功利。而且，他所说的最好的距离，在现实生活中很难确定，成为一种空想。

二、高潮阶段：审美创造与审美价值实现

高潮阶段，即审美活动的实现阶段，这个阶段，也可以称为"共感"、"感会"、"应会"，即主体与对象之间心物两契，产生情感上的共振、共鸣状态。欣赏中，主体获得同情共感，体验到"物我两忘"、"身与物化"、"我没入大自然、大自然没入我"的最高审美境界。这一阶段相对持续的时间较长。

《庄子》所记的庄周梦蝶的故事，最早提出"物化"可理解为这种物我界限消融、我与万物融化为一的心理境界。柳宗元在《始得西山宴游记》说："心凝形释，与万化冥合"，这是对共感现象的最好描述，内心平静至极，似乎精神活动已经凝结，躯体的一切束缚都已解脱，仿佛自己与宇宙万物化合成一体，这是精神上的大解脱、大超越、大自由。这时主体感到天地间的颢气充盈心胸，似乎与造物主神游天外。

初始阶段，主要是感知发挥重要作用，而在高潮阶段，情感与想象起着关键的作用。主体还必须通过想象对知觉表象进行加工改造，从而构成完整的审美对象。主体会积极唤起已有的经验模式去同化知觉。表象，或者是改变原有的经验模式去顺应知觉表象。

在高潮阶段，伴随着感知、情感与想象，已有理解的介入，伴随着理性经验的想象与情感高度活跃，主体心理活动的空间较大。在强烈的审美体验中，主体似乎已领悟到某种超感性、超个体的永恒的生命力与宇宙规律的无穷意蕴。

三、延续阶段：审美体验与审美反思

延续阶段，也是审美活动过程的实现和评价阶段，是整个审美心理体验的最终完成。主体从自己的审美理想与价值标准出发，对已经构成的审美表象做出具有普遍性的应和与评价，并产生成果。在这一阶段主体的理解力起着关键作用，主体对审美对象产生具有普遍意义的感悟。审美体验以成果的方式沉淀于主体心理结构之中，并建构起主体的审美心理结构。同时审美心理结构又以特定的审美观念、审美趣味和审美联想的方式体现于一个人的外部行为，并在以后的审美体验中不断重现。审美体验最终要形成审美心理结构——审美意识系统，"审美是对认知的超越，是在认知意识的心理空间之外另辟心理空间，建立一个从认知世界里选取材料而与主体审美情趣、理想相融合的审美

意识，形成独特的审美意识结构"[1]。

从具体的成果形式来看，审美体验的心理成果可以分为两个层次：直接成果和间接成果。这是两个紧密联系的层次。直接成果和个人的价值联系在一起，是容易感受到的部分，而间接成果通向一个更为宏观的领域，即群体的价值，它是全部个体价值的综合形式，这一部分需要通过个体价值的实现，才能得到体现。所以可以说在个体成果中也包含了群体的成果。

直接成果是审美体验中实现的显层次，它主要表现为审美者个人的审美能力（包括审美趣味、审美鉴赏力和审美感受力）的普遍提高，而审美鉴赏力和感受力的提高又反过来强化或建构审美主体的审美心理结构，促进审美体验的顺利完成。审美主体会把每一次的审美体验不断的综合并积淀于心理结构当中，并不断建构、完善自己的审美心理结构。

间接成果是审美体验的隐层次，它主要表现为丰富人的情感生活，净化人的心灵，培养自由的人性。体现为个人的行为模式、品行修养和道德水准，它贯穿于人的自我发展的全过程。在马尔库塞看来，审美具有心灵解放的功能，具有造就新感性、创造新主体的功能。艺术和审美通过自由想象的方式为个体进而为整个人类摆脱工具理性和现实原则的单面统治提供了一个途径。艺术和审美本质上是一种感性的认知活动，能够焕发出人性解放的内在潜能，预示主体的高扬，通过对现实的变形摧毁旧感性，造就新感性，摆脱受现实原则压抑的不自由感，消除对异化现实的恐惧，从而为对单向度社会的批判准备了主体条件。[2] 审美的直接成果是表层的，而审美的间接成果作为一种终极体验才是深层的、恒存的。

第四节　审美意识是人类生存的真质

一、审美体验是人类的基本活动和生存方式

审美体验一种独特的人生活动，审美活动的根本动力是人的审美需要。马克思指出："动物只是按照它所属的那个种的尺度和需要来建造，而人却懂得按照任何一个种的尺度来进行生产，并且处处都把内在的尺度运用到对象上去；因此，人也按照美的规律来建造。"[3] 审美活动的目的不是外在的功利的追求，而是对审美境界的追求，激励人类

1　李健夫：《现代美学原理——科学主体论美学体系》，中国社会科学出版社，2002年。
2　畅广元：《马克思主义文艺理论》，高等教育出版社，2006年，第141—142页。
3　马克思：《1844年经济学—哲学手稿》，《马克思恩格斯全集》，第42卷，人民出版社，1979年，第97页。

不断以审美理想来塑造自己完整的生存状态。

1. 以感性的方式最为丰富、全面地触及人生的真相，打动的心灵审美发生于人与世界的感性交往，处于审美中的对象世界呈现为感性的生机勃勃的世界，处于审美状态中的主体是充满活力的感性个体，审美最终到达一种气韵生动、悦志悦神的感性境界。[1]

2. 对人全面提升，使生活在片面性中、异化状态中的人得到解放，把人的欲望提升到超功利的精神层面，使人的本质力量得以展示，人生境界得以提高。

二、审美体验是一种人生实践

1. 审美是人生实践不可或缺的部分，审美实践是人实践与生存的需要，整个人生就是审美和艺术的舞台。
2. 审美活动起源于人类的生存实践，并伴随着人类的实践活动的发展与人的发展而发展。
3. 活动必须在人生实践中汲取营养和内涵，才能得到丰富和发展。审美活动和艺术都必须扎根于社会实践，才能获得意义与价值。

三、审美体验是一种人生境界

1. 自身实践的体悟和对宇宙人生的体悟。
2. 人与世界的相互依存、统一于人生实践。
3. 人对世界的、对人生意义的体悟是人的独特的内在体验，具有个体性，也是由个体的觉解而生的内心澄明，所以也是内在的。
4. 人生境界的生成取决于人对生存实践及其意义的体悟，体悟的不同，造成人生有多种境界、多重境界。

人生有多种、多重境界，而审美境界只是其中的一种，审美境界是比较高级的人生境界。是对人生境界的诗意的提升与凝聚，是一种诗化了的人生境界，是人的精神世界的延伸和扩展，是对有限的超越，达到自由无碍的状态。审美境界离不开人生实践，并伴随人生境界而生成、提升，审美境界是一种特殊的人生境界，人生境界的多样性、多层次性也导致了审美境界的丰富多样和多层次性。

---

[1] 朱立元：《美学》，高等教育出版社，2006年，第92页。

第五节　审美意识是艺术家创造的宝库

"艺术是生活美的反映，同时是审美意识的物化形态——用语言、线条、颜色、声音等物质媒介把它固定下来。从这个角度看，审美情感、审美意识的特质，也就是艺术的特质。"[1] 也就是说，审美意识是艺术的本质，艺术家从生活中获得了审美体验，构建了审美意识，并通过感性形式表现出来，使其他人受到感染，并建构相应的审美心理结构和审美意识，这就是艺术创造。

一、审美体验与艺术创造

1. 审美体验产生艺术创造冲动

审美体验是整个艺术创造活动的开端，审美意象也以其感性形式与审美体验相联系，并在审美体验的基础上发展而来，审美体验是艺术创作的基础性环节。一切艺术美的创造都是以艺术家在现实生活中获得的审美体验为基础的。《乐记》中说："乐者，音之所由生也。其本在人心之感于物也。"钟嵘在《诗品·序》中说："气之动物，物之感人，故摇荡性情，形诸舞咏。"伴随着紧张、剧烈内部活动主体处于一种极度兴奋、狂热的状态，激发艺术家的创作热情和欲望，使艺术家产生要把来自现实生活的审美体验物态化为艺术作品的强烈愿望，它常常伴随着艺术家固有的积累，使审美体验迅速向艺术构思阶段突进。郑板桥所说的"胸中勃勃，遂有画意"，这"画意"就是审美体验促发的创作冲动。心理学家威廉·詹姆斯说："当美激动我们的瞬息之际，我们可以感到胸部的一种灼热，一种剧痛，呼吸的一种颤动，一种饱满，心脏的一种翼动，沿背部的一种震摇，眼睛的一种湿润，小腹的一种骚动，以及除此而外的千百种不可名状的征兆。"[2]

2. 审美体验促使兴象勃发

遍照金刚在《文镜秘府论》中说："感兴势者，人心至感，必有应说，物色万象，爽然有如感会。"[3] 杨万里在《诚斋荆溪集序》说："每过午，即携一便面，步后园，登古城，采撷杞菊，攀翻花竹，万象毕来，献予诗材，盖麾之不去，前者未雠，而后者已

---

1 《审美情感与艺术本质》，《审美问题论稿》，陕西人民出版社，1984年，第187页。
2 詹姆斯：《心理学原理》第2卷，纽约英文版，1890年，第470—471页。转引自王一川《审美体验论》，百花文艺出版社，1992年，第115页。
3 《文镜秘府论·南卷·论文意》，人民文学出版社，1980年。

迫，涣然未觉作诗之难。"[1]

兴象是我们从外界吸收、同化的感知意象，是我们保存在记忆中的意象，是我们内心所预期的关于未来的理想，是记忆意象、感知意象和未来理想三者的统一，是过去、现在、未来的统一。兴象是这三者的回环反复、交叉渗透或多维整合的瞬间实现与勃发。

兴象不仅是一种反映、模仿、复现，而是一种创造和发现。审美体验就是一种崭新的创造与发现，艺术家所经历的那部分人类生活在审美体验的过程中得到了新的改造与美化。艺术家就应该去创造和发现兴象，在深深的感动与冷静的思考之后，再把它们创造出来，让读者能够体验到它们并沉醉在兴象当中。[2]

3. 审美体验是艺术创造的目标和根本任务

有了审美体验，才能发现美、创造美，审美体验是人在社会实践的基础上所获得的对人类生活的体验、感悟与理解，是在有限中获得无限，在刹那中获得永恒的体验，艺术创造就是要把这种体验表现出来，把这种体验凝定为艺术形象，让读者在艺术欣赏中获得相同的审美体验。

伽达默尔说："如果某个东西不仅被经历过，而且它的经历存在还获得一种使自身具有继续存在意义的特征，那么这东西就属于体验，以这种方式成为体验的东西，在艺术表现里就完全获得一种新的存在状态。"[3]艺术是体验所转化的一种新的存在状态。

二、艺术家的审美体验

艺术家的审美体验与非艺术家的审美体验有所不同。

1. 艺术家对生活的体验、理解是结合自身经验的具体理解[4]，是设身处地的感受。莫泊桑曾说："无论在一个国王、一个凶手、一个小偷或者一个正直的商人身上，在一个娼妓、一个女修士、一个少女或者一个菜市女商人的身上，我们所表现的，终究是我们自己，因为我们不得不向自己提这样提问：'如果我是国王，凶手，小偷，娼妓，女修士，少女或菜市女商人，我会干些什么，我会想些什么，我会怎样的行动？'"[5]艺术家在进行审美体验时，常常把自我与客观对象交融在一起，仿佛自己就是客观对象了。而非艺术家的体验一般是比较冷静的，几乎不会出现设身处地、物我交融的状态。

---

1 《诚斋集》卷十八，商务印书馆，2009年。
2 王一川：《审美体验论》，百花文艺出版社，1992年，第117页。
3 汉斯-格奥尔格·伽达默尔：《真理与方法》上卷，上海译文出版社，1999年，第78页。
4 李健夫：《现代美学原理——科学主体论美学体系》，中国社会科学出版社，2002年，第61页。
5 《"小说"》，《文艺理论译丛》，1958年第3期，第173页。

2. 艺术家对生活的审美体验还表现为对对象的专注，发现客观对象与别的对象之间的差异，特别要发现它独具的特征。对于人物而言，要抓住人物的本质特征，就是在人物的思想、言行过程中起支配作用的因素。李健夫认为："每个人身上都集中着多方面的社会关系，集中着来自外界的多种影响和自身的多种素质；但是每个人都有他性格的主导方面，这主导方面就决定着这个人的本质和特征。"[1]艺术家的审美体验是细致的、敏锐的，所以善于捕捉生活中生动的细节，把握对象突出的特征，看出一般人容易忽略的有意义的东西。罗丹说过："所谓大师，就是这样的人：他们用自己的眼睛去看别人见过的东西，在别人司空见惯的东西上能够发现美出来。""艺术家所见到的自然，不同于普通人眼中的自然，因为艺术家的感受，能在事物外表下体会内在真实。"

3. 艺术家的审美体验表现为在理解对象整体的同时，还要对对象作出可靠的审美判断，形成稳定的情感态度倾向，作为整体的心理结构形成于艺术家的心灵中，最后以艺术形象的形态呈现于艺术作品中。所以艺术家对每一人物、事件产生的审美体验，都包含了艺术家的情感、理解和评价，还寄托着艺术家的审美情趣、审美理想等因素。艺术家掌握的每一人物事件都是包含着艺术家理解、审美评价和情感态度的审美意象。

审美评价判断有两个层次：一是直觉层次，对于简单对象不假思索地作出判断。二是理性层次，即从整体上、本质上、多重关系上作出较全面的审美判断。[2]在艺术家作出审美评价判断的同时，艺术家的审美情感也随之固定下来，形成顽强的情感态度。

4. 艺术家的审美体验有强烈的意向性。艺术家从审美活动中获得审美体验，会产生出两种内心意象：一是外化意象，即把内心的审美体验外化为某种信息以唤起他人相同审美体验的需要；一是内化意象，即把他人对自己创造的信息的反应（接受）纳入内心以获得自我确证和相互交往的需要。[3]艺术家希望把自己的审美体验传达出来，让他人也获得相同的审美体验；另一方面，也希望通过他人对作品的"接受"来实现自己，最终达到与他人的精神沟通的目的。审美体验从个人性延伸到社会性，从独特性延伸到可沟通性的过程就是艺术创造过程。

---

[1] 李健夫：《现代美学原理——科学主体论美学体系》，中国社会科学出版社，2002年，第62页。
[2] 同上书，第67页。
[3] 王一川：《审美体验论》，百花文艺出版社，1992年，第136页。

第三章
生活审美论

　　生活审美，是在具备较为丰富的审美意识基础上，审美主体面对生活经验或生活情景——人物、事件和环境展开的审美活动。这是一种主体审美心理与对象展开的心理交流过程，或审美对话过程。审美反思是生活审美的重要思维方式。

　　生活、艺术、自然是审美活动发生的三个基本场域，也是我们探讨审美问题的三条基本路径。值得注意的是，传统美学习惯于把生活美、艺术美、自然美抽象为审美对象，并从对象的性质入手探讨生活美、艺术美和自然美的差异性，然后再首尾倒置地从生活、艺术、自然之间的联系来探讨生活美、艺术美和自然美的共通性。实际上，生活、艺术、自然并非是悬置在"审美主体"面前的"审美对象"，而是人进入审美活动的具体场域，是人已经处于其中并将永远处于其中的审美场，因此，对生活审美、艺术审美和自然审美的探讨应该紧紧抓住人审美的生存方式，即马克思所说的"艺术地掌握世界的方式"，生活、艺术、自然只是展开这一生存方式的不同场域。由此可见，生活审美、艺术审美和自然审美并非三个性质不同的美学问题，而是探讨同一美学问题的不同路径。同时，由于生活、艺术、自然这三个场域在人的生存中所处的地位、层次、功能等的不同，生活审美、艺术审美和自然审美又具有各自的特殊性，正是由于这种特殊性才产生了审美体验的丰富性和复杂性。生活审美是在人最基础、最普遍、最重要的生活场域中展开的，因而是人最根本、最广泛、最具普适性的审美活动。人可以漠视自然，可以不懂艺术，但却不能回避自己的生活，总要对生活进行体验、反思、超越和玩味，可以说，只要人还作为人存在着，他就必然要进行程度不同的生活审美，这赋予了生活审美以巨大的能量，使得它始终强有力地辐射着艺术审美和自然审美。

第一节　生活审美是人生的基本活动

生活审美是在生活场域中所展开的审美活动，它包括两个方面的含义，一是生活审美对日常生活体验的依赖性，二是生活审美对日常生活体验的超越性。

一、生活审美的内涵

生活审美，是人对处身其中的生活境遇进行以审美为导向的体验、反思、超越和玩味。作为有思想、有情感的人，我们无时无刻不在体验着生活中的各种现象，显在的有社会事件、伦理道德、政治制度、宗教信仰、人生际遇、情感状态、生活方式、理想目标等，潜在的有时间、空间、历史、价值、自由等，但对它们的体验并不一定都是以审美为导向的，即使是那些用"美"字来表达的体验也不例外，它们有的以伦理道德为导向，如美德；有的以世俗功利为导向，如美好；有的以感官刺激为导向，如美酒。那么，什么叫做以审美为导向呢？审美导向就是指向人生终极意义的价值评判。这里的"指向"有两层含义：其一，并不存在着一个确定的人生终极意义，它只是一个遥远模糊的方向；其二，并不要求所有的生活审美都能明确这一方向，它只要能潜在地指向这一方向即可。没有确定的人生终极意义，生活审美就只能通过对日常生活境遇的超越来实现；不要求所有的生活审美都能明确这一方向，生活审美就必然存在着超越程度上的差异。较低境界的生活审美通常是对日常生活中某种现成价值的有限超越，而境界较高的生活审美则是对其的彻底超越。例如，在应试教育的过程中，我们已经习惯于把学生区分为优等生和差等生，并且善于从学生的智力、家庭背景、性格、意志等方面来寻找产生这一区分的原因，我们把以成绩划分出来的优等生和差等生作为一个现成的价值来接受，在日常生活中不对其进行反思。而在生活审美的过程中，我们需要对这一价值本身的合理性进行反思，并进一步探寻更普遍的合理性，这里，由于探寻的深度不同，生活审美也会存在境界上的差异。我们可以从"天生我材必有用"出发，批判应试教育对人才多样性的否定，从而提倡素质教育，这是对应试教育的有限超越，我们也可以对其进行更彻底的超越，即更进一步对"人才"这一价值进行反思，人生的终极意义是否就是要成才，成才本身就是站在功利的立场上对人提出的额外要求，不成"才"的人同样具有自身的人生意义，任何人都无权否定，这就好比树木，其外在形状完全是其内在生命力的自然伸展，我们不应该偏爱直而粗的树木，而贬斥弯而细的树木，不应该把我们的价值、不属于它的价值强加给它，因为，作为自然界的一种生命现象，它们的生命意义是平等的。同样，人也是自然界的一种生命现象，我们也不应该根据任何外在的标准来认定他们价值的高低，他们在生命价值上是平等的。我们还可以更进一步，把生活中的所有价值设定作为一个生活整体进行反思，探寻更本真的人生意义，我们超越一切世俗价值,把生活置于其虚无的根基之处,领略一种"高处不胜寒"的人生体验,品味意义的无意义的深渊,并回过头来重新审视我们的日常生活,为日常生活注入一种生成性的活力。因此,生活审美的最高境界不是家园般的温馨感,而是无家可归的放逐感。

生活审美以审美为导向,它不同于伦理道德导向、世俗功利导向和感官刺激导向,这些导向都皈依某种现成的价值,并停留在世俗生活的层面上,而审美导向则要超越一切现成价值,并上升到生成性的境界。因而,生活审美虽在生活活动之中,但却区别于一切其他生活活动。生活审美是一种异质的生活活动。我们从两个方面展开对这一问题的论述。

首先,生活审美是一种基本的生活活动,它和其他生活活动一样,属于人完整生活的一部分。那么,什么是生活活动呢?生活活动是属人的,它不同于动物的生命活动。马克思指出:"动物和自己的生命活动是直接同一的。动物不把自己同自己的生命活动区别开来。它就是自己的生命活动。人则使自己的生活活动本身变成自己意志的和自己意识的对象。"[1] 由此可见,动物的生命活动直接指向其活动对象,而人的生活活动却能逆向地指向其生活活动本身,这种逆向的思维活动就是反思,反思能力是人和动物的根本区别。正是由于人具有反思能力,人才能从自然状态中逐渐摆脱出来,并成为自身。也就是说,正是反思能力意识到了动物生命活动的受动性,并要求摆脱这种状态,掌握自身生存的主动权,人才从自然性走向了人性。可以说,人性就是人摆脱束缚,追求自由的本性。为了从自然中挣脱出来,人发明了工具,创造了语言,制定了法律、道德、政治、伦理,甚至改造了自然环境、感觉器官,最终,人挣脱了紧裹得自己快要窒息的世界,把它狠狠地摔在自己的面前,并发出了胜利的呼声。然而,人的自由却并没有一劳永逸地获得,人用来追求自由的那些工具反过来成了自由的新的障碍,人把这些工具当做最终的真理,从而被这些工具异化了,原来由人驾驭的力量现在反过来成了压迫人的力量,人用以实现自身的历史现在却吊诡地把人变成了它的一个段落,正如马克思所说的:"我们本身的产物聚合为一种统治我们、不受我们控制、使我们的愿望不能实现并使我们的打算落空的物质力量。"[2] 这一经验告诉我们,任何想一劳永逸地获取自由的企图最终都必将失败,自由不是一个现成的目标,而是在生活中不断生成出来的,追求自由就是要不断超越生活的现成性,领受生成性的无定状态。这种无定状态不是用一种现成的意义代替另一种现成的意义,而是用生成的意义代替所有现成的意义,前者属于有限的反思,后者属于充分的反思,只有通过充分的反思才能获得最终的自由,才能实现完满的人性,而这种充分的反思就是审美。席勒说:"只有当人充分是人的时候,他才游戏(即审美——引者);只有当人游戏的时候,他才是完全的人。"[3] 可见,生活审美

---

[1] 马克思、恩格斯:《马克思恩格斯选集》,人民出版社,1995年,第46页。
[2] 同上书,第85页。
[3] 朱光潜:《西方美学史》,人民文学出版社,1964年,第101页。

与其他生活活动的目标是一致的,它们都在于使人获得一种自由自觉地生活,都在于使人从自然性走向人性,因而,生活审美是一种基本的生活活动。

其次,生活审美是一种异质的生活活动,它不同于其他一切生活活动,具有一种超越性和开放性。超越性是指对一切现成价值的彻底否定,开放性是指对一种生成性价值的终极肯定。下面,我们将分别论述之。

其一,生活审美的超越性。上文已经讲到,人的生活活动不同于动物的生命活动,而是一种有意识的生存,它不满足于生存的无意义状态,总是要为生存设定某种意义,但这种设定的意义又反过来遮蔽了人本真的意义,因为人作为自然界的一种生命现象本没有一个固定的意义,无意义才是人生最真实的状态,才是其他一切意义得以设定的基础,于是,人又不得不解构这一意义,恢复人的本真状态。因此,人的生活陷入了悖论,它一方面总是要在虚无中追寻着生存的意义,另一方面又要不断地把这一意义还原到其虚无的根基,揭示生存的真实状态。这正如西西弗的神话向我们揭示的,西西弗的工作是毫无意义的,就是往山顶推石头,石头到了山顶自然又会滚下来,但西西弗的意义就在于它不能坐视生存的无意义状态,他总要做点什么来改变这一状态,改变这一根本无法改变的状态,这也就是中国人所说的"知其不可为而为之",最后,西西弗被上帝收为了天神,这也表明了人对这种悖论式生存的最终认可。生存的悖论告诉我们,一切现成价值都是相对的,它为我们营造了一种家园般温馨熟悉的世界,但这种归家的感觉其实只是一种虚幻的满足感,家只不过是我们出生和成长的偶然地域,只是我们在这荒原之上留存的一点可怜的希望和慰藉,返回生存的基底,我们发现的只是一个永远无处落脚的可怕深渊,在那里,我们只能坠落,无家可归。生活审美正是对这种生存无意义状态的领受与体验,它不停留于任何现成的意义,撕开一切温情脉脉的虚伪面纱,势如破竹,直面人生。

生活中有很多早已为我们设定好的意义,我们总在埋头追逐着这些意义,却无暇拷问这些意义的意义,等追逐到手才猛然醒悟那并不是我真正想要的。这种体验在现代社会尤其强烈,本来宁静平淡的生活在现代社会却成了110米跨栏,为了一口气冲到终点,眼前只有一道一道忽闪而过的栏杆,其他什么也没看见便已跑完全程,在这一过程中,我们来不及品味汗水与喜悦,生活被蒸馏成了一阵一阵的发力与眩晕。生活节奏的加快使我们丧失了对生活的感受能力,我们把心灵尘封在最遥远的记忆深处,犹如一段似有似无的梦境。在由效率构建的现代社会中,超越一切意义的审美已成了一种昂贵的奢侈,无人能够负担得起。平庸与繁琐使现代人的生活成了"一地鸡毛",超越能力的丧失使人们只能一阵猛过一阵地刺激自己的神经,以便在麻木的生活中求得一点肉体的慰藉。现代人精神的干枯就像仰望着天空的饥渴,等待着审美的甘霖。然而,物欲的膨胀已使我们失去了直面人生的勇气,我们竭力逃避着本真的生活,一次次地躲避到现成意义的港湾,以求得一点施舍性的温暖。

生活审美的超越性是"艰难的一跃",它需要我们抛却一切现成价值,抛却一切支配我们的力量,抛却那早已习惯却难以做主的温暖的家,离家出走,领受人生的荒凉。

生活审美需要超越的能力，但更需要的超越的勇气。我们习惯于将自己的生活用一个一个的现成意义拼贴而成，而存在主义哲学早已告诉我们，生活的意义在于"去生存"，只有在生存中才能展开生活的意义，掌握生活的主动权。然而，这种主动权并非萨特所说的选择，生活中没有可供我们选择的选项，我们并非处在生活的岔路口上，生活中根本没有路，只有一片荒原，它在等待着我们去走出一条自己的路，摸索属于自己的生活意义，并开创一种真理。

其二，生活审美的开放性。生活审美的开放性和超越性是一体两面的，不能截然分开。如果说生活审美的超越性揭示了生存的无家可归状态，那么生活审美的开放性则揭示了生存的四海为家状态；如果说生活审美的超越性揭示了生存的茫然无措状态，那么生活审美的开放性则揭示了生存的泰然任之状态。生活审美要求超越一切现成意义，同时也要求领受现成意义被超越之后的虚无。其实，任何现成意义都不是在世界诞生之前就已经存在的，它总是在"人生在世"过程中历史地生成的，事后这一意义是现成的，而在事情没有结束之前，任何意义都是生成性的，人们总是喜欢做旁观者，而不愿做当事人，而生活审美正是要人们投入到这一生成之流中，与其一起浮沉，共同使自己的生活显现。生活审美的开放性就是要我们坦然接受这一生成的状态，并从中领受生活的意义。这种领受犹如游泳，不会游泳的人在水中总想抓住一点什么，拼命挣扎，最终被水淹死，而会游泳的人却能坦然接受水的流动浮沉，并利用这种流动浮沉轻易地与其达成一体，享受着游泳的乐趣。其实，生活何尝不是如此，那些想找一些可资利用的现成价值的人最终迷失在了生活的大潮之中，忍受着生活的平庸与无聊，被生活所湮没，而那些能够坦然接受生活的流动生成状态的人却能与生活一起沉浮，领悟生活的真谛，并品味生活的乐趣。

现成性指向过去，并使现在成为过去的总结，它是人们对家园的深情眷恋；生成性指向未来，并使现在在未来找到自己的位置，它是人们对远方的无限向往。现成性是过去向现在的凝固，生成性是现在向未来的开放。现成性指向毫无变化、完全静止的生活，生成性指向充满新奇和冒险的生活。现成性把人带到满是脚印的沙滩，生成性把人带到满是贝壳和水藻的海岸。

其实，生活本身就是开放的、流动的、历史的，它总是随着时间的改变而日新月异地变化着，任何想把生活固定下来的企图都必然要被生活所抛弃。然而，这种开放性是阶梯式的，它总是用一级阶梯来代替另一级阶梯，总是在用另一种现成性来代替此一种现成性，生活的本真意义一再被推延，却没有被揭示，而生活审美则要求彻底超越一切现成性，把一切现成性还原到其生成状态，并在这种生成中领受生活的本真意义。

生活审美的开放性是超越性的必然结果，是超越一切现成价值之后对生成状态的泰然任之。这里，我们有必要把审美生活与宗教生活做一下比较，因为宗教生活也标榜自身是对世俗生活的超越。对于宗教，我们必须仔细辨析，它是一个非常复杂的混合体，其中包括巫术、信仰和审美的成分，而真正能够体现宗教本质的是信仰。就其信仰成分来说，宗教虽然也要求超越世俗生活，但它却是用另一种更彻底的现成性——天堂或极乐世界——来否定世俗生活相对的现成性,因而,宗教恰恰是对生活的开放性的逃避,是对生成性的彻底拒绝。当然,宗教为了证明世俗生活的虚幻性,往往会运用审美的手段来解构世俗生活中现成的价值,比如四大皆空的观念,但它并不坦然领受这种空无,而是用天堂或极乐世界来抵制生活的空无状态。因此,宗教虽强调对世俗生活的超越性,却缺乏直面空无的开放性,或者说,宗教的超越性并不是彻底的超越性,它没有达到生成性的高度。

综上所述,生活审美的超越性与开放性表明,生活审美是一种异质的生活活动。

二、日常生活与生活审美

生活审美是人生的基本活动,它就渗透在日常生活中,一方面,日常生活滋养着生活审美,另一方面,生活审美又返身激活了日常生活。它们之间是一种互动互渗的关系,而非单向的线性关系。人们通常认为,审美是一种高不可及的境界,只有躲在与世隔绝的博物馆或艺术厅才能进行,属于只有少数人才能领略的超常体验,似乎审美境界是日常生活之外的另一个世界。其实,我们并没有两个世界,任何标榜两个世界的做法都是宗教的欺骗,我们只有一个世界,我们就生活在这唯一的世界中,审美的超越不是向上超越到另一个世界中去,而是向下超越到这一世界的根基处,在它的生成中领悟世界的多种可能性,并用这一可能性熔化固定僵化了的日常生活,使之重新焕发初生的活力。因此,生活审美与日常生活并非两个世界,而是一个世界的正反面,它们相互依存,在日常生活的缝隙中萌发了生活审美,在生活审美的生成中激活了日常世界。

我们处在日常生活中,这是生存的基本形态,但日常生活并非铁板一块,而是存在着缝隙、错位、合痕,通过它们,我们窥视到了日常生活的偶然性和生成性,从而萌发了生活审美。生存在德文中是Existenz,字面意思就是绽出(Ek-sistenz),它更直接地表明了生存不断裂变的本质。如果打一个比方,生活就如一股喷泉,其外观是由不断往上涌动的水柱流动而成,它在不断地更新,对日常生活的理解不能停留于表面,而是要看到它的生成之态,而这正是通过生活审美实现的。

然而,我们处在日常生活中,我们座落在这一水柱的顶点,难以深入到生活底层的涌流,我们所看到的恰恰是似乎永不变化的外观,我们的观念在不断僵化,我们的日常生活在不断地定型化,这给我们造成了一个错觉,好像日常生活就是这一成不变的现实。日常生活虽然在不断变化,但它总要呈现出某种现成的形态,我们不可能直接看到生活的生成之态,也就是不可能直接看到不断绽出的本真生活,我们只能通过生活中的缝隙、错位和合痕来领悟这一绽出。这就好比水,现实中的水总是处于某个容器中,它只能被从一个容器转到另一个容器,但所有容器中的水都是水的偶然形态,都是水所能呈现出的形态之一,而不是水的最终形态,而事实上,我们也不可能直接看到水的最终形态，但我们毕竟看到了水的多种偶然性形态，我们从中领悟到了水的无限可能性形态，而这恰恰说明了水的最终形态就是没有任何形态，它总是随物赋形，处于生成中的形态。其实，日常生活何尝不是如此，我们虽然只能看到日常生活的某种形态，但我们毕竟还可以看到不同地域、不同民族、不同时代的法律、道德、伦理、政治等都是不同的，于是，我们从中领悟到，我们当前所处的日常生活只是无数可能形态中的一种，我们完全可以通过各种途径改变当前的生活而进入到另一种可能生活中，但不管是哪一种形态都不是生活的最终形态，生活的最终形态就是没有任何形态，它是在不断生成的。当然，这种对生活的理解要比对水的理解更少直观，更难于超越，因为水是处于我们面前的，而生活却躲在我们身后，我们陷在生活中却不自知，我们被生活无声无息地塑造着。

　　日常生活是处于生成中的，它具有无限的可能性，这也是马克思通过"艺术的掌握世界的方式"这一观念所要向我们表达的意思。首先，什么叫做"掌握世界的方式"？如果真的存在着一个客观实在的世界，那么就只可能有一种最有效地掌握世界的方式，也就没有必要再去探讨"掌握世界的方式"这一问题。这一问题恰恰告诉我们并不存在着一个所谓客观实在的世界，世界的呈现形态与我们掌握它的方式有关，我们用不同的方式和世界打交道，世界就呈现出不同的形态，而这些形态之间没有哪个更为真实的问题。这就好比我们和人打交道，也可以以合作者的方式打交道，在这些不同的打交道方式中，我们所呈现出的面貌是不完全一样的，但这些都是我们的可能面貌之一，没有哪者更为真实的问题。同样，朱光潜曾谈到对待同一棵松树的不同态度，木商以实用的态度来看待它，植物学家以科学的态度来看待它，而画家以美感的态度来看待它，而他们所看到的都是这一棵松树的可能形态。其次，什么叫做"艺术的掌握世界的方式"呢？艺术的掌握世界的方式是只有人才具有的能力，它是指按照"美的规律"来掌握世界的方式。马克思说："动物只是按照它所属的那个种的尺度和需要来建造，而人却懂得按照任何一个种的尺度来进行生产，并且懂得怎样处处都把内在的尺度运用到对象上去；因此，人也按照美的规律来建造。"[1]因此，可以说，艺术的掌握世界的方式就是不拘泥于任何一种尺度，而是要把所有的尺度纳入自身，以一种开放的姿态迎接世界的生成性。这就与我们在日常生活中"道德的、伦理的、经济的、政治的掌握世界的方式"不同，这些掌握世界的方式只是抓住了世界的某一个面相，而忽略了世界的其他面相，只是一种盲人摸象般的片面真理，而艺术的掌握世界的方式是对世界的全面把握，是把世界的所有面相都纳入其中的把握，准确地说，就是对不断生成的世界的把握。

　　如果说，日常生活在其生成过程中留下的缝隙、错位和合痕萌发了生活审美，那么反过来，审美生活也必然要反冲到日常生活中，为日常生活注入初生的活力。生活审美并不是一时的享受和快慰，不是心灵鸡汤，它也反过来影响着我们的日常生活，改变

---

[1] 马克思、恩格斯：《马克思恩格斯选集》，人民出版社，1995年，第97页。

着我们的日常生活。日常生活总是要对生活作定性的把握，它指向不断板结和凝固的生活，而生活审美恰恰是要消解对生活的任何定性，它指向不断被解构和熔化的生活。另一方面，这一消解的成果又会被日常生活所吸纳，并使之冷却凝固，这就使得生活审美必须再继续消解，日常生活又重新吸纳，如此循环。因此，我们的生活才会变得越来越丰富，越来越厚重。例如，16世纪的西方启蒙主义思想为当时的宗教黑暗时代注入了一股活力，于是现代性成了人们充满激情的未来，然而，一旦现代性在社会中被确立起来，它对人性的压抑也随之而来，于是西方现代主义艺术又起来批判现代性造成的人与人之间的情感冷漠和精神荒芜，把生活的荒诞呈现出来，并重新反思生活的本质。可以这样来表述两者之间的关系，生活审美就是不断被解构和超越的日常生活，而日常生活就是不断被凝固和积淀的生活审美。这就好比铁块，生活审美总是要熔化它，使它呈现出铁的形态的无限可能性，而日常生活中这一铁块又必然会冷却凝固成一确定的形态，于是，生活审美必须再次溶解它，如此循环下去，铁块的形状必然变得越来越复杂，越来越丰富。

日常生活是生活审美的积淀，进一步说，正是生活审美生成了日常生活，并推动着日常生活的发展。日常生活是由各种习惯化、规范化、模式化、平均化的生活方式构建而成，它们指向一个不断僵化的世界，然而，一方面，这些习惯化、规范化、模式化和平均化的生活方式在其诞生之初都归属于生活审美，都揭示了在世生存的一种可能方式，另一方面，通过当前这一僵化的世界中的各种缝隙、错位、合痕，生活审美在不断熔解着这一世界，为它注入新的活力，使之向前发展。生活审美对日常生活的开创作用犹如荒原上路的形成，在一切日常生活之初，世界犹如一片荒原，当有人踏出第一条路影时，人们便会相继走上这条路，它影响着后来的生活格局，但这并非一成不变，人们可以在这条路之外重新踏出别的路，此时既可以继续保留这条路，也可以使之重新荒芜。但只有当人们踏出第二条路时，人们才发现原先的那条路并不一定是这一荒原上唯一可能的路，原先那条路的开创意义才会重新显现。人们总是生活在某种日常生活中，人们习惯于这种日常生活的存在，并误以为这是唯一合理的存在，只有当人们发现另一种生活方式时，这一新的生活方式和原先人们生活于其中的日常生活的开创意义才会被人们同时领悟到。这也是为什么当人们从城市走到乡村，或从乡村走到城市，从一种生活走向另一种生活的时候，人们才发现原先的生活和当前的生活的意义。这是否定主义美学合理的地方，但否定主义美学的"否定"不应该是对原有生活的完全否定，而恰恰应该是在两者的相对性之中同时发现了两者的生成性意义。任何用一种生活否定另一种生活的做法都不是审美的，审美是对所有可能生活的彻底领悟，是对人生在世的终极思考，这也是生活审美和其他一切生活活动的根本区别。

第二节 生活审美的心理机制

生活审美必然需要心理机制的支撑，但生活审美与其心理机制之间不是现成性的单向决定关系，而是生成性的动态共生关系，这是一个极其复杂的问题。

一、审美活动与审美心理

在谈论生活审美的心理机制之前，我们不妨先来探讨一下一般性的审美活动与审美心理的关系。人们通常在谈到审美活动的时候，往往会去寻找审美活动之所以能够发生的心理机制，并把这一机制分解成若干现成的心理因素，然后再以线性因果的方式把审美心理与审美活动联系起来。这一思维方式在近代以来尤其受到人们的关注，立普斯把美看做是"移情"，弗洛伊德把美看做是"性意识的转移升华"，荣格把美看做是"集体无意识原型"就是典型。有些学者甚至还把审美对象与心理因素一一对应起来，认为红色表示热烈，倒三角形表示不安，英国学者威廉·贺加斯的研究就是一例。这些理论的共同失误就在于把人的审美心理看做是现成不变的，并用这一心理来解释审美活动，这是一种首尾倒置的思路。实际上，人的审美心理并不是现成的，它是在审美活动中现场生成的，我们不应该用审美心理来解释审美活动，而应该用审美活动来解释审美心理，审美活动对审美心理具有调整塑造作用。

人的审美活动不同于动物的生命活动，也不同于人们的日常生活活动，动物的生命活动不改变其与生俱来的心理习惯，它们的心理习惯通过遗传代代沿袭，个体之间几乎没有差异，严格来讲，它们的生命活动还受制于它们的心理习惯。而人的生活活动则不同，生活活动能够超越人的心理本能，根据具体情景重新调塑自己的心理，产生新的结构和心理质素。不过，人在日常生活活动中其心理结构基本上还是相对固定的，它以现成的"心理图式"去"同化"外界事物，只有当这一"同化"通路受阻时才会设法"调节"这一"心理图式"，因此，这种"调节"基本上还是消极被动的，缺乏积极的价值。审美活动则不同，它既不会沿袭其既成的心理习惯，也不会消极被动地"调节"其"心理图式"，而是能够积极主动地超越其现有的心理结构，努力以全新的姿态拥抱世界，使自身和世界能够同时得到提升，进入一个更高的境界。传统美学用现有的审美心理来解释人的审美活动就是没有认识到这一点，以"移情"说为例，从字面上我们就可以看出，审美移情就是在审美活动中把自身已有的情感转移到审美对象中去，认为审美活动发生的根据在于主观心理，它没有看到人的审美心理在审美活动中所发生的新变，更没有认识到审美活动对审美心理的调塑作用。这是一种封闭的解释模式，忽视了审美活动对审美心理和审美对象的开放性，西方美学强调美的根据在于"人的本质力量的对象化"或"自然人化"就是要让人用现有的心理结构去疯狂同化世界，让世界成为自身的复制品，而人自身则因为缺乏升华的阶梯而永远故步自封，过着日常化的生活。中国传统美学则不同，它看到了审美活动对审美心理的调塑作用，不强调用现成的心理去同化世界，而是强调审美心理在审美活动中的生成性，因而认为"气之动物，物之感人，故摇荡性情，形诸舞咏"。

当然，审美活动对审美心理具有调塑作用，并不表示审美活动就不需要任何心理机制，人们在审美活动发生之前也具有审美习惯、审美偏好、审美趣味，但这最多只是审美活动得以发生的契机，是审美活动发生前的准备，不能把它等同于审美活动本身，就像作家用来写作的素材不能等同于其作品本身一样。美学研究就是要回到审美活动的发生现场"描述"这一生成中的审美心理，而拒绝任何事先的"解释"和事后的"分析"。以法国画家塞尚为例，在生活中他基本上是个颓废者，他"缺乏与人的灵活应变的交往，无能力把握新出现的情况"，"远在1852年，在他刚进入艾克斯省的波旁中学时，塞尚就已经以他的易怒、消沉和抑郁令朋友们不安"。后来"他变得越来越羞怯、多疑、善感。有时候他到巴黎来，遇上朋友，却示意他们不要走近他，与他攀谈"。他经常担心会早逝，42岁时就写好了遗嘱，他"受不了与外人的任何接触"，他逃避人的世界，躲避到自然中去，以至于他的绘画也表现出一种非人性化的特征。"但我们不能仅由此便得出结论，说他的绘画表现得是一种颓废现象；或如尼采所说是生命的'贫瘠'现象；或者断言他的绘画不会向健全的人表现任何有益的东西。"而左拉却是这么做的，"作为塞尚生活的目睹者，左拉更多地把注意力放在他的性格而不是他的绘画意义上面。他完全有理由把塞尚的一生看作是一种病态的表现"。甚至塞尚自己有时也这么做了，他疑惑起来，疑心自己的创作是不是由于老眼昏花或者是由于身体的一次意外事故导致的。然而，就在这个时候，他的作品却传遍了全世界，1903年，他的画以高于莫奈作品两倍的价钱在巴黎卖出。因此，可以肯定，"他作品的意义是不能由他的生活来定义的"。应该说，塞尚的绘画给予了他的心理以一种形而上的意义。

总之，审美心理的最大特征不在于其现成性，而在于其超越性，正是超越性才促成了审美活动的发生，也正是基于这种超越性，审美活动才能不断调塑审美心理。超越性就是要突破人现成的心理结构，使心理结构得以"绽放"。面对巨大的压抑人的事物，人不会仅仅停留于恐惧的心理，而是要超越这一恐惧，领受这一恐惧，从而产生崇高感，而动物和日常生活中的人则只会要么处于这一恐惧之中，要么逃离这一恐惧，无法获得新的心理体验。处于审美活动中的人不固守任何现成的心理体验，他要敞开自己的心灵，领受自身的无限可能性，并用这一无限可能性为自己的心理冲创出一种新的意义。超越性使审美心理指向未来，用不断到来的未来给心理结构一个全新的意义，而未来的未来则永远不会到来，因而审美心理永远不会闭合，始终处于开放之中，海德格尔把这种未来的未来称之为死亡，死亡永远不会在生"活"中到来，但它却始终能够形塑我们的生活，给予生活新的意义。

二、生活审美的心理机制

上面谈了审美活动与审美心理的一般关系,现在我们再来看具体生活审美的心理机制,同样,笼统地讲,生活审美也源于人们心理的超越机制,但必须要把这种超越机制纳入到具体的生活场域中去才具有针对性。由于生活并非审美的典型场域,因而生活审美的心理机制就显得复杂而含混,其超越性指向并不像自然审美和艺术审美那般明确,而是混杂在人们对生活的感受和认识之中,很难分清日常生活和生活审美的界限。在生活中,人们通常忙于各种各样的生活事务而无暇反思生活本身,正可谓"不识庐山真面目,只缘身在此山中",人们只能在生活事务中渐渐领悟生活本身,因而其领悟的程度各不相同,超越的境界也有高有低。具体而言,生活审美的超越性既可能是对人类心理本能的超越,也可能是对生活观念和生活理想的超越;既可能是对生活境遇的水平超越,也可能是对生活境界的垂直超越。

人从一出生就处在生活之流中,永远无法出离生活,只在同一生活层面上处理各种各样的事务,缺乏其他可能生活的参照,不像自然审美和艺术审美能以日常生活为参照,因而人们通常难以超越当下生活而达到生活审美,只有在当下生活遇挫或"时过境迁"时才会有限度地超越当下生活,进行程度不同的生活审美。人们可能因为一件事不如意而抱怨生活,可能因为生活境况不顺心而反思生活,也可能因为生活理想的难以实现而否定生活,总之,只有在当下生活受到挤压时才会被动地进行生活审美,挫折感是生活审美得以发生的前提。当然,这并不表示生活审美是消极的,生活审美一旦发生,它就会变得积极主动,把自身同一般的日常反思区别开来。在生活审美中,人们并不固守既有的心理结构,不要求用既有的心理结构去同化世界,也不会等到同化失败时才消极地"调节"自身,而是要"虚静"、"澄怀",积极地敞开胸怀去拥抱生活,以全新的姿态去感受生活。当然,这里的"虚静"、"澄怀"并不如自然审美尤其是艺术审美那般纯粹,它需要一定的心理基础。自然审美和艺术审美由于其发生的境遇是典型的审美境遇,人们从生活中走出来面对自然和艺术本身就以审美为目的,因而其指向直接以最高的审美境界为归宿,生活审美却不然,它始终立足于生活,并最终仍以生活为归宿,其所追求的理想生活并不必然以审美为指向,从而表现出阶梯式的渐进超越。

人只要作为人而生活着就永远无法与生活拉开距离,其对生活的超越不可能像自然审美和艺术审美那样一蹴而就,只能通过心理的不断累积而逐渐达到。人们对生活本身的审美只能通过对生活事务的反思而逐步实现,因而对生活事务的心理态度最终影响着生活审美的实现程度。人在生活中会遇到各种各样的生活事务,对这些生活事务的心理态度会引起人们不同的关注焦点,从而形成生活审美心理,对这些生活事务进行归类和序列化就会形成生活审美观念,而对这些序列化的生活事务进行反思和提升就会形成生活审美理论体系。因而,人们的生活遭遇、处理各种生活事务顺利与否都会影响着人们生活审美的方向和程度,同时,生活审美的每一阶段都会重新调塑人们的生活审美心理，而这种被重新调塑过的生活审美心理又会影响进一步的生活审美，从而形成一种双向建构的动态过程。

第三节　生活审美的特点

生活审美是在生活场域中发生的审美活动，它与自然审美和艺术审美有共通之处，但也有自身的特点，概括而言，主要有以下几个方面：

一、广泛性

生活审美的广泛性是指生活审美面的宽广，它既可以是对显在的社会事件、伦理道德、政治制度、宗教信仰、人生际遇、情感状态、生活方式、理想目标等的审美，也可以是对潜在的时间、空间、历史、价值、自由等的审美。人处在生活中，无时无刻不在遭遇各种各样的生活事务，也无时无刻不在通过这些事务体验自身的生活境遇，而在这一过程中，人必然会或多或少、或深或浅地反思自己的生存状态，从而形成多种多样的生活审美。就显在的方面而言，社会事件、伦理道德、政治制度、宗教信仰、人生际遇、情感状态、生活方式、理想目标都不是单纯的事实，在它们中总已经渗透进了某种意识形态，总已经暗示了某种生活方式，人们对它们的接受与怀疑就是对某种生活方式的肯定与否定。例如在现代生活中随处可见的新闻与广告，表面上看似乎是绝对客观的，因为新闻就是对生活事件的报道，而广告乃是对某种生活产品的介绍，然而实际上却绝非如此简单。新闻对生活事件的选择本身就带有一定的生活导向，偏向好人好事的报道暗示一种乐观满意的生活态度，而偏向坏人坏事的报道则暗示一种悲观不安的生活态度，因此，同样是新闻，央视、凤凰卫视和网络传媒却分别代表着国家意识形态、精英意识形态和大众意识形态，人们长期接受某种媒体的影响必然也会形成相应的生活态度，而由于种种原因导致的对这一媒体的怀疑和批判就是对现有生活方式某种程度的超越，就是在进行生活审美。同样，广告也不仅仅是对某种生活产品的客观介绍，而是通过暗示某种生活方式而进行消费向导，例如某橙汁饮料广告，内容大致是三个年轻靓丽的少女走在街上，一个推着水果车的老头招呼她们买水果，结果她们都不约而同地对他摆手，而另一个年轻帅气的小伙子招呼她们买橙汁，结果她们一下子都冲了过去，这个广告的观念导向非常明显，它实际上就是要告诉你，只有老头老太才吃原生的水果，如果你足够年轻时尚就应该喝橙汁，于是，手拿一瓶橙汁就成了时尚生活的符号。可见，生活并不是只能被动接受的既成事实，而是人们可接受可怀疑可否定的开放价值，人们在面对生活中各个领域的事物时其实都已经带上了自己对这一事物的态度了，而这一态度本身就是对某种生活方式的接受或超越，同时也是对另一种生活方式的逃离或追求，因而在简单的日常生活中人们就已经处于生活审美之中了。

人们在对生活中各种显在事物的反思和超越中不断积累生活审美的经验，当这一生活审美经验达到一定程度时，人们就会对更高的生活境遇进行反思和超越，即对人生价值和人生意义进行反思。对生活事物的反思是对生活方式的间接反思，而对人生意义的反思则是对生活方式的直接反思，因为人生意义只有通过某种生活方式才能实现，人生意义的实现与否在某种意义上就是对现有生活方式的满意与否。在日常生活中，人们往往忙于应付各种各样的生活事物，同时也迷失于这些生活事务中，无暇也无力思考整体的生活本身，而当人们在日常生活中受挫或有其他生活参照时，人们便会反思自己的整体生活，甚至彻底超越现有的生活，追求一种全新的生活。因此，生活审美总是从生活事务上升到生活本身，属于典型的自下而上的审美，这在前人的审美经验中已经多次被证明，例如陶渊明在官宦生活受到等级制度的约束，厌倦了封建礼仪的羁绊，终于不肯为五斗米折腰，重新寻求自己新的生活，开始过着"采菊东篱下，悠然见南山"的生活，并从中体验到"此中有真意，欲辨已忘言"的人生意义。王维也是因为不满日常生活的庸庸碌碌，重新反思自己的生活方式，因而追求"行到水穷处，坐看云起时"的人生境界。其实，生活审美说到底就是追求一种生活境界，或者说一种人生境界，只是此种境界并不像艺术审美那样要求从特定的场景通达，而是可以从生活的方方面面通达，正所谓"道在伦常日用中"。

二、层次性

生活审美的层次性是指生活审美质的纵深，即审美超越的境界具有多种层次。生活审美与艺术审美不同，艺术审美由于审美者处在典型的审美场域中，其目的就是要到达最高的审美境界，即使达不到，其趋于最高审美境界的指向也是明确的。而生活审美由于处在非典型的审美场域中，人们的审美意识比较淡薄，对最高审美境界的指向也不是很明确，这就使得它不可能像艺术审美那样一蹴而就，而是存在着多种层次。人们在生活中埋头于各种事务，其目的并不在于获得审美陶醉，而是经营生活，并通过生活实现自己的人生意义，因而生活审美不可能像艺术审美那样在精心营造的审美氛围中无功利地静观，而是要积极地投身到现实生活中，投身到各种各样的日常事务中，并通过这些事务回溯自身，最终意识到自己的生存处境，再由此领悟自己的人生意义。如此一来，生活审美就必然存在着对生活事务的操心、对生存境遇的体验、对生命意义的领悟等不同层次，这些层次之间并非壁垒森严、层次清晰，而是互相渗透、彼此掺杂，因此，对生活审美的研究不能只关注典型案例，而是要深入到现实生活中去，通过具体的生活事件揭示生活审美的本来面貌。人们在生活中操心于各种各样的事务，要么感到愉快，要么感到烦躁,闲暇时便会回过头来反思这些生活,对自己的生活境遇进行评价,或者享受现有的生活,或者力图改善现有的生活,如果有其他生活的参照或者受到某种东西的触动,人们便会思考现有的生活是否实现了自己的生存意义,究竟什么样的生活才能更好地实现自己的生存意义,人们在这些反思中逐渐提升自己的生活境界,这些实际上都属于生活审美的范围。在这些生活审美事件中,人们的审美目的并不都是非常明确,生活反思的审美导向往往混杂在伦理道德导向、世俗功利导向和感官刺激导向之中,很难分辨,必须改变传统的自然审美和艺术审美的研究模式才能公正地对待生活审美。

当然,生活审美的层次性并不否定生活境界有高低之别,相反,生活境界的高低也是生活审美层次性的题中应有之义,由于每个人的具体情况不同,其所能达到的生活审美境界也不同,冯友兰曾说过:"各个人对于人生的了解多有不同,因此,人生的境界,便有分别。"[1] 具体而言,每个人的人生阅历、生活遭际和文化修养不同,其生活审美的层次也就不同,有的人只能体验生活,有的人却能反思生活,有的人还能超越玩味生活,这些人在不同境界中生活,其所获得的审美享受也各不相同。冯友兰把人生从低到高分为四种境界,即自然境界、功利境界、道德境界和天地境界,处于自然境界中的人遵循常规,盯着脚尖走路,蝇营狗苟,没在生活之中,处于功利境界中的人精心算计,以自我为中心组织生活,目光狭隘,受利益摆布,处于道德境界中的人与社会融为一体,突破"小我"感受着人间温暖,但往往难以跳出时代、阶级、意识形态的局限,而处于天地境界中的人则能彻底超越现有生活,玩味生活,达到"登泰山而小天下"的境界,体验人生的终极意义。马斯洛则从需要的角度把人生境界分为五个层次,即生理需要、安全需要、爱的需要、尊敬的需要和自我实现的需要,《红楼梦》里面的各种人物也同样具有各自的境界,有些下层丫鬟只能追求温饱的生活,有些丫鬟却能有些经济打算,有些丫鬟还能有地位的追求,而像晴雯、袭人这些丫鬟就会有爱的需要,再如宝玉、黛玉则不仅有爱的需要,更有自我实现的诉求,而曹雪芹则通过对人生如幻的揭示进一步思考人生意义,从更高的层次来审视生活。对生活审美的研究目的就是要引导人们提升自己的生活境界,充分实现自己的人生意义。

三、普适性

生活审美的普适性是指生活审美者的多样,即参与生活审美的人也同样具有多种层次、多种类别。艺术品在其被创作之初就已经暗含着其所要求的欣赏者,伊瑟尔所说的"隐含的读者"指的就是这个意思,人们在进行艺术审美时要么已经就是这一"隐含的读者",要么就必须首先调整自身使自己成为这一"隐含的读者",否则,艺术审美就无法顺利展开,因此,艺术审美对审美者多样性的包容力十分有限,艺术修养比较低的人

---

[1] 冯友兰:《冯友兰学术文化随笔》,中国青年出版社,1996年,第98页。

几乎不可能参与艺术审美。而生活与艺术不同,它并没有由创作者有意加在其中的特定内涵,也没有规定通达这一内涵的特定路径,而是由多种内涵、多条路径交融而成的多维整体,因而生活审美没有为自己规定某种类型的"隐含的读者",不同时代、不同阶层、不同种族、不同阅历、不同境遇、不同修养的人都可以在自己的层次上进行不同程度的生活审美。生活审美者的群体中既有"读万卷书,行万里路"的文化人,也有目不识丁、足不出乡的工农群众,研究生活审美不能盲目地抬高前者而贬低后者,毕竟每个阶层都会有自己的审美需要。毛泽东就曾经提出过"阳春白雪"与"下里巴人"的统一问题,而且在这两者之间尤其强调"下里巴人"的审美趣味,他说:"任何一种东西,必须能使人民群众得到真实的利益,才是好的东西。就算你的是'阳春白雪'吧,这暂时既然是少数人享用的东西,群众还是在那里唱'下里巴人',那末,你不去提高它,只顾骂人,那就怎样骂也是空的。现在是'阳春白雪'和'下里巴人'统一的问题,是提高和普及统一的问题。"[1]这就是充分考虑到了生活审美者的多样性。

其实,生活审美就是对处身其中的生活进行反思,每个人都无法回避自己的生活,每个人都会在某些时候对自己的生活有所感慨,尤其是在面对死亡的时候,这是人区别于动物的根本所在,冯友兰曾说:"人生是有觉解底生活,或有较高程度底觉解底生活。这是人之所以异于禽兽,人生之所以异于别底动物的生活者。"[2]因而它不是某些少数人的特权,而是所有人都将参与进来的全民性的活动。文化层次比较低的人忙于各种各样的生活事务,衣食住行、婚丧嫁娶等,其实在这些事务之中已经包含了他们的人生观甚至世界观,比如我们现在对少数民族审美观的研究就是通过对他们的衣食住行、婚丧嫁娶等生活事务的分析完成的。文化层次稍高一些的人则能够体验自己的生存境遇,对道德伦理、政治制度、社会形态、生活方式等问题发表意见,这其实已经是在对自己的现有生活做出评价了,在某种程度上已经超越了自己的现有生活。而文化层次更高一些的人则能够站到更高处审视生活、玩味生活、彻底超越生活,思索人生的终极意义。可见,生活审美并不将任何人拒之门外,具有巨大的包容力。

在当今大众文化盛行的时代,生活审美的普适性变得更加显著,人们已不再追求少数经典的审美价值和少数精英的审美趣味,而是强调个人独有的生活方式,一时之间,流行文化、装饰文化、网络文化、草根文化、非主流文化等纷纷涌现,每个人都在追求自己的审美权利,都在忙于将自己的日常生活审美化,生活审美的主体已经由原先的时代、民族、种族、阶级等庞大群体迅速分化成了更小的快闪族、彩虹族、尼特族、御宅族等新新族群,变得更加多样化。对生活审美的研究应该充分注意这一趋势,必要时甚至应该改变传统美学的研究范式。

---

1 毛泽东:《毛泽东选集》,人民出版社,1991年,第864—865页。
2 冯友兰:《冯友兰学术文化随笔》,中国青年出版社,1996年,第98页。

第四节　生活审美的价值与作用

生活审美具有自身独特的价值与作用，这里的价值主要是指生活审美的精神意义，而作用主要是指生活审美的现实意义，下面我们将分别论述之。

一、生活审美的价值

人们在日常生活中由于受到各种现实利益的驱使，往往只从自身的功利需要来对待生活，难以全面地观照生活整体，生活在人们面前只具有单一的向度，同时人们的身心体验也被压制在这个狭窄的范围内，人生的丰富性和生动性得不到展开，生活审美作为对整体生活的全面观照，能够把人从这一狭窄的生活中解放出来，获得更丰富、更主动的生活。概括而言，生活审美具有以下两个方面的价值：

首先，生活审美能够使人超越日常生活的片面性，走向更全面的生活。日常生活在长期的历史发展过程中已经形成了一整套习俗，人们在这一习俗中进行各种生活活动，每一生活事件都有其特定的处理模式，人们把这一模式当做是理所当然的，甚至是唯一的。在日常生活中，人们就像是一架自动反应的机器，任何行为都是由预先规定好的程序控制的，每个人都是这一生活机器上的"螺丝钉"，每一个"螺丝钉"只能在自己的位置上扮演自己应该扮演的角色，按照整体所要求的方式发挥作用，成为受日常生活操纵的木偶，难以跳出自身的角色和功能。程式化的日常生活是人类生活的常态，人们也通常把这一常态看做是生活的唯一样态，几乎不知道生活还有其他可能性，生活进入了海德格尔所说的"遮蔽"状态，而生活审美的任务就是要为人的日常生活"解蔽"，在日常生活这一昏暗的茂密丛林中开展出一片敞亮的"林中空地"，展露出生活的多重意义。海德格尔在《存在与时间》一书中曾用时间来考量存在，认为时间中能够流淌出存在的意义，认为只有当死亡的极限反冲到生活中才能激发出存在的意义，实际上他没有看到，时间只是生命得以展开的前提，而生命的价值则在于其境界的提升，在于生活维度的释放，因而存在的本真意义并不在于时间，而恰恰在于空间。日常生活，包括历史、传统，甚至文化只是生活的一个维度，生活审美则能开放出生活的众多维度，提升生活的境界，而这也是自然审美和艺术审美的最终价值。中国传统艺术，用王国维的话来说，正是要追求生活的"境界"，评判艺术价值高低的标准也就是在于这一境界。王维面对日常生活之外的其他生活境界，他并不恐惧，而是坦然接受，静心体会，在《辛夷坞》中他这样写道"木末芙蓉花，山中发红萼。涧户寂无人，纷纷开且落。""山中""木末"可谓高处之极，"涧户""无人"可谓清寒之极，而作为王维化身的"芙蓉花"却能悄悄地"发红萼"、"纷纷开且落"，尽情展现生命的绚烂与平实，此中境界正与其"行到水穷处，坐看云起时"的襟怀相吻合。这里，时间与空间恰好构成生活的两种隐喻，日常生活在时间的滴答声中匆匆赶着自己的行程，人们在其中几乎无暇看到其他的生活行程，而生活审美则要让人们停下脚步，驻足观赏，看到生活空间的阔大与无垠，尽情享受生活的境界之美。

其次，生活审美能够使人超越现实体验的功利性，获得更完满的人性。人类生活的主体层面是物质生产活动，在这一活动中，生产过程与生产结果分离，换句话说，人们参与生产过程就是为了获得生产结果，与生产结果相比，生产过程并不重要，这也就是我们所说的功利的生产，在生产过程中，人们的体验是劳累的、痛苦的，人们唯一的期待是对结果的期待，人们唯一的喜悦是丰收的喜悦，为了获得这一喜悦，人们甚至在生产过程中扭曲了自己，把自己变成实现这一结果的工具，因而这种喜悦不是生活的自然绽放，而是"魔鬼的微笑"。这种"魔鬼的微笑"使得人们在现代社会这一工作节奏更快、工作压力更大的生活环境中只能通过报复性消费来补偿，消费社会的到来不仅是经济方式转变的结果，同时也是人们心理压力释放的结果。马尔库塞把现代人称为"单向度的人"，就是指现代人的精神生活已经被物质生活挤压到了一个狭窄的空间，称为心灵扭曲的单面人，人的生活也进入了一种单一、单调的状态，在这种状态中，人的精神麻木，心灵萎缩成一团死灰，只能靠不断强烈的刺激才能产生一点点微弱的反应。人生多彩，可现代人只能感受到其苍白，人生百味，可现代人只能品尝到其苦涩，味觉与精神的双重退化也许是现代人最醒目的存在状态了。艺术已经失去了其神圣的精神光晕，成了人们感官兴奋的刺激物，人们不再能够欣赏古琴的清远，也不再能够欣赏二胡的悠扬，只有迪厅里那狂躁无序的喧嚣才是人们能够听懂的唯一乐音。马尔库塞最后要求建立"新感性"也许是出于西方理性对感性长期压抑的历史，而现代人感性萎缩又何尝不需要"新感性"的补偿，在此基础上，我们甚至应该要求建立人新的身心统一体，以释放现代社会的压力，建立健全的身心统一体，获得更完满的人性，而这正是生活审美的功能之一。在生活审美活动中，生活审美的过程与生活审美的结果是完全同一的，生活的目的就是生活的过程，我们不再追求生活过程之外的抽象目的，一切生活的目的如果不能反冲到生活的过程中就不具有任何价值，生活的意义并不悬浮在虚无缥缈的空中，生活并不为了生活之外的某种目的，而就在于生活的充分绽放，一切生活的意义都在于让生活变得更有意义。因此，在生活审美中，我们的感官是舒展的，我们的心灵是开放的，我们的人性也是完满的。

在日常生活中，不仅人与物的关系被扭曲，人与人的关系同样也遭到扭曲，这在西方文化不断扩张的今天变得尤为显著。中国传统文化用人与人的关系模式来考察人与物的关系，因而物也是人，而西方现代文化用人与物的关系来考察人与人的关系，因而人也是物，人与人之间以功利相互衡量对方，把对方看做是能为我所用的工具，人与人之间心灵的沟通不复存在，要么我利用别人，要么我被别人利用，人与人之间相互警惕已经成为当代人际关系的基本特征，萨特甚至说"他人就是地狱"，马丁·布伯也说"我—你"的心灵沟通关系在现代社会已经变成了"我—他"的物质功利关系，人不再能够听到他人的心声，也同样不再能够听到自己的心声，人不再对他人敞开心扉，也同样不再对自己敞开心扉，人也因此生活在了幽暗封闭的精神世界里。功利性已经成为现代人精神的枷锁，而生活审美的超功利性正是解开这一枷锁的有效途径，只有超越日常生活的功利性，用心去感受他人和世界，我们才能走向诗意的人生，找到人类"诗意栖居"的家园。

二、生活审美的作用

我们在日常生活中进行生活审美，我们也在生活审美中提升日常生活，生活审美总是要在日常生活中积蓄能量，也总是要回过头来指导日常生活。总的来说，生活审美主要有以下三个方面的作用。

首先，生活审美对日常生活的介入作用。

日常生活是以物质生产为推动力的生活，它总是把社会的进步和历史的发展作为自己的使命，日常生活中的人只是这一过程中的一个环节，只能以工具的面貌出现，而工具的特点，用海德格尔的话来说，就是其越不凸显、越不被人注意，用起来就越是称手，比如鞋子，我们越是意识不到它的存在，它就越是合脚，只有当鞋子严重磨损不再能够承担其使命时才会引起我们的注意。人作为工具，本身就注定其存在的意义必然会被忽视，为了抽象的社会和历史而牺牲具体活生生的人。而生活审美则从具体的感性人出发，关心人的精神生活，试图追索生活的终极意义，探求人作为人的价值，把人从历史工具中解放出来，也正是在这一意义上，黑格尔说："审美带有令人解放的性质。"马克思主义对人类的贡献也许就在于对人的发现，它否定了一切抽象的概念，不再有作为工具的抽象的人，也不再有在人之外的抽象的历史和社会，一切活动都是人的活动，一切社会都是人的社会，一切历史都是人的历史，一切问题都要以人为核心，一切价值都是人的自我实现，一切历史的发展都应该以人的全面发展为目的，一切牺牲人实现人之外的发展都只能是人的全面异化。以此为出发点，马克思发现，过去的历史只是人的异化史，我们应该立足具体感性的人，通过人的社会实践活动克服自身的异化，实现人的全面发展，恢复人的自由本质，因而共产主义社会就是"自由人的联合体"。海德格尔的哲学也从存在论的历史出发，认为传统的存在概念一直被误解为了存在者概念，把人作为由某种历史和社会框架所设定好的意义固定的某物，而忽视了人超越具体历史和社会的意义追求，因而其存在哲学的任务就是要探求人的本真存在，实现人在世界之中的诗意的栖居。

人在日常生活中的工具性往往会使人迷失自身，变得迷惑、空虚和烦躁，而生活审美则能够以其终极关怀照亮日常生活，发现生活的意义和价值。当人在日常生活中不得志或对生活感到烦腻时，审美创造或审美欣赏往往能安顿他们的心灵，获得精神的慰藉，李白和陶渊明在政治上不如意，正是在审美中找到了人生的归宿。生活审美不仅能够解放我们的个人生活，同样也能够解放我们的社会生活，无论是西方的文艺复兴还是中国的五四运动，审美都在其中起到了重要的作用。

总之，生活审美旨在从更高的层面介入我们早已异化的日常生活，解构我们在日常生活中僵化了的人生观，撬开日常生活的缝隙，松动我们的日常生活，为日常生活注入一股不断向上翻腾的活力，力求把生活开凿成人生终极意义展现的场域。

其次，生活审美对当代大众文化的提升作用。

大众文化是人的感性在现代性的背景中走向生活前台的产物，它在生活的表层克服了理性和道德对感性的压抑，使人的感性生活获得了社会的承认，为人的解放事业作出了重要贡献。然而，感性在大众文化中并没有走出其历史的怪圈，它从理性和道德的奴隶迅速转变成了欲望的奴隶，尤其是在当前商品经济的浪潮中，大众文化逐渐丧失了其诞生之初的积极意义，感性的欲望化和欲望的物质化趋势越来越明显，人的感性不仅没有得到应有的尊重，反而被进一步亵渎了。而生活审美则能克服大众文化的欲望化和物质化，它并不在理性与感性的对立中简单地颠倒两者的位置，既不用理性来压抑感性，也不用感性的张扬来报复理性的压抑，而是试图协调两者之间的关系，把感性连同理性一起从二元对立的框架中解放出来，把欲提升为情，把物提升为象，把理提升为意。西方的"上帝死了"，中国的"天理"也随之消亡了，唯有人的欲望活跃在历史的前台，为了刺激被日常生活压抑得萎缩了的精神，人们过度透支自己的欲望，用感性的狂躁掩盖精神的空虚，保持一种繁荣的假象。物的丰富并没有带来生活的丰富，它以其前所未有的多样性刺激和满足着人们的欲望，并以主人的身份凌驾在人之上，人成了物的消费者，成了生产过程得以完成的最后一环。为了适应物的世界，人类那善于追思的理性也变成了疯狂攫取物的本能，生活成了速度与效率拼装起来的冰冷机器，而不再有人的气息，用马克思的话来说，就是人被物彻底地异化了。而生活审美以其超越日常生活的本质，释放出功利追求带给人的沉重压力，抚触人们枯萎的心灵，把野性的欲变成生动的情，把寒气逼人的物变成精神栖居的象，把盲目的理变成人生的意趣。当然，大众文化的欲望趋向并不完全否定其感性解放的积极功能，生活审美也不是板起面孔横立在大众文化面前，而是消融在大众文化之中，滋养大众文化的根须，充实其干瘪的花瓣，绽放其绚烂的光彩。总之，生活审美并不像道德和宗教那样站在大众文化的对面批判大众文化，而是融入到大众文化里面提升大众文化，把人的感性从快感提升为情感。

最后，生活审美对日常生活审美化的推进作用。

日常生活审美化是艺术审美向生活领域的渗透和扩张，是按艺术模式来规划生活，它包括生活方式的转变和生活观念的更新，而生活审美无疑也是其重要的组成部分。日常生活审美化在学术界曾一度成为热点，然而其产生有着特殊的历史背景，那就是西方现代美学一直把美学限制在艺术哲学的范围，而随着文化工业和现代传媒的兴起，审美向生活领域的扩张和渗透越来越显著，这迫使美学研究的范围也随之扩展，因而在西方后现代美学体系中出现了消解艺术审美与日常生活界限的趋势。随着日常生活审美化的推进，美学也突破了艺术哲学的领域，出现了环境美学、身体美学等新兴学科，而生活审美作为直接研究审美向生活渗透的学科理应成为当下美学发展的重要分支。然而值得注意的是，生活审美并不直接认同日常生活审美化的所有现象，而是带着批判的眼光研究这一现象，试图更好地推进日常生活的审美化，同时也力图避免审美在日常生活中的过度泛化甚至庸俗化。

日常生活审美化有其积极的历史意义，它一方面有利于审美的民主化，另一方面也有利于生活的风格化，当然这是其理想的状态，并不等同于其实际的状态。在实际生活中，日常生活的审美化往往并不是真正民主的，它更多的伴随着趣味的权力化，人们通过审美趣味的差异，通过一种特殊生活方式的设计把自身的社会地位同他人区分开来，在此，日常生活的审美化成了实现新的等级秩序的运作策略。人们在房间里挂上昂贵的油画，手里捧着红酒或咖啡，坐在西式的餐桌旁读着英文或法文的报纸，有时并不是因为舒适或喜欢，而是为了标明自己的文化身份，因为这种生活方式和蹲在屋檐下吃花生米喝二锅头是显然不同的，这其中有着一种趣味的炫耀和审美的傲慢，它更多的不是审美享受，而是审美想象，或者说，人们真正陶醉的不是审美，而是文化身份的想象。如果日常生活审美化仅仅是这些，那么它恰恰是反审美，我们的日常生活在这一进程中不仅不可能审美化，反而会进一步庸俗化，而生活审美正是要纠正这一趋势，真正实现日常生活的风格化，也只有日常生活的风格化才能真正实现日常生活的艺术化或日常生活的审美化。所谓日常生活的风格化就是按艺术的模式重构生活，不再以出身、门第、阶层、品德、职业等现实功利的因素来评价生活，而是像艺术审美一样陶醉在某种特定的生活方式之中，这一趋势在当代社会中已经越来越明显，比如新新族群的兴起在很大程度上就体现了这一趋势。LOMO族总是随身携带着LOMO相机，随意拍摄着身边的点滴生活，从菜市场到歌剧院，从垃圾堆到博览会，他们无处不在享受着拍摄的乐趣，并对一张张原汁原味的照片感到无比喜悦，LOMO相机几乎成了他们的第三只眼睛，并弥散成了一种生活的方式。巴士迷对巴士怀有特别的喜爱和近乎狂热的情感，喜欢乘坐巴士的感觉，喜欢搜集巴士模型、广告及相关的路线资料，拍摄巴士的照片，凑在一起成立相关论坛，讨论巴士心得，并且为网友提供免费咨询，经常发起或参与一些公益性的社会活动，如自愿对巴士进行装点，为市民义务指路等，总之，巴士成了他们生命中不可或缺的执著与追求。可见，日常生活并不一定琐碎，也并不一定乏味，它完全可以像艺术品一样充满意蕴和回味，而这正是生活审美的任务与功能。

第五节　生活审美对人类生存的重大意义

生活审美不仅对个人生活具有重大意义，而且对人类生存也同样具有重大意义。在人类生存史上，生活审美绝不是可有可无的点缀和装饰，也不是毫无营养成分的调味剂，而是人类生存的实在的组成部分，正是它调节指引着人类的生存，并不断开拓出新的生存空间。认识生活审美在人类生存中的重大意义可以使我们更加自觉地把握生存、理解生存，自主开拓生存的新境界。总之，生活审美对人类生存的意义重大，概括而言，主要有以下三个方面。

第一，生活审美能够克服文明对人类的异化。

在人类思想史上，曾有过若干对人的界定，有人说，人是能思维的动物，可动物学家发现黑猩猩也能够想到利用箱子的高度去采摘悬挂在高处的香蕉；有人说，人是会使用工具的动物，可动物学家发现松鼠也会利用石头砸开坚果；也有人说，人是有分工的社会动物，可动物学家发现蚂蚁分工已经非常成熟。实际上，人是有文化的动物，只有人才能够把物质性的生存转化为精神性的文化，这在"文化"一词的内涵中已经向我们表明了。"文化"一词源于《易·贲卦·彖传》中的"观乎人文，以化成天下"，乃人文教化之义，"化"本字为"匕"，为产子之象形，表示人的新生之意，而"文"本字为"纹"，乃"纹身"之意，表示与自然身体相对的文化身体，唐孔颖达在对《尚书·舜典》的疏解中对之作了进一步的延伸，认为"经天纬地曰文"，表示与质朴自然相对的人化自然，综合而言，"文化"即表示人通过脱离质朴自然而获得新生，这里的自然包括两个方面，一是人的内在自然，即人的自然本性，一是人的外在自然，即人的自然环境。可见，文化的历史与"人"类的历史几乎是同步的，也是人逐步与动物区别开来的重要方式，中国人尊称有"人文始祖"之誉的黄帝为祖先，称自己为"炎黄子孙"，即有强调文化与人类的重要关系之意。文化，即去自然化，它固然把人变成了人，但同时也切断了人与自然的脐带，把人拔离大地悬挂在了空中，以抑制人的动物性成就人的神性，以抑制人的肉身成就人的尊严。可以说，一部人类的文明史就是一部人类的压抑史，或者叫人类的异化史。这在西方社会几乎成了人们的共识，康德、席勒、弗洛伊德、马尔库塞等思想家都曾在理论层面上表达过这个观念。康德继承了笛卡儿的哲学思想，把人的心理机能分为相互对立的两个领域，即感性与理性、欲望与认识、实践理性和理论理性，由于两者受不同的规律支配，人类生存被分裂成了两个彼此孤立的领域，理性只有根据社会需要对感性机能进行压抑性的利用才能取得文明的进步。同样，席勒也看到了人具有感性冲动和形式冲动，并认为在现存文明中理性的暴戾使感性变得枯竭，造成了人尤其是现代人的生存创伤。弗洛伊德在《文明及其缺憾》中对这一问题论述得更为集中，他甚至认为"我们称之为文明的东西是我们不幸的主要根源；如果我们放弃文明，退回到原始状态，我们会更加幸福。"[1] 马尔库塞总结说："弗洛伊德认为，人的历史就是人被压抑的历史。文化不仅压制了人的社会生存，还压制了人的生物生存；不仅压制了人的一般方面，还压制了人的本能结构。"[2] 总之，"它的一个理论基石就是认为，不可能存在非压抑性文明"[3]。

---

[1] 弗洛伊德：《文明及其缺憾》，傅雅芳、郝冬瑾译，安徽文艺出版社，1987年，第28页。
[2] 马尔库塞：《爱欲与文明》，黄勇、薛民译，上海文艺出版社，1987年，第3页。
[3] 同上书，第7页。

如果说，文明压制了人性，尤其压制了现代人的人性，使得现代社会精神病患者的数量不断增多，那么生活审美恰恰能够克服文明对人的异化，使人的原始欲望得到升华，即保存原始欲望的能量，转移原始欲望的目的和对象，使其合理地释放出来，得到身心的自由，这从上述思想家的理论中也能够得到证实。同样在《爱欲与文明》中，马尔库塞写道："事实上，根据康德的理论，当审美功能成为文化哲学的核心论题时，它就被用以证明非压抑性文明所具备的种种原则。在这种文明中，理性是感性的，而感性则是理性的。席勒的《审美教育书简》（1795年）一书，主要是在《判断力批判》的影响下写就的，其目的是借助审美功能的解放作用，来重建文明，他认为这种文明将包含新的现实原则。"[1] 马尔库塞自己也从弗洛伊德的理论中引申出了自己同样的观念，他认为弗洛伊德晚期引入了爱欲一词，以此与性欲相区别，而"爱欲所指的是性欲的量的扩张和质的提高"[2]，"它摆脱了生殖器的至上性而趋向于使整个有机体爱欲化"，是对性欲的非压抑性升华，而这也"暗示了一种截然不同于来自压抑性升华的文明的文明观"[3]。总之，生活审美能够把人的动物性从文明的压抑中解放出来，"这种解放决不会摧毁文明，反而会给它提供一个坚实的基础，并将极大地增强其潜能。审美功能通过某一基本冲动即消遣冲动而发生作用，它将'消除强制，使人获得身心自由'。它将使感觉与情感同理性的观念和谐一致，消除理性规律的道德强制性，并'使理性的观念与感性的兴趣相调和'。"[4]

第二，生活审美能够改善人类与环境的关系。

如果说，生活审美克服了人的异化是拯救了人的内在自然，那么生活审美对人类生存环境的改善则是对人的外在自然的拯救。文化使人从自然性中摆脱出来，不再黏附在其自然的背景中，人类自然进化的所有链条变成了人类生存的环境，人类从此不再被动地适应自然，而是主动地改造自然，人变成了自然的主体，一切自然在这一主体面前都成了人的客体，人在其去自然化的历程中取得了决定性的胜利，正是主体性的生成，世界的主人由上帝变成了人，正是主体性的生成，自然从人类的生存家园变成了可以无限攫取的资源，也正是主体性的生成，人类历史从传统走向了现代，可以说，主体性的生成对人类历史产生了不可逆转的影响。然而，主体性的生成并没有给人类带来福音，现代性的历史表明，这种主体性只是片面的主体性，它试图以吞没客体的方式彻底征服自然，始终把客体作为自己的对立面，从而也把自身逼入了对立面的境地，在主客对峙的局面中，主体始终无法摆脱客体的影子，客体也成了主体永远无法摆脱的梦魇。实际上，试图用主体同化客体的自由之路与用理性试图同化感性的自由之路如出一辙，其思路都是试图以一种压抑性的升华来获得自由，但压抑必然会伴随着反压抑，其结果也必

---

[1] 马尔库塞：《爱欲与文明》，黄勇、薛民译，上海文艺出版社，1987年，第131页。
[2] 同上书，第150页。
[3] 同上书，第152页。
[4] 同上书，第133页。

然会导致自身的受压抑状态，使之无法通达自由。这种主体性的失败也已经在社会实践层面充分地表现了出来，人类征服自然的行为并没有使自然彻底臣服，反而导致了人与自然关系的紧张，伴随着人类对自然的暴力，自然也在对人类实行着疯狂的报复，人类在改造自然的同时也破坏了自己生存的家园，环境恶化已经成为当今时代迫在眉睫的重大问题。能够拯救这种状况的只有生活审美一途，生活审美对人与自然关系的改善不仅仅只是人居关系的改善，不仅仅只是在城市钢筋混凝土中增加一点点点缀的绿色，这只是最浅表的层面，生活审美应该能够渗透到人与自然关系的最深层。究其实质，人与自然关系的恶化归根到底在于人类试图用精神性的理性来征服物质性的自然，精神与物质的二分在人与自然之间划开了一道永远无法逾越的鸿沟，而实际上，理性不是纯精神的，自然也不是纯物质的，理性有其肉身的根基，自然也有其精神的因子，只有通过精神的肉身化和物质的灵性化的双重推进才能建立人与自然的血肉联系，彻底改善人与自然的关系。其实，人类并不可能在世界的对立面征服自然，人已经"在世界之中存在"，人嵌入在世界之中就如精神嵌入在身体之中一样，身体是精神的存在方式，犹如自然是身体的存在方式。身体开拓了一个身心一体的空间，自然也开拓了一个物我交融的空间，自然就是我们身体的延伸，正如宋明理学所说的"身体是一小宇宙，宇宙是一大身体"。这不只是人们在理论上的美好愿望，它同时也是可以在实践中体验到的，盲人利用拐杖来感触世界，刚开始只能感觉到手掌与把柄之间的关系，但随着拐杖向身体的融入，盲人已不再关注把柄对手掌的刺激，而是直接感受到了拐杖末端与地面的关系，好像是盲人的手臂延伸了，拐杖也成了其手臂的一部分。其实，不仅盲人的拐杖，我们对任何工具的使用都具有这一特点，我们的身体可以向自然物延伸，就像磁铁的磁性可以向铁的世界延伸一样，最终把整个自然变成我们的身体，这就是马克思所说的"无机的身体"和梅洛-庞蒂所说的"肉身"。可见，身体是我们与自然关系的纽带，通过身体，自然就是人，人就是自然，人与自然的对立也得到了最终的和解，人的片面的主体性在这一和解中也发展为了充分的主体性。由此，我们也可以发现，作为人类解放的主体性成就不应该局限在主客对立的框架中把自身压缩成与客体相对立的主体，它应该也把这种主体性的成就扩大到自然领域，使自然也变成主体，变主体与客体的对立关系为主体与主体的交流关系，变我他关系为我你关系，当然，这并不是要我们退回到原始时代的万物有灵论，而是在生活审美中去体验自然、亲近自然、与自然融为一体。

第三，生活审美能够推动人类生存空间的拓展。

生活审美不仅能够克服人类的异化，改善人与自然的深层关系，而且也能突破我们现有的生活层面，拓展人类生存的空间。其实，人类并非生活在物质世界里，而是生活在意义世界之中，凡是能够进入生活领域的事物都必然已经被我们赋予了某种意义，并由此决定了其在生活中的坐标，也决定了人类对这一事物的认识和理解。然而，这一意义并非是现成的、一成不变的，它是在历史发展过程中不断生成的，根据阐释学的观点，事物不存在原初的意义，它总要在历史中被重新阐释，并在过去与现在的视阈融合处产生出新的意义，因而这一意义是向未来开放的，并永远处于生成之中，阐释学代表人物伽达默尔认为，阐释的典型形态就是审美。这就告诉我们，生活审美能够敞开在日常生活中已经僵化了的意义，并不断开放出新的意义，从而使得我们所生活的意义世界不断积淀，拓展人类生存的空间。西方的文艺复兴其实并不仅仅局限在艺术领域，而是涉及了生活的方方面面，因而可以说，文艺复兴就是生活审美的极端形式，正是它改变了世界的整体面貌，把神的世界变成了人的世界，因而世间的一切事物都获得了一种新的意义，例如教堂不再是神的居所，而是人类心灵的居所，神也不再是凌驾于人之上掌控人间一切的主宰，而是使人的灵魂得到救赎的信仰，从此，人类从神的时代走向了人的时代，获得了一个全新的生存空间。同样，中国的五四运动也是一场声势浩大的生活审美活动，正是它点燃了中国从传统向现代转型的导火线，从此，中国一步步地从天人合一的生存状态走向了天人分离的生存状态，人们眼中充满灵性的世界也随之变成了物质的世界，人的世界观和人生观都发生了剧烈的变化，生存空间被完全刷新。当然，并不是只有这些极端的生活审美才能拓展人类的生存空间，我们在日常生活中所摩擦出的任何一点一滴的生活审美都在或多或少地更新着人类的生活，一个新造的词汇、一句生活的感慨、一种生活的设想都可能蔓延开来成为一种普遍的生活方式，刷新我们的日常生活。可见，人类生存的空间并非是固定的，而是在人类的各种活动尤其是生活审美活动中不断生成、不断积淀、不断拓展，正因如此，人类历史才能不断更新、不断发展，冯友兰认为有觉解的生活是人和动物的根本区别，而人的觉解不是一蹴而就的，它在历史中不断提升，并推动人类生存空间的不断拓展。

第四章
艺术审美论

艺术审美，是具备较为丰富的生活审美意识和艺术审美意识条件下对文学艺术作品展开的审美活动。它是审美活动的重要环节，是二度审美创造和审美价值实现的保障。

第一节　艺术审美的心理机制

人的心灵（心理）是精神生命的控制中心，又是人生动力的源泉，心灵的运动沟通了人生与世界，控制着世界化为我，我化为世界的（物化人、人化物）的大运转，将人类与世界推向越来越高的审美与创造的阶梯。这一心理事实贯彻人类古今，也贯彻每个人的终身。审美主体心理上构成的生活意识和审美意识，是一个不断与外界交流、不断运动、扩展、强化和创造表现的系统。它通过心理的吐纳机能的鼓动而不断沟通心理世界与客观世界，构成一个不断运转的心理交流系统。这个系统总是遵循着恒定的运动规律，即内感外射原理，在外界不断变化的条件下，自适应、自组织、自完善和自表现。

心理交流系统，是人类在漫长的历史过程中、在不断认识和改造自然、社会与人本身的社会实践活动中形成和扩大发展的一种历史性的动力系统。它贯通和联系着主体与对象、精神与物质、主观与客观、意识和世界；它不纯属主观也不纯属客观，而是由物质变精神到精神变物质，由客观化主观到主观化客观，由世界化意识到意识化世界的不断反复并上升发展的大运转。它是内化与外化、认识与实践、审美与创造的统一。在心理交流的个体方面，它属于个别社会主体的整体性活动；在心理交流的人类主体方面，它又属于历史性的集体主体的整体性活动。这里对心理交流系统模式做粗略描绘：对象光、色、线、形、质、量、气味等对主体的刺激→主体耳目口鼻手等感觉神经的感受→反复感受、综合印象、形成表象或经验→形成深刻的某些方面的本质认识→通过躯体活动或使用工具改造对象、创造新事物→加深对于对象的认识和感受，循环往复；与这一过程同时，还发生主体向对象发出的种种外射表现：注意力外射（选择注意对象）→感受力外射→表象或经验的外射→本质认识的外射→想象改造对象的图式外射→创造力外射→评价判断能力外射等。这每个方面的因素都是多样的，又是由底层推向高层，而且多种因素是协同作用的，内受与外射两个方面的因素是对立而又统一、相互激发、相互推动的。

审美内感外射的心理机制，是由复杂的心理关系所规定的。审美主体心理上，既有心理机能的作用，又有意识的作用，两者密切联系：在意识方面，有社会历史的文化影响成分，有实践经验和理性认识的成分，还有审美经验和审美理想等。审美心理活动就在这样的条件下展开。这里就审美心理中暂时形成的心理交流系统作初步说明。为了便于说明和直观地显示各种复杂关系，下面用示意图来表示。如果用S表示对象，S'表示审美印象，R表示内心的审美意识（这里的审美意识是广义的，指参与审美心理活动的所有意识因素，它们结成一种临时关系，在审美中共同发生作用），R'表示向S'投射的审美意识，那以S'和R'的融合就是内心创造的审美意象。这个审美意象是有机结构的整体或系统，它不是机械组合，不等于S'+R'，而是一种心理化合，一种具有全新质和全新功能的组织机体的诞生。这里用具有圆整形象性的字母O来表示它。下面着重说明审美主体与审美对象之间的审美关系以及主体心理上的反应。审美活动发生于最初的造型、光影、色彩、音响的刺激，在心理上留下形、光、色、音印象，印象引起主体的情绪，情绪向形、光、色、音印象投射，同时引起注意，选择并注意对象。这是内感外射的第一回合。接着，在主体的注意和选择之下，对象以整体形态刺激主体，在主题心理上留下整体印象，并激发起主体的审美情趣和审美欲求；在审美欲求推动下，审美情趣向整体印象投射，注意也由随意注意上升为审美注意，开始欣赏对象。这是内感外射的第二回合。审美注意之下把握对象，就使对象定性为审美对象，对象与主体的关系也定性为审美关系，对象对于主体的刺激也就是审美刺激，是对象特征对主体的审美心理的冲击。这种冲击常是十分强烈的，给审美主体留下鲜明的审美印象和强烈的审美感受。S'不是一次感觉就能完成的，它不是对S的模仿，也不是S各部分的相加，而是SR相互作用下产生的具有新质的"完形"或整体。审美印象进一步激发主体的意识（生活经验或审美意识），意识向审美印象投射，把审美心理推向高潮。审美印象与投射的情趣和意识化合交融，这就出现了内心的创造成果，全新的心理实体——审美意象O。审美意象O与外界对象S相应和，假借S使自己得到表征，这就出现审美外射或审美移情现象，亦即克罗齐说的表现。但是这种外射和表现是想象中的幻觉或错觉，纯粹是一种心理效应。这时往往会出现对对象或美或丑、或崇高或滑稽、或可喜或可悲的幻象，于是就发生主体对对象的审美评价。这是审美内感外射的第三回合。只有达到这一阶段，审美才达到高潮，实现物我交融化一。这三级内感外射常是在极短时间内完成的。审美感受力强，主体心理与对象彼此对应合拍，就能很快达到高潮；审美感受力弱，或者内外不合拍，则可能不发生审美关系。有时需要反复接触对象，有时则需要主体有适当的心境，这才可能具备审美条件。因此，审美也是讲究机遇和"缘分"的。

艺术审美就更强调了这种"机缘"，较之自然审美的单纯性与生活审美的随意性，艺术审美其心理机制有着其自身的特点，以下从两个方面进行说明。

一、艺术审美心理机制的双向性——指向创作与鉴赏

在艺术审美中，艺术品是包含着较多社会性意义的，因此对艺术审美就不免要对其社会意义作领悟理解，所以在艺术中有大量认识内容需要接受。艺术审美是一种复合审美，在这种复合审美的过程中，除了审美心理交流系统之外，还伴有认知心理的内感外射过程。这两个过程是交织在一起的，但也可分别进行，如有的人看作品就以追求娱乐为主（看有趣的人物或故事情节），有的人则以追求社会生活知识或某种思想内容为主。文学批评就有侧重于艺术价值的批评和侧重于社会性内容的批评。而审美欣赏则会出现多重性心理活动，主要是审美感受、生活体验，认知理解等方面的活动，而最终结果则是审美判断、生活体味、理性思考等方面。这里不能把生活体验与认知理解同审美感受判断对立起来，把前二者看成非审美的杂质。如果生活内容和认知内容能够与审美意象自然而艺术地统一起来，只会加强审美效果。以寓教于乐的方式去创造，让思想情感倾向隐蔽在具体的描绘之中，这是艺术的本性和审美创造的规律。

艺术的理性内涵或情感内容来自于生活本身的本质规律和生活意识的深刻理性，最根本的是生活本身的深邃意义。审美从生活开始，因为生活的丰富身后，审美意识也相应具有丰富深刻性。可以说，审美活动是感性与理性并重交织的全身心的活动。

审美价值的发生即审美活动中以人性为核心的审美意识的激荡，简言之就是人的性情的活跃，精神生活的满足。审美价值发生的原理，即审美欲求满足的原理，也就是审美对象引起的性情活跃、审美意识运动的原理。

谈到艺术审美，绕不过与艺术有着直接关联的艺术的创造者与艺术的欣赏者（或者说鉴赏者），此二者，对于艺术之形成与完成缺一不可。艺术家的一度审美与欣赏者的二度审美是一种主体性的沟通，也可理解为两个主体精神在艺术品中的相遇与认出。我们的探索要透过静态存在而把握其动态过程。

从审美对象上看，一度审美与二度审美的对象具有相似性。这种相似性可以说基本上是同质同构的。艺术家创造出来的艺术作品是他对社会生活（包括自身）审美的结晶。只要艺术家创造出来的艺术品是表现了他自己的审美意识，那么，我们就可以从这审美意识中窥见艺术家的心灵。艺术家自觉不自觉地经历过的、观审过的、体验过的，感受与思考过的一切，被记忆收藏在经验库中，这些零散不正、混乱无序的经验，往往处于无意识或不自觉的状态。艺术家一旦受到某种启示，他就突然站到一个自我审视的心理高度上审视那一切。这时，他回到经验中再生活一次，不自觉的记忆材料转化为自觉的意识，混沌无序的经验上升为清晰有序的审美意识系统。艺术家不是看到什么、感

到或想到什么就立刻创造或表现什么,他有一个反思自审的过程,痛定思痛才能长歌当哭。画家得在自审中形成审美意象系统——做到胸有成竹,作家要孕育复杂的形象体系,诗人须写出意境或境界,音乐家要创造出音乐形象系统,都是在无序的生活经验基础上实现向有序的审美意识系统的跃迁。这便是艺术家的一度审美。以王羲之的杰出散文作品《兰亭集序》为例,王羲之与朋友们一道去兰亭一带游乐,在游乐活动中他是无意识地、自然而然地积累下生活印象、感受与情感,及至这种生活已成为过去,他才反思当时情景,对这一段生活进行审美,使生活经历成为清醒、自觉、有序的意识——审美意识系统,并将它形于文字。这是艺术家一度审美的较好例子。王羲之在文中也表明了这一心理过程:"向之所欣,俯仰之间已为陈迹,尤不能不以之兴怀。"联系上下文看,他的意思是人在现实生活中暂时得到享受的满足于快适,陶醉于生活中时,不知时光消逝,是出于不自觉状态之中;待到兴趣已过,情随事迁,变感慨万端,回忆过往一切,这才清醒自觉起来,在自我审视中发生种种感触。在生命感,时空感作用下,痛感到"后之视今,犹今之视昔"。要收拾失落的一切,作者只能叙述当时情景及自己的感慨,传之后人。"虽世殊事异,所以兴怀,其致一也。"他想通过人情人性的共通性来实现自我表现与传达。这里王羲之看到了一度审美与二度审美的相似性。欣赏者的二度审美虽然不像艺术家的一度审美那样更带直接性,但是欣赏者"披文入情"之后,就能体味到艺术家同样的生活经验与感受,产生同样的思想感情。古代的文学作品、绘画等艺术能触动今人的思想感情,外国的油画、音乐及文学能触动中国人的思想感情,就在于"世殊事异,所以兴怀,其致一也"。这就是艺术家一度审美与欣赏者二度审美的对象与审美感受的相似性。艺术家也就是自己作品的第一个欣赏者,他的审美感受与欣赏者的审美感受是近似的。曹雪芹写《红楼梦》时说"谁解其中味?"是作者先尝其味,才带上"一把辛酸泪",读者后尝其味,才引出多少会心的悲叹。汤显祖写作《牡丹亭》时,写到"忆女"一出戏中老夫人与春香"睹物怀人",春香唱道"赏春香还是你旧罗裙"之时,他为主人公的悲苦命运所动,禁不住辛酸下泪,竟躲到柴房里哭泣了许久。正因为作者的描写中浸透了这种情感,读者或观众才能相应地从中获得同样的感受,才有女演员商小玲演《牡丹亭》一戏时发生强烈的心理感应,竟悲痛难禁,倒地气绝;也才有林黛玉听《牡丹亭》一戏时的悲哭。福楼拜写《包法利夫人》时感到口中尝到爱玛服砒霜自杀时的砒霜味,读者同样会尝到这种苦味。所有艺术种类都有自娱娱人的功能,能自娱才能娱人,自娱和娱人是一致的,即一定的艺术形象及其包含的思想、情感、感受、意趣、理想等。如果不能做到基本一致,那就是艺术表现的失效或者艺术感受的谬误,不属优秀艺术作品的正常功能。

从审美心理方面看,艺术家的一度审美与欣赏者的二度审美之间具有一贯性和连续性。艺术作品中表现的艺术形象、思想感情及意趣理想等因素是艺术家的审美意识的表现,同样也要唤起欣赏者一向潜伏的审美意识的相应表现。艺术家对形象的审美中产生了思想、情感态度、意趣和理想,在内心中创造出完整的审美意象;同样,欣赏者在对艺术形象审美中也要触发相应的思想、情感态度、意趣和理想。这就是一度审美与二度审美之间的审美心理的一贯性。艺术家表现的审美意识虽然出自艺术家一人之心，却可以在不同时代、不同国度唤起千千万万颗心灵的共鸣。只要是有艺术魅力的作品，就具有心灵穿透力。这种穿透力来自人类潜在的审美欲求。莎士比亚的戏剧、鲁本斯和安格尔的油画、贝多芬的交响乐，都能从它们诞生的地方以巨大的艺术感染力辐射八方，射向无限的未来的心灵，犹如小爱神丘比特的金箭向无数心灵输送动情的力量。从一度审美到二度审美的传播（作者→欣赏者）连续不断，在人类心理史上造成巨大影响。这样一来，艺术作品的主体精神就贯通了不同时代不同国家的人们的心灵，在人们的心灵上开通了一条指向未来的意识之流的长河。从作者的心灵开始，流向无数个欣赏者的心灵，流向未来无数人的心灵，这便是心理世界内形成的一度审美到二度审美的审美意识传播流动的连续性。或者说这就是艺术作品的主体精神在社会审美心理上的无限贯通。这种连续性或心理贯通是心理史上潜在的、只可想知而不可窥见的事实。所谓艺术的价值，其潜在一面便是一度审美到二度审美在人们心理上的连续反应。而艺术价值史也就是这连续反应的历史。

在艺术家的一度审美与欣赏者的二度审美之间除了具有一贯性和连续性之外，还具有一致性和互通性。艺术的核心是审美内涵，在艺术家的一度审美与欣赏者的二度审美之间存在着主体精神的承递关系。艺术作为人这个主体的产物，是其主体精神的表现，是人的潜在的与显在的身心能力的表现。从内涵到材料再到表现手段方式，无不是人的主体精神自由而充分的显现。因此，艺术是人的人情人性以及人的潜能的投影，艺术作品的本体，其坚强的核心乃是审美意识与主体精神的交融。正是在这个意义上，我们才能确定，"为情造文"与"披文入情"的交汇点就在于情（情在这里暂理解为艺术的全部内涵——审美意识），艺术本体的核心不在"文"（表现材料、手段和方式），而在于审美意识或主体精神。表现审美意识或主体精神的艺术作品不是主体精神运动的起点，也不是运动的终点，而仅仅是无限运动过程中的一个中转站。这个"中转站"后面有艺术家的心灵历程，还有文化艺术史的影响；"中转站"的前面有无数欣赏者的心灵——本国的和外国的，当代的和未来的。

艺术家的一度审美已是作品成功的一部分，一度审美中的创造表现不仅是作品的初步实现，也是作品基础价值的初步实现。艺术家的自我观照也是审美，创造表现中对艺术形象的观照也是审美。可以说，艺术创造过程或作品形成过程，就是一个连续不断的审美过程。在这一过程中，从最初摄取的生活现象，直到定型的艺术形象，一直为艺术家所欣赏并对艺术家发生了审美价值。也正因为有较高艺术素养的艺术家感到了这种审美价值，他才能预测价值的社会效应，并在艺术作品中创造出这种审美价值。因而，艺术家在艺术创造全过程中的一度审美，是艺术作品审美价值的自我实现，欣赏者二度审美则是艺术作品审美价值的社会实现。艺术家一度审美中的艺术创造与表现为欣赏者的二度审美提供了对象，可以说二度审美是对一度审美的再审美，是一度审美价值实现的再实现与价值增生过程。综上所述，艺术审美在心理机制上具有双向维度，指向创作与鉴赏两个方面。

二、艺术审美心理机制的稳固性——凝固结构的建构与超越

较之自然审美与社会审美而言，艺术审美具独有的语境稳定性，无论是创作者创作还是鉴赏者鉴赏，都有一种语境上的约定，这一约定是由介乎创作者与鉴赏者之间的艺术品所决定的，正如西谚有云："有一千个观众就有一千个哈姆雷特。"此言肯定了鉴赏中的仁者见仁智者见智，但此语也揭示出了这一千个观众所获得的一千个哈姆雷特仍是哈姆雷特，并不会变成五百个哈姆雷特与五百个杜丽娘，它提示出了艺术品对创造者与鉴赏者双方的约束性。

对艺术创作者而言他必须将其对自然宇宙、社会人生、个体生命的感悟、理解进行抽象、概括最后凝固于或一瞬间、一刹那，或一段文字、一串音符，又或一抹光色、一片木石之上，方能成就其创作，成其为一件可供他人赏鉴的艺术品，这时也才为艺术审美提供了必要的物质基础。这与自然审美、社会审美不同——自然审美这一物质基础由自然造化而成，社会审美这一物质基础由世事变迁而就——艺术审美其间融入了更多的是艺术创造者的认知、理解、性情、才华，因此对艺术的鉴赏（艺术审美）也就不同于对自然审美与社会审美，艺术审美中有一个艺术品的特定艺术结构对于鉴赏者的审美意识的召唤与鉴赏者的审美意识对艺术品中那一独特艺术结构所蕴涵的艺术家的独特审美意识的呼应的双向结构，或者可以称为双向维度。

这一双向维度的实现首先是艺术家的审美意识的迹化，这就是倾注着艺术家独特审美意识的凝固结构的建构，其次则是鉴赏者对这一凝固结构（艺术品）的呼应。

这里首先来看艺术家的审美意识的迹化。艺术家创作一件艺术品，自然会在其间倾注自己对人生、世界、宇宙、万物等的理解与感悟，然而这一切的感悟与认识在起先一定是比较杂乱、繁多的，那么这些繁多杂乱的认识感悟是如何形成后来艺术品中那有序的审美结构的呢？这就落实到了艺术创作的心理过程这个问题上了。这里可以大致分为两种，一者可称为渐悟式的，即长久观摩、日日感受、时时琢磨，而慢慢地在一点一滴地删繁就简、反复推敲中逐渐找到一个能够承载艺术家自身审美意趣的艺术形式，而后辅以其自身长久以来在艺术实践中磨炼砥砺而获致的艺术手法，随心赋形，再假以时日修删改进，最后得以完美地表现艺术家内心所蕴的审美意趣，这就好比悼红轩中曹雪芹十年修删《石头记》，更进一步说，可以当年郑板桥画竹子来做一个例子，郑板桥所说的眼中之竹，而至胸中之竹，最后落到画纸上的笔下之竹，这里三种竹子可真真是此竹非彼竹。从艺术家家眼中之竹起，这竹就已着上了人之色彩，何以艺术家不看兰不观梅，就偏偏青睐了这竹呢？当然，这里还可以算是自然审美的阶段，但是当艺术家观尽了千百竿或粗拙或纤细，或柔韧或健拔的竹子，看尽了春夏秋冬竹子的万千意态后，当艺术家眼中之万千竹化为其胸中竿竿竹时，所凝固在艺术家胸怀中的竹子就该是此前万千竹子的最高度抽象和凝练了，最后通过艺术家的技艺，画者或以水墨丹青或以油彩水粉，乐者或以长调慢板或以急弦短歌，诗家或以长文短章或以短诗慢词各尽所能各抒

其怀,那些凝固于画布上、音符中、文字里的竹子可就都大大异趣于此前摇曳于风中的万千之竹了,他们都各自深蕴了艺术家的审美意识。因此那些有经验的观者才可以一眼即辨认出这是郑板桥的竹子,那是潘天寿的荷花等。

二者则可称为顿悟式。即先有长久地对人生、社会、宇宙的感悟认识,烦乱驳杂藏于心中,这些认识感悟常常如零光片羽闪烁不定、难以赋形,然一日,或某一特定情景下灵感忽至,在一种特定的情绪下凭借往日所积累之艺术技巧将其完整表达尽净。这样的顿悟,在科学研究中有门捷列夫因梦蛇自啮其尾而参悟的化学元素周期表,在艺术创作中这样的例子就更是比比皆是。如中国伟大的书法家张旭、怀素等人之书法墨迹大多是其酒至微醺甚至狂醉后尽兴泼洒而至;又如诗仙李白那也是"斗酒诗百篇"的奇才,而古希腊柏拉图则在两千多年前的诗学理论中就提出了重要的"迷狂说",可见古人早就注意到了艺术类似于宗教一般对人的启示性与魅惑力,这也就无怪乎后世浪漫主义诗哲如此看重天才、灵感;到现代法国超现实主义一派文人则直接倾力倡导记录梦幻、想象、无意识的"自动写作",给这种创作方式以至高无上的地位。

无论是苦吟般的渐悟还是天才式的顿悟,艺术审美一个重要的特点就在于艺术家要将其所有的领悟以人工(或光影、或音符、或文字、或线条)的方式凝固到一个新的独特的艺术形式上,成为对自然、社会的再创造,于是此前年复一年历经春夏秋冬展现不同姿态的花鸟虫鱼、山川河流、人生百态、宇宙万有的某一个刹那、某一次回眸、某一种情绪、某一抹光色等就长久地凝固在了石膏里、文字间、乐符中、画布上,这一再创造成为一个长久向后来的观者敞开的世界,具有了自然审美与社会审美那种一次性所不同的可重复性,它等待着后来的观者一次次地驻足观摩,一次次地演奏、聆听,一次次地把玩感受。

艺术审美的鉴赏方面,艺术审美不同于自然审美、社会审美的一个最重要的方面就在于艺术品作为一种有意味的形式,其本身所具有的个体精神性、强烈的主体意志、情趣的表达性,以及对话性、交流性。因此艺术审美心理必然绕不开这个交流的过程,鉴赏者对艺术品内在审美意识结构所发出的召唤的回应是艺术审美不可或缺的组成部分。具体说来,这样的回应主要有三种。

第一,鉴赏者面对艺术品从头至尾完全不能理解这一艺术品所要表达的是什么,艺术品所含纳的审美意识结构无法召唤其鉴赏者的审美注意,这样就无法形成审美关系,自然也就无法实现审美,这样的例子在现实审美实践中屡见不鲜,这里不再赘述。

第二,鉴赏者面对艺术品,在观其形色、听其音声、感其材质中会其精神,而就在这心领神会之间实现了艺术品所内蕴之作者精神与观者精神的对接,于是拈花一笑间便对识与不识、知与不知、会与不会了然于心,这就类似,中国古时之伯牙子其,前者鼓高山,后者会其雄奇壮丽;前者鼓流水,后者明其阔达汪洋,此乃真知音,人生得一知己足矣。

第三,鉴赏者面对艺术品,在观其形色、听其音声、感其材质中会其精神,然而却不再仅仅是艺术家熔铸于其间的完全从属于艺术家的审美意识,而是艺术品自身因着其独特艺术结构而获致的精神内涵。这里需要做一说明，毕竟艺术品之于艺术家并非仅仅是艺术家的传声筒而已，伟大的艺术恰恰是在艺术家赋予艺术品特定审美结构注入艺术生命后，就获得了其内在的独立性，开始其自身的冒险，这就像托尔斯泰写作《安娜·卡列尼娜》时所体会到的那样，他感觉到他笔下的人物已经有了自己的主张，有了自己的选择，此后他所有的写作不过是在记录他笔下人物的命运而已；钱锺书，当人们对他所写作的《围城》惊喜不已而试图进而了解这位旷世奇才时，他曾幽默地以鸡蛋与下蛋的母鸡设喻来说明作品与作家的关系；由此可见艺术品尽管作为一个被造之物但是它身上除了被打上了创作者鲜明的个性烙印以外，它还具有自身的独立性；又由于艺术符号无论是线条、光色、文字还是音符本身具有模糊性、不确定性、多义性，这种多义性在上世纪30年代起以著名文论家燕卜逊为代表的英美新批评派曾做过细致研究，燕卜逊曾在其重要的论著《复义七型》（又译《七种类型的含混》）中对诗歌语言的含混性或者说复义性、多义性进行了说明，并认为含混的作用是诗的"根本作用"。诗歌如此，其他的艺术形式，只要是采用了艺术符号也就同样具有了这种意义的含混性与多层次性，因此由艺术符号所结构的艺术品在具有个性、独立性的同时，还具有类似于生命的丰富性、多层性和歧义性，而这就是艺术品本身强烈地要求参与审美交流的内在因素，就是何以大多数人在读小说时更多地是在与小说中的主人公交流而并非是与小说的隐含作者或真实作者交流的原因；就是观画者能在一幅水墨山水中见出气韵生动的原因；就是鉴赏者在大理石所雕刻的男女身上感受到血液澎湃、肌肤战栗的原因。由此，一切伟大的艺术品不再仅仅是某种独特的、机械的结构，而是一个新的生命体。因此鉴赏的更高境界就不仅仅是停留于鉴赏者从艺术品中见到创作者的印记，而是超越了艺术品的审美结构本身而见到一个全新的世界，这就好比佛家所说的"刹那中见永恒，一粒沙中见大千"，禅家所说的"青青翠竹皆是法身，郁郁黄花无非般若"，它强调对具体给定结构的超越；又好比中国的玄学中讲究的言象意之别，当"此中有真意，欲辩已忘言"时，对那难以言表、象形的真意的神会，才是艺术审美的至高境界，其中的"忘言"也好，"忘形"也好，皆是对艺术具体形式的超越；就这一点而言，现代主义的第一个重要流派象征主义在经历了浪漫主义与古典主义之间长久的相互突围、内耗，并大量接受了东方文化的影响后，不再承袭固有的叙事传统，直接反抗一切机械自然观与社会人类观，而领会到诗歌乃是对另一个更高的存在的暗示，从而认定了诗歌具有的神圣性与不确定性。

由此见出了艺术审美的一个重要特征，需要迹化的艺术品、凝固的艺术结构，此乃艺术审美之物质基础，需要对此物质基础的观摩认知，此乃艺术审美之精神基础，更需要对迹化艺术家审美意识的艺术品、凝固的艺术结构的超越，在有形的结构中见出那些无形的精神气韵，方能实现鉴赏者与创作者，进而是鉴赏者与被鉴赏之艺术品之间的审美交流，而这后一种交流才真正是审美中最高境界——物我合一的交流。它是鉴赏者与被赋予了生命的艺术品之间的灵魂的对话。

综上所述，由于艺术审美存在着自然审美与社会审美所不具备的特定艺术品，它作为创作者审美意识结构的凝固，作为鉴赏者关照的特定对象，作为独立完整的生命而制约、引导、启迪着创作者与鉴赏者双方。艺术品本身是创作者对其所感悟之外部世界与内在生命的高度抽象，同时又是鉴赏者进入具体审美意境的桥梁与中介，对创作者而言，对宇宙、社会、人生的理解凝固于艺术品中，而对鉴赏者而言，对宇宙、社会、人生的理解自艺术品而融会新质。因此艺术审美在心理机制上具有自然审美与社会审美所不具有的特殊的稳固性。

第二节　艺术审美的特点

艺术审美也就是艺术欣赏（或鉴赏），它是一种基于生活经验的心理感应和领悟理解活动。其特点主要是感应性（包括入境、体味、共鸣等）、领悟性（包括知觉、体验、设身处地地类比等）、理解的整体性（包括对生活感受、评价情感态度、欲求、思想意图等方面的综合理解）、理想性（包括超现实性、想象再创造的随意性、审美理想和生活理想等）以及多层性（即包括不同层次审美，有低层次、中层次和高层次之别）等。艺术审美是最复杂在的审美活动。

艺术审美的感应性，就是进入艺术境界之后，以欣赏者之心感应作者之心或作品意蕴。我国古代思想家孟子曾说：“不以文害辞，不以辞害志。以意逆志，是为得之。”[1] 孟子的议题是，要能欣赏和理解文学作品，就不能抓住只言片语而损害对整个辞章的理解，也不能只对辞章作表面理解而损害对作品意蕴的理解，而要以读者之心去推测感应作者在作品中表现的意蕴，才算是真正理解了作品。在西方国家也有主张对作品不能分析，只能作整体感应的。完形心理学就认为经验是一个不可分析的整体，一旦分析为多种要素，经验就失去原来的性质与功能。德国完形心理学家苛勒指出了经验的整体性、有机性、顿悟性。"顿悟"就是以掌握的一项经验去解决类似的问题。在艺术欣赏中就相当于"以意逆志"的心理活动。符号论美学家苏珊·朗格认为艺术是情感的符号，理解艺术不是凭理性分析，"为了理解艺术，一个人必须具备的全部条件就是反应敏锐。这主要是一种天赋资质，与创造才能有关，但二者不是同一事物。……因为这是直觉的，所以也是不可言传的；但是，要自由地应用艺术直觉往往先要清楚心理上的例行偏见，先要清除那些妨碍人们自然反应能力的虚假概念。"[2] 这里说的"反应"是排斥了艺术的传达内容，只是唤起欣赏者的情感，近似感应又不同于感应。显然这是反对理性分析而主张靠直觉理解作品，形式主义和先验论表现得很突出。其实，对艺术作品的审美

1　《孟子·万章下》。
2　苏珊·朗格：《情感与形式》，中国社会科学出版社，1986年，第460—461页。

有复杂的内涵，心理感应的因素是多方面的艺术传达因素，二者有对应关系，这才能感应和传达。比较起来，苛勒说的更符合实际。艺术审美的感应是一个过程，主要包括进入境界、体味作品意蕴、发生共鸣等阶段。它主要不是对作品的理解，而是对作品的感知、体验，从而接受作者传达的生活感受和情感、无意识或潜意识内容、只可意会的无限之意等。理解只是艺术审美的一个方面而不是全部。要说有理解，这是对作家作品情意与思想的理解沟通，而不只是理性内容的理解；要说是直觉，这是对主体自身与作家作品的共通情感意念的直觉，而非仅有理性内容的直觉。对于这两种理解、直觉和领悟，前人没有作过认真的鉴别，这就出现了矛盾和含混不清的解释。在柏格森和克罗齐等人那里，直觉是对主体自身的心理因素的直觉，但唯物论的直觉则是对感知对象的本质规律的直觉。直觉与领悟应该是主体与对象双方作用的结果，而其内容则应包括主题与对象两个方面相通的本质。而艺术审美中的感应，则是主体的生活感受、情感、欲求和意念等因素与对象的相似或相同的因素的感应沟通和共振，也就是主体心理力场与对象中的心理力场（外化表现的力场）的沟通共振，这就是共鸣。艺术审美不是主体单方面的心理活动。苏珊·朗格认为这只是主体的反应，显然是片面的；唯心直觉论认为只是主体对自己内心的直觉也是片面的。因为没有主体的相通的心理、经验世界和力场，艺术中表现的内涵就不可能发生效应；若没有一生中的表现内涵，主体的心理因素就不可能被激活，而只会处于沉睡状态。主体与艺术对象之间的感应是广泛而深沉的，主体的深层无意识或潜意识可以同艺术作品中的这些相似领域进行隐秘的对话或感应，这是其他任何交流方式都无法实现的。正因为如此，优秀的艺术能够成为欣赏主体的知己（如《红楼梦》不知感动了多少有情义的人的心灵），它使欣赏者激动、感叹、共鸣、流泪、震撼整个心灵世界。而这种感应的基础就在于"同情"，即人同此心，心同此情。

艺术审美的领悟性，就是审美主体对于艺术作品意蕴的领悟特点，分为渐悟和顿悟。领悟以审美主体的生活经验和审美经验为基础，是主体对自己的经验有了整体把握的基础上，对艺术作品中表现的类似的经验的类推和相似把握。它以审美感应为条件，在整体感应基础上达到对作品意蕴的领悟。由于艺术对象，特别是文学作品内容极为复杂，并且是按一定顺序逐渐展开各种人物和事件；因此，就有渐悟和顿悟两个方面。对每一人物事件的顿悟逐渐积累就构成渐悟过程，而渐悟达到整体把握时，就会出现对整体关系或作品整体的顿悟。可见，渐悟与顿悟是相互依赖、相辅相成的。渐悟是由顿悟积累成的过程，而顿悟又以渐悟为基础。所谓"恍然大悟"并不是孤立的，也不是一下子就对一切都大彻大悟。有了对部分的顿悟积累和对各个部分的渐悟序列，才会达到大悟，而大悟的积累又构成新的渐悟序列，达到更广更深的大悟。渐悟表现如阶梯，小的顿悟如每一梯级，大的顿悟则如一层楼的飞跃，只有小的顿悟达到一定程度才会突然达到新的楼层。从领悟的内容看，可以分为知、情、欲，审美感受和审美评价、艺术理想与境界、生活理想与真理（或哲理）等；艺术作品表现的这些因素，包含于一定的人物、事件或情节整体之中。对以上因素的领悟一般是联系为一个系列的。因为这些因素是形象系统这个整体中的因素，真正达到对整体的顿悟应是对系统中的多种内涵或意蕴的系列把握。但由于人们对自身经验这个整体的掌握有不同：有的偏重于知，就侧重于对艺术中知性内容的领悟，强调艺术的认识教育作用；有的偏重于情，就侧重于对艺术中情感内容的领悟，强调艺术的表情作用；有的偏重于审美感受和审美评价，就偏向于对艺术作品中的审美内涵的领悟，强调艺术表现的美与丑、崇高与滑稽、悲剧性和喜剧性等审美价值（如西方美学即如此）；有的偏重于艺术趣味性（或滋味）的寻求，就重点领悟作品的种种境界的趣味（如滋味、韵味、兴趣、神韵、无限之意、味外之旨等），强调境界的创造；有的偏重于生活需要，就侧重于对本能欲求和生活需要方面的领悟，强调艺术反映人生需要的内容；有的强调哲理表现，就领悟艺术中的本质规律，重视艺术反映本质规律；有的强调生活理想表现，就领悟艺术中的理想境界；有的重视艺术形式，就领悟形式的效用，强调艺术创造与艺术批评对形式的注重。以上就是所谓：仁者见仁，智者见智，有欲见欲，寻美见美，有情见情，淫心见淫等。总之，领悟要借助于主体的经验作用，设身处地地类比推测，这才能达到某种意蕴的直觉和领悟，它是主体与对象的经验传感和理性贯通，要反对那些对直觉和领悟作先验的或神秘的解释的理论。

艺术审美的第三个特点是理解的整体性。这个整体性包含着多方面性，是多方面性的整合，但不是多方面因素的相加；它包括生活感受和审美感受、情感态度和审美评价、生活欲求和思想意图、生活理想和审美理想等方面的理解。这种理解不同于对抽象问题的理解，也不同于认识论的单纯认识理解。它有具体性、情感性、审美性、多因性、有机性和整体性，同时又包含着理性和理想性。就是说，就这种理解的形态说是具体性的；就性质来说，是情感性和审美性（非科学性）的；就系统组织结构来说，是多因性、有机性和整体性的；就其核心与指向来说，是有理性支柱和理想方向的。审美理解的形成和实现也是依赖于主体与艺术对象的双方合拍与协调。它以心理感应和领悟为基础，又以审美主体与艺术的双方协调为依据。从主体心理上来看，完形心理学发现了人类心理趋向于完整化的自动性这一规律。德国的心理学家维特墨、苛勒、考夫卡和维特墨的学生安海姆等人，从不同的角度对完形心理规律的研究作出了贡献。维特墨发现了似动现象，从而进一步研究知觉的整体性，实际上是发现了心理趋向于整体化的自动性，指出感觉不是先感知个别再感知整体，而是相反；心理总倾向于首先把握整体，或者说力求把对象作为整体来把握。苛勒则进一步研究了人的经验的整体性和"顿悟"现象。正是因为心理上形成的每一项经验都是一个不可分裂的整体，这种整体才以同样的整体性原理来理解对象，达到对于对象的整体理解——顿悟。如果进一步用瑞士心理学家皮亚杰的话来说明，就是经验模式将对象同化，取得内外的一致性，从而达到将对象内化的效果，这样就实现了顿悟。考夫卡依据物理学的"场"，提出了"心理学的场"这一概念。他把整体的经验和行为分为不同的"场"，这样就使经验的整体性有了更具体的说明。"场"可以说就是以主体为核心的关系网，相当于一定主体的具体情境（黑格尔语）；在心理上是一种境界、心理世界、心理环境或叫心理场。而拓扑心理学家勒温进一步提出"心理环境",这有助于理解心理场和经验。古希腊亚里士多德的模仿说和英国休谟的同情说,可据此得到更深入的说明。模仿是整体性的经验发生的条件,模仿这种行为是整体性的,模仿而获得的经验也就是整体性的。人从孩提时就有模仿的本能,自然就逐渐形成了整体性的模仿行为和整体性的模仿心理,也许这就是完形心理形成的基础。而同情,也是以整体性的心灵去感应对象,从而发生主体整体经验与对象的沟通、交流和外射。可以说知觉的似动现象就是模仿心理与同情心理作用下发生的,完形心理可说是模仿心理与同情心理,而其中的完形心理是心理活动形态,模仿心理是心理活动的习惯,同情心理则是心理本能。三者的关系就像花、茎、根的关系一样。在从对象方面看,由于任何事物都是有整体性的,人们就在这种整体性的事物包围之中成长,知觉心理的模仿就自然形成整体的模仿,心理的外射自然也就是一种整体化的完形,心理的需要也就是整体性的完善和整一。因而在古希腊,人们就看到了心理的这种要求,按这种要求进行艺术造型。赫拉克利特认为自然事物是对立统一体,艺术也是这样:"自然是由联合对立物造成最初的和谐","艺术也是这样造成和谐的,显然是由于模仿自然。"[1] 亚里士多德提出艺术作品整一或圆整的要求:"悲剧是对于一个完整而具有一定长度的行动的模仿","一个美的事物……不但它的各部分应有一定的安排,而且它的体积也应有一定的大小",《伊利亚特》"这首诗和一些这类的史诗的结构十分完美,它所模仿的行动非常整一"。他还进一步指出艺术作品有机统一的要求:"情节既然是行动的模仿,它所模仿的就只限于一个完整的行动,里面的世界要有严密的组织,任何部分一经挪动和删削,就会使整体松动脱节。要是某一部分可有可无,并不引起显著的差异,那就不是整体中的有机部分。"[2] 亚里士多德的这种观点是从荷马史诗及古希腊悲剧的分析中获得的,他对西方文学艺术构造有很大影响。歌德在此基础上进一步提出艺术应是"显出特征的整体","艺术要通过一种完整体向世界说话。"[3] 同时他也强调人的整体性,"艺术作品必须向人的这个整体说话",以人的整体感应艺术整体,这就构成了艺术审美的整体性。审美主体与艺术对象的整体关系是以人的心理整体和艺术整体性为基础的整体感应、整体领悟和理解的关系。它包括两个方面,即艺术以整体向人这个整体说话,人也以整体经验感应领悟艺术这个整体。双方相互对应、相互沟通、共振、感应和领悟理解;互不破坏整体性,只是互相渗入(部分渗入和基本渗入),是两个世界的碰撞或融合,两种整体生命的交欢。这种整体性关系在完形心理学中有一些揭示。完形心理学提出的"格式塔组织原则"中的"图底"关系、最短距离的原则、类似原则、闭合原则等,都是主体的经验整体性作用现象;主体经验被图形唤起,从而就识别了图形是什么或像什么,并与背景(底)区别开;主体凭感觉经验,容易把距离或间隔近的事物组成整体,如北斗七星;主体凭感觉经验,会把类似的对象组成整体,如

---

[1] 《古希腊罗马哲学》,商务印书馆,1982年,第19页。
[2] 《诗学·诗艺》,人民文学出版社,1982年,第19、25、126、28页。
[3] 《歌德谈话录》,人民文学出版社,1980年,第137页。

围棋的白子与黑子会被看成两种整体布局；主体凭日常感觉经验的整体性自然倾向，会将未闭合的图形看成闭合整体，如一个圆圈上有缺口，感觉就倾向于将它补成完整的圆。这些原则证明了主体与对象之间的整体关系，在艺术审美中，同样要自然地或自觉地形成整体关系。这种整体关系并不是心理上的先验组织能力，而是心理上积累的经验与一种整体性的方式作用于感官的结果，没有日常经验的积累，心理组织能力就无由产生和发展。能力是心理中经验活动的能力，而不是什么天生就有的空洞的能力。艺术审美的整体性正是依赖于主体的经验或意识整体和心理上的整体能力（想象力、感受力、情感力、判断力等）而构成的对艺术作品的整体领悟接受的特点。

艺术审美的第四个特点是理想性。艺术审美的理想性是指对艺术作品的审美中具有超越现实、通过自由的再创造想象进入审美理想与生活理想的境界，获得较高的和丰富的精神享受。艺术审美的理想性特点也是由主体与对象双方的主体性或主体精神决定的。中国古代文论中强调的"神"、"意"、"滋味"、"意境"、"神韵"、"境界"等，都表现了一种艺术理想或审美理想的追求，这是通过主体与对象双方的作用而达到的互通境界。即所谓"慷慨者逆声而击节，蕴藉者见密而高蹈，浮慧者观绮而跃心，爱奇者闻诡而惊听。会己则嗟讽，异我则沮弃"[1]，这就是主体与对象的融会达到相通的艺术理想境界之后所发生的效果。古希腊哲学家亚里士多德指出，戏剧为了符合人们的审美需要或理想，不仅在情节与结构的整一方面要做严格的构思表现，所写的人物和事件也应适当虚构，"把谎说得圆"，"求其相似而又比原来的人更美"，"喜剧总是模仿比我们今天的人坏的人，悲剧总是模仿比我们今天的人好的人"[2]。这样写才会为大家喜爱。艺术作品主体性很强，它不像社会生活和自然现象那样客观、自然、无意志，而是从艺术语言到深层内涵无不浸透了主体多方面的精神，无不指向生活理想和艺术理想的高度。在用词、造句、应用艺术手段、结构布局、创作方法和艺术风格的选择与形成、艺术境界的创造等方面体现着艺术家的审美理想；在人物形象的思想、人格、品质及行为环境的性质等方面又体现着艺术家的生活理想。审美主体必然要从这两个方面去领会作品，在理想一致的境界中达到审美目的，实现审美理想与创作理想的整体应和。

艺术审美的第五个特点是多层性。艺术审美的多层性是指艺术审美由于作品水平不同和审美主体艺术素养不同而出现的审美追求的差异性。艺术审美可分为一般层次、较高层次和高层次的审美活动。从文学艺术作品的创作和接受来看，在一般层次的文学艺术，如通俗文学、民间艺术、儿童文学等，往往适合一般层次文化的人们欣赏；有些较高层次的文学艺术作品适合于中等文化艺术素养的人欣赏；而高层次的文学艺术作品，则往往能满足文化艺术素养高的人群的欣赏需要。有的作品虽然可做到雅俗共赏，但所欣赏的内容方面和达到的深度是不一样的。从主体方面看，一般层次的欣赏以现象直感

---

[1] 刘勰：《文心雕龙·知音》。
[2] 引自《诗学·诗艺》，人民文学出版社，1982年，第8—9页。

为主，包含着肤浅的感受和情感体验，也可有或多或少的片面领悟；较高层次的欣赏有较深的审美感受和体验，伴有较多的思考和较全面的领悟；高层次的欣赏则有深层的审美感受和体验，有深入全面的思考和对作品整体的全面领悟以及深层意识的发现，特别是无意识（或潜意识）的发现。后一种欣赏往往需要掌握多种艺术批评方法和较多的审美理论才能办到，它可以导致文学艺术批评。因此，艺术审美还有评论性的特点。对生活与自然，一般无须进行审美批评，而对文学艺术的审美则会上升到文学艺术批评，并且还出现了多种多样的不同方面、不同角度的批评。

第三节 艺术审美的价值与作用

艺术审美是以接受艺术审美意识为主的，与此同时，在艺术审美过程中因欣赏者与作品双方的审美意识发生共鸣，欣赏者的意识得以表征或外射，从而获得审美愉悦。这是艺术审美的价值发生过程。

审美价值是一个模糊概念，它指的是审美对象对于审美主体的审美要求满足的程度以及主体所作的审美评价。满足程度是审美价值的隐态，审美评价是审美价值的显态。审美对象一般是非消耗性的，耳目欣赏不会损害对象的质地。因此它的价值就不是一次性的（不像物质产品那样）。一幅画、一部小说、一首曲子可以让很多人欣赏，可以流传于不同国度、不同时代。因此对一部作品可以从多方面去考察价值发生情况。

从历时方面看，作品在历史发展过程中不断在审美关系中发生审美价值，构成历史价值或价值史。过去时代的文学作品、艺术作品，在一代又一代人们的审美活动中发生作用，这些价值通过文化遗产保存下来，就成为凝定的价值。但这只是价值的凝定形态和显性形态，还应看到价值的流变形态和隐性形态。过去时代的审美对象的审美价值发回是一种流变扩散的过程。这过程是由人类之间的传播和时代承继关系所决定的。价值扩散过程主要是对象影响到人们的心理，由心理影响到人的政治活动、经济活动、文化生活、劳动创造和日常生活。这一扩散性的价值效应多是隐性的，不可窥见的，它暗暗地潜入人的生活，随着一代人的消失而有消失的成分，也有流传的成分。审美价值的渗透，从心灵到生活，无所不及，有"润物细无声"之效。再进一步看，审美价值在历史发展中作为一个历史过程，还有流变扩散效应。历史上出现的有价值的作品，如我国的《诗经》、《楚辞》，几千年来就一直影响着人们的审美与创造心理，形成"风"与"骚"两大创作倾向。这种影响不仅是历史承继流传的，而且是有变化的（即有时代性与创新性），同时也随着人口繁衍、民族的交往而扩散其影响，因而其价值效应是流变扩散性的。人们回顾历史，都可以清楚地看到这种价值效应史。这种效应不论是消失还是遗留，它总是一种既成的事实，因而是凝定的价值历程。

第二还要看作品的现实价值。这是审美对象正在发生的价值。这种价值总要归入历史价值，但由于它是现实的，就有助于我们对它作直接的体察和研究。这种价值也是隐性和显性兼有的社会效应。隐性效应是在审美心理上和创造活动中发生的，也常作用于人民的日常生活。显性效应则是较明显地表现于人们对审美对象的评价中，也表现于对于对象的参照、模仿的行为活动中。审美价值的复杂效应决定了它的模糊性和不确定性，对一个具体审美对象在特定的审美关系中所发生的价值只能模糊估计而不能精确计算。而且模糊估计是从对象的多侧面来评价，很难从总体上以"美"、"丑"等字眼简单概括，这些字眼只在美学的空谈中有表达作用，而一碰到现实对象，他们就毫无用处，变得贫乏而空洞。事实上我们评价作品都是使用具体的有表达效果的字眼，如语言形象生动、简洁含蓄、诙谐幽默等，情节生动曲折、或是惊险离奇等，人物形象个性鲜明，结构巧妙完善等。又如音乐作品旋律优美、曲调铿锵、节奏明快；绘画作品色彩含蓄或大胆、线条流畅或诡谲、意境深远或空灵等，艺术家对生活、自然和艺术的评价都将寓于生动、具体、形象的描绘之中。

对于审美对象未来价值的评估，这是更为艰难的事。对作品未来审美价值的预测：一是从作品本身内涵出发，与其他作品对比作出估计；二是从作品已经发生的价值来推测它将来可能发生的价值，这种推测可靠性不大；三是推己及人的方法，即依据作品对自己产生的审美效果来推测作品对他人和未来可能发生的效果。艺术家对自己的新作的估价，批评家对新作的评价往往就是第一、三两种方式来作未来价值的预测的。但是这些预测方式都有很大片面性，其预测有效性须由事实来证明。未来世界，无论从时间之久远还是从空间之深广来看，作品在其间的价值发生效应都是难以估计的。也许随着时间推移，文学艺术史上的优秀作品会逐渐与未来的人拉开距离，审美价值越来越减少，而史料价值却可能有所增加。将来的审美价值标准会不断更新提高，那是我们想象不到的未来现实的产物。

总之，优秀的文学艺术作品，其价值发生形态是呈流变扩散效应、隐性与显性兼有，而且都是从隐性过渡到显性的模糊形态。审美价值的发生与表现，既不在于客体，也不在于主体，而在于客体在主体群（历代民众）的历史过程中发生的总效应，这就是审美对象的绝对审美价值。而作品在某一个人或某一个时代那里发生的审美价值，只不过是相对价值或片面价值，它与审美价值的发生历程结合，才能构成一部作品的绝对价值和全面价值。那么审美价值的意义应如何界定呢？价值是对人而言的，离开了人，就无所谓价值。所以，审美价值就应该是审美对象对于审美主体发生的精神效应，即主体的审美需要受到刺激、获得满足并得到扩大和展开，产生更高的审美趣味和审美理想等，这是一个复杂的精神过程，有多种精神因素参与，相互协调运动，构成一个审美价值效应系统。这个系统与审美心理系统有对应关系，但又有侧重不同。审美心理系统是对象系统与审美心理各种要素之间的作用过程和心理创造过程；而审美价值效应系统则是心理反应发生及达到一定效果的过程，又是多种心理因素的统一运动和相互作用过程，其中主要是审美需要的满足、审美趣味和审美理想的实现、思想观念和智慧的启迪、审美情感和意念的活跃、各种心理能力的发挥等。这些方面因素的统一作用，使人在心理上打开了一个神游（或是想象力的游戏）境界，最终带来精神上的某种满足，并在精神上提高了各种心理能力，丰富了各种心理要素，为审美创造活动、社会生活、日常生活造成了新的更高的心理条件。这就是艺术审美价值的所在。

接下来看艺术审美价值发生的特点。

首先，艺术审美的对象是有价值目的的艺术品。艺术品是审美意识的表现，是为满足人们审美需要而创造的，它是有目的性的社会性产物，是社会生活和人类智慧才能与意识的结晶。因而，艺术品具有内在的审美意蕴，它要影响主体的审美心理，使接受主体接受其内涵，活跃他的情感，使之身心得到愉悦。

其次，艺术审美的功能多样，它发挥着多重的价值。艺术审美中，审美价值当然是主要的，但常伴有认识价值、社会实用价值、伦理价值等。孔子说诗有"兴、观、群、怨"的作用，就已然指出了文学作品的价值是多方面的。正因为艺术品的审美价值具有这种包容性，所以，宗教、政治、伦理、道德、科学等往往可以利用文艺来作为宣传工具，出现宗教艺术、政治宣传艺术、道德说教艺术、科学知识宣传艺术等。但是艺术毕竟有自身的独立性，它一旦为思想宣传服务，往往就是去艺术质量的追求，降低了审美价值。宣传的艺术固然也是一种艺术，但具有高度审美价值的艺术总是在艺术表现中自然而然地体现出作品多因素统一的丰富意蕴，在审美价值发生的同时自然而然地发生认识价值、政治价值，伦理价值等。这是艺术品的本性决定的。因为艺术品是人的创造物，它必须要表现人所具有的本质，即人的生活经历，人的思想观念，人的情感态度、审美趣味和理想。因此，艺术品内涵的丰富性是必然的，艺术品的审美功能也就必然是多样性的，价值发生也就比如是多重性的。

再次，艺术审美其对象价值内涵具有规定性。艺术品表现着作者的思想感情、审美感受、审美评价、审美趣味和理想，具有作者的价值观和价值意向，欣赏主体对此不能随意损益。欣赏者只能在这种价值规定性的作用下去审美，在接受作者审美意识的基础上去进行再创造。审美价值的发生也是在接受中实现的。其中有两个方面：一是基本价值，一是增生价值。前者是作品固有价值的实现，后者是在固有价值的基础上的新发挥；前者是作品较客观的、稳定的价值表现，后者是带有审美主体的主观性和个别性的价值表现。这两个方面在一定的审美主体那里是统一的。没有其中一方面也就没有另一方面，基本价值总要通过欣赏者联系自身经验去想象而得以实现，增生价值也就在欣赏者独特的想象中发生。因而这两个方面的价值就统一在欣赏者独特而具体的想象之中。用"一千个读者有一千个哈姆雷特"这句话来说明，那就是每个读者都想象创造出合乎自己经验与理想的哈姆雷特的审美意象，这个意象的形成就意味着审美价值的实现。一方面是哈姆雷特的基本价值通过这个具体的审美意象得以成为现实；另一方面，欣赏者独特的生活经验、感受、情感和理想也通过这一具体意象而得以表现，因而就有增生价值。这双重价值，在艺术审美中是必然要同时生成并统一存在的。当然这双重价值，在不同欣赏者那里发生的强度是不一样的，并且还可能出现两者不统一的情况。例如王安石很欣赏李璟的"细雨梦回鸡塞远，小楼吹彻玉笙寒"两句词，在他那里发生了较强的审美效应。这与王安石的创造意识有关，作为诗人的王安石看重的是使人独特意境的创造，李璟的这两句词确实具有非李璟莫属的独创。但王国维却不同意王安石的赞赏，他欣赏的是另外两句："邯郸香消翠叶残，西风愁起绿波间"，这在王国维那里发生了较强的审美效应。王国维何以有此异趣？分析起来，原因在于王国维是一个评论家而不是作家，他是从自己的批评主张出发去看词，而没有从创造的独特性方面去看。客观地说，后两句词有些一般化，因为荷花残叶、西风绿波写的人很多，王安石也能写出。而前两句则境界廓大，情思幽远，较符合王安石的艺术追求境界（如他写过《桂枝香》、《千秋岁引·秋景》等词，境界与情思较接近）。他们二人的这种心理效应不同，别的人也不一定就同此趣味。从这里可以看出个别欣赏者那里发生的在再创造的不同与审美价值增生的不同。这种个别性的价值增生就是艺术品审美价值的相对增生。

其四，艺术审美的对象具有主观性和社会性的价值蕴涵。艺术审美对象表现着作者对社会生活、人物事件或自然景物的审美评价，也就是说沉淀着作者意识到并进一步将它示之于人的价值意识，另外一方面，作者的这种价值意识也是社会价值意识。社会审美意识是历史发展的结果，它包含着一定国家或民族共同的审美价值意识，它影响到一定个体，就具体化为个人的审美价值意识，并进一步表现于艺术作品中。因此我们从艺术作品中可以看到一定国家或民族的共同的审美价值意识以及作者个人的审美价值意识。艺术审美中，这种沉淀的价值意识便通过欣赏者而显现为在欣赏者身上发生的审美价值。当然这种价值是寓于形象之中而非抽象地存在的。但丁在《神曲》中表现的审美价值意识是寓于对地域、净界和天堂之界的具体描绘之中的，歌德在《浮士德》中表现的审美价值意识也是寓于浮士德的生活追求活动中的，审美者只能通过感受体验这些艺术形象而感应到这些价值意识并在自己的审美活动中相应地发生这些价值。

最后，艺术审美价值的发生具有间接性和非利害性。艺术品是一种物态化的审美意识形态，它虽然是直接现实的反映或表现，但它本身却不是直接现实的，而是与现实有一定距离的间接的、想象创造的意识形态。人们对艺术形象的审美都是在无直接利害关系的条件下自由地想象体会、接受感染，只有通过想象才能进入作品的境界，获得审美享受。不论是欣赏艺术中的战争、决斗、与自然灾害斗争、斗牛还是欣赏艺术中的日常生活情景，欣赏者都不是身临其境、直面现实，没有受到直接威胁，而只是在想象中进入艺术境界进行心理体验。因而，这种审美价值的发生是心理上通过想象而间接实现的，具有想象间接性；虽然艺术审美中具有利害感，但这种利害感也不是直接现实的，而多半是替人担忧或为人高兴，是间接利害感。看战争小说，用不着担心自己受伤；看他人用膳，自己不能亲口去尝；看到少男美女，自己不能与其相处；只不过在想象中去体验、分享那种生活而已。

第四节　当代艺术审美的迷惘与出路

　　艺术审美在审美学中本应处于一个核心的位置，毕竟艺术是美最集中的表现，是人类自身有意识地发现、创造并鉴赏美的集合，但是在当代艺术审美中却仍存在着一系列的问题，使得对艺术审美的研究陷入了这样和那样的迷惘中。

　　第一个困境就是传统的审美方式如何应对后工业时代的发展。随着工业文明发展，电子技术日新月异，曾经笼罩在艺术品上的光晕丧失了，艺术品在工业技术的支持下被大规模复制，这一点在以本雅明为代表的西方马克思主义那里得到了深刻的论述，艺术品尤其是新兴艺术品例如电子音乐、影视作品成千上万次地被复制，在原作与复制品之间几乎没有区别，这使得艺术品最为看重的原创性遭到了巨大挑战，而到了上世纪末本世纪初，随着数码技术和计算机技术的发展，这种制作与复制愈演愈烈，无论是图像、文字还是音乐，在数码相机、多媒体电脑、互联网、激光打印等一系列高科技的帮助下，随着博客、播客各种论坛空间的普及，每一天人们除了从现实空间中接触海量的信息之外，在网络空间中所能触及的信息用爆炸一词来形容是一点也不过分的。而最可怕的是，所有的这些信息，无论是色彩光影、是宫商角徵还是阳春白雪其在电子技术中的还原都不过是0101的一串数码。这是真正技术的艺术，而对这种技术的艺术的审美是艺术审美在以往从未曾遇见过的。艺术审美该如何来审视这些数字技术给人们制造的美的幻景抑或美的现实，是艺术审美在21世纪所面对的第一个、也许也是最大的一个课题，我们是否还能用传统的审美方式对其进行评估。

　　接着这个话题就是传统的艺术审美标准在今天是否还继续有效。在今天，在网络的空间中，由于网络博客、播客、论坛的普及，由于网络空间的虚拟性、便捷性，人们在网络的世界中发表自己的见解、心得、看法，几乎不受什么限制，长久以来人们所呼唤的言论自由，所鼓励的文化多元化，新新人类所推崇的标新立异等，都在网络的虚拟空间中得到了最大限度的发挥，所有这一切从各个侧面丰富着人们的生活，但必须看到这种前所未有地丰富对任何一门传统的理论学科都提出了重大的挑战，如何在多元化的话语空间中建立一种适当的标准，如何在快速更新的各种观念中捕捉一种适宜的态度，如何在铺天盖地的新潮异类中给传统一个恰如其分的位置，是将传统的一些审美标准革新延伸到当下的各种美学现象中进行实践，还是果然那些美学标准都已是明日黄花，而必须在当下重新开始。正是在这一背景下将艺术审美分层为大众艺术审美与精英艺术审美的方法被提示出来，但是这样划分的标准、依据是什么呢？这样划分后对于人们整体的艺术审美又有多少实际的指导与意义呢？众所周知，即使是电影艺术这样一种为人们所公认了的工业产品，亦存在着大量的小成本制作的艺术电影，而人们所公认的传统的诗歌、绘画、音乐等艺术门类在后工业化的今天也同样可以通过组织写手进行流水线的批量生产，其往昔的艺术的独创性、严肃性何在？这些问题困扰着每一个美学研究者。

困惑三，在当今所处的这样一个后工业时代中，当艺术不再仅仅指向创作，而开启了一种称之为工业化生产的方式以后，艺术审美也进入了一个自身调整阶段，然而，艺术毕竟曾经是人们心目中如此美好的一个词语，就好像典雅、优美、高贵等一类词汇一样，它在人们的心中留下了相当美好的印象，于是在今天的消费大潮中，这一类赚人眼球的词汇并"艺术"一词被大量滥用，当大量廉价的流水线上卸下的产品被冠以"艺术"的头衔铺天盖地地倾销到消费者身上时，不要说普通的消费者在应接不暇的被冠以艺术之名的商品中会被迷惑，就是专业的艺术鉴赏者也时常感到迷糊，当大众艺术汇聚了汪洋之势去掉了艺术头上曾经的光晕，让普通消费者也有了进行艺术欣赏的门径时，曾经属于精英的艺术自然连带着被拉下了圣坛。而且由于大众艺术本就是在工业文明兴起后，以迎合大众的审美趣味而发展起来的一种极具普适性的艺术样式，这种艺术样式以其浅近的意蕴表达、浓烈的滋味、炫目的外表，以精英艺术所无法具有的简单、直接，最为快捷地满足大众的文化娱乐需求，几乎挤兑尽精英艺术的所有生存空间，那么是否艺术就在一个空泛的"平等"口号的喧哗中接受这被削平的命运了呢？是否艺术果然就仅仅停留在简单、粗劣、浓艳、煽情、浮华的大众文化层次上就足够了呢？如果不是，那么那些以复杂、精细、冲淡、深情为其特征，那些更具生命意蕴和个人性情色彩的精英艺术又如何在甚嚣尘上的大众艺术包围中自保甚至突围呢？就艺术审美而言，这就不仅仅是艺术分层的问题了，而是一个如何提升大众的审美趣味的问题了。

迷惘四则在于学界，尤其是中国的学界。毕竟就我们今天的美学而言，无论是美学本身，还是探讨审美过程的心理学都是舶来品，要从自己的传统文化中来寻求学术支撑是相当困难的。这里不是说中国传统文化中没有美学积累，而要强调指出的是在中国传统文化中没有西方现代学科那样细密的学科分类，在西学东渐以前，格物之真、道德之善与艺术之美在中国传统文化中是一体的，由儒释道三家精神所涵养的中华文明是不会耽于将美与真、与善割裂开来讨论的，因此在中国文化美的历程中，中国文化创造了震撼世人的各种美的奇迹，但专门化的关于美的论说却是评点式、感悟式、印象式的，这与西方文化那种成系统的大部头论述美学问题，并将美学问题上升为艺术哲学的问题来加以探讨和研习是完全不同的为学方式。如西方美学史所概括出来的优美、崇高一类较为世人公认的审美范畴，在中国传统的美的鉴定中则难以苟同这样粗枝大叶的抽象范畴，仅仅就诗歌而言，随手翻检二十四诗品，那里面随便挑出任何一个雄浑、超逸、旷达，其所指示的境界就统统不是崇高一语所能涵盖的；而像冲淡、高古、典雅之类品格也不是一个优美所能说清的，仔细品咂后才能慢慢体会，在心物二元的前提下，西方美学所说的"崇高"与"优美"的界定更倾向于"物"之形式对心的影响，而中国文化是一种心与物之间乃一而二、二而一地存在，因此论及美的问题往往就更接近于这一问题的真相，哪里有离开了审美者、离开了心的物之美的存在呢？于是外感内应，在雄浑、超逸、旷达与冲淡、高古、典雅等品格的言说中，不仅仅是物，更是人，是人之心，这样一种天人合一、心物合一、物我两忘的美学传统是在根本上异质于西方美学研究的。

这就是中国学人在当代美学、审美学研究中所必须面对而又必须尽快解决的问题，如何将西方高度抽象、理性化、以分析见长的研究方法与中国传统的更着眼于具体、且极富感性妙悟的研究方法相互融合，将西方美学研究中那些具有高度思辨性、合理性的研究成果与中国美的历程中所展示出的那些具有高度审美生命内涵的实践相互印证、相互启发而真正找到属于中国自身的美学话语，建构起植根于中国自身文化传统的属己的美学体系，这是当代中国学人面前最大的迷惘。

在迷惘中思考，中国当代审美之出路或许如下几条可做参考。

出路一，加快艺术分层建设。上文已说过，艺术分层实在难为，因为这个分层标准实在难以确定，但事实上这又是艺术审美在当下所不得不解的一个棋局，不进行分类，将精英艺术与大众艺术，将阳春白雪与下里巴人以同一个审美标准进行测量将会是一种荒唐。而分层的确定，将使艺术划定一个较为明确的范畴，将那些冠艺术之名，而不行艺术之实的产品排除在艺术之外，同时使人们在多元、多样的信息汪洋中较快地接触到艺术，而不是艺术的赝品，因此这个分层本身是相当重要的，只是这个标准的确定绝非是一个短时期内靠几个专家所能做的，也绝非靠某种行政命令所能核准的，它需要一个较长期的商讨和现实中艺术创作与鉴赏的检验。

出路二，普及审美教育，提高全民的审美鉴赏能力。这一点在当代中国倒是似乎比在以往任何时候都显得容易，有了这么几十年的稳定和发展，又全民普及了九年制义务教育，中国人的识字率比以往任何时代都高出了不知多少倍，对精神的需求也极大地获得了提高；但是，是否提高了识字率，有了更多的认知以后就自然而然地普及了美育了呢？如果这样认为就是对中国教育目前状况过于乐观了。早在蔡元培时代，那一代学人就提出了"美育代宗教"的口号，事实上，这样的教育方式确乎是沿袭中国传统教育之正统的，中国传统精英文化中较少鬼神观念，而较多天人、自然观念，因此在中国传统中美的熏陶几乎代替了西方文化传统中神的救赎，在上个世纪初的那一批学人在西学东渐的启蒙运动中敏锐地觉察到了形而上的空缺，为弥补这一空缺提出了美育代宗教的口号，事实上，这是在引进德先生与赛先生之外的一个重大的补充，但是由于民族危机的加重，这条路子很快被打断了，在抗日战争爆发后，中国教育对"美"、"审美"之类问题几乎不再关注，或者说无力关注，此后在新中国成立后，关注的重点则由如何救亡变为了如何建设一个新型的社会主义国家，这一时期的教育受到了强烈意识形态的影响，这一点考虑到新中国当时的内外环境是无可厚非的，直至80年代改革开放，大概有十年的时间，在中国如井喷一般涌现了一股读书热潮，与这股热潮相激荡的就是"美学热"，但是好似昙花一现，紧接着在80年代末以后，随着整个国家现代化转型步伐的加大，美学，关于美学的审美、美育等话题沉寂下来，在商品化大潮的侵袭下，功利主义盛行，这一点明显地表现在了继高考热之后的大学生就业难题的逐年显现，技能提升掩盖了人文教育、素质培养这样一些往昔大学之为大的内核，成为世纪末中国大学心头的痛；而与之相应的中小学教育却又开始在过度重视双基教育之外呼唤素质教育，所有这一切表面上看是一派欣欣向荣，但是冷静地思考就会明白，一个时代往往是最缺少什么才会呼唤什么，这是心理学中所说的"缺失性需要"，一个时代整体感受到了人文素质的缺失，因此才会在中小学的教育中，在曾经最为看重的双基教育之外提倡素质教育，推重素质课程开设。粗粗回顾一下这段中国教育史，我们就可以发现当代中国美育之不足，而要想解决中国当下艺术审美之迷惘三，提升全民的审美趣味是必由之路，这是每一个教育者不得不面对的问题。一方面艺术的创作者殚精竭虑创作出更多的优秀甚至是伟大的艺术品来充实人们的审美空间，另一方面则是与之相应的艺术欣赏者的培养，这对当今的中国之艺术审美至为重要。

　　出路三，加强理论研究，扎根传统，整合新质，建立新的审美评价体系。这一点当然是就着艺术审美迷惘四提出来的，对于当今中国的每一个学人而言，重新寻找自己的学术根脉，显得尤为重要。这样的工作来不得半点马虎，更不容许浮躁，这在急功近利的当下显得尤为困难，因此才会有这许多研究美学的人在研究中并不审美，也更不艺术，这一点在过去十多年中学界兜售、贩卖各种新概念、新词汇中可以体会到，一时间各种理论如春潮涌动，但时过境迁，并没有多少东西真正留下印记，曾经的繁荣似乎不过是过眼云烟。何以如此，很简单，那些被兜售、贩卖新概念、新语汇的不过是从异域采摘的切花，放在花瓶里固然好看，但缺少本土文化的滋养，不多久自然也就凋落了。所以，就学界而言，中国学者任重道远，必须去除浮躁，扎根传统，加强理论研究方能真正整合异域文化的新质，建立起属于自身又能与他者对话的审美评价体系，拓展中国美学研究的领域，完善人类对美、对审美的认识。

第五章
自然审美论

自然审美，是具备较为丰富的生活审美、艺术审美经验基础上，面对大自然展开的自觉的心理对话活动。

从审美意识萌生以来，人类对自然的欣赏从未停止过。自然审美形成的意象在中国人的诗文创作和山水绘画中都有大量表现，为华夏的文化历史奠定了深厚基础。西方自然审美理论的出现晚于中国近一千余年，尽管艺术作为西方美学世界的主要部分，自然仍以其独特的魅力吸引着人们去欣赏它、赞美它，自然审美研究在西方近代美学史上逐渐受到重视。随着现代人对大自然及人类自身的关注，自然审美研究具有了现代意义。

第一节 自然审美的历史考察

一、"自然"概念的演变发展

人类对自然有一种天然的亲缘情感，因为人身也属于自然的一部分。可以这样说，当人类生存意识出现之时，对自然的关注也出现了。作为审美对象的自然，是人类存在的根基。它是一种真实存在，向我们显示着各种各样的面貌。

在西方，自然自古希腊神话开始就进入了人类审美的视野。古希腊人认为自然是具有生命活力、渗透着神性且运动不息的有机体，万事万物都有灵魂，自然与人一样充满着灵性，自然是万物有灵的生命搏动。人们把自然摆在一个和人类平等的尊贵位置上。他们创造出一个个神话故事去推衍天地万物的起源。比如，创造出希腊神话中象征丰收之神的狄奥尼索斯来显示人们对自然界中植物枯荣交替所得的体验，用植物女神德墨忒耳和她女儿凄婉的故事孕育着冬死春生的四季更替。在这些神话里，人们成了自然的一部分，而自然又成了有人性，两者相互作用，相互渗透和关联，呈现出一种主体与对象的混融的整体。

文艺复兴是欧洲人思想大解放的时代，人们驱散了笼罩在自然身上的神学迷雾，睁开人的眼睛看自然，用理性去思考艺术和自然的关系。"人们有着彼得拉特式的为了眺望远景而去登山的热情"[1]，画家、诗人开始把自然作为创造材料表现在作品中。自然审美的印迹大量显现于诗歌、绘画等作品中。达·芬奇、拉斐尔、提香、米开朗琪罗等杰出的艺术家都创作了许多表现自然的作品。贝多芬把自然视为唯一知己，他爱一棵树甚于爱一个人，自然的天籁之音成为他创作的灵感；达·芬奇创作《蒙娜·丽莎》时就细心观察过许多自然现象，据说那迷人的微笑来源于他对微风吹拂湖面荡漾的涟漪的奇妙神韵的体验。此时的自然很少见玄妙的形而上的影子，也没有中世纪基督教美学中神秘的上帝的幽灵。呈现在我们面前的是生动、感性、美妙的现实世界，自然以广阔、丰富、感性、生动的外部世界的图景映入人们眼帘。

然而，在整个文艺复兴时期，人们更多的是欣赏自然创造力，而非自然创造物，自然景物仅仅作为背景出现在艺术作品中。虽然在后期出现了一些以自然为独立反映对象的绘画，但"自然是黄铜世界，只有诗人才交得出黄金世界"[2]。自然仍然属于艺术审美中的附属品。

启蒙运动以后，"返于自然"的观念逐渐影响人与大自然关系的认识，比如大声呼唤"回到大自然中去"的卢梭就把自然作为他思想的出发点和归宿点，培养和影响了浪漫主义者，为浪漫主义运动树起了一面"返回自然"的旗帜。

然而，二元论、主体与客体、唯物与唯心的对立成为了人们永远也无法摆脱的认知世界的模式，在人与物关于谁更有主体性的争夺中，人本主义成了无可置疑的胜利。

随着人类生存环境的恶化和生态危机的出现，特别是自然科学的高度发展，人们对自然的认识是建立在对自然生命属性剥夺的基础上，即从低层次的认识论和生存论的观点对待大自然，并未达对自然景象应有的审美境界。在对自然的认识问题上，中国要比西方更早重视自然，这是真正的自然与人平等共处的表现。

中国对自然的关注由来已久。在中国文化里，"自然"一词有两种意思：一是自然界，相对于人类社会和人类创造物如艺术而言；二是自然而然，不假人为，区别于人工、人造的。在古代文献里的绝大多数语境中，自然都不具有自然界或大自然这一义项，其含义大多取于《老子》和《庄子》里的自然内涵，即"自己如此"（徐复观语）之义。到魏晋南北朝时期，"自然"又获得自然界、大自然这一新的内涵。许多学者认为，自魏晋时代开始，作为道的理想存在状态的自然开始明显地经验形而下、实体性的内涵。徐复观先生认为："魏晋时代，则对人文而言自然，即指非出于人为的自然界而

---

[1] 陈望衡：《环境美学》，武汉大学出版社，2007页，第2页。
[2] 《西方美学家论美和美感》，商务印书馆，1982年，第89页。

言。后世即以此为自然界之通义。这可以说是语义的发展。"[1] 从此，作为形而上的"自然"和实体性的"自然"出现在中国各种文化形态中，"自然"内涵得到确定和延伸。

面对中国传统文化，可以这样说，儒家从社会政治伦理层面对中国人的精神社会构成影响，而道家则对中国人的心灵世界起到主宰作用。"中国古典美学的艺术精神主要是一种以道家为主干的精神，而配之以儒家厚重的人文关怀。"[2] 作为互补的儒道两家对自然的关注都较早也较多。在儒家的经典著作《诗经》中，记载了许多人类面对自然物发出的感慨，"岁寒，然后知松木之后凋也"，"子在川上曰：'逝者如斯夫，不舍昼夜。'"在这里，自然不再是自然本身，而是被主体赋予了新的含义，当然这也是一种对自然伦理化的重新改装。

与儒家相比，道家对人物关系的处理体现出更多对自然物本然属性的尊重。在他们看来，人总是试图以主体的膨胀对自然进行僭越，但都改变不了它作为自然中一分子的宿命。与其自命不凡地去改变客观世界，还不如将自然融与其中。因此，庄周梦蝶，分不清是庄周在梦中化成了蝴蝶还是蝴蝶在梦中变成了庄周。道家对自然景物的体验不是要赋予自然如人化的一样，而是在自然生命的自由展示中去学习生存的智慧。

当然，无论是儒家还是道家，自然主要是人的某种品格或人生理想的象征，它以审美对象的形式较早地进入了文人的眼帘，大量田园诗和水墨画成为中国文人自然审美的印证。

从中西方"自然"概念的演变可以看出：

1.中西方"自然"概念的演变有所不同，但就其含义来看，都可以归纳为两层意思：一为自然而然，这是一种非人为的状态，是事物存在的方式或原则；二为以这种方式或原则存在的事物，它既可以是单个事物，也可以是由单个事物组合而成的整体，即整个大自然。

2.自然在中西方的历史中地位是不同的。中国一直以来都把自然当做道之载体，天人合一的思想充分体现了对"天"的尊重与重视；西方历史里很长时间都把自然立于与人对立的位置，对自然的征服成为为人的骄傲。可是，当我们站在源头处会发现，中西方对自然的最初态度是相同的，古希腊人认为自然与人一样都是有灵性的，它不是一个僵化的、能被我们随意摆置或玩弄的对象，也不是我们能够随意动辄以征服或掠夺的方式加以改造的客体。"自然"具有独立的身份，自然作为本性的实体，它是生成之源，存在之基，自然自主而存在。亚里士多德在《形而上学》中列举了自然的几层含义：（1）生成或诞生；（2）事物由以生长的种子；（3）事物生长的动力源泉；（4）构成事物的基质；（5）事物的本质或形式；（6）一般的本质或形式；（7）自身具有运动源泉的本质。和中国人一样，他把自然视为事物的基质，是尊重和敬畏的对象。而到了

---

[1] 徐复观：《中国艺术精神》，春风文艺出版社，1987年，第213页。
[2] 刘成纪：《物象美学》，郑州大学出版社，2002年，第251页。

近代，人类开始反思与自然的关系，认识到改造自然的目的是求得与自然的和谐，实现人与自然整体有机和谐相处，人类中心主义开始被颠覆，自然以有生命、有灵气的形态进入人类的眼帘，只有尊重自然才能真正尊重人类的思想逐渐在全球范围内达成共识。人类再次以审美的眼光欣赏自然，发现自然之美。

中西方把自然作为独立的审美对象的时间相差了一千多年的时间，他们对自然的理解和态度也不尽相同。中国一直以来都把自然当做抒情言志的载体，身入其中地体验、把握自然如人生一样的生命律动，寄托人生情怀。西方历史里很长时间都把自然立于与人对立的位置，他们奉行天人相分的宇宙观，从外在于我的观点看自然，对自然的征服成为为人的骄傲。因此形成了西方人在自然美的欣赏中难以割舍主体突出的情结与中国人欣赏自然美时物我相融方式的不同。

但是求美之心，人皆有之。中西方对自然之美的寻求有着共同之处。魏晋人在战祸、疾病、死亡、门阀专制的深重忧患中更执著地热爱现世人生，从而在自然中找到了符合人的本性的自然人生。西方人经历了中世纪漫漫长夜的煎熬，才像但丁、彼得拉克那样在自然中找到人性的光辉。中国人和西方人热爱自然，并非由于自然简单地人化，而是自然本身体现了理想的、完美的、自由的人类生命活动，这正是人自然本性的反映，是那失落已久的、人类理想的典范。

二、当代背景下的自然审美

历史上自然审美及其价值的发生的背景主要在于当时社会政治、经济对人性的压迫，人在自我意识中察觉到自己的自然本性，出现了返回自然的愿望，出现了诗人和思想家自然本性向大自然的呼唤，自然作为独特的审美对象出现了。当代社会，现代化和全球化把世界范围内各国家的经济、文化带入了一个"大旋涡"中，面对生态、压力、竞争、生存等问题，人再次陷入苦难境遇。自然审美的出现具有新的特定时期的原因。

人类的动物本性决定了人类必须在自然界中谋求生存，人类高智慧生物的特性使人对自然资源的大肆掠夺。人类为了满足自己的贪欲和需求，利用科学技术向自然大开杀戒。猎杀动物、挖掘资源、开荒垦地、围海造田，成为人类生存的手段，人类的物质主义观念和贪欲对自然母亲造成了巨大伤害。"愚公移山"、"精卫填海"、"开天辟地"、"人定胜天"等人类特有的语言符号是人类中心主义充分表现。自然界中的一种种生物开始灭绝，一座座大山、一个个湖泊开始消失，伴随自然的满目疮痍，人类确立了自己的霸主地位。

人类认识自然，征服自然，整理自然，让万物各就各位。这种充分的自信使人类深入到自然的众多领域，揭开了许多秘密。新物种的发现，新空间的开拓，人类把自己一个又一个的烙印打在自然身上，标以人的记号，使自然显示出井井有条的秩序。然而，在人类物质主义的影响下，为狭窄的物质利益驱动，对自然进行了大规模的破坏，环境恶化、物种灭亡、生态链断裂，水资源紧缺、全球气温升高、自然灾害频繁发生，自然慢慢地呈现出人类失去理性控制所带来的恶果。人类赖以生存的家园变得可怕和陌生。

在现代科技的干预下，现代人面临着从"有家"到"无家"的生活问题。家的地理位置从诗意化的田园场所转移至城市森林的大都会，正如几米笔下的《向左走，向右走》所描摹的：推窗望去，密密麻麻的高楼大厦充满眼帘，水泥墙把人分隔开来，仅有一墙之隔的人却陌生得各奔东西，以古希腊社会为代表的本真的生存状态正在消失。现代人类在享受着19世纪以来不断现代化即世俗化带来的物质成果（科技的发达与生活的便利）和精神成果（个体的自由和精神的解放）的同时，也经受着精神与理性失落的煎熬。面对西方资本主义文化和文明的深刻危机，人类出现了人和自然、人与社会、人和人、人和自我关系上的全面扭曲和严重异化。本真的生活状态被文明污染，人类重算计，重技术，人不再"人"，家不再"家"，归属感、家园感的失落让人失去了精神的寄托，无助与焦虑成为现代人普遍的心理问题。

由于现代社会生产的发展，"人只能发展他身上的某一种力……成为与整体没有多大关系的、残缺不全的、孤零零的碎片。……失去了他的性格的完整性"。[1] 碎片化生存是现代人普遍的生存状态。在这个多元化的社会里，文明的发展和分工的日益多样，使人必然由原始社会的"单纯人"发展为多元化的人，也就是说主体具有多元化的特征。主体的多元化是指"主体具有多种意识板块，往往能从事多种社会活动"。[2] 在一个民主自由的环境里，主体的多元化功能可以充分体现，人本主义与自然主义、知性和感性可以得到协调发展。然而主体的多元化在碎片化的影响下却不能够充分和谐地发展。现代人"一方面过分旺盛的想象力把知性辛勤开垦的地方变成一片荒芜，一方面抽象精神又在扑灭那可以温暖心灵和点燃想象的火焰"[3]。"主体异常，是主体在不正常的环境中发生异变的结果"[4]。主要表现有感受机能老化：感觉迟钝，感受力、认知力、想象力日益减弱；外射机能弱化：缺少创造力和表现力，意识成为混乱堆积物；心理交流系统封闭和交流功能丧失等情况。[5] 人类面对家园之美，却表现出麻木、陌生，甚至熟视无睹的情感态度。主体的裂变、异化成为巨大的社会毒瘤，它严重地摧残着人类。主体异常引起现代人的自我反思。"他们从主体性的反思中意识到：主体精神的被压抑被割裂状态，人们普遍体验着自我破碎感、人性萎缩感、身心非我感，心理上的多面冲突、灵魂的动乱不安使人充满困惑，于是出现寻找自我、探索自我、复归自然本性的要求。"[6]

---

1 席勒：《审美教育书简》，北京大学出版社，1985年，第56页。

2 同上书，第63页。

3 同上书，第64页。

4 李健夫：《现代美学原理》，中国社会科学出版社，2002年，第251页。

5 同上书，第252页。

6 同上书，第253页。

人类发现，在对自然的欣赏中，往往可以放松身心，产生愉悦的感觉，获得精神上的满足感，自然甚至成为逃避人类社会的理想场所。1989年，国际旅游界人士（主要是西方人）选出的当今人间十大天堂（即最佳旅游胜地）中，海湾和海岛是其中的两项。一是墨西哥的瓦里亚塔湾，它是一片长达25英里的纯白海滩和奇形怪状由海浪冲击而成的悬崖峭壁。有些海滩还保持着原始的风貌，海水也清澈见底，50英尺下的鱼及海底生物也能看得见。离海滩不远，则满地铺着巨型的石块和耸立着柳树。这是一种宁静夹杂着奇崛的景观。另一处是厄瓜多尔的加拉帕戈斯群岛，它全部由火山锥和火山熔岩组成。已熄灭的火山口成了天然的湖泊，群岛荒凉原始，地势崎岖，树木较少，仙人掌到处耸立。而拥有的稀有动植物却很多，有"活的生物进化博物馆"之称。它们以独特原始的自然景观吸引着人们，成为许多人的旅游首选之地。背包游、徒步游等现代自然风景游的兴起就是极好的说明。人们在压抑的生活中发现了生存意识的支离破碎，发现不再感性而轻松地生活时，人们渴望回归自然，渴望和自然亲密接触，通过回到自然怀抱的方式来让灵魂回到自然的神妙世界，以求心身上的自由与安静，在"风轻水初绿，日晴花更新"（李适《三日书怀因示百僚》）、"绿树村边合，青山郭外斜"（孟浩然《过故人庄》）、"蝉噪林愈静，鸟鸣山更幽"（杜甫《春望》）、"明月松间照，清泉石上流"（王维《山居秋暝》）的美景中，得到最醉心的审美愉悦。自然成为人们观照自然的最佳场所。

三、自然审美的代表观点

1. 西方关于自然审美的主要观点

（1）在这一派美学家看来，自然审美就在于自然事物本身，与人没有关系，更不在于主体的主观意识和思想情感的作用。如古希腊的毕达哥拉斯学派就认为数是宇宙的本质，美来自数的秩序。属于自然的人体之所以美，就在于各个部分之间的比例对称。古希腊哲学家亚里士多德也认为，事物的"秩序、匀称与明确"是事物之所以美的根本原因，自然美也是如此。他说："无论是活的动物，还是任何由部分组成的整体，若要显得美，就必须符合以下两个条件，即不仅本体各部分的排列要适当，而且要有一定的、不是得之于偶然的体积，因为美取决与体积和顺序。"[1] 古罗马的理论家西塞罗也说过："在肉体中，与某些鲜艳的色彩相结合的四肢的某种对称形状被描述为美。"[2] 显而易见，这些理论家都是把事物的客观属性作为自然之所以美的原因。

（2）主观派。这一派美学家认为自然美的实质在于人的心灵或主观态度。如以德国哲学家谢林、黑格尔等为代表的西方经典美学，就以心灵排斥自然、以艺术美排斥自

---

[1] 亚里士多德：《诗学》，商务印书馆，1996年，第74页。
[2] 引自W.塔塔科维兹：《古代美学》，中国社会科学出版社，1990年，第271页。

然美。谢林直接将他的美学著作命名为"艺术哲学"。黑格尔从他的"美是理念的感性显现"的定义出发，明确提出艺术美也更加高于自然美。因为自然中没有心灵，没有自觉的理念，或者说具有感性材料，没有精神内容，因此还不符合美的定义。黑格尔说："我们可以肯定地说，艺术美是由心灵产生和再生的美，心灵和它的产品比自然和它的现象高多少，艺术美也就比自然美高多少。"[1]他还说："心灵和它的艺术美高于自然，这里的'高于'；却不仅是一种相对的或量的分别，只有心灵才是真实的，只有心灵才涵盖一切，所以一切美只有涉及这较高境界而且由这较高境界产生出来时，才真正是美的。就这个意义说来，自然美只是属于心灵的那种美的反映，它所反映的是一种不完全、不完善的形态。"西方还有一些审美心理学派认为单凭自然物不能产生美，只有当人去感受、观照、欣赏自然物时，即当人的意识作用于自然物时，才能产生美。因此，主观派把自然美的产生归结到人的思想、情感和意识作用的结果，或认为自然美的实质，就在于人的主观态度。

（3）主客观统一派。这一派美学家认为，自然事物的美既离不开人的主观作用，又离不开事物本身的某些属性，是人的主观作用与事物本身的某些自然顺序相结合的结果。车尔尼雪夫斯基就曾指出，植物的苗壮、茂盛，显示着蓬勃的生命，动物的声音和动作，则使我们想起人类生活的声音和动作。这样，"构成自然界的美是使我们想起人（或者，预示人格）来的东西，自然界的美的事物，只有作为人的一直暗示才有没的意义"，因为"人一般地都是用所有者的眼光去看自然，他觉得大地上的美的东西总是与人生的幸福和欢乐相连的"。[2]尽管车尔尼雪夫斯基看到自然美与人的生活密切相关，但由于把生活狭隘地理解为生命力，没有看到生活的实质，因而并没有真正地把握自然美的实质。

（4）肯定美学。它是随着现代人对自然生态、环境保护的强烈关注，而在20世纪英美美学界形成的一种专门否定含有估价的评价趋势，这种英美美学界的反估价趋势，就是近年来在英美美学界十分流行的肯定美学。肯定美学的主要观点表述为两个相互联系的命题：①自然中的所有东西具有全面的肯定价值。②自然物所具有全面的肯定的审美价值是不可比较和不可分级的。这种以自然为对象的肯定美学在根本上不同于以往以艺术为对象、以分级和比较估价艺术的审美价值为特色的传统美学。肯定美学要求我们超越一切价值判断，以纯审美的眼光接近自然，将自然纯粹地看做自然。"如果我们希望摆脱价值判断的束缚而面对自然本身，我们不仅要解构经济化的自然，而且需要解构道德化、解构科学化合解构审美化的自然——一句话，解构人化的自然。解构审美化的自然，意思是将我们的经验同我们正确地应用于艺术的不可避免的评价模式相区

---

[1] 黑格尔：《美学》第1卷，朱光潜译，商务印书馆，1979年，第4页。
[2] 车尔尼雪夫斯基：《艺术与现实的审美关系》，人民文学出版社，1979年，第10页。

分。……这种从评价焦点中的折回,差不多可以等同于审美反应。"[1] 也就是说,解构审美化,特别是对自然的真正的审美反应。肯定美学含有包含自然的要求。肯定美学的一些观点引起了较大的争议,如其美学主张在环境保护方面不具备可操作性,而欣赏和估计事实上又是不可分离的,等等。但它所提出的问题和代表的趋向却是不可忽视的。

2. 中国学者关于自然审美的讨论

第一种观点主张自然美是客观的,美是由自然事物本身的自然属性决定的,自然美在于自然事物本身,自然美景是自然事物的个别性显著地表现了一般性。如旭日、明月、行云、彩虹、红花、绿叶,等等,都是自然事物和自然现象,都是自然产生的,本身就美,并不依存人和社会。它们比人类出现得早,它们的美与不美同人和社会没有关系。另外,只要某一自然物能充分地表现出这类自然物的特征,成为这类自然物的典型,它就是美的。如美的植物正是因为它的枝叶繁茂,花朵鲜艳,充分地表现出苗壮蓬勃、欣欣向荣的本质;动物如狮、虎等,在通常条件下,它们或以矫健灵活,或以身体强壮,或以色彩斑斓等生动的外在形象,突出地体现了猛兽的普遍性,因而成为美的动物。反之,一株蔫萎的花或一个发育不充分的动物,就是不美的。总之,自然美在于自然本身,它既独立于人类社会之外,也与人类的劳动实践和审美感受无关。

第二种意见认为自然美是主观的,自然美只不过是人内心一些美好的东西和对象的适应,只属于那些能感受到它们的人们。例如直线虽然不具有平衡和正直的属性,蓝色虽不具有深沉和幽静的属性,但是它和我们这一类的精神品质相适应了。复杂的感受就是在这简单的适应上建立起来的。这种适应的基因还是在人的这一方面。所以,人的内心生活越丰富,他所发现的美就越多。

第三种意见主张是主客观的统一,自然美是意识形态性的。这种主张认为,广袤浩瀚的自然界本身根本不存在美或丑,而只是由于自然事物的某些属性投合了人的主观意识,或者说契合了主观方面的意识形态,才使人产生美感。就是说,凡是未经过意识形态(文化)起作用的东西都不是美,都还只是美的条件。自然美不只是引起人们的生理快感,而主要是引起意识形态共鸣。即:自然本来无美,自然的美只是人类主观意识外加上去的,自然美根源于客观契合于主观之中。

第四种意见认为美是"社会实践的产物",自然美是"自然人化"的结果。这种主张认为:自然美既不在自然本身,也不是人类主观意识加上去的,而是与社会现象的美一样,也是一种客观社会性的存在。而自然之所以产生美,是由于"自然的人化"。所谓自然的人化指经过社会实践,自然从与人无干、敌对的或自在的变为与人相关、有益的、为人的对象。经过人直接改造的自然,如被开垦的荒地,属于"人化"了的;就是

---

[1] Stab Godkivitch. "Valuing Nature and Autonomy of Natural Aesthetics", *British Journal of Aesthetics*, Vol. 38, No.2, April 1998. pp.184−185.

没有经过人直接改造的自然，如太阳和花鸟，也是"人化"的。因为自然由"自在的"成为"为人的"，自然和人类社会发生了关系，具有了社会意义。因此，自然物的社会性是人类社会生活所客观地赋予它的，自然美的社会性也是人类的社会生活所客观地赋予的。

第五种意见可称为反"自然人化"说。这是随着现代社会对自然环境和身体保护问题的高度关注而形成的美学倾向。这种倾向从自然美的来源和自然美的等级层次两个方面，向传统的以艺术为中心的美学体系提出诘难和追问。在自然美的来源问题上，这种倾向反对按"自然人化"的思路来揭示自然为什么美的问题。这种倾向认为：按照实践美学的"自然人化"的观点，自然并不是因为它自身而被人欣赏，而是因为它是人的"产品"而被人欣赏，或者说是将自然物类比于艺术品来欣赏。这实际上等于取消了自然美的本质特性。用杜夫海纳的话来说："仍然是人在向自己打招呼，而根本不是世界在向人打招呼。"今天的情况也许刚好相反，自然并不是因为它被人控制、征服、改造、利用而为人欣赏，而是因为它的野性、原始性、陌生性、多样性而备受青睐。对自然为什么天然就是美这个问题，我们非但不能借助"自然人化"的思想来解释，相反只有我们放弃这种极度膨胀的人类中心、理性至上的思想，才有可能接近真理。只有当我们不按照"自然人化"的思路，不将自然与人工产品类同起来看待，才能发现自然的本质，才能领略自然美的真谛。因为自然美和艺术美的来源有根本区别。艺术美是艺术家在现实世界中创造出来的一个非现实、想象的世界，自然美相反使我们更加接近现实世界，进入一个比实践事物组成的现实世界更为真实的世界。人们对自然的审美反应的心理状态，不同于对艺术的审美反应。艺术所用的符号是一种有意义的符号体系，因此对艺术品的欣赏尽管综合了多种心理因素，但总是以认识为中心。自然则不是语言、符号体系，因而在对自然的审美反应的多种心理因素中，就没有一个因素起中心作用。在自然美的等级、层次问题上，这种倾向反对以艺术审美价值等级标准来评价自然美，认为自然美与艺术美是两个不同的美的系统，对自然美不宜作价值等级判断。因为人们在欣赏自然物和艺术品时有两种截然不同的反应。欣赏艺术品往往喜欢评出个高低优劣，面对自然物时往往只有一种赞叹，而不进行高低优劣的区分。即使有对自然物的审美价值的区分，也是由于受到了欣赏艺术品时的习惯的影响。在对自然界的审美欣赏中，这种习惯务必要摈弃。艺术品可以区分等级，因为对艺术品的价值可以作出客观的估算，对艺术品的审美判断有真假的区别。而对自然物的知觉就大不一样。不仅确定艺术范畴时正确的情形不能适用于艺术范畴，就是艺术范畴本身也不能适用于自然。自然也不适宜于艺术范畴。现代美学对自然美再度重视与现代人对环境的关注密不可分。自然美的现代意义，正在于它能引导人们回归人与自然本原性的和谐状态。

第二节　自然审美的心理机制

一、自然审美的心理运行过程

马克思主义者认为，物质变精神，精神变物质，是通过人这个实践和认识主体实现的，具体来说，是通过审美主体和认识主体实现的，其中起中介作用的是人的心理。自然审美主体心理上构成的审美意识，是一个不断与外界交流、不断运动的系统。审美价值的获得基于审美主体心理运动，是其运动的结果。这个心理运动分为四个过程：

1. 自然审美心境的形成

审美心境是在审美欲求的推动下，超越生活现实，实现精神畅游的自由心境，是主体自然本性觉醒后对生活反思所产生的审美心理背景。叶朗曾在《现代美学体系》中对审美心境对过说明："审美兴发的完成，使主体不再处于高度兴奋的心理状态中，接踵而来的是一种弥散的、持久的平静状态，这种状态我们称为审美心境。""主体在一种独特的审美心境中，展开审美回味。这就是审美感兴的延续阶段。"[1] 在他看来，审美心境是审美回味时所持有的心理状态，是审美主体感受之后兴发阶段的心理背景。对于有较高审美能力的主体即艺术家来说，从眼中之竹到胸中之竹的过渡并不代表审美的结束，审美意象尚未完成。"要使审美意象最后成熟，要使眼中之竹到胸中之竹的转化最后完成，还必须有一个内观、回味的过程。"[2] 在这个回味过程中，主体一直处于平静、弥散的心境中。这种心境使主体更好地塑造自己的审美人格。的确，审美心境的存在使主体与现实生活拉开距离，以一种更为冷静、弥散的心理状态进行审美反思或生活反思，对胸中之竹的真正形成提供了心理保障。但是，"心境"是人生现实中发生的心理总体状态，包括人在各个生活领域与多种社会关系发生的心理状态。审美心境是主体审美时所持有的精神活动的心理状态。审美欲的释放，审美需要加强，审美注意力和审美意志强化，占据了意识中枢，形成心理兴奋，这就在心理上形成一个排斥其他心境的心理紧张系统。主体就在这个系统中进行审美。所以，审美心境贯穿于审美始终，它不单是审美反思、审美回味阶段的心理状态，而是整个审美活动中主体具有的心理状态。

审美主体的心境，直接影响着主体对审美对象的知觉内容，并且将对象蒙上一层特定的感情色彩。同样是猿声，在李白那里可因审美心境的不同而有差异。长江三峡多猿，猿声凄楚悲切，牵人愁肠。郦道元在《水经注》里描绘三峡风光时就说过："每至

---

[1] 叶朗：《现代美学体系》，北京大学出版社，1999年，第186页。
[2] 同上书，第188页。

晴初霜旦，林寒涧肃，常有高猿长啸，属引凄异，空谷传响，哀转久绝。"李白在逆水而上的流放途中，满怀冤枉，心情悲愤曾写下："月色何悠悠，清猿响啾啾。辞山不忍听，挥策还孤舟。"（《自巴东舟行经瞿唐峡登巫山最高峰晚还题壁》）以表达悲愁愤懑之情。而《早发白帝城》中诗人的心境判若两人，连猿声啼叫，也一反其哀切的象征意义，变得婉转多情，仿佛是为诗人夹道送行，并不给人以凄楚之感。这里的"猿声啼不住"，其实也是诗人心情欢愉的表现，从中我们更能体会到诗人激动兴奋的心情和"一切景语皆情语"的真正含义。

2. 自然审美感受的获得

审美心境形成，审美意识发生，主体在自然审美活动中面对自然对象，心理上发生审美感受。自然审美感受的产生不同于生活审美和艺术审美，一般不需要理解对象的本质规律，它以直接感知自然物的形象并实现审美意识的外射。所以，直觉性是自然审美的重要特征。

审美所关注的是自然物的感性形式，当主体审视对象时，采取的是直接观审自然物感性形式，无须经过逻辑分析演绎的过程。审美主体在观照到对象外观的同时，能迅速产生审美感受或审美体验。如有审美能力的人欣赏古松，看到古松的同时，就因其苍劲的虬枝和盘屈如龙蛇的线纹的吸引而迅速产生美感。审美直觉和刚生下来的小孩子看世界的那种直觉不相同，后者属于最简单、最原始、最初级的认识，而前者是建立在生活经验之上。古松的虬枝和线纹表现了时间在其身上留下的印记，这种印记和人的生命意识发生作用，产生时间流逝、自然永恒的感受。时间流逝所带来的沧桑感是人的生命活动长期积累下来的。自然对象的运动性特征带来时间感的体验，这种体验长久以往形成生活经验，因此，一看到具有表现时间感外形特征的自然景物就能引起时间感的审美感受，也就产生所谓的"先验"的审美经验。其实，这种"先验"是审美主体在生活中日积月累所形成的。

3. 自然审美体悟的展开

在自然审美心境作用下，主体情感达到炽热程度，注意力与思想高度集中，审美欲求亢奋到迷狂状态，想象力受到激发，审美直觉、领悟能力和创造灵感纷纷活跃起来，构成了一个白热化的心理运动高潮。其中，主体经历着两种思维方式：体验和比兴。

体验是人与自然构成审美关系的关键，是一种独特的思维方式。在审美活动中，对象以其独特性引起主体审美注意，主体通过直觉，经心理系统产生神合体道的审美体验，这种体验是在瞬间完成的。它产生只可意会而难以言传的感受。

审美主体感受到自然形象，又不滞于自然形象本身，以身心合一的整体生命去体悟对象，从而与对象神气合一，以觉天性。这是主体审美意识和审美情感外射的过程。这不是单纯的推己及物或由物见我，作为一种思维活动，它是充满感情的。人们在与自然景物接触的过程中，常以自己的情感去揣度对象，情感贯穿于体验的始终。

经过审美体验，主体和对象都发生了变化，都已经不同于这一过程之前的主体和对象。主体强化了对现实的感受即对自然物的感受和对其自然属性的理解，获得了内心意象。对象在审美活动中，由客观存在物变为内心意象，成为融主客为一体的新的形象。

比兴是主体在与自然景物的审美关系中逐渐形成的审美思维方式。它是主体先通过感知与审美对象发生联系，引景入心，由体而悟，然后感物（体验）而生。从先秦开始的比德说和从魏晋开始的畅神说，以及西方的移情说都体现了比兴思维方式。

在中国传统审美思想中，比是审美活动中比拟的体验方式。主体情感投注到对象上，通过想象联想等方式丰富感受内涵，将自然性情和主体心理贯通起来，从中获得审美享受。兴是物象感动心灵，引起情感激荡的状态。兴发之时，自然景物便具有了人的情感色彩，在忘我的刹那，实现物我交融。通过类比，主体丰富了感受的内涵；通过感兴，从对象中感受到情感的激荡，寻求到精神寄托，拓展了自身的生命精神。兴以比为基础，比以体为基础，至此，自然审美意识发展并趋向强化。

4. 自然审美超越的实现

此时审美主体已进入到似现实又非现实的审美境界中，与现实生活拉开了距离，神游而忘机，主体忘记了现实生活的束缚、困顿和烦恼，超然物外，悠然自得。这种超越表现在两个方面：一是自然景物感性形式的超越。作为审美对象的自然，其感性的形式通过主体的审美被抽象出来，以独特的属性特征和主体生命精神契合，物质形式便得到了超越。二是现实生活的超越。主体忘却现实的生活经历和社会关系，涤荡心胸，形成超越现实的审美理想。以这种审美理想反观现实生活，实现审美价值的获得，并成为艺术创造的指导。

二、自然审美中审美意识的内在动力和价值产生的关键

自然审美价值是发生在作为主体的人在对客体自然的欣赏过程中，是自然对主体审美享受的一种满足，是审美对象引起主体性情活跃、审美意识运动的结果。当自然作为审美客体出现在审美活动中时，和审美主体发生关系，其属性满足审美主体，当审美主体感受自然景物特征，并使心理上的审美意识得以外射，从而产生审美愉悦，自然审美的价值产生，在自然审美过程中，主体意识与自然形象发生审美感应，主体审美意识与自然形象融合，形成审美意象。这一过程经历了三个阶段：自然定向化、自然意象化、主体畅怀化。

1. 自然定向化

自然定向化是审美者在审美认识活动的经验阶段进行的内在选择，以审美情趣和审美理想为内在尺度，在混乱的感觉世界里实现审美注意的定向化。它包括两个方面：

第一，自然审美活动发生于最初自然界中的音响、光亮、色彩的刺激，这些刺激能够迅速引起人的注意，这些刺激在心理上留下音、光、色的印象，印象引起主体的情绪。经光学专家和心理学家研究发现，黄色和太阳一样给人以温暖的感觉，蓝色代表着沉静、平稳但暗含忧郁，而绿色的生成来自黄色与蓝色的调和，它所代表的情感也体现了两者的中和。绿色介于热烈与沉静之间，它给人的感觉是青葱、妩媚、青春、精力旺盛、安宁、凉爽和舒适，使人想起森林、草地和流水，代表着一种平和、安定、满足但富有朝气与生命，所以绿色对人有着镇定的作用。科学研究为自然审美提供了有力的科学证据，自然万物的绚烂多彩足以引起人的注意。正是在这种刺激之下，自然景物映入眼帘，成为注意和选择对象。这是第一阶段的自然定向。

第二，在主体的注意和选择下，对象以整体形态刺激主体，在主体心理上留下整体印象，并激发起主体的审美情趣和审美欲求；在审美欲求的推动下，审美情趣向整体印象投射，注意也由随意注意上升为审美注意，开始欣赏对象。

审美注意的出现，取决于主体和对象两方面的条件。对象的条件主要指对象的结构形态的新颖程度及其风格、意蕴等，即对象要有鲜明特征来吸引主体，如果对象过于熟悉，就同前面叙述的，熟悉的景物对人的感官来说已经熟视无睹，不能引起观者的注意，审美活动不能发生。但是，熟悉的晚霞仍然会引起主体的审美注意，原因就在于审美注意的出现还取决于另一方面的条件，即审美主体的价值观念、文化素养、审美趣味、审美理想等的影响。一般审美需要是正常人都有的一种心理需要，如看好看的人，看好看的景，小孩看见漂亮的花会发出"好看"的感叹，农民看见美丽的自然风景也会觉得心旷神怡。但这没有或较少审美趣味和审美理想的选择干预，只是随便地看看，是一种随意、无目的、暂时性的欣赏。有一定文化素养的人在欣赏自然景物时，在已有的审美趣味的影响下，景物鲜明的特征可以引起主体的审美欲求，近而对审美对象进行认真地感受，甚至做出符合趣味的审美评价。具有较高文化素养的人在进行自然定向选择时一般有较丰富的主体精神的外射，主体意识与自然形象感应，依靠审美理想对对象进行选择，如屈原作品为我们营造了一个芬芳的草木世界，他提到的植物有很多，如薜荔、女罗、石兰、杜衡、辛夷、幽篁、杜若等，这些景物有的香气迷人，有的亭亭玉立，其独特的外在特征和屈原高洁的人格气质及审美理想蕴和，故这些自然之物能进入他的审美视野。

审美注意之下把握对象，使对象定性为审美对象，对象与主体的关系也定性为审美关系。在这个关系的保障下，主体开始对对象进行审美欣赏，在欣赏过程中，自然意象产生。

2. 自然意象化

自然审美中，审美对象不是直接的客观实在物，审美主体眼中的花非花，兰非兰，山非山，水非水，而是一种在主体与客观景象在审美意识活动过程中所建构起来的新的东西，即审美意象，这才是严格意义上的审美对象。"意象"是意识活动的结果，"化"

表现活动过程，自然意象化是审美意识活动的结果，是自然景物对审美主体的刺激形成审美印象和主体意识和情趣化合的结果。

意象是心灵的造物，是功能全新的新生物，是全新的心理实体，是主体在审美活动中，通过物我交融所创构的无迹可寻的感性形态。"意"是主观情意，融会着主体的理解，即主体对对象的体验与感受。"象"是主体体验到的物象，即审美印象。意象是"情"和"景"的统一，而非"情"和"景"的相加，是既不同于"情"也不同于"景"的一个新的质。意与象合，便生成了审美活动的成果——情景交融，虚实相生的意象。

在自然审美中，审美印象引起主体感受和情感，感受和情感又推动注意力专注对象特征，特征印象又进一步加强感受与情感，达到审美高潮。这时定向化的自然景物与感受和情感在这种高温之中热烈地交融为一体，形成了审美意象。审美印象只是符合审美情趣的初步印象，审美意象则是经过内心创造，融入了艺术理想、思想情感、审美评价以及种种无意识的欲求和意念的意象系统。它具有以下几个特点：

第一，审美意象是一种整体的意识结构。

审美意象不同于一般的认知表象。表象是关于一般现象的映象，以反映外部世界为主，尽可能排除主体因素的干扰变形。审美意象却融合了主体感受、情感、意趣、理想等因素，发生了加工、变形，是一种心灵的创造，即郑板桥所说的"胸中之竹"，它和眼中之竹的明显区别就是融主体情感于其中的新的无迹可寻的感性形式。同时，整体性也是两者之间的区别。审美意象不完全具备对象本身的性质，通过意与象融的过程，它成为知觉活动组织成的经验中的整体。主体通过放大或无视审美对象的一些特征，融合内心情感和自然景物被作用后的特征，从而产生出不同于原型的新的意象。审美对象的主要式样并没有被欣赏者的神经系统原原本本复制出来，而是以再现的方式成为具有新质的"完性"或整体。以石林的石头"阿诗玛"为例，在人与石头形成的审美关系中，作为客体的石头本身并不容许也不可能把自身组织成一个合宜的样式，欣赏者通过选择，放大其像人的特征，忽视其不十分像的成分，在内心形成独特的意象——背背篓的女子形象。通过艺术的手段赋予其丰富的情感故事，从而产生"阿诗玛"这样一块内涵丰富的石头。

第二，审美意象是对象的主体化和主体的对象化。

对象的主体化是自然景物超越客观实在性向审美对象转化的过程。对象不再是与主体无关的客观实在物，而是属人的对象。在审美关系中，对象已从与人无关的实在物完成了向被主体体验到的生命存在的转化。而正是在审美意象的形成过程中，我们看到主体与对象不是无关的、分离的，而是同一的。这种同一性决定了自然形象与人类的生命意识、生存意识构成的不可分裂的意识结构，正是这种意识结构作用，人对自然的欣赏带来价值感的产生。

主体的对象化即审美外射或审美移情现象，主体将自己的理想、情趣等投入到对象中，使与主体无关乃至分离的客观景物成了与主体亲近乃至融合无间的同一体。"移情所确定的就是这样一种事实：对象就是我自己，根据这一标志，我的这种自我就是对象；也就是说，自我和对象的对立消失了，或则说，并不曾存在。"[1] 自我和对象对立的消失带来审美快感，成为价值产生的前提保证。

第三，审美意象具有新的功能和性质。

作为实在存在物的自然景象，对于人来说有实用价值，能为人类生存、科学研究提供实材，它一旦进入人的审美视野，成为心灵创生的新产物审美意象时，对主体发生多层次的心理效应，反映出主体的生活意识、生命意识、人性特征、人格特征。没有这些意识，主体就不会有自然本性的觉醒，就不会有价值感的产生。

3. 主体畅怀化

自然意象形成之时正是人与自然展开对话之际，人的心灵和自然意象相映合，自然意象又是主体通过审美注意和审美选择后产生的完整的意识结构。所以，人在大自然中挖掘到和其心灵相对应的景物特征，通过审美意识的内感外射，感到自身与对象融为一体，物我合一。在这种状态下，主体与自然形象发生生命意识的共振融合，个体的生命节奏与对象的感性生命贯通，产生对物我生命的自觉意识。在这种意识的影响下，主体畅怀于美好的境界中，神游而忘机，审美愉悦产生，对象实现对主体的精神满足，自然审美价值至此产生。

主体畅情释怀时是其身心达到最轻松、最愉快的时候。这种愉悦可以从三个层次实现。

首先，自然实现对审美主体的身心治疗。

如前所说，在近现代社会，紧张、焦虑曾是长期困扰人们生活的难题，也是许多严重疾病发生的诱发原因。如何治疗人们的身心问题呢？德国心理学家布瑞特曾做过一项试验，和色彩的联系更为直接：在3组"压力人"面前，分别摆上空荡荡的水族缸、养着小鱼的单调的水族缸和色彩鲜艳、鱼群穿梭的水族缸。研究结果表明，在美丽的水族缸前的压力人，压力减少了70%；在养着小鱼的水族缸前的压力人减少了20%；而面对空荡荡水族缸的人心理压力不减反增。此结论给现代人一个重要提示：青山绿水的环境对人有镇定的效用和缓解心理压力的效果。有人把布瑞特研究的结果进一步延伸，便成了一套可行的大自然"山水治疗法"。[2] 山山水水能带给人类美丽，这种美丽正是治疗现代生活造成的苦难境遇的一剂良药。

其次，自然审美使人与现实生活拉开距离，进入到"此中有真意，欲辨已忘言"的自然爽真的境界中。

这是人性的反璞归真，是由人间社会的伪回到自然的真。它使主体忘记现实生活的束缚、困顿和烦恼，超然物外，悠然自得。阮籍"登临山水，终日忘归"[3]，嵇康"息

---

[1]《西方美学家论美和美感》，商务印书馆，1982年，第274页。
[2] 鹏翔：《山水怡人之奥秘》，《知识窗》2001年第2期，第23页。
[3]《晋书》卷四十九。

徒兰圃，袜马华山，流播平皋，垂纶长川。目送归鸿，手挥五弦。"（嵇康：《赠秀才入军十九首其十四》）也都是在动荡而污浊的现实中主动，从另一角度说也是被迫抽身而出的逃避。魏晋人发现了山水的会心之处，他们进入山水的本意是为了避开纷繁复杂而残酷的政治争斗，纵情山水，快意人生。所以，大自然以一种避难手段进入文人的视野。确实，立刻纷繁复杂、世俗功利的现实社会进入到青山绿水的自然世界，什么也不想，什么也不担忧是一件快慰的事，完全摆脱世俗的羁绊而进入到神与物游的理想境界应该是有审美能力的人所向往的。

最后，主体在观审到自然意象的同时，实现了审美理想和审美趣味的提升。

自然审美的欣赏对象，严格说来是欣赏审美意象，当然这要以自然景物为实质载体。主体通过想象力在意象中体现了创造功能，这种功能使得主体的意与对象的象的统一获得无穷的生命力和博大的形态特征，使意象具有了永久常新的魅力，而这种魅力正成为主体对人格评判的标准。

比如，壮美可以用来形容具有博大感性形态的自然景物。我们不去考证"壮美"一词是否来源于对自然景物的审美，但可以肯定的是，具有博大的特征和辉煌的气象的自然景物可以用"壮美"来评价。如大海是壮美的，不仅因为它形态的大，更主要的还是因为它那磅礴的气势体现了不竭的生命力和刚劲的气魄。而这种刚劲有力的气魄可以成为人格评价的标准，成为为人之气节的标准。所以，审美主体在欣赏大海时，面对那磅礴的气势和刚劲的力量，常发出"天地有正气，杂然赋流形，下则为河岳，上则为日星，于人曰浩然，沛乎塞苍冥"（文天祥《正气歌》）。审美者的身心就在这种气势中受到震撼和感染，领略到了生命的意义和价值，产生更高层次的审美理想。

第三节　自然审美的特点

一、审美主体的特点

自然审美主体不同于一般观审主体，由于对象不同、欲求不同、境界不同、创造心理不同、创造结果不同，导致不同的观审主体的产生。审美是在审美欲驱动下形成审美心境，全身心投入、移情于对象的精神活动。审美主体是在自主精神从种种现实活动中超越出来并在自由心境中欣赏一定对象时诞生的。自主精神是在主动的审美需要促动下的审美意识的涌动，它使主体有主动自觉的审美需要，进入审美境界，进入审美主体的角色。自然审美主体有其独特的特性。

1. 自然审美主体带着审美无利害感和间接利害感观赏自然

审美无利害观念是现代西方美学中一个最一般的观念，它指审美主体在审美的状态下没有个人私利，不带任何世俗观念地去审美。在美学史上很早就被发现了。中国古典美学中，从老子的"涤除玄鉴"到庄子的"心斋坐忘"，再到宗炳的"澄怀味象"和郭熙的"林泉之心"等，都阐述了主体带着一种清静之心进行审美。西方美学中，从托马斯·阿奎那、夏夫兹博里到康德、叔本华，再到布洛等人，也都分别论述了审美无利害理论。无利害感的产生是审美意识作用的结果，是审美态度的反映。审美活动以审美意识活跃为根本依据，它一旦展开运动，就会热心观照对象、超越现实利害关系实现精神畅游的自由心境。自然景物要成为审美对象，必须脱离实在的框架而纳入主体审美视野，即审美主体采取一种"特殊"的把握方式——审美。审美主体之所以欣赏古松，就是因为审美意识在内心中起作用，这种意识有别实用功利活动和科学认知活动里的意识。第一，审美意识的产生来源于审美冲动，而有功利目的的活动意识和科学认知活动意识分别来源于满足物质欲望的冲动和认知冲动。第二，审美意识的心理机制和后两者不同，审美意识以最初的印象为基础，经过审美趣味选择，创造出审美意象，形成审美心理的内感外射。而功利活动意识是在功利目的的引导下深入对象，用功利的尺度对对象进行分析、对比、选择等思维活动；科学认知活动是在认知目的的引导下对对象进行分析、对比、综合、概括等抽象思维活动。第三，审美意识的心理功能是以想象力为主，在已形成审美印象的基础展开丰富的想象、联想等。而功利意识是以完全的物质利益为基础展开意识活动；科学认知意识则是实事求是，以主体的认知力把握外在的事实及本质规律。正是以上方面的差异，决定了审美主体排除功利目的的干扰，以独特的心理功能、心理机制等对对象进行审美观照。

值得注意的是，"审美活动的本质是审美欲或审美需要在心理上的主控地位的形成"[1]。有了审美欲的主控作用，才有审美心境审美心理就可以排除某些利害的干扰。而在此基础上，某些无害于审美心境的利害关系还能对审美起间接加强作用。适度的利害感对自然审美有积极的影响，往往使人的审美感受加强，产生审美的痛快。在山水审美中，奇和险常常联系在一起，但审美的险是有惊无险，所以它不涉及个体生命的保存。在不涉及生命保存的前提下，越险越富有刺激，越险约具有魅力。王安石在《游褒禅山记》中云："古人之观于天地、山川、虫鱼，往往有得，以其求思之深而无不在也。夫夷以近，是游者众，险以远，则至者少。而世之奇伟、瑰怪、非常之观，常在于险远，而人之所罕至焉，故非有志者不能至也。"[2] 攀山登临，会担心落下悬崖，有惊险之感；山下仰观悬崖，会担心石坠山崩，有危急之感；泛舟水上，欣赏急流深潭，会担心舟沉落水，有警惕之意；观看凶猛动物，会害怕它们对人类的袭击，有惧怕之心；到

---

[1] 李健夫：《现代美学原理》（修订版），中国社会科学出版社，2002年，第146页。
[2] 《唐宋八大家散文大典》，人民出版社，2002年，第426页。

险要的地方游览，站到险峻的山石上观风景，在海洋波涛中观赏大海之美等都会影响审美心境，身临其境的危险体验更有刺激性，更有审美趣味，对强化审美价值有直接的作用。因此，自然审美使不能主体避开利害关系，以间接利害感观赏自然景物。

2. 审美主体与自然保持零距离和有距离的观赏关系

从整体性上讲，人生活在自然中，人是自然的一部分，人一分一秒也离不开大自然的哺育。人对自然进行审美活动时，和自然是没有距离的。从个体性上讲，人欣赏的自然对象只是自然中的某一部分，是人的外环境，作为个体的人和作为部分的自然景观必然存在一定的距离。没有距离，自然景物不可能进入主体眼帘，自然审美活动不可能产生。

从自然审美的心理实际来看，自然物在主体的想象中生活化、人格化、人性化、理想化，形成审美意象。这是自然的人化，即物中有我，我中有物，也就是通常所说的移情作用下的物我合一。正如立普斯所说："这种活动不是对象的（客观的），即不是和我对立的一种东西。正如我感到活动并不是对着对象，而是在对象里面，我感到欣喜，也不是对着我的活动，而是就在我的活动里面。我在我的活动里面感到欣喜或幸福。"[1] 这是自然审美过程中出现的物我零距离状态。

然而，发生审美移情有必须有条件：只有在主体同实际生活保持适当距离后移情才能发生。布洛以海上航行遇雾为例，他说："在海雾中，距离所产生的变化，首先就是使现象和我们实践的现实的自我相脱离，允许我们站在我们个人的需要和目的之外去看眼前的现象，就像人们经常所说的那样，是通过'客观地'看待眼前的情景而造成的。由于我们只是去强化我们经验中的客观特征的反应而取得的。"[2] 海上航行遇雾，意味着船有迷失方向而触礁的危险。由于遇险者神经紧张，稍有颠簸也会引起恐慌。但如果摆脱这种恐慌，以无畏的态度欣赏眼前的景象，把雾看做笼罩在海空之间的轻纱或与世隔绝的帷幕，雾把原来清晰的失望变化得奇特神秘，从中体味与世隔绝的神妙意味，那么，最平常的雾就立刻显示出新的面貌，即美的景象。布洛的心理距离说解决了主体进入审美活动的条件，这也是进入自然审美的心理状态。正如朱光潜所说，对自然的欣赏"必须在观赏的对象和实际人生之中辟出一种适当的距离"[3]，与现实适当拉开距离才能发生审美关系，形成审美心境。

审美心理距离必须适当。距离过远或过近都不能发生审美关系。距离过远，不能形成主客体的关系，对于对象视而不见，"即不能发生审美的刺激与审美反应"[4]，如小孩体会不了高山险峰带给人的震撼，忙于耕作的农民体会不了田园牧歌带来的闲适之

---

[1] 立普斯：《论移情的作用》，朱光潜译，人民文学出版社，1964年，第44页。
[2] 李健夫：《美学思想发展主流》，中国社会科学出版社，2002年，第127页。
[3] 朱光潜：《文艺心理学》，安徽教育出版社，1996年，第72页。
[4] 李健夫：《美学思想发展主流》，中国社会科学出版社，2002年，第128页。

美。距离过近，主客体过分贴近，主体带着现实利害关系去欣赏自然，将审美对象看成实践对象。正如前所述，主体带着利害感去欣赏自然，适当的利害感可以强化审美价值。但过度的利害感就会使主体同现实生活不能割离开，如泛舟水上，过分担心会舟沉落水，就不能完全进入审美境界，领略到"大江东去"的壮观景象。所以，自然审美主体又同自然保持着距离，才能保证自然审美的发生。

3. 自然审美主体存在主动审美和无意审美的情况

这是自然审美区别于生活审美和艺术审美的显著表现。生活审美者和艺术审美者都是主动审美。生活审美者与社会生活有直接联系，他们对生活密切关注，积极体验、感受和思考，主动捕捉生活现象中有审美价值的对象。艺术审美中对一幅画、一部小说、一座雕像等艺术形式的欣赏，审美者更是以充分的审美准备为前提进入审美活动。生活审美和艺术审美的审美主体都带有主动性。自然审美不同，它虽有与前两者相同的主动审美的情况，即事先知道将会有自然审美发生，但自然审美也有独特的无意审美情况。对于刻意欣赏大自然的人来说，云霞、天空、山川、河流都是他们观赏的对象，审美主体为了寻找与自然界更密切的情感交流而作出实际努力，在他们开始审美活动之前就已经知道将会有审美活动的产生，正如生活审美和艺术审美一样。如到风景名胜旅游者，就必然知道将会欣赏到美丽的自然风光。但是，自然审美依赖于自然物特征的刺激和主体的审美直觉，由于人本身就生活在自然界中，许多自然景物不一定都能迅速引起审美感受，只有当自然物进入主体感官，刺激了感官，引起注意，人从普通的主体变成审美主体，自然审美活动才能发生。就如下班回家的人在天晴时可以天天有晚霞的陪伴，但美丽的晚霞不一定能引起归者的注意，或许归家的心切、工作的疲惫、晚上的约会等占据着他的内心。当某天他无意抬头看见晚霞的绚烂或奇特的形状时，被这种美丽吸引，流连其中，才产生进入审美活动。

自然审美中也存在主动和被动两种情况。一种是托物言志和寓景抒情的主动状态，这是自然审美的激情状态。"感时花溅泪，恨别鸟惊心"，主体感情在先，睹物在后，景物往往因为人的激情而变得人情化。另一种是触景生情的被动状态或静观状态，看见景物在先，产生观感在后，如李白的《望庐山瀑布》：

> 日照香炉生紫烟，遥看瀑布挂前川。
> 飞流直下三千尺，疑是银河落九天。

审美主体首先看到自然景象"遥看瀑布挂前川"，随即在静观状态中思随景生，产生"疑是银河落九天"的审美幻象。中国古代的许多诗篇都是触景生情的极好体现，先写景，后抒情，情因景发，心随景动。

又如陶渊明的《饮酒二十首》（其八）：

> 青松在东园，众草没其姿。
> 凝霜殄异类，卓然见高枝。
> 连林人不觉，独树众乃奇。
> 提壶抚寒柯，远望时复为。
> 吾生梦幻间，何事绁尘羁。

作者在酣然畅饮中看见青松、杂草、异类、独树等自然景物，这些景物的独特高然之状引发作者感悟，自己不愿与世俗同流合污的生存状态像景物一样高且奇，进而发出"何事绁尘羁"的思考。

国外的文学作品中也有许多作品是自然审美触景生情的反映。如英国19世纪浪漫派代表人物华兹华斯有这样一篇表现求隐心情的诗作《打潭诗》：

> 五年已经过去；五个夏天，
> 五个长的冬天；我再次听到
> 这些流水，自山泉泻下，
> 带着柔和的内陆的潺潺，
> 我再次看到这些高矗巍峨的悬崖。
> 在荒野隐幽的景色中感印
> 更深的隐幽的思想，而把
> 风景连接天堑的寂静
> 终于今日我能休憩，
> 在此黑梧桐下面，观看
> 农舍的田地和果园的丛树。
> 我再次看到……圈圈炊烟
> 从树木上静静的升起
> 若隐若现，好比
> 浪游的过客在无房舍的林中
> 我好比隐士的岩穴，在炉火旁边
> 隐士一个人独坐

在全诗中，华兹华斯重墨渲染荒野幽静的景色，并试图在此景中感受更深的隐幽的思想。诗中"我听到"、"观看"、"再次看到"等词汇，一次次地提醒作者和读者注意诗中的写实手法，而写实者是"我"，即"我"从外视的角度对自然景物进行描写，而这些景物与好比隐士的"我"却没有必然的联系。全诗正是以写景而映情的方式表达着诗人求隐的心情。

二、审美客体的特点

自然作为审美发生的外部原因，它的存在使自然审美有别于其他审美，具有特殊的性质。

1. 自然审美对象无功利目的指向性

审美是一种直觉判断，审美主体无须先进行理性思考再进行审美。审美过程中人身心愉悦的生成只需要某种机缘的契合。审美主体对自然景物的发现建立在审美无利害性的基础上，主体靠审美理想选择自然景物，之后将审美意识外射到对象之上，对象特征与审美意识合拍，成为意识表征，对象人化，于是在审美关系中向主体呈现为审美对象，这时自然物才会对人产生审美价值。正如朱光潜先生所指的三种看松的态度，带着认知的目的去看松树，必然不能产生审美活动，松树也自然成为不了审美对象，只能是认知对象或科学研究对象。由于审美活动无功利参与，所以当松树作为审美对象时也就不带有主体的功利目的指向性，成为画家眼中的"纯天然"的美物。

自然景物是纯客观的天然存在物，它不为审美而设。只有当主体以审美的眼光看自然，才把自然景物变成审美对象。当对象与主体意识合拍，成为意识的表征，对象生活化、人性化、理想化了，主体感到对象是美好的，自然物才会对人产生审美价值。

2. 自然审美对象的内涵价值变化性强

正如李健夫先生在《现代美学原理》中所阐述的：纯自然物没有主体意识的内涵，也就没有价值意向，它对审美没有价值规定性。同一自然物在不同的审美主体那里会发生不同程度，甚至性质相反的审美价值。自然物有一定的形象，但进入审美心理场后，它被审美主体所创造，其特征同主体情感、感受、意念、观点、思想品质、审美理想与生活理想等因素统一融合形成审美意象，从而在主体身上发生一定的审美价值。自然审美对象在这里没有价值规定，而规定审美价值的却是主体的审美意识。因此，审美对象的内涵价值变化性极强，其内涵规定性几乎受审美主体影响。

值得注意的是，人化的自然遍地丛生，使我们不得不用生活经验为大自然涂抹色彩。例如被开发成风景名胜的自然景物，已有某种命名或业已形成的社会评价……这类自然景物被赋予生活意识，具有价值规定性。再如审美者以人类集体意识去欣赏自然，自然景物被赋予社会性或文化性特征。如荷花被赋予高洁的特征，青松被看成挺拔的象征，小草被当做顽强的代表，梅花是不畏冰雪的花中豪杰，于是孩童从识字之初就被教以"出淤泥而不染，濯清涟而不妖"、"要知松高洁，待到雪化时"、"野火烧不尽，春风吹又生"、"墙角数枝梅，凌寒独自开"的诗句，尽管当时他们不一定知道是什么意思，待到长大后，诗句对意识的影响让他们对这些自然景物有了先入为主的印象，他们知道了这些景物各自的特点，不会把青松看成怪兀的代表，不会把小草看成弱小的表现。而由这种集体意识形成的文化世代相传，许多自然景物也就具有独特的社会性和文化性。

再次，自然审美对象具有整体性和运动性的特征。

所有的自然物都是粘连在一起的，我们很难确定他们之间明显的界限。整个自然就好像一个有机体一样，当我们试图将某个自然物从中孤立出来进行欣赏时，总会发现它与其他自然物之间不同程度的联系。布莱克在《天真的预言》一诗中说到："一花一世界，一叶一天国。"整个世界的生机从一花一叶中可窥见一斑。中国人尤其注重对自然天地的完全体验，文学作品中对自然景象的反映都带有整体性特征。曾巩《醒心亭记》写到："夫群山相环，云阴之相滋，旷野之无穷，草树众而泉石嘉，使目新乎其所睹，耳新乎其所闻。"[1] 孟浩然《宿建德江》云："移舟泊烟渚，日暮客愁新。野旷天低树，江清月近人。"南朝吴均《山中杂诗》云："山际见来烟，竹中窥落日。鸟向檐上飞，云从窗里出。"整体性的自然景物描写在中国诗人那里已成为一种不证自明的创作原则，指导文人创作出无数优秀作品。

3. 自然审美对象还具有运动特点

一方面，自然界规律变化，日出月落，潮落潮涨，春去秋来，花开花落，自然万物披上百变外衣，美丽而丰富。另一方面，自然界以感性的形态体现着沧桑历史，历史的厚重感让自然景物具有别样的美丽。石林的美不仅体现在石头的自然造型上，亿万年前被海水冲刷的印记使石林披上历史沧桑印记，产生更是震撼人心之历史美感。自然界的运动规律使自然对象在不同环境氛围下有不同的神韵和风貌，郭熙《林泉高致·山水训》云："春山艳冶而如笑，夏山苍翠而如滴，秋山明净而如妆，冬山惨淡而如睡。"同样的山，四时之景，神态各异，给人不同的情调。人在自然中，即便感受不到大自然的变化，但光、风、温度、气味等变化，总是撞击作为审美主体的人，无论如何也逃脱不了。自然审美对象的"时空变换给审美者带来不同的感觉和体验。大自然正是以它变幻多姿的面孔，使我们的审美目光不至于呆滞，使我们的审美体验常变常新审美对象以自然多变的面孔使审美关系变得丰满圆润起来了，使它具有更多的动感和韵律"[2]。自然物的整体性和运动性使自然审美有别于艺术审美，审美对象成为流动的、不可分割的"风景画"。

4. 自然景物是人类有了长期的社会实践，在与对象的关系中逐步成为审美对象

自然景物作为对象，必须进入主体审美视野中，被主体审美情趣所规定，即"自然人化"。在人化作用下，自然以一种新的形态——审美意象展现在主体心中。此时的自然形象和客观存在的自然形象已经不一样，它是客观存在物的形态被选择后加上审美主

---

1 《唐宋八大家散文大典》，人民出版社，2002年，第289页。
2 朱志荣：《中国审美理论》，北京大学出版社，2005年，第90页。

体的情感、经验等因素而形成的,这就是审美境界中的"自然美"的幻象发生的原因,也是审美价值发生的表现。

三、自然审美的特点

自然审美、生活审美和艺术审美是人类三大审美类型,它们都是以主体审美心理的内感外射交流运动为主,具有心理功能和意识运动的共同性,但又有明显的区别。

生活审美是审美主体面对社会生活中的人物、事件、社会现象以及某些相关自然事物所进行的审美活动。生活是一个庞大的系统,它由人们不断运动和发展变化的人生体验构成,人们对生活的审美基于它作为经验整体出现,主体对其的反思和观审。因此,生活审美具有现实性和反思性的特点。

艺术审美是一种基于生活经验的心理感应和领悟理解活动,是一种最复杂的审美活动。其特点主要是感应性、领悟性、理解的整体性、理想性以及多层次性。

在生活审美和艺术审美的基础上,人们不再把自然看成现实生活的附属陪衬物或生活条件之一,自然作为一种有相对独立性的形象在人的审美意识领域出现,这时就产生了真正的自然审美。如前所述,由于对自然的发现与审美认识是从人对自身的发现和认识开始,是自然人性觉醒的产物,所以自然审美就有联系与人的自然本性特点和人文特点,以及人的审美意识外射为主的特点。

首先要看到自然审美的本质特点是人文性。人文,就是人按照他自己的自然属性与社会属性在发展中应具备的主体性或主体精神。中国的奴隶社会和长期的封建社会是压抑人的主体精神的,人们正当的自然要求和社会要求,如个性解放、才能发展、民主与平等、自由与正义等都得不到实现,因此人们就将这些要求化为对现实社会的否定和反抗,并转移到对自然事物的追求。这是对自然进行独立的审美中最重要的作用因素。早期的随意性自然审美,虽也有人的本性发现,如性爱、生命盛衰、衣食需要、人格需要、伦理价值观等,自然事物是这些发现的表现手段,但并没有发展到人生反思,产生觉醒的人文意识。人文意识表明的不是个人的需要,而是按人的一般发展来看,人应该具有的全面发展和多方面价值的需要。德国美学家席勒提出人有感性冲动和理性冲动,即人要求把自身内在的潜力表现出来,又要求"自身之外的现实的东西服从必然性的规律"[1]。在这两种冲动的基础上,人就达到了自由境界,发生游戏冲动。这三种冲动都是人应该完满实现并和谐统一的。这种说法有一定的思想深度,严格说来,它是一种人文理想和社会理想,在剥削阶级统治的社会中很难实现。不过先进的思想都可以唤起人的理想追求和意识觉醒,从而变革现实。在人们还无法变革现实的情况下,人们就会运用悲剧来唤醒大众,通过返回自然或欣赏自然来表现独立的人文意识或主体精神,暗示

---

[1] 席勒:《审美教育书简》,北京大学出版社,1985年,第74页。

与不合理想现实的对立性。

第四节 自然审美的价值与作用

一、自然审美价值的特点

自然审美价值是一种效应价值。从"羊大为美"到将美引申为"美味"、"美食"这些词义的溯源,我们看到美是与功利紧密相连的。审美价值往往与功利价值处于对立统一的关系中。对于价值来说,合适和效用是它最基本的意义。只有物的效用才能产生价值。"任何人类历史的第一个前提无疑是有生命的个人的存在。因此第一个需要确定的具体事物就是这些个人的肉体组织,以及受肉体组织制约的他们与自然界的关系。"[1] 审美价值是在功利价值的基础上产生的,它也有效用,很难把审美价值同效用完全脱离开来。但审美价值能作为独立的一种价值,就在于它更多地体现为精神效用。审美价值以直接超越物质需要为前提,体现为对人精神的满足,用马克思的话来说:"忧心忡忡的穷人甚至对最美丽的景色都没有什么感觉;贩卖矿物的商人只看到矿物的商业价值,而看不到矿物的美和特性。"[2] 审美主体关心的是对象的精神意义,是对象令人获得美的享受的特性,而自然审美所带来的正是一种真正的超功利的精神价值。

自然审美价值具有主观性。由于审美主体的心理结构、文化背景不同,其内在的审美需求、审美尺度具有极大的差异性和个人独特性。主体心理内涵的个性差异、内在价值尺度的不同,价值关系中的主体对于价值对象具有极大的选择自由性、创造性,主体构成的层次、具体关系上的弹性,决定着它独特的价值关系。正如现在的旅游,有的人喜欢享受阳光沙滩,有的人喜欢游览原始森林;艺术家能从自然风光中获得创作灵感,普通老百姓能够从自然风景中寻找到心灵释放的寓所。而这种不同,恰恰证明了自然审美能够满足主体不同的审美需要。

自然审美价值也具有客观性,这表现在:第一,价值是对某种主体的价值,即价值的产生必须以审美对象同人和社会的相互关系为前提,而这种关系是客观形成的,不依人的意识和意志为转移。第二,自然审美关系中,欣赏者是客观存在的,审美对象对审美主体的作用和影响也是客观的,对审美主体需要的满足和审美能力的提升也是客观的,这就确定了审美价值客观性的理论基础。自然审美发生必须以承认对象存在为前提条件,正如空气、处女地、天然草地、野生林等的客观存在与审美价值有关。第三,不

---

[1] 《马克思恩格斯选集》第1卷,人民出版社,1995年,第24页。
[2] 《马克思恩格斯全集》第42卷,人民出版社,2005年,第106页。

同的主体对相同的审美对象的价值评价各异，但对象客观存在的自然性质使主体对价值的评判有所限制。

因此，自然审美价值既有客观性，也有主观性，两者的存在并不矛盾。客观性为审美提供现实基础，主观性使审美有多样性，两者互相影响，互相作用。由于自然审美主观性和客观性的特点，它能满足不同的审美主体的需求，以及能满足审美主体不同层次的需求，所以当自然审美带给主体审美愉悦，产生美感时，其价值也因此而产生出不同的层次。

二、自然审美价值层的划分

1. 自然审美唤起人的生命活力意识，产生生命价值感

自然环境是人类生命的摇篮，没有大自然就没有生命，大自然孕育人的机体，清新的空气，甘甜的泉水，温暖的阳光，美味的食物，都为生命存在提供了直接的物质基础。而一切生命存在不仅使大地表现出生机盎然的美好形象，还以草木的枯荣、四季的交替表现出生命不断流动变化的时间性特征。自然生命必生必死的过程是自然物的本质属性，从人类到鸟兽，从动物到植物，无一例外。正是生生不息的生命活力构成自然界丰富多彩的景色。人与自然的契合，以人通过"依类象形"的方式找出两者之间的类同性。大自然以她无与伦比的生命力召唤人们去探索，去发现，对人类的情感和精神起到一种激励作用，使我们产生特别的欢欣和鼓舞。生命的盎然生意是物我共有的，通过自然审美，从个体的生命节奏与对象的感性生命的贯通中见出主体自觉的生命意识，实现物我生命节律的共振，是最基础的自然审美价值层。

自然作为审美对象时，仍以形式的方式出现而成为审美对象。如若这种形式是平板的形式，那最多只是一幅幅美丽的风景画，和艺术作品没什么区别。自然之所以在几千年前就吸引人墨客们的眼光，就在于它千变万化的形式，高山大海、狂风巨浪、青山绿水、鸟语花香、花开花落、春去秋来……一切的节奏与韵律皆为大化生机的体现，一切奇异与美丽都是生生不息的原始生机的结果。自然通过充满生机的神韵及其不朽的魅力吸引审美者的眼光。主体体悟到的自然界生命韵律与主体内在生命相印证："主体对于自然的审美，首先是以自我的生命对自然物象的生命和自然规律的自发体验"[1]，从中获得会心的愉悦。"天地之大德曰生"（《易传》），在人与自然所共有的生命韵律上，人观照到自身的生命活力，这种活力激励着人们去实现自己自然的生命价值和人格追求。

主体之所以会对对象的感性生命产生贯通状态，其实是力的作用，即"力感共通"作用。在审美活动中，主体心理形成一个审美力场，它以视听触感、运动感、时空感

---

[1] 朱志荣：《中国审美理论》，北京大学出版社，2005年，第105页。

为条件，是审美感受的重要因素。人类逐渐增长的能力与逐渐积累的经验统一构成整体性的感性意识，自然形象与感性意识又结为一体。当人捕捉到大自然中的光、色、点、线、形、音、性质、特征等可感因素时，这些因素进入到人的意识世界，和人的意识集团联系在一起，可感因素成为想象的对象，主体也从幻象中看到了自己的心灵，力场发生作用。[1] 自然的规律变化和人的生命流程是同一的，是新陈代谢、生老病死自然规律的结果。感性物象的生命精神与主体的生命意识发生碰撞，力感共通，主体体悟到对象的生命精神，观照到自身的生命活力，从而产生自觉的生命意识，并以体现生命情调的心态去体悟物趣，完成虚实相生的意象创构，由此进入到崭新的生命境界中。

2. 自然审美唤起人的生存意识，产生生存价值感

人的生存意识比生命意识要高一层次。它容易变成人自觉的需要，比生命意识更明显，更容易察觉。

"衣、食、住、行、性等方面是人最基本的生存活动，它们虽发自本能，却是进入了社会生活范围……这些生存活动几乎涉及人类周围所有可见的自然物。"[2] 可以说，自然成为人生存的环境。"'环境'一词始见于《元史·余阙传》：'环境筑堡寨，选精甲外捍而耕稼于中。'这里的环境实为两个词。'环'为动词，'境'是名词，不过合起来是说围绕人居住的区域。……当代的《环境学词典》也这么说：'environment'，指围绕人群周围的空间及影响人类生产和生活的各种自然因素和社会因素的总和。'"[3] 在这里，陈望衡先生把"环境"一词拆开，充分说明环境需要一个以人为中心的位置，从而形成一个对主体环绕的关系。也就是说环境里既包含自然景物，也包含人。既然如此，人要想有一个良好的生存环境，要想生存有质量，实现审美生存，处理好人与自然的关系是基础。而和谐正是保证关系良好、实现人类生存理想化的基础和灵魂。在人与自然构成的审美关系中，生存意识的唤起，引来和谐的生存价值感的产生。自然以其独特的魅力感染着欣赏者的耳目，陶冶着鉴赏者的身心，其带来的和谐的审美价值使人类走向审美生存之路。

人与外部环境的和谐具体表现为人对自然的顺应，由此带来的结果是生态的良性发展。人与自身内部环境的和谐，带来的是"胸罗宇宙，思接千古"的人生境界。然而现实世界中充满了太多的不和谐，这些不和谐作用于人造成焦虑、烦躁、惊恐等许多负面情绪，导致人内心世界的不和谐。和人类世界不同的是，自然界中充满了和谐。生态链的形成是一种和谐的表现；自然对象的雷霆震荡、风雨交加、四季交替、万物枯荣是生命节奏的体现，是阴阳相摩而和谐的结果。而自然界的阴阳、五行更是和谐的确证。阴阳五行是先民们从现实生活节律中日积月累总结出来的。他们从寒暑交替、日夜变更等

---

[1] 上述关于力场的论述，参见李健夫《现代美学原理》第四章第三节"审美意识中的心理力场"
[2] 李健夫：《现代美学原理》，中国社会科学出版社，2002年，第152页。
[3] 陈望衡：《环境美学》，武汉大学出版社，2007年，第11页。

现象中获得启发，总结出阴阳对立、五行相生相克的规律。《淮南子·氾论训》云："天地之气，莫大于和。和者，阴阳调，日夜分而生物。"刘劭认为动物皆体现了阴阳五行的功能，他在论人时指出："凡有血气者，莫不含元一以为质，禀阴阳以立性，体五行而著形。"阴阳五行羽化于自然，它又是天地化生万物的规律，正是这种天地之大和造就了世间万物。

人对自然的顺应，在于人以审美的心去看待自然，重回自然怀抱，悟自然之道，以指导人类社会。在这种顺应与欣赏中，人类增强对自然的爱护之心，与自然和谐相处，让自然按规律发展，让万物自由生长，重现自然生机，还一片"鸢飞鱼跃"的美好景象。自然万物和谐美好，自然环境与人的和谐美好，人的内在精神也能与之和谐相对。"视乎冥冥，听乎无声。冥冥之中，独见晓焉；无声之中，读闻和焉。"（《庄子·田子方》）人体天道，天人合一，从造化中获得最高的和谐，主体被悄然引向一条审美生存之路。

3. 自然审美唤起人的社会文化意识，产生社会文化价值感

就某次自然审美中的感发来说，对象对主体心灵是一种刺激和反应，但无数次的感发使主体形成相对应的心理模式。自然界作为相对稳定的存在物，对人类来说是一个不变的刺激源，长期刺激着主体的感官，陶冶着主体的情操，影响着审美心灵的造就。如果说，大自然的花开花落使古人感受到了生命韵律的话，它也以同样的方式刺激着后代的审美者，给以同样的审美感受。这种意象对应关系千百年来成了文化的一种感受模式，并通过既有的文化遗存熏陶、影响后人的感受方式，在这种审美享受上形成的对生命情调的体味和推己及物的审美意识就得到了传承。

英国当代动物学家道金斯在他的《自私的基因》一书中，提出了"觅母"概念，认为文化除了遗传进化外，还有一种通过非遗传进化的途径进行自我复制的方式，即"觅母"。[1] 自然意象也通过觅母的方式代代相传。个人在心灵上的造境以艺术的形式外化出来，可以被大众感受到。个人造境一旦被社会大众所接受，就成为一定读者群或文化圈所共有的意识——集体审美意识，甚至成为一个民族、国家的共同意识——社会审美意识。如陶渊明写菊，李白写莲，柳永写柳等，都有这样的影响过程。我们把梅兰竹菊喻为四君子也是集体审美意识的作用。见高山想到雄伟，见溪水想到柔媚，见杨柳想到离别，见桃红想到美人，见流水生思念之情，见月亮生凄清之感，见葱茏树木生欢欣之情，见飘零树叶生萧瑟之感……集体审美意识或社会审美意识在人们观念中经常发生作用，形成了固定的自然意象模式。这些固定模式又作为集体意识被传承下去，加上后天文化形态的一代代的造就，形成稳定的、具有民族特色的自然意象。比如，对竹喜爱的人很多，咏竹之诗词也很多。苏轼有《咏竹二首》，王安石有《与舍弟华藏院忞君

---

[1] 庄锡昌等编：《多维视野中的文化理论》，浙江人民出版社，1987年，第146页。

亭咏竹》,叶剑英作《题竹》,董必武作《病中见窗外竹感赋》,方志敏作《咏竹》……这类诗篇,不胜枚举。而其中对竹形象的赞美往往都定格在"耐严霜"、清瘦、"直节"的形象上,这恰恰是个人审美意识在一定读者群和文化圈中被接受,形成集体审美意识。集体审美意识被社会所接受,进一步影响全社会,就形成了社会审美意识。在社会审美意识的作用下,个体的审美者欣赏某一自然景物时也就会产生特定的审美价值。竹成了气节的象征,兰成了内美的象征,莲成为洁身自好的象征,柏成为坚贞的象征……以上是特定时期特定社会审美意识产生的审美价值。特定对象的感性形态也会因历史因素的影响而形成相对固定的传统。因此,自然审美对人类集体意识的传承起着重要的作用,其产生的价值在一代代人的审美活动中发生作用,而成为凝定的价值。

4. 自然审美唤起人的价值创新意识,激发新价值的追求

自然审美意象是审美主体心理内感外射的结果。一般来说,外射有两种情况,一种是情感外射,即移情或表现,使对象主体化,人情化;另一种外射是艺术创造或其他创造实践中的物化外射,即采用物质的手段将内部意识显现于客观界中,使内在的意识物态化。审美不只是一种反映,它也是一种创造,一种生产,一种物质和精神交互作用的生产。由于自然审美能够激活艺术家的审美意识,导致创作冲动产生,那么,审美后的实践将比审美中的认识更高,因为它会通过审美意象的外化实现自然审美价值增值。

比如,自然审美能够激活艺术家的审美意识,导致创作冲动产生。正如郑板桥欣赏竹,从眼中之竹的欣赏到手中之竹的表现,是他的审美价值的产生。当后人欣赏他的竹画时,不仅欣赏竹子,更欣赏从他所画的竹子形象中所体现的竹的高洁及郑板桥同竹般高洁的人格品质。这种再审美立足新的角度,增添了新的内容,因为欣赏者的生活境遇、文化素养和心理素质等的不同而产生新的审美意识成分,如新的感受、情感体验、思想意志等,从而发生了再审美对一度审美的超越和审美价值的增生。

再如,从审美自然到模仿自然,再到师法造化的自然,成为每一种风格的艺术品所遵循的重要原则。艺术创作要模仿自然,这是西方文学理论发展的重要源头之一。中国古代文学创作在儒、道、佛等文化氛围中成长起来,不可避免地要受到几家自然观的影响,儒、道、佛都认为自然是承载天地人间大美大德的场所,要想抒情言志、修身养性、陶冶情操,当然也要在自然中。因此,自然也成为中国艺术创作的天然基础,自然界的万事万物为艺术提供了创作源泉。

中国写文章有一条古训:风行水面,自然成文(纹)。创作要天然去雕饰,自然而然,不矫揉造作,艺术作品符合自然界自在自由的外在形式。自然风格的体现能够充分显现主体从观赏对象的天然状态中感受到的天道,是道在主体心中的自然性的表现。主体心中的自然之道又是艺术创作的指导,它不仅代表着文章的自然而然之风,也代表着文人的自然之心,正如李贽所提的"童心说",文人墨客以一颗自然之心来养浩然正气,与自然大化而进行创作。

中国文学史上充满自然风格的文学作品众多,谢诗、陶诗以其悠然之趣叙自然之情,用形而下的自然道出了形而上的自然,成为诗中精品。王维许多小诗,既显示出造化之生机,又极为空灵平淡,成为后人所追求的诗风。水墨山水画最能体现自然风格,水墨平淡素朴,用它做画所形成的境界同于超越感官的恬淡和清净空灵的自然境界,充分体现了儒、道、佛所设定的"自然"内涵,因此其平淡朴素的自然风格成为中国特色,被中外绘画爱好者们所推崇。

又如,审美观念形成,模仿自然的创作手法出现,自然而然的风格既然成为艺术创作的标准,也就理所当然地成为艺术批评的标准。

中国历代以自然之作品为上。司空图《二十四诗品》以"自然"风格之作品为上,除《自然》之外,大多篇章也评以自然为最高标准。《含蓄》篇言:"不著一字,尽得风流。"《典雅》篇言:"落花无言,人淡如菊。"《绮丽》篇言:"浓尽必枯,淡者屡深。"《冲淡》篇言:"素处以默,妙机玄微。"《精神》篇言:"妙造自然,伊谁与裁。"《高古》篇言:"畸人乘真,手把芙蓉。"……古代理论家严羽也极推自然。他认为谢灵运之诗不如陶潜之诗,因为"康乐之诗精工,渊明之诗质而自然耳"[1]。评价诗歌,李白提倡"清水出芙蓉,天然去雕饰",苏轼主张"行云流水",李贺诗云"笔补造化天无功",陆游诗云"天机云锦用在我,剪裁妙处非刀尺"……评价绘画,唐代张彦远在《历代名画记》中云:"夫失于自然而后神,失于神而后妙,失于妙而后精,精之为病也,而成谨细。自然者为上品之上,神者为上品之中,妙者为上品之下,精者为中品之上,谨而细者为中品之中。"[2]评价戏曲,王国维在《宋元戏曲史》中说:"元曲之佳处何在?一言以蔽之,曰:自然而已矣。古今之大文学,无不以自然胜,而莫著于元曲。"[3]凡此种种,皆以自然作为评判作品优劣的标准。而这一切,都为自然审美价值的增值体现。

---

[1] 郭绍虞:《沧浪诗话校释》,人民文学出版社,1983年,第151页。
[2] 《唐五代画论》,湖南美术出版社,1997年,第178页。
[3] 王国维:《宋元戏曲史》,华东师范大学出版社,1996年,第120—121页。

第六章
审美主体论

　　主体是人的自觉与审美自觉的体现，主体的活动不仅是一种生命活动，也是一种自觉的创造活动。人的觉解不同，主体性的体现也就不同，其实践活动的价值创造、价值内涵也就不同。审美主体的出现，是主体自觉的较高的层次，是人从物质的束缚中走出进入到能动的自由的状态的体现。

　　审美主体论，主要研究人的主体性，主体的自觉，审美主体的生成，审美主体的健全完善及其在审美创造中的意义等问题。审美主体论特别是科学主体论视野的建构，正是现代美学体系建构的重要方面。

　　人的主体性的高扬是人类追求文化创造的内在的依据。主体的自觉是审美创造活动的根本的动力；文化主体是人的主体走向审美创造的内涵所在；审美创造主体的创造活动是人的自由创造精神的绽放。

第一节　主体和主体性

一、主体

1. 主体的含义

　　"主体"一词，在《辞海》描述如下："（1）事物的主要部分；（2）为属性所依附的实体；（3）哲学名词，见"主体和客体"；（4）法学用语。在民法中，指享受权利和负担义务的人，如公民或法人；在刑法中，指犯罪而应当承担刑事责任的人；在国际法中，指国家权利及义务的承担者，即国家。"我们这里所谓的主体，是在哲学与美学中，特别是审美创造审美鉴赏活动层面的主体。

主体有个别主体、集体性主体和历史主体。

个别主体是从个别主体的意识与活动的层面划分的。其中又有个别的意识主体与行为主体，具体包括：生命意识与生命活动——生命主体；生存意识与生存活动——生活主体；实践意识与实践活动——实践主体；认知心理与认知活动——认知主体；伦理观念与伦理活动——伦理主体；经济思想与经济活动——经济主体；政治思想与政治活动——政治主体；创造心理与创造活动——创造主体；审美意识与审美活动——审美主体；宗教观念与宗教活动——宗教主体等。

集体性主体是社会文化主体，它主要是从社会存在的层面来划分的，即使是自然性的人也包容于社会之中：自然存在的人——自然性主体；社会存在的人——社会性主体；历史过程的人——历史性主体；民族集体的人——民族性主体；阶级集体的人——阶级性主体；文化领域的人——文化性主体等。

历史主体是从历史文化层面划分的。历史遗留下多方面的文化，表现为多维文化史，这是一种意识历史的主体或集体无意识的主体（原型），这类主体像是从古至今一直存在并成长着的超现实的人：生活史主体、文化史主体、心理史主体、道德史主体、艺术史主体、哲学史主体、创造史主体、社会史主体、文明史主体、意识史主体、宗教史主体、文学史主体、科学史主体等。

这类主体是作为历史过程屹立于古往今来的历代各方面主体的集合，是意识与集体无意识的统一体。

在上述对主体划分的类型中，最基本的是个别主体。集体性主体与历史主体以个别主体为基础，但不等于无数个别主体的相加，也包括不了个别主体。个别主体必须是以主体意识的自觉运动为基础的，但集体性主体和历史主体则往往是集体无意识冲动之下的盲目主体，集体行为不是充分自觉的，历史的表演者也不是按预先的计划去行动的，人的意识可以指导具体行动，却不可以安排历史，集体无意识以隐秘作用在总体上规划着历史行程。个别意识在总体上得受制于历史流向。而在具体历史行动中，往往是多数人以非所愿的行为（盲从、屈从、忍从）归顺于个别人的意志，即多数人将自身主体消灭于个别人的主体之中，这就出现了集体性主体，同时个别人的主体就变为超人的神圣化主体。因而这里要考察的主体是正常的、作为社会性主体与历史主体的依据的个别主体，即有自觉意识的创造性主体，他是社会与历史的动力或活力所在，是历史的真正主人。

主体是基于心理交流系统的核心意识的内感外射运动而形成的。其中的核心意识及其指向性的交流运动是决定主体性质的根本依据。

是否具备了主体性，是什么样的主体，都得以此为根据。人们的需要随着社会生活的多元化而日益多样化，多样需要在满足的活动中逐渐构成了多个意识集团，每一特定的意识集团又以一定的对象作为指向目标而发生内感外射运动。

当生命意识发生内感外射时，人作为一个自觉的生命个体，他有生命感、时间感、生命价值感，这时人是生命的主体；当生存需要的意识发生内感外射时，他意识到生存的条件和生存的权利须要创造、争取,这时他是生活的主体;实践意识发生内感外射时,人意识到自身与对象的实际关系,有目的有计划地去改造对象,这时,人是实践的主体。其余的意识集团的自觉运动都分别规定主体的性质,如认知主体、伦理主体、政治主体、经济主体、审美主体等。在此基础上,在社会层面上构成集体性主体,因为主体具有意识和行为上的某方面的共同性,具有自然、社会和历史的共同性,还具有精神和物质文明创造的共同性,就有了多种多样的集体性主体。又在前二者基础上,在历史纵向上构成多维的历史主体。从社会发展的不同领域看就可看出不同的历史主体,如历史研究中就可以分门别类,研究生活史、社会史、文化史、艺术史、哲学史、科学史等,其实就是揭示这些历史方面的人类主体性,认识这多方面的主体并确立其历史主体的地位。如果没有这样多方面的主体分化,就没有人类的现有文明程度;如果没有对这种主体分化的清楚认识,人们就不能成为充分自觉的主体;就没有充分的自我意识,也就不能自觉地建构充实这些方面的主体,并确立其主体理论,强固其历史地位,扩大其社会效应。

主体的划分与清醒意识,对于主体角色自觉,避免主体角色错位和角色混乱,走出生存与生活的混沌有重大意义。

明确主体角色界限,可以使主体具备高度清醒自觉的主体角色意识,从而在一定的主体地位上严格自律,追求一定的生活目标。这样,主体就可以有方向有目标地造就自身,并在自身角色领域内(社会生活或事业范围内)达到自我角色塑造与社会价值实现的统一完成。在现实生活中,不少人缺少自我主体角色自觉,以致出现生存混沌,盲目冲动,心为形役,迷金拜物,内心混乱,内耗严重,生存失去方向目标,陷入鄙俗旋涡;这样一来,主体就处于晦暗之中,最终必将丧失生存意义。

明确主体角色界限,可以避免角色错位和角色评价混乱。一个人能胜任什么主体角色,期望并可能成为某类主体,不仅他自己要清醒地审视评价并把握好自身,不盲目争抢社会角色;而且社会上启用一定角色的人也要有知人之明,通过实验、考察来证明或判定其角色可用性。当一个主体角色已成为事实之后,角色评价也应当依照这一特定角色在其特定的角色领域内有何地位、作用或影响,作出切实可靠的评价。如果将这一领域的角色放到另一领域中去评价,必然出现角色评价混乱,从而歪曲角色价值,扰乱社会生活和各项事业,破坏人生的价值秩序。这种破坏性如果在政治、文化权威那里出现,那么,后果就尤为严重;而这也表明政治和文化的混沌无序。

明确主体角色界限,可以明了主体活动的性质,提高对主体性质的认识,识别各类主体活动所属科学领域和意识范畴,从而界定科学的分野,形成社会生活领域观念和领域规范意识,改变社会活动和人类社会生活的盲目与混沌状况,达到生活的科学化、有序化、目标化和高度文明化。

必须说明,这里论述的主体,是人类一般主体,即人类古今一切创造者作为历史发展主动力量的主体,而不是一般人理解的"主观"或与客体、对象相对立的主体。人类集体主体,它是历史与现实的统一、行为与对象的统一,即世界总体关系中人类与世界的统一。它体现为一个发展中的、集合着多种自然关系和社会关系的大系统。我们说人类主体，就是指人的世界，即创造主体的世界，它是人类发展的主流和中坚力量。我们说世界，就是主体创造涉及的天地，从每一个人到自然到社会文明事物，都是主体的世界。在具体分析中，主体可以是多个领域的开拓创造者，如认知主体、生活主体、伦理主体、审美主体、创造主体、政治主体、经济主体等。如果把主体看成"主观"或与对象相对的概念，主体就成为片面的行为者，导致与对象的机械割裂。这不仅影响到对主体的正确认识，也会影响到现实中二者关系的不正确处理和破坏行为，如对生存环境的破坏和对人本身的自然本性的破坏（人性变异、扭曲、欲求恶性膨胀、人际关系险恶等）。因此，强调人类集体主体，正确认识人类与世界的自然联系和必然关系，并在此联系中确立人的主体地位，使人类与世界处于和谐发展关系之中，重建合乎人类本性的自然环境与社会环境，研究人类的过去、现实、发展和未来要求，以科学思想和人本思想统一的观点设计出创造发展之路，这才不会偏离社会历史前进的自然合理性。

2. 主体的自觉与主体性

强调主体研究，关键又是主体性的确立，有了主体性，人才能自觉塑造自我，使自身成为完整健全的人，才具备审美与创造的完满条件。因而主体性的确立，是人自我塑造的基础，也是审美与创造的根据。主体性是人推动自身和社会生活前进的人生动力系统。

世界创造人，人又创造世界；物质可转化为精神，精神又可转化为物质。其间的动力就是人的主观能动性，亦即主体性。

主体性直接支持着文化主体，也进一步通过文化主体支撑着审美主体。没有主体性的支持，文化主体不能确立，也就不可能确立审美主体。通俗地说，捡煤渣的穷人，为温饱而被动地劳作，不可能有更高的发展，不能形成其充分的主体性，当然就不可能读书求知，不能成为文化主体；因无充分的文化基础，自然就不会欣赏兰花或养兰花，更不会欣赏文化艺术精品。主体性作为人生发展创造的支柱，不仅支撑起人本身，也支撑着每个人多层次的主体和生活各方面的多种主体（如政治、伦理、经济等等方面的主体）。

人类的性灵，人类的本质力量，人类的发展潜能，人类的创造本性，总之是人类的主体性，都建立在一个潜在的事实之上，即以心理交流系统为根本的内在依据，展开人类文明创造的整个历程。心理交流系统以意识为核心动力的内感外射运动，推动着人类的进化发展，塑造着人类在自然间的主体形象，造就了人类对于世界的主体性并使之取得越来越强固的定向发展。对于审美主体与审美活动的考察，必须以此为背景，在明了一般主体的基础上确立审美主体的位置。这里先考察人类一般主体性的形成及其复杂性，把主体放到自然与社会的复杂关系中考察，也就是作为一种自然性、社会性与历史性相统一的主体来考察。

人的需要是人的本质的一种内在的规定性，它不仅是人的一切活动赖以发生的根据和动力，而且也是显示人的实际发展及其所达到人化程度的一个根本标志。人类带着最简单的需要心理从动物世界挣脱出来，又在日益多样的需要意识推动下创造着不计其数的文明事物。需要，既是人类发展进程的原始起点和原动力，又是文明创造的目的和归宿。

早期人类的需要主要是为着自体保存而产生的生存需要，这种需要不同于动物的本能欲求。饱暖需要联系着人对工具的认识、想象、加工与使用过程，还联系着关于狩猎对象的认识和狩猎活动的方式方法。安全需要联系着人对防卫方式的想象：居住条件、防卫武器、防卫力量的组织，同时还联系着对侵害力量的认识和避免侵害的设想。性欲需要联系着对异性的印象和认识，联系着自身征服或占有对象方式的想象、幻想和冲动激情。因此，人的需要绝不是直接获得本能满足的动物式的冲动，它是一种讲求方式、通过间接手段达到目的的意识。这需要意识就成为心理上感知外界对象并对之发出欲念、展开目的、寻求活动方式的意识核心和内在动力，也就是心理交流系统的核心机构和动力机构。其运动情况大致如下：需要（欲求）——情感——想象对象的情况及获得方式（包括工具加工与使用、征服对象的过程等）——在实践中感知、感受并获得经验——需要得到满足，想象与创造被证实，情感态度稳定化，意向也更为明确——在进一步实践中获得丰富经验，形成生活意识和理性认识——产生自觉的需要与生活理想，形成以需要为核心的意识集团……在这循环上升运动过程中，需要意识总是处于核心的地位。在需要意识推动下，心理上不断感受外界，又不断发生外射；在感受中不断丰富提高需要意识，扩大意识集团，同时又发出更有效的多方面的外射。如此循环发展，造成了复杂的心理发展史和多向多维的社会发展史。由于围绕需要意识而形成的生活意识越来越深厚。生活意识的内感外射运动也就越来越复杂，心理交流系统就得以加强、扩大，向自然与社会的各方面逐渐展开，成为人类主体性的根据，也就是确立人的主体地位的依据。

二、主体性的生成

人一面丰富自己的主体性，一面又丧失着主体性；一面成为主体，一面又成为非主体。但从人类创造发展的上升趋势来看，主体性却是日益强化的，而主体也是日益多样化的。尽管自然力的威胁、专制制度的压迫、物质文明的压抑往往使人的主体性萎缩在狭小的躯壳里，甚至使人的主体性绝灭于自然灾害、人为灾祸和物质文明的负作用之中；但人类进步文化的巨大传统力量（如人文主义、人道主义、美好人情人性与理想品质的影响力量）、自由意识的伸展本性，总是要使人从现实压迫之下超越出来，求得主体性的扩张，寻求人生价值的实现和自然本性的复归。灵魂的挣扎、搏斗、反抗、升腾、超越、创造、发展，已成为主体性的普遍运动状态，并有着广泛的精神表现和社会表现。普罗米修斯伟大的反抗与受难，美狄亚个性的自觉与抗争，但丁《神曲》中的精神挣扎、净化与超越，人文主义者们自然本性的呐喊，启蒙思想家们"自由、平等、博爱"旗帜的高扬和人权的呼求，浪漫主义文学运动中高标的自主个性和民主理想，19世纪以来现实主义文学对人道主义的追求，现代派文学对自然人性被绞压而痛苦扭曲的现实的表现，一直贯穿着人类主体性的表现、自觉意识和对丧失的主体性的呼唤。文学中的悲剧性和喜剧性作品最主要的作用就是对主体性的唤醒作用，进步的思想和哲学最大功用就是对主体性的肯定、赞美和明确表现，社会进步的最大标志就是对主体性的肯定、解放和加强。

主体性这个概念，从西方文化群落中移植到中国文化本土上，很快在中国文化本土上扎根并显示出强大的生命力。但目前对主体性的倡导、强调和追踪研究，还只限于文学领域，对于人们社会生活与创造活动的主体性——包括经济、政治、伦理和学术活动中的主体性的探索和倡导还几乎没有。当然，要在各人生活领域内都正确地倡导或唤醒主体性是很艰难的事情。由于社会障碍与心理障碍，人们很难超越现实的网络而达到了主体性的自觉境界；以马克思主义的观点和方法研究社会多方面的主体性并揭示其实质与根源很有必要。

对于人的主体性，没有必要也不可能给它下一个完满的定义。最多只能在它的多种联系上与多元位置上作如实的描述，在多种联系上，可以从主体之间看，又可从主客体之间看；可以从心理上看，又可以从外在事实（行为等）上看；可以从自然方面看，又可以从社会方面看；可以从现实横面上看，又可以从历史发展纵向来看；可以从文化方面看，又可以从物质方面看。在多元位置上考察主体性，可以看出多元主体的主体性。主体的单元至少有需要的主体、生活的主体、实践的主体、认知的主体、伦理的主体、经济的主体、政治的主体、宗教的主体、审美的主体、创造的主体等。这里不必对各种联系上和各个单元上的主体性作繁琐考察，因为主体性总体上都归属于一个心理事实，即上文说到的心理交流系统。心理交流系统的内感外射运动，以某种意识集团作为中介，又指向一定的对象，在这一特定关系上，人就是这方面的主体，也就显示着这一方面的主体性。以审美意识为中介发生审美的心理交流运动，人就是审美主体；以认知意识为中介发生认知的心理交流运动，人就是认知主体，其余类推。可见，研究主体和主体性的关键，在于考察心理交流系统中促动内感外射运动的中介意识，弄清意识集团的构成、功能及其指向。而如果仅从外部事实看，根本就无法抓住主体性的根基；因为主体性既分居于各个心理区域与文化单元上，又辐射到与各种对象的关系中，特别难于把握。今人寻求人的本质、本性，寻找自我，是无法从一个确定的方位上找到的。主体在多种关系上和历史行程中向四面八方投下了自己的影子，在发展进程中抛下了行行足迹，因而就不可能抓住主体性这种无所不在而又无定形的魔幻似的存在。马克思说，人的本质在其现实性上，"是一切社会关系的总和"[1]，说明人的本质并不是固结在一定

---

[1] 《马克思恩格斯选集》第1卷，人民出版社，1972年，第18页。

个人身上，也不是一种孤立静止的事实。

　　人的本质，人的主体性，既分散在他周围的整个世界里，又集中于他的心理上，是贯彻于人的心理交流系统内感外射的多方面的辐射网络之中的、似无形却又有形、似主观而又是客观的、跨越精神与物质、超越具体与现实的社会历史性存在。作为人的本质或人的主体性的依据的心理交流系统，是属于古往今来一切人的，是人类特有的身心活动功能，是人类代代相传的智能的心理基础。瑞士心理学家荣格意识到，人类的集体无意识像一个屹立古今永不衰老的"集体的人"，这个集体的人，从根本上说就是人的心理交流系统的功能。"原型"、"原始形象"都是这种心理功能的自然表现，而且是人类从古到今共通的表现。心理交流系统是突破了动物心理活动方式——"本能欲求满足"这一封闭性结构之后，在突变了的早期人类心身界形成的向自然界开放并不断交流着的发展系统，属耗散结构类型。这个系统与外界不断发生信息与能量交换，扩大了意识结构，而且进一步创生了意识和集体无意识，铸造了人类的主体性与主体形象。

　　凭着心理交流系统的巨大功能，人类从大自然中脱胎出来，从顺应自然的动物变为掌握自然的主人，确立了人的主体地位。在漫长的创造历程中，主体性不断强化、泛化和多元化发展；但主体性的发展也经历着曲折的道路。主体性的显隐强弱与社会发展的升降涨落波动密切相关，也因人的文化程度和自觉程度不同而显出差异。上升时期的统治阶级唤醒并强化人的主体性，使人知道自己的权利，充分发挥自身价值；而没落腐败的统治阶级则利用宗教或统治思想来催眠、窒息人的主体性，麻痹人的自觉意识，掠夺人的权利，消灭人的创造性，扭曲人的价值意识，实质上是残害主体。那些有较高文化水平并有先进思想的人主体性强，而被巫术礼仪与宗教迷信蒙蔽、被神圣权威所控制的妄信盲从者主体性极弱。从总的发展趋势看，人类总是大胆地探索前进的路，意识到自身的能动性与创造性，尽可能展开自己的主体性。人类文明或文化的起源（包括艺术起源，也包括宗教起源）是人类主体性绽开的最早的花蕾，而不是巫术礼仪或宗教迷信的结果。人总是要在生存与发展的强烈需要意识驱动下，战胜种种影响，突破各种障碍，不断开拓生存与发展的空间，从而强化自身主体性，巩固自身的主体地位，而主体性和主体确立的根据就是以需要意识为核心的心理交流系统。

　　主体性的核心是心理交流系统意识的中介结构。

　　深入心理交流系统，一个潜在的宏大的精神宇宙在面前展开，主观与客观的界限、物质与精神的界限消失了。内感外射的心理交流系统形成人与世界的沟通网络，在需要意识鼓动下，由心理感知、吸收外界信息而建构起来的意识世界日渐扩大，而意识外射的人造事物又遍布人寰，强大的心理功能推动着从世界到心理、从心理到创造行为的无穷运转，从而也促进了社会的上升运动。在内感外射的中介处，就是意识集团的复杂结构。这里是意识的宝库、心理能源的储所。这里跃动着向世界不断发起冲击的生命原动力，这里潜藏着人的无穷潜能，这里蓄积着与外部世界对应的意识世界，从这里向自然与社会辐散着种种联系网，并通过接受机能与外射机能同外界交换信息、通过躯体运动与外界交换能量，不断创生各种文明财富。

人的原始需要鼓动心理交流系统的吐纳运动，交流运动在心理上结晶为生活经验与社会需要意识，需要意识又进一步将心理交流系统的网络辐散到更广大的社会空间里，形成更为广泛而多样的社会需要，同时也展开多样化的满足需要的创造活动。自然需要与不断展开的社会需要就是人的心理动力和生命的活力所在，也是人的主体性实质或依据所在。人的需要作为人的主体性的实质或核心，是以整个生活经验的意识集团的系统运动方式，即以心理交流系统的运动方式实现其整体功能的。某种片面、单纯、直接的需要不可能独立实现，而必须放到意识系统中去衡量实现的可能性与具体方式方法，最终又必须通过心理交流系统的运动来实现。因此，人的需要不同于动物的本能欲求，不同于动物式的单纯、直接的满足方式。在人的整个生活经验和意识系统中，不仅积累着多方面需要的满足方式，而且积累着为满足各种需要而发生的心理交流系统运动的体验、认识与反思，这样，各种需要意识就分别形成了自身的意识板块，而这些意识板块又可以分别控制相关的心理交流运动。如人的生命本能冲动过程在人的自我反思中自觉化，形成生命意识，生命价值需要就成为争取生命价值的意识核心和动力，控制着生命活动中心理交流系统的内感外射运动，从而确定生命主体及其主体性。人的生活需要满足过程，在心理上经过反思，形成自觉的生活需要意识，又以生活需要意识为核心和动力，控制生活过程中的心理交流系统的内感外射运动，从而使人成为自觉生活的主体并具有生活的主体性。人的认知活动过程同样积累为认识经验，而认识自觉化，就形成认知需要和科学意识，在认知需要的动力作用下，展开认知方面的心理交流系统的内感外射运动，逐渐在认知需要的凝聚力作用下形成认知意识集团或板块；从而使认知者成为自觉的认知主体或科学主体，同时也具备了认知主体性或科学主体性。人的审美需要，在审美活动中推动着审美心理交流系统的内感外射运动，并在这活动中产生心理上的结晶体——审美意识，审美意识作为一个独立的意识板块又使人进入更为自觉的审美活动与创造活动；从而使人成为审美创造的主体，并且也相应地有了审美创造的主体性。其余的需要，如伦理道德的需要、宗教权威信仰的需要、政治权力的需要、经济利益的需要、竞技娱乐的需要、社会人生理想设计与自我实现的需要等，都作为一种强大的心理动力，推动着相关的心理交流运动，并在心理上以一定需要为凝聚力，凝结为不同的意识集团或板块，使主体进入更为自觉的活动中，使主体成为伦理道德的主体、宗教活动的主体、政治活动的主体、经济活动的主体、竞技活动或娱乐活动的主体、自我实现的主体等，并使主体分别具有这些方面的主体性。可见，主体性的核心在于以一定需要为动力和凝集力作用下产生的意识板块结构。这意识板块结构的性质因一定需要而定，意识板块结构的性质又决定着主体性的性质，主体性的性质又规定着主体的行为活动的性质和主体所属的类别（如认知类、宗教类、审美类等）。各类意识板块之间互有间距，又有联系。各类意识板块既使个别主体和全社会主体出现多元的主体性，又使个别主体的多块意识联结为一个复杂的统一体，而且使全社会的多种主体意识联结为社会意识大系统。人类既发展并丰富了自身的需要，形成多种需要的自觉意识，以及在需要作用下产生的多元意识集团（板块），却又分裂了自身原始统一的主体和主体性。人首先是作为一个生存的主体在大自然中出现，要求形成丰富多样的生活意识，并全面展开自己的主体性，成为丰富而多样的人；但是社会生活的发展却违背了人的愿望，也违背了人的自然本性，社会一次又一次分工瓦解了人的整体性，把主体越来越片面地限制于狭小的生活领域内，限制了人的全面发展和潜能的全面展开，出现了主体歧化、主体性歧化、社会生活歧化的发展趋势。主体片面发展使人丧失越来越多的自然本性，渐渐沦落为机械，这是近代许多思想家（如卢梭、席勒和马克思）和艺术家早已意识到的并深深为之忧虑的反自然反人道倾向。但社会发展又需要人付出这巨大的牺牲作为代价，片面的主体因片面而得以深化发展，深化发展的结果不是个体主体的整体性的肯定，而是对个体的否定，对人类集体主体性的多方面的提高，从而达到共同主体的整体性的肯定。这就在新的综合趋势上对人提出新的要求：现代文明的人类必须自觉意识到社会历史的需要，同时也应使社会历史需要成为自身的自觉需要——将自身主体建设在更高程度上复归到整体上，使自身成为具有多方面主体意识、多重主体性的多样而又统一的新主体。这是对个体主体性由整体性的否定再到整体性的肯定过程，也是主体性的上升和主体重建的历史过程。

各种不同的主体意识，通过心理交流系统而联系于外界事物，并表现为行为活动，这一从心理到行为的系统就构成主体的实质。通过心理交流系统的开放性的推进运动，自然需要上升为自觉的社会需要，需要又推进人的行为活动，在行为活动过程中积累经验，多方面的经验在反思心态中实现跃迁，上升为多方面的自觉意识的系统。这些意识系统既相互联系又各自独立。它们联系为主体精神大系统，又独立为某种单纯活动的意向。在心理空间里，它们分别作用于相关的行为活动过程，成为各种活动的设计观念或指导思想。在这种情况下，一定意识引动的内感外射就定向于一定的对象，专注于自然或社会事物的某一方面，构成个人特定的心理与外界沟通的环境。这个环境联系于心与物，却又不简单地属于心或物，只能说它就是心理交流系统。这种环境，确切地说是一种效应场，也可说是一种运动性的境界，如生活境界、实践境界、伦理境界、经济利益境界、政治境界、宗教境界、审美境界、竞技娱乐境界等等。在这种种境界里，人的心理活动、行为活动交织在一起，相互作用，密不可分；心与物相互交流信息、身与物相互交换能量，心身物三者之间连为一体——心理交流系统。每一特定境界都与其他境界暂时隔离，就形成了心理间隔（即心理距离），因而不仅审美活动有心理距离，其他各种活动之间也有心理距离。心理距离产生的原因只能从不同意识板块之间的间隔与这些板块运动境界之间的间隔来作出解释。这种心理距离表明各类主体意识的相对独立性，但又不能忽视各类主体意识之间的联系和潜在作用，不可把心理距离作绝对化的理解。

一个人在他的行为活动中充当什么主体，主体性是哪一种性质的，主体性是怎样形成的，这完全得由主体意识及其运动方式来规定。主体性的实质或根据就是主体意识及其运动方式。人的多元主体性由它规定，社会各类主体由它从内部控制，人的能动性、创造性由它的内感外射运动向世界各方面广泛深入地展开。

三、主体异常与现代主体的重建

主体并非一体,由于意识板块的多元化,主体就出现歧化发展。这是发展了的人类的特征。原始时代的人的生活是单纯的,他们多方面的活动尚未出现严格的分化,虽已发生劳动意识、伦理意识、认知意识、宗教意识的萌芽,但并未发展到理论的专门研究和实践的多样分工,还保持着原始的整一性。因此他们是单一主体,即以自然需要为主要的和直接的动力而进行生存活动的自然性主体,主体性是自然主体性,人性也主要是自然人性。随着社会文明的发展,分工日益多样,主体也发生歧化发展,产生了社会的多元主体与个人的主体多元性。

社会的多元主体,指的是社会生活各个领域中的不同主体,这些主体的形成与社会分工和主体自身的智能及个性特点有关。最早的分工形成了劳力主体与劳心主体,后来又出现生产主体、经济主体、政治主体、科学主体、审美创造主体等。这些主体分别以独特的意识集团或板块作为心理交流系统的动力核心和活动的指导思想。

个人的主体多元性则是指一个特定的人由于心理交流系统的中介结构具有意识板块的多元性,就造成了个别主体的多方面的主体性。一个具有多种意识板块的人,他往往能从事多种社会活动,在审美意识作用下进行真正的艺术创造活动时,是艺术创造的主体;在文艺理论意识作用下进行纯正的文艺批评时,是文艺批评的主体;在道德伦理观念作用下,进行伦理、交际等活动时是伦理主体;在经济意识作用下,进行经济活动时是经济的主体;在政治意识作用下,进行政治活动时,就是政治主体……在主体可以多方面发展的民主自由环境里,一定个人的能力往往能够较充分地开发和全面发展,人的主体性的多元化也能成为较普遍的现实。当然随之也就出现人怎样统一自身——人本主义与自然主义相统一的问题。做到既有多能的开发与全面发展,又不至于分裂个体而带来精神的裂变与困惑,这是主体重建的原则。

然而,社会生活的系统运动并不是以每一主体的随意发展为依据的。同于社会权力和社会规范总是力求以一定的模式约束众人,特别是社会惰性因素对人心理的影响,往往造成主体变异和主体性异常的现象。

主体与主体性并非都是积极的。由于主体意识外受社会生活正反两面影响、内受人格品质的作用,主体意识就自然出现利他与利己、善与恶、真与伪、积极与消极、进步与落后等区别。在社会众多的主体中,有以上各方面的对立与冲突;在每一个主体的意识之中,也有上述的对立与冲突。前一种对立与冲突表现为集体性主体之间的差异、对立与冲突,后一种对立与冲突主要表现为一定主体的意识内部的矛盾斗争、选择与决定。主体有善与恶、真与伪、积极与消极、进步与落后等不同,几方面的主体在斗争中发展,社会也在这种斗争中发展;主体性也有积极面和消极面,个别主体也在自身意识的矛盾斗争中发展变化。在古今中外的许多优秀文学作品中表现了主体之间与主体自身意识的对立与冲突。中国文学中表现主体之间的冲突较多,西方文学还较充分地表现了主体意识内部的裂变、对立与冲突。如但丁的巨著《神曲》一书表现了心理上构制的善恶两极对立、斗争与逐渐过渡的意识境界，既是两极主体意识的幻象，又是社会的善恶两界的变形反映。歌德的不朽杰作《浮士德》显示了主体意识内部的裂变、对立与斗争：一方面是生命中的否定性因素（代表物质享受与本能需要并引导人走向自我否定与无价值的"虚无"世界的恶魔靡非斯特），表现为意识与行为中的否定性力量；另一方面是意识中的肯定性因素（代表真、善、美、创造理想与自我价值实现的天堂圣母的永恒境界），在意识与行为中表现为肯定性力量。浮士德的一生表明，歌德以及一切有自我价值实现的创造理想的主体的一生行程，都要经历一场意识之战或自我生命的内战——意识的否定性力量与肯定性力量对于主体的争夺战。或者是恶战胜善，成为否定性主体或无价值主体；或者是善战胜恶，成为肯定性的有价值主体。每个人都面临着一场心理世界内的两重意识的决战。后来的作家如英国作家史蒂文生，在《化身博士》一书中表现了人的主体性的两重性和主体的裂变、矛盾和斗争；而意大利作家卡尔维诺在《一个分成两半的子爵》一书中表现的主体分裂更为直接明白，一半是善，一半是恶，截然相反，这就是双重性主体。人的主体性是复杂多面的，不仅仅是善恶两面，还有真、假、美、丑、是、非、进步、落后等方面。此外还有主体异常或主体性异变的情况。

主体异常，是主体在不正常环境中发生异变的结果。主要是主体的神化、奴化、伪化、散化。主体神化，是人利用特殊地位、极权或迷信使自身神圣化，其实是剥夺大众的主体权利，集众人权利力量于一身，同时也丧失了人的应有主体，既视之为神，也就失之为人。主体神化的结果是戕害主体、绝灭人性，实质是吃人。宗教统治和封建专制的统治者多属此类。主体奴化，是主体神圣化而带来的结果，这类人甘为工具和仆役，丧失了自我主体，放弃了做人的权利。为虎作伥，助纣为虐；以犬马之劳为乐，以舔痔奉承为能，人格丧尽，全无灵魂，有什么主体性可言？主体伪化，即成为假人。主体处于消灭天性真情的恶势力之下，主体意识被迫掩盖，言行饰以伪装，不敢或不愿说真话、露真情，即李贽所说的出假言行假事的假人。他们一味作假，则终身虚假，主体性泯灭于伪装之下，自我主体丧失在虚假之中。自身无价值可言，何论主体？如果是暂时以伪装作为手段对付强者，那就要在有利时机显示真实的主体意识，确立自身的主体地位。主体散化，即变为不成人形的行尸走肉，酒囊饭袋，不可造就的枯木朽株，根本不可能成为一个主体。"扶不起的阿斗"，自甘堕落者，萎靡不振、自暴自弃者，生活失望、腐朽无用者，都在此列。他们饱食终日，无所用心，没有主体意识，虽生犹死；被物质所迷惑，为感官而营生，狗苟蝇营，自己做不了自己的主人。或为骑墙派，或为人间游魂，上不了天堂，也入不了地狱，只能在但丁安排的地狱走廊里哀鸣，为人类所弃，永无归属。主体异常种类尚多，且举以上四类为证。

主体性异常是从主体性的根源上看，即从心理交流系统的核心意识及其内感外射运动方面看。主要有以下异常：（1）感受机能老化。生机衰弱，感觉迟钝；感受力、认知能力、想象力日益减弱，心源枯竭，意识陈腐，终为时代所弃。（2）外射机能弱化。缺少创造力和表现力，有学而不致用，有感而不抒发；意识成为混乱堆积物，不作清理整顿；只好将理不清的乱丝带入坟墓。（3）心理交流系统封闭化。心理封闭，思想保守，精神窒息，迂腐固执；多是封闭的社会、政治造成人的封闭心理，社会对人的禁锢不是造就人，而是窒息人。缺乏心理交流系统的内感外射运动，就关闭了心灵门户，意识被毁灭，精神生命就被扼杀。这是反人道反人文的无形虐杀。（4）心理交流功能丧失。心理交流系统是一种耗散结构，它靠自身开放性的与外界的能量信息交换运动来维持生机，如果主体强控制或强压抑，那么就抑制了主体意识的生存发展，也抑制了心理的正常运动和自身的生机活力。或是生性怯懦，作茧自缚，不敢堂堂正正地做人，鸡藏鼠伏，诚惶诚恐；失去创造的胆识，放弃行动的名分，苟且一生，毁灭主体性。或者是强行抑制内感外射机能，精神压抑，观念僵化，不思变通，缺少活力，导致个性毁灭，意识硬变，主体崩溃。（5）主体意识萎缩、丧失或从未形成过。这种人在生活中不能自立，是退化的人。或是过寄生生活，徒具人形，无能无为；或是成为人间废物垃圾，寻膻逐臭、危害良善，在应当清扫之列；或是主体意识未形成过，近乎鲁迅所说的"类猿人"。凡此种种，不必尽列。

  主体的裂变、异变引起现代人的自我反思。他们从主体性的反思中意识到：主体精神的被压抑被割裂状况，以及人们普遍体验着的自我破碎感、人性萎缩感、身心非我感，心理上的多面冲突、灵魂的动乱不安使人充满困惑，于是出现寻找自我、探索自我、复归自然本性的要求。他们不是从现代文明发展方向上去探索现实的出路，而是从以往历史遗迹（如传说）或原始意象出发去创造原始的人性复归图景，结果不是将探索指向未来，而是指向亚当夏娃的伊甸园和田园牧歌式的合乎自然人性的生活，因而造成了文学艺术的反社会或与社会对立的倾向。从18世纪的启蒙文学及浪漫主义文学开始，人们已意识到社会物质力量对自然人性的破坏作用（军事、政治、技术、金钱、财富等力量的威胁），法国的卢梭、英国的华兹华斯、法国的乔治·桑直到现代派的表现主义作品、劳伦斯的作品，都在呼唤着自然人性。这将是西方社会的困惑，是资本主义社会无法解决的生命矛盾或主体自身的矛盾。

  不过要考虑到人的物质需要冲动力永远强于精神需要冲动力，社会总体冲动基本上是以物质需要冲动为基础的；精神需要冲动有时能起向导作用，但事实上，精神需要冲动常常与生活趋势不一致而不得不作补充或纠正。在两种冲动作用过程中，人们又力求使物质冲动提高到精神冲动理想的水平上，这样一来，主体自身就可以在这矛盾统一中创造现代自我主体。被割裂的主体可以在现代文明基础上再造。

  主体再造，或主体重建，无非是在科学性与主体性同一发展的基础上，在物质需要与精神需要不断统一的运动过程中展开自身塑造。完满健全的主体，应该是人本主义理想与自然主义理想的统一体，是多面主体的完满统一。一方面他享有现代物质文明与精神文明，另一方面他又享有自然的自身；一方面他感到社会与自我的和谐，另一方面又感到自我自然需要的完满。主体因社会而完满，社会也因主体而和美。个别主体可以随自己的意愿全面发展为多样主体，而且个别主体也与集体性主体、历史主体取得了一致性，主体随时感到他自身真正实现了自身，他不仅是自然自我的主体，也是社会的主体和历史的主体。这样，主体重建就达到了较完美的境界。自我何处寻？自然本性何处是？我从何来又到何处去？主体的归所在何处？圆满的主体又何时建设成？这时空最佳选择点不在过去，也不在现在，而在人类共同的自身主体实现之日。这样的日子虽然还遥远，但这样的境界，每个人心灵中都可以有；有了这样的主体意识，主体个人的建设就会指向光辉的目标，他就会成为一个高度觉醒的主体，他就会在鄙俗的环境中始终保持自身的主体地位和主体尊严，不盲目和盲从、不迷惘和失落、不遗失自我、不被剥夺主体性，不使自身成为任意一个"他"。我就成为我，成为可证实的确切可靠的一种有社会价值的存在。现实的"自我"就可以牢牢把握，自然本性在此复归，我由此生又由此去，主体在此建成又在此找到归宿。这里就是主体精神的天堂。

总之，人类主体性既然植根于人的心理交流系统的主体意识，表现于意识的内感外射过程，那以健全的主体、强大的主体性都只能以旺盛的心理交流机能和健全的主体意识为根本依据，主体的重建与完满实现也以此为依据。而主体的毁灭、主体性的异常和危机也导源于主体意识的危机和心理交流机能的衰竭和异变。

人要生存、发展、创造、肯定自我存在的价值，一代又一代奋斗者继承着主体性、不断唤醒和加强主体性，显示出人类进取不已的精神。人类终要在日益扩大的主体精神作用下走向自身的充分发展和圆满实现。主体性也不断辐散到人们活动的广大空间里，彪炳着美好人性的荣光、伟大与无限的力量。

第二节 文化主体

一、文化主体及文化主体的诞生

人的主体性是文化主体发生发展的根基，而文化主体又是审美主体的依托，没有文化主体就不能建构完满的审美主体。文化主体在与原始自然的对立统一运动中诞生发展。它从自己的对立面中分离出来，又在同对立面——原始自然的不断抗争、改造与利用过程中确立自身，使自身获得定性，得到定向发展，并形成向无限文明趋进的前向定势。

文化主体就是处于文化系统中人。

人是什么？人是文化主体。名词的"人"是一个无限伸展的概念，现实的人不仅是自然的产物，也是代代相承的对未来充满憧憬的文化生命。作为文化主体，有着从古猿到"能人"的大飞跃，有着自身心理智能的大突破，有着自身文化起点上的大跃迁。他脱胎于原始自然和动物界，又与原始自然划出界线，与动物世界的进化分道扬镳，开拓出文明上升发展的辉煌历程。

早期人类最早的生活条件选择是洞穴，可以说，洞穴是人类婴儿期的摇篮和文化诞生的基地。这样，群体穴居加上木石器加工和用火就构成了最早的文化系统，也就是人类最早的生活方式，可称为洞穴文化和穴居生活方式。它是在洞穴庇护下产生的文化和生活方式，穴居是首要因素，加工劳动工具和用火是不可缺少的因素，三大方面因素构成系统，显示整体功能。整体功能对群体内部来说是促进穴居群体的文明进步，对自然界来说是突破动物发展极限，开拓出异于自然界的社会生活空间，出现了原始社会与自然的对立关系和发展关系；对早期人类心理来说，整体功能使他们的心理、意识结构发生了巨大变化，对自然由被动适应而转变为形成心理攻势，即形成了人们选择、改造和利用自然的能动性，亦即有了最早的主体性，可见，早期文化系统一旦形成，它的内部因素和结构渐趋稳定，它就一定要显示出强大的生命力。人类作为文化主体就诞生于文化系统的形成之中，反过来，文化系统又在文化主体的推动下走向愈来愈高的文明程度。文化系统不断转化为文化主体的意识系统，而意识系统的能动创造性又推进文化系统，心理交流系统就作为二者互相推进与互相交流的桥梁。洞穴文化和文化主体就是依照这样的互动原则发展的。

人类文化系统是一种耗散结构，它有自身的有机性、整体性和不可逆性。也就是说文化系统是多种因素有机地组织在一起，在与外界不断交换信息过程中，自组织、自运动、自发展，有如生命机体；同时它又是一个不可分割的整体，多因素协同作用，作为一个独立个体存在着、运动和发展着，显示出整体功能；并且这一整体的发展动势是局部因素无法改变、无法遏制、更不可能逆转的。

自然力以严酷的威胁，迫使古猿图存求生而趋避于它，从而取得了独立于自然而又利用自然的主体地位，又创造了文化主体的素质。由动物生存方式结构的突破，达到对人类生活方式结构的跃迁，第一次显示了人类选择与改造生活条件的主动性或主体性，也第一次显示了人类意识的极大功能，同时也宣告了文化主体的诞生。

当然，古猿向人类突变是有着心理依据的，没有心理上的突变作为内在依据，就不可能有生活方式结构的突变。这种心理依据是复杂的意识活动、对自然及各种事物的浅显的感受力、各种情感和理智和一定的目的性或理想相互作用的结果。

原始人类的心理结构并不那么简单。他们打制石器时，发生了比动物心理活动复杂得多的意识活动，即以需要意识为核心的心理交流系统的内感外射运动，并在此基础上形成较为复杂的意识结构。心理上出现需要意识和生活经验，有自然事物印象、生活印象、劳动工具与居住洞穴的印象、使用工具及居住过程的印象、生活感受、情感态度等。同时心理活动能力（心理功能）也有所增强，记忆力、想象力都贯穿了生活经验和劳动创造过程，成为心理上的选择定向与创造设计的动力。在洞穴选择上，他们认识到洞穴的坚固，可以避雨雪，可以作栖身之所，可以保存火种等。在用火方面，他们认识到火可以加工食物，可以取暖。在用木器石器过程中，认识到用武器可打击猛兽，猎取食物，分割食物等。这些是人类最早的知识，有此作基础，他们就会想象找到更好的洞穴，更好地利用火，制造出更合用的工具。如蓝田人的石器中就有用于打击的石球，用于砍削的石斧，用于搏斗的尖状器等等。这些石器上不仅表现着早期人类对于劳动对象和石器性质的认识，而且还表现着劳动过程的想象、思想、理想、情感和感受。哪怕是最初使用的一根木棍和一块天然石头，也可看出上面结晶着的原始思维和情感、最早的联想与想象能力。因为一件石器的性质、功能、大小与形状不仅与狩猎对象的想象有关，还与人对自身力量的认识、人的生活目的和理想有关。加工一件石器，没有这些方面的意识和想象就不可能动手制作。中国古歌"断竹，续竹，飞土，逐肉"就表明了工具制作时的这一系列想象。而这一想象的过程已透露出早期思维的逻辑性和理性因素。可以说在早期人类突变的不稳定时期（过渡态），他们就具有复杂的意识因素和联想与想象的心理能力。这是突变的心理基础之一。

早期人类心理上的意识与心理能力必须是处于一定系统之中，形成与外界不断进行信息交换的开放系统，才能发生创造性的功能。外界事物的刺激引起生理上的反射，这是动物普遍具有的神经功能，这种"刺激—反射"的神经活动是封闭系统。一些高等动物具有简单的需要意识，但其"需要—满足"的心理系统也是一个封闭系统。动物就在这种简单的系统支配下运动，不可能形成与外界交换信息的开放系统。只有达到突变的临界点的早期人类才有打破心理封闭系统、形成内感外射的心理交流系统的可能。早期人类头脑中积累了大量的意识并且具有了联想与想象能力，但最初这些心理因素是处于封闭系统中的，没有突破"需要—满足"的心理结构。直到旧结构受到破坏，需要达不到满足的目的，这才使他们的意识与心理功能受到扰乱，心理不能维持常规，就得作新的选择。这混沌的过渡态出现，就意味着新的有序即将出现，突变即将发生。在外界环境作用下，心理活动开始定向化，于是产生了新的结构序列——"需要意识—需要满足方式的想象—对象对心理的满足"。这一结构所以是开放型的，就在于"需要满足方式的想象"。想象在心理上创造出一种活动方式（如采用什么工具，以怎样的途径去获得需要的对象），如果想象的方式得到证实，就会进一步刺激想象，想象采取更佳方式去获得对象，这样就出现了心理上的一种无限发展的活力或动力结构："想象—实现—更高想象—更高实现……"循环上升，相互推进，共相发展，至于无穷。这就是人类的内感外射的心理交流系统的核心结构模式，是人类心理交流系统的开放性质的根本所在。因此，早期人类突变的心理依据之二，便是心理结构上新的开放型的心理交流系统的形成。

具体考察心理交流系统的内感外射机制，就会发现，人的心理上的交流不同于动物的"刺激—反射"。表面看来，人与动物都不过如此：有外界刺激就有心理反应，其实，二者的心理运动差别极大。动物心理上的反应仅与本能需要有关，神经活动只与躯体暂时的需要发生联系。而人则有高级的神经活动，由于大脑中积累了复杂的意识，就有了意识的独立性，独立的意识形成了一个优于动物的意识集团，成为内感外射的动力机构和心理交流运动的核心，发挥着强大的心理功能，推动着人类的创造活动。早期人类的心理行为有一个独立的意识集团不断产生需要又不断想象出满足需要的方式，去改造和利用对象。它们的心理运动能够超出生理需要而进行以意识自身为目的的活动，如艺术品的制造和一些艺术活动（歌、舞等），人的意识活动具有了超越生理需要的相对独立性。心理交流系统的内感外射运动，就是在意识作用下，主动选择外界刺激，认识外界，了解对象的性质与功用，在心理上掌握对象；然后对对象作出命名、评价，作出分析和改造的设想，并且进一步以躯体力量作用于对象。在这整个过程中，一直进行着主体心理与客体信息的交流、主体力量与物质反作用力的能量对抗与统一。因而，以一定意识集团为核心的心理交流运动和形成是早期人类突变的心理依据之三。

首先，按心理要素的层次来看，心理交流系统的内感外射主要有以意识集团为依据的印象、感受、情感、理智、目的、理想等心理要素的内感外射运动。早期人类与外界事物接触过程中已有这些方面的内感外射。

在印象方面，有光、色、形、音、味、触感、气息、冷暖等感觉和印象，这些印象不仅仅是对外界信息的接受，而且是对各种感官及神经中枢形成的刺激，并且也是心理功能的表现。有了内部的这种感应活动，并不是停留于内心里不作反应，而是相应地作出外射表现，主要是依照经验中的已有意识模式，在心理组织力和想象力作用下，发生心理完形外射，把对象组织为整体，并给对象命名、造型、制作代替符号等。如古希腊对天上星座的感知，把星座看成人或动物的样子，把风雨雷电看成神的呼吸、天的哭泣、神的发怒，中国古代甚至把天上的银河星系看成河流，银河两边的两颗明亮的星看成分隔两边的一对夫妇，并进一步编成牛郎织女的故事；这就是典型的完形外射，不仅把星系看做整体的河流，而且把星星看成夫妇的整体关系，还进一步看成人类生活的整体经验。组织为整体、追求整体的心理，这就是完形心理。完形外射在生活中非常普遍。早期的命名，制定文字符号、绘出图形等心理过程中有完形外射，后人对这些形式的接受也有完形外射。如说到人，或看到符号的"人"，或看到人的图形的某一部分，心理上总倾向于使它完整化、经验化。就是看到像人的石头（如石林的石峰）、山岭也要进一步把它们看成人，编出一段符合人生经验的故事。

其次是感受力作用下种种感受的内感外射。感受的内受方面主要是外界刺激引起的神经感觉或心理感觉，单一的浅层的感受有坚硬、冰凉、温暖、明朗、适与不适等，较复杂的整体感（可叫统感）有崇高感、悲剧感、喜剧感、滑稽感、优美感、丑恶感、怪异感、真实感、善良感、正义感、利害感等。这些感受外射就成为对于对象的评价，包括审美评价、认知评价、伦理评价、利益评价等。

再次是情感的内感外射。情感活动是在主体的情感力作用下发生的，内受方面主要是来自外界的感染，如生活中人物事件的激发，艺术作品中的情感传达，还有自然事物的影响，都可能动情。外射方面，有不同性质、不同方面的情感表现，如爱与憎、喜与悲、羡与厌、誉与毁等，说某事物可爱、可恨、可怜、可悲、可恶、可赞、可喜等即是外射表现。这是不同质的情感外射。从情感所属方面来看，主要有审美情感、认知情感、伦理情感、利益情感等，这些情感的性质因主体的一定心境和一定对象而定，有对审美对象的爱憎悲喜，有对认知对象的爱憎，有对伦理对象的爱憎悲怜，有对利益对象的爱憎喜厌等。

第四类是理智的内感外射。这是在主体的认知能力或理解能力作用下的心理运动。内受方面主要是对人物事件的现象、关系、过程的感知和对其实质与规律的理解认识。这种认识有常识性的，也有科学性的。常识性的认识保持笼统性（综合性）、自然性、整体性；而科学性的认识则具有分析性、单面性、抽象性。两种认识都有理性。系统方法则综合了这两个方面的长处。东方认识论倾向于常识性，而西方认识论倾向于科学性。两者各有所长，无高下之分。认知外射方面主要是对事物的认知表达和分析评价。人们对认知对象的论述，对对象的认知判断（如判定对象的特征、性质或本质规律，评价某一事物或某种知识的是与非、真与假、好与坏、善与恶等），还有改造或创造发明与发现过程中的认知表现，都是理知外射的方式。

第五类是目的或需求的内感外射。这种内感外射是在主体的社会欲求驱动力作用下发生的。人是社会主体，他的欲求都是社会化的需要，不能再回到动物式的满足方式中去，它必须服从于生活方式系统的控制。因而人的目的正是在生活经验中、在对社会生活与自然事物的认识基础上产生或形成的。其内受方面主要是在一定生活环境影响下产生的一定方式的需求，如衣、食、住、性、用、安全、名位、创造表现等需要。衣，不是只求蔽体，而是求时髦、美观、合体；食，不是只求果腹，而是求营养、卫生、味美；住，不是只求避风雨，而是求舒适、敞亮、高雅；性，不是只求发泄，而是求忠诚、挚爱、外美内秀；用，从各种家用物品到行走用器，都是具有社会特点和一定文明水平的产品。至于安全、名位、创造需要等就更不用说了，它们都是一定社会影响下的心理结果。从目的各方面来看，又可分为认识目的、伦理目的、利益目的、宗教目的、艺术目的等等。目的欲求的外射方面，主要表现为主体心理活动与行为活动对于一定对象的定向、研究、审美、利用、加工改造或创造。对于对象的目的性判断或评价也是一种目的外射，如评价工具适用与否，食物好吃与否，衣服好不好穿，房屋好不好住，东西好不好用，环境有不有利等即是。目的观念一方面进入意识结构，另一方面又促使理想产生。于是第六种，理想的内感外射活动发生了。

理想比目的更持久更深远，它是内心里形成的某种长远的设想和目标。其内受方面主要是历代文化的影响，如神话传说和文学幻想境界的影响：古希腊罗马神话传说中的黄金时代，《圣经》中的伊甸园，文学描写中的乐土、仙境、桃源世界等。一定主体感受到现实生活的严酷，又受到这些文化的启示，就会产生理想追求。理想又有多方面的追求与表现，有个人理想、人生理想、社会理想，还有事业理想、创造理想和审美理想等。理想因素外射表现极广，日常的想象、幻想甚至梦幻中，艺术欣赏与创造中，社会变革和政治活动中，社会万物的创造活动中都会有所表现。理想（多半是进步理想）是人类生活中的积极因素，它引导着人类从最初的文化起点上走到今天，走向未来，它是人类精神的火炬，行为的向导。所以理想不仅控制着主体对现实事物的评价活动，而且指导着人的行为活动，从而出现人类特有的活动——文化行为。文化行为，就是人类的实践活动以及其他创造活动。人类活动区别于动物之点不仅在于它是有意识的活动，有目的的活动，而且主要区别在于它是在远大理想引导下的创造行为。它不是直接和纯粹满足生理需要的行为。行为反射包含着以上各类内感外射因素。因而行为——主要是人的创造活动的行为，是心理交流系统内感外射的物质形态，它从属于心理交流系统而不可能独立于这个系统之外。上面所说的各个方面或各种因素的内感外射，各有其独立作用却又是服从一个整体或系统，是处于整个系统之中，共同协作，进行着由心理上掌握世界到进一步从物质上掌握世界的创造活动。这些方面的内感外射从早期人类突变之时就已存在，同样是早期人类实现突变的心理依据。

总之，文化主体的诞生，是古猿到人类的突变的结果，这种突变是以心理上突破动物式的封闭结构而上升到人类心理的开放式结构为内在依据的。具体说来，就是三个方面，即形成复杂多样的意识成分和心理能力，形成开放型的心理结构，以及形成以一定意识集团为核心的心理交流系统；这个系统是一个能动的不断与外界交流的耗散结构，又是一种包括心理各方面因素和创造行为的创造机能。

二、审美主体诞生的文化基础

在审美中，文化在无意识地发生作用，这就是审美依托文化主体的原理。并且，这样的作用是在主体心理基础上产生的。审美主体诞生的文化基础是一个由低级向高级发展的过程，具体描述为：构建人生完整的人生层次——走向人的完整——实现人的文化解放——塑造完整的人生。

首先是构建人生完整的人生层次。

人生的层次是多层次的。

第一层为日常生活层次（或生理层次），是满足物质需求、维持生命和正常生存的层次，包括人的衣、食、住、行、用、恋爱、婚姻、家庭、娱乐、运动等；满足物质需求，只有物质生活自由，还没有文化上的自由。只有物质眼睛，还没有文化的透视眼睛。这时的人只是自然的或自在的人，不具备人的完整性，多为物质上以食为天的庸夫俗子。

第二层是追求知识文化、社会活动能力，追求有所作为，即社会文化层次。刚进入文化必然王国时没有文化自由，文化丰富，才智卓越，才可达到文化自由王国，成为自由的人。

第三层是自由审美层次，无物质之忧，无文化困惑，就有了自由的审美。若无前二层次支持，则不是自由审美，只可能是不充分不自由的随意观审。人类多数人不具备审美的自由，而只是一般观审。在物质层面的人多是利益观审。在文化层面中多作文化观审（见智、见仁）。主体虽可以自由审美，但尚无创造自由，须进入创造活动，提高创造能力，才能进一步创新。

第四层是价值创造层次，是在追求较高审美价值的目标引导下的卓越创造，如但丁、歌德、曹雪芹的创造。

第五层是价值实现层次,即创造成功,产生审美价值感的层次。这里包含着自我观审、事业观审、作品观审和世界观审。在这个层次上,主体价值境界得到提高,不是政治地位的提高,而是审美功利的基本满足,不是物质、名誉的实现。这种感觉是自我崇高感:或如陶渊明"采菊东篱下,悠然见南山";或如曹雪芹,石头终有"记";或如但丁"精神入天堂";或如浮士德,人间留痕迹;或如鲁迅,不断前行,留下了足印。这是一种平凡的果实,而不是浮夸虚饰的丰功伟业。

第六层是价值延伸层次,生命转化为价值,打破时空限制,向无限未来展开。

人生建构的本质层面是文化层面,这是历史文化对人的造就,是人类遗传的文化本性的追求。纵看人类文化,从远古走来,源远流长。陈陈相因,形成人类文化史的长河。每个时代后面都有一个长长的文化史背景,每个人都是历史文化的现实结晶。最古老的洞穴也联系着现代的大厦,最古老的洞穴画、神话传说、歌曲,也联系着现代的艺术。历史的文化奠基是实现发展的基础。由于有了文化,人类才可能追求对文化的超越,出现审美与创造,因而诞生出更为卓越的文化,就是这种文化的不断超越,构成了文化发展的内在机制。即文化为审美创造奠基,审美创造又诞生出更新的文化,更新的审美创造又以已有文化为基础,再审美、再创造出更高审美价值的文化,如此递增发展,自然形成了汹涌向前的文化史长河。

其次,审美主体诞生的文化基础是走向人的完整。

人作为文化主体,走向人的完整,是历史必然的规定。只不过有自然与自觉、自在与自为、不完整与完整的区别。人生于社会环境之中,就有社会文化滋养他的成长,他必然要作为文化的自然现象适应社会(家庭、学校及社会的教育使然),进一步又要作为审美创造的主体走向社会,努力达到某一时代社会生活的顶层和历史的前沿。

在物质层面生活的人,如果温饱难保,他就只能在温饱线上挣扎,为衣食住用而奔劳,不可能进入高层次的文化层面。所谓"仓廪实而知礼节,衣食足而知荣辱"。处在这一层次的人,仅是生理层面的人,人性的特点是愚、弱、野;生活特点是盲目、混沌;生存方式是混世(得过且过);生存状态是听天由命,充满恐惧;自我价值感是人生无意义,不知为何生,生而何用,于是就会自暴自弃,甚至走向邪路。历史上,思想家们也看到这一事实。孔子主张"质"(人性欲求)与"文"(文化修养)要统一协调,这才是"文质彬彬"的君子。古希腊先贤圣哲主张用正义崇高引导人超越,净化人性,达到人文高指标(以普罗米修斯为形象指标,以追求永恒的光荣为思想观念指标),亚里士多德也看到了人性弱点,贪(贪色、食、财)和怒带来人性恶变和犯罪,所以需要用文明来治愚、制野、克弱。孔子主张以诗教、乐教达到礼教,使人致仁(爱护关心他人),再上升到义(大仁,关心人民共同权益,相当于追求正义)。古希腊哲人强调净化人性,但丁要引导人达到幸福境地,即《神曲》中表现的超越悲剧人生,净化人性弱点,上升到文明人性的世界(天堂),第一次科学而明确地制定了人类价值坐标体系(地狱为负价值,天堂为正价值)。人性的特点的愚、弱、野,关键是愚；因愚而无知无能，故弱；弱而不自知，故狂野。所以要制野、克弱、必先治愚，这就是教。只有教，只有在现代美学指标上的教育（大美育或大教育）这样完整的教育中，才能实现人的生存完整性或造就完整的人的教育。

再次，是实现人的文化解放。

人类的发展和解放，不仅仅是经济发展与经济上的解放，从长远看，人的解放更主要的是人的文化生存本性的发展与最终解放。人类的解放根本上是人的丰富人性得到正常的自然的丰满的发展并得到健全实现。人性解放归于人生整体建构的完成与社会整体建构的相应完成。

如何才能实现这一目标呢？这便是审美教育的任务了。

大美育或大教育就必须为引导人生的发展与人的解放承担起神圣的责任：在文化层面上关心人的发展和精神生活的充实、健全，通过艺术教育、情感教育等方式，实现人的全面发展，实现人的文化解放。

只有从根本上改变人的生存状态，让主体知道忧国忧民忧身，改变自我命运，追求业绩，净化人性，瞻望真理，坚持正义，创造生命的价值和意义，才能实现人的文化解放。西方存在主义继承古希腊以来的开放性的人性文化体系，力求在文化上关心人，提出许多有价值的见解，但由于未能立足于人性发展的事实来思考，未把握人性展开的自然合理性，因而仍具有旧哲学的玄学倾向。不少说法脱离人与世界的整体真实，科学性不足。如离开空间事实和人生过程谈时间，离开主体与世界的互动互渗关系谈人的"存在"和"此在"，离开一定主体的世界关系和现实情境谈自由、选择，离开主体的内在意识的运动过程谈本质等，都有机械论倾向。我们只能接受其启示，立足于科学事实和人本身的整体发展和整体关系来研究人的发展、超越与人的解放和最后的完整实现问题。这就是美学研究的基本任务和历史责任。

由于人的物质感性生存是人生的基础，任何时候也不能脱离这个基础。但是人又不是片面寻求物质的动物，他凭文化本性（头脑发育成熟而自然产生的本性、能力和冲动），他要追求精神生活的活跃，知识和能力的发展。这就构成人生的两个基本方面和一对贯彻人生的基本矛盾：肉与灵或物质生活与精神生活的矛盾。按人的本性说，人是期望这两方面的和谐统一，但事实上这两方面既统一互补，又不断出现矛盾，致使人苦闷、焦虑、忧郁，人生或者是在这种矛盾中消磨、沉沦，或者是通过文学艺术表现净化心灵，或者是通过持久的奋斗不断超越，走出人生困境，减轻这对人生矛盾的折磨（只能减轻，永不能消灭）。超越不是指空间的隔绝或宗教上的超脱，而是在已有的基础上更高发展，正如建房，不是不要第一层楼，而是在其基础上建第二层（文化层或精神生活层）、第三层（审美自由层）等。

文化方面的追求是主体精神世界内的活动，不带直观性，因此文学艺术不可能把它直接显现出来，如要写，往往显得空泛。如但丁写净界、天堂就不那么具体，歌德写浮士德的古典文化追求也只是寓意式的描写。但人的精神生活和文化追求又是人生形而上的必然冲动，在人穿暖吃饱之后，文化活动与精神生活就是他的主要追求目标。人生达到了文化的自由境界，他就趋于自我的完整化，由自然自在的人上升为自主自觉存在的人。

文化生活有两个方面的基本形态，一是感性的精神生活，一是理性的精神生活。感性精神生活一般是以头脑中的具体形象为基础的精神活动，一般的回忆、想象、文学艺术创造与欣赏，主要是这种具体感性的精神活动。这一活动由于是感性的，它就带有复杂性、现实具体性。这一生活形态是古老的，也是现实人生的，自古以来人们就不断扩展这一生活的天地，传下来大量的神话、传说、史诗或其他文学艺术样式，只不过在今天有了更高的发展。这一精神生活在意识中是多因混成的，包括形象、具体思想、生活感受和情感、审美感受和审美情感、人性欲求（需要、愿望、理想）、个人无意识和集体无意识等，人们很难对它作出科学分析和整体把握。理性主义哲学对此置之不理（因其繁杂，难以把握，故而轻视贬低其地位），鲍姆嘉通开始重视这个"混乱的感性世界"，才提出了研究它的新学科——"Aesthetica"（感性学，即今日之美学）。这一学科对象让许多人望而却步，只能跟随旧哲学玩弄概念，搞定义游戏（研究"美"是什么）。可是人类大量的现实的精神生活恰恰是因为有它而充分、鲜活，价值意义重大无比。大量的文学艺术创造是其表征，更重要的是亿万人生，每个人头脑中都激荡着感性意识的汪洋大海，每个人都有他丰富多样的情感生活，谁曾见如此博大的精神宇宙？人、人民、人类，他们的存在本质，正在于这个广大、深邃、无限的天地的存在！他们的生活方方面面，都是这一精神生活的激荡和表现。不研究不关心这一世界，谈什么人民性、什么人民的根本利益，都将落空。文学，艺术作为"经国之大业，不朽之盛事"，基于此重新认识和理解，曹丕所言一点不过分。

人类作为文化主体在原始自然中站立起来，就是依赖这种感性文化系统的形成。这从早期人类的神话体系和传说故事、诗乐舞等可以得到证明。就是在今天，人类作为文化主体也依然是以感性文化生活为基础，感性文化生活如汪洋大海，而理性文化不过是海上飘荡的云气。这在现代分析心理学那里得到说明。但是感性文化又不是非理性文化，它是作为一个形象系统在心理上运动和组织起来的意识整体结构，这一结构包含着内在的理性，即具体思想。这一意识系统在内心运动并发生作用时是人的内在文化本质，而表现于文艺作品中就成为社会文化。人作为文化主体，主要就是在这种文化的滋养中成长起来，有了这样的文化生态，人就可能在自己的生活历程中将自我生命体验提升到审美心境中，审美化之后成为主体审美意识，作用于人的审美与创造过程。因而没有代代相传的审美文化生态（大量的文学艺术作品和艺术物品形成的艺术传统或现实条件），个人的审美意识就难以形成，当然文化主体也就无由建构。文化的个体丰富着社会文化，社会文化又养育了文化个体，每一个个体就在这样的相关世界中建构自己的文化主体，塑造文化主体的形象，提高文化主体的地位，相应地文化主体也就有了自己丰富充实的感性生活；而达到了文化自由境界（超越一般文化），他就有了自由的审美与创造。

发现美和创造美的便是具有主体性的人。可见，没有人的主体性，人不可能成为自觉的文化主体；而没有丰富的完整组织的感性文化系统（内在的审美意识系统），人不能成为完整的人；没有人完整的文化本质，他也就不可能作为一个完整的审美主体对世界投出审美的目光，不是完整的人，就没有审美的内在眼睛，就往往是片面观审，当然也就不能作为一个健全的创造主体创造美的事物。文化主体的塑造是一个漫长的过程。人类用数百万年的历史塑造出今天的文化主体，而今天的每一文化主体又在历史文化的基础上以毕生的努力塑造自我的文化主体形象。以这一塑造为基础，人才可能超越一般文化，进一步在美学指标上为自身、为社会文化事物创造优美卓越的形象。人作为万物的尺度、审美的尺度、创造的尺度，实质上就是一种文化的尺度，尤其是不断超越已有文化而指向高指标的更新文化创造的活的文化尺度。

第三节 审美主体的诞生

人类主体是不断伸展开的多层次主体。最早是主体的诞生，在这一基础上才进一步有审美主体的诞生。从历史上看，有人类审美活动中最早诞生的主体；在每一时代里，生活主体又有他自身的审美主体的诞生；在理论主体方面，还有审美理论主体的诞生。

一、人的多重主体性

首先从人类发展历史过程中来看审美主体的诞生。

人具有多重主体性的特点。主要有：

生活的主体。它诞生于混沌的远古。从远古灵长类动物中分离出来，开始进入它无限追求与创造的历程。早期自然神的诞生，标志着生活主体的诞生。这些神包括古人日常生活及劳动中建立了密切关系的自然物的神，如日、月、天地、山川、树木、风、雷、水、火等。这些自然神是人类创造的第一代神，它们是生活主体的生活与劳动意识的外射表现。人类意识到什么就要表现什么，古人意识到的首先是自然事物，所以对自然事物的原始意识就在他们观念中以神的幻象出现，表现于外界，就成为大家一致认同的神。

性爱的主体。这个主体是从自然生活主体中分离出来的。作为生活的一个分支，性爱生活既依赖于生活整体又独立于物质生活之上。古希腊的爱神阿芙洛狄忒（即维纳斯）的诞生，就意味着性爱意识产生，性爱主体也就诞生了。她诞生于大海，为天神宙斯和大洋神女（天与海）所生，她是第二代神，意味着她是人类生活的第二性产物（精神象征）。她作为自然神之女，已不是自然神，而是人类需要意识的外化形象——观念神,是人类本性的外射表现。她是性爱神,也即人性神。这个神的出现标志着人的精神生活已从物质生活中独立出来。性爱意识的形成,精神生活的丰富诱导了审美主体的诞生。审美主体的诞生以维纳斯美丽的面貌体态的造型为标志。她不仅是爱神,也是美神。她美丽的面容,优雅的赤裸的身躯,是人间女子的美貌秀姿在人们性审美观念中熔铸而成的,是人间性爱与审美的升华与结晶,在她身上表现着古人的性爱意识与性爱理想,也同时表现着古人的性审美意识和性审美理想。

  审美的主体。审美主体在性爱的引导下诞生,以美神维纳斯的定型为标志。爱神在人们的最初想象中只是一个抽象的司性爱的神,但由于性爱与性审美意识日益丰富,二者关系那么密切,这样就在人们的想象中铸造了爱神的美丽姿容,她就既是爱与美的化身,又是爱与美的理想对象。人首先是一个观赏者,他较早用目光审美,而这目光又最早落到美丽的异性身上,从异性的姿容上面获得优美的感受和爱的激情。古往今来,美女的传说故事不胜枚举,古希腊美女海伦曾引起十年的特洛伊战争。在中国,上古就有美女误国之事。美女可以倾城倾国,足见其魅力之大。古人感到人的美丽或某些特点与自然界的一些事物特征有共同之处,于是就发生了对自然事物的审美。古人的欣赏对象不仅有美丽的事物,而且还涉及丑陋对象,如酒神把他不喜欢的人弥倪阿斯的女儿们变成了蝙蝠。这表明对人审美中产生的丑陋感在自然界找到了相对应的表现物。需能对人进行审美才能对自然审美,而对人的审美感受及情感一定会外射到类似的自然物上,这才有了对自然的审美、审美感受和美丑评价。当然,古人欣赏的趣味主要在美丽、壮硕方面,对于奇特、怪异、丑恶的对象,只当做可憎的事物来看。审美中有审美感受、情感和理想的外射表现,这也就是审美中的创造。审美与创造具有同时性,同步性;审美活动必然要想象创造出内心意象,开拓精神境界,实现娱情悦神。只有发挥了创造性的审美才是真正的审美。

  由此看来,人又是创造的主体,即精神财富与物质财富创造的主体。艺术创造的主体也就是审美主体,但审美主体不一定就有艺术创造,他必然有意象的创造,这意象可能影响到主体的自我创造(思想品质以及行为等方面的自我塑造)与物质财富创造。在古希腊神话中,司艺术(主要是音乐)的日神阿波罗和月神阿耳忒弥斯是孪生同胞,阿波罗管精神生产,姊姊管物质生产(包括狩猎、农业生产和人口生产,为植物女神、丰产女神、狩猎女神、分娩女神),两相对举,表明精神生产(包括早期艺术)与物质生产是同时发生的。据我们先前分析得出的结论,精神生产与物质生产的心理过程十分接近(先有想象掌握对象,然后进一步通过实际活动达到实际掌握,而想象掌握的设计,若用歌唱、舞蹈表现出来,就是艺术),两者有一致的心理根据。随着艺术种类增多,后来又诞生缪斯女神,并进一步分化为文艺九女神,表明艺术生产的独立发展,也表明艺术创造主体的诞生与多样分化发展。"九"指多数,表明艺术种类之多。与艺术创造相随,人又成为欣赏批评的主体,这是稍后的事,不在神话时代,因此没有文艺批评的神;但它萌芽于神话时代。文艺批评的主体,是在文明社会里出现的,如古希腊的亚里士多德,中国古代的曹丕、陆机、刘勰、钟嵘等人。

二、审美主体的界限

审美，是人类作为自觉主体向世界展开的一种具有深刻人性根底和文化内涵的心理交流活动。是主体全身心投入、组织内心审美意识、发动身体各部相关感官神经与对象进行信息交流并最终形成新的审美意识结构的整体性的心理活动。审美的发生在于感性生活与理性生活的充分自由，审美主体须有审美欲的释放和审美心境的形成；对象须与主体审美意识相契合或发生审美关系才能构成审美对象，审美过程是一个多种心理因素和心理能力共同运动并进行意识建构的过程；审美的结果是心理上形成更新的审美意识组织。审美的性质是审美娱乐而不是科学认知，本质上是主体的内心创造过程，也是主体的自造，为自身的强化、智慧能力的提高、审美与创造能力的提高奠定心理基础。

审美主体的确定取决于"审美"的意义的确定。只有进行审美活动时人才是审美的主体，审美主体诞生于人的审美活动之中。无论是自然审美、生活审美或是艺术审美，都有较大差别，但是审美又有心理活动的共同性。大致表现在以下几方面：

首先，审美活动要面对一定的观照对象，并在审美观照中形成具有鲜明特征的独特印象。这里关键是审美对象要有鲜明特征足以吸引主体，引起主体的审美注意与审美情趣，而且主体自始至终都注意把握对象的有特征的形态（不等于形式），最终目的也在于把对象作为一个有特征的整体来把握。不论是外界事物印象，还是阅读作品获得的间接印象，或是在幻想、想象与梦境中产生的幻象，只要与主体的审美意识发生联系，进入主体与对象的审美关系（审美场）之中，就成为审美对象。

其次，对象刺激引起审美欲求，在审美欲驱动之下，心灵活跃起来，发生审美意识的内感外射活动。一方面是接受刺激，产生审美印象、审美感受、审美情趣并创造出审美意象，另一方面，心灵同时要在印象中倾注情感、意欲、社会人生理想和审美理想，作出审美评价（美、丑、崇高、滑稽、怪诞、惊险等）。对象刺激在不同人的心灵中唤起不同的欲求，人的心理在一定的社会生活情景中有不同的思维境界、意向和目的。在科学认知的境界里是认知意向为主，对象引起认知欲，在认知欲驱动之下，心理定向于对象本质规律的寻求；认知过程中产生认知印象、认知情感、认知兴趣并产生认知表象，最终达到本质认识，作出知性判断（真假）。在利益心境中以利益意向为主，对象引起利欲（如衣、食、住、用、性、名誉、金钱财富、权势等），在利欲支配下心理定向于对象对自身需要的满足，产生利益情感、利益兴趣、利益表象，最终达到占有或消耗对象的目的，并作出利益评价（利与害）。在伦理心境中以伦理意向为主，对象引起伦理需要，在伦理需要支配下心理定向于对象的伦理性质，产生伦理情感、伦理兴趣、伦理意象，最后达到对伦理社会关系的分享（如亲族关系、朋友关系等）并实现社交目的，同时作出伦理评价（善与恶、正义与非正义等）。在宗教心境中，包括基督教、佛教、伊斯兰教、儒教、道教以及一切封建迷信与权威迷信等，都是以盲目崇拜意向为主，对象引起崇拜愿望（如神象引起宗教信仰者的崇拜要求，圣人权威引起迷信者的崇拜欲），在崇拜欲支配下，心理定向于对象的神性或权威，产生宗教情感（或迷信热情）、宗教兴趣（或迷信兴趣），最后达到对宗教信仰对象的精神寄托和灵魂依附，并且也可能作出评价（如神圣、万能、至高至尊、灵验等）。在哲学家的心境中，以他们的哲理意向为主，对象引起理性冲动，在此冲动作用下，心理活动定向于对象某一方面的哲理意义，产生理智情感、理性兴趣和理性模式，并把对象纳入模式，最终达到以对象证明哲理的目的，对于对象的评价可能是有意义或无意义、精华或是废料。总之，要区别审美与非审美的心理过程，必须考察各种心理运动的各个环节上的差异。

第三，借助于想象幻想，进入审美境界，实现神与象游。各类活动都有想象和幻想，或者说都有形象思维活动，就是科学活动、哲学活动也如此。但在想象中进入怎样的精神境界，心灵与怎样的形象进行游戏，这就各不相同了。进入一定的境界，要超越复杂的现实关系。不仅审美活动要超越，其他各种活动的心境都要有所超越。科学活动要超越非科学活动才能排开现实干扰，伦理活动要超越非伦理关系才能达到伦理关系的纯真，利益活动又要超越非利益活动才能顺利进行，宗教活动要超越世俗才能达到神的境界，哲学活动又要超越无关的活动，才能纯粹自己的观念。生活复杂多样，心灵不可能同时介入所有方面或几个方面。这样就必然出现心理活动的距离，在一定意识领域里的活动都得超越混乱的现实关系，才能达到纯粹单一的心境。

可见，审美的特点不是超越现实自我和利害关系，它固然要超越，但不是唯审美才超越。它的特点是沉浸到审美对象之中，进入审美的精神生活境界，出神入化，神与象游。各种活动也都有进入境界、神与象游，但关键是入什么"境"，什么"神"与什么"象"游。认识活动是入认知境界，理性精神与认知对象相游；伦理活动是入伦理之境，伦理精神与人间亲友熟人等形象共游；利益活动是入利害之境，利益需要在想象中占有对象而获得满足感；宗教活动是入宗教之境，精神在想象中与神灵或权威同游相伴；哲学活动是入哲理境界，哲学家的精神在想象中与认同的对象共游。而审美则是入生活境界或理想天地，在似现实而又超现实的境界中生活、体验、分享，获得审美享受；在这种审美境界中主体身上活跃着整个主体精神和生活经验，而不是某种单一片面的精神；主体是享受着主动、自由和完整全面的人的生活，而不是受观念限制、受神灵压迫的片面的生活。这是审美境界与审美的精神生活同其他境界和其他精神生活不同之处。因此，不能认为只要有境界、有神游的心理活动就是审美。必须认真鉴别，以免误断。

此外，还要注意鉴别几个问题。审美中的"物我为一"：是对象的主体化，而不是丧失主体；是强化主体，而不是弱化主体；是确立人本人文，而不是确立神、道、宇宙精神或理念；是高扬人的主体精神，而不是削弱或压抑主体精神；是肯定和开拓人的全面发展境界，而不是控制人的精神而使之单项发展和生活的片面化。在这一方面，审美活动与其他活动有明显区别。宗教活动是丧失主体和主体精神，哲学、伦理和宗教活动则是精神的片面发展和生活的片面化。在物我关系上，审美是重人生需要，而不是否定人的需要。需要当然不是直接的和物质的，是一种精神分享，在想象中让需要意识得到替代性的满足，从而淡化需要意识，取得心理平衡。不是不食人间烟火，戒除欲念，而是在想象中试尝人生甘苦，体验悲欢离合。对许多悲喜剧的欣赏正是如此。这一方面与利害心境相似而又不同，因为它不达到物质目的，一达到物质对象，审美活动就消失。这也与宗教、伦理、哲学等神活动不同，这些活动是戒除物质欲念或远离欲念，不像审美那样有浓厚的人间生活气息。在情感体验上，不是淡漠无情，而是充满人情的波荡起伏，象忧亦忧，象喜亦喜；寄热情于人生，倾心血于世事。审美态度上，主体充满人情的温暖，对人生世事的积极进取精神，关心社会、追求事业、争取生存价值的理想追求，是一些貌似审美的生活态度远远不能比拟的。道家的清静无为，佛教的空空观念（包括禅宗的观念），唯意志论的取消生命欲求，在这一方面显示出同审美活动的明显区别。在精神游戏方面，审美游戏与哲学游戏也容易混淆。康德认为诗是想象力的游戏，其实哲学思维也有想象力的游戏，科学假设中也是如此。审美的精神游戏是追踪有特征的个别形象，而哲学游戏则是抽象思维或表象世界里的观念游戏，虽有形象性，但那形象是扬弃个别特征的类的表象。此外，审美游戏是自由而全面的生活的游戏，具有较圆满的现实性，而哲学观念游戏则是不自由的、片面的，而且现实性不充分的游戏。还要说到人生感受中的生命感与人生价值意识，这也是审美境界里的一种要素。非审美境界多半对这一点是不够重视的。

第四，审美活动伴随着心理创造和艺术表现冲动。审美是心理上的享受，也是心理上的创造。首先要在内心里创造出审美意象，其次要按艺术理想表现审美意象，产生艺术表现冲动。这是其他活动所不具有的。认知活动作理论表现，伦理活动作社会活动表现，利益活动表现为物质生产与消费以及其他社会行为，宗教活动也表现为社会活动，哲学思想会发生哲学观念的表现，但与审美创造的整体表现不一样。虽然以上活动都可能导致文学或艺术的表现，但不能说凡是文学艺术创造都是审美的结果。有许多散文、哲理诗、哲理故事、宗教故事，就不是审美创造的产物。有的是认知表现（如传记文学、游记、考察记），有的是某方面思维的表现（如孟子、墨子和庄子的论说性散文）。审美活动的主要特点大致有以上几方面，依照这些特点，可以划清审美与非审美的界限。

弄清审美活动的主要特点之后，审美主体的确立就容易了。看一个主体、一种心理活动、一种理论是否是审美的，就得考察它们是否符合审美的特点。

这里弄清审美活动不同于一般观审，不是要割裂人们活动的整体性，而是通过审美活动提升人生各种活动的境界，将人们的利益观审、认知观审、伦理观审等整合到审美活动中，超越认识活动、伦理活动、政治活动、经济活动的狭窄片面性，从而将各种片面活动提升到完整的生存高度，展开人生的完整塑造和社会文明的完美创造。

根据前面对于主体的认识发现，在生活中，每个人在生活中作为主体存在时，其基本生活活动可以分为三个层面，并在不同程度上扮演和充当三种不同角色：一是经济和政治活动中的现实的主体；二是教育和伦理领域中的道德的主体；三是审美和艺术活动中的审美的主体。德国美学家席勒在《审美教育书简》中所说的感性的人、理性人的和审美的人与此相当；人的发展的最高阶段是成为理性的人。然而，感性的人不可能直接发展成为理性的人，必须首先变成审美的人。人在审美状态中已经得到净化提高，因而可以按照自由的法则从感性的人发展成为理性的人。

人文修养的最主要的任务之一，就是使人在纯粹的物质生活中同时获得审美享受，把人从一般社会生活主体变成审美主体，使人生艺术化，艺术人生化。席勒写道："文明的最重要任务之一，是使人在他纯粹的物质生活中也受形式的支配，使人在美的王国能够达到的范围内成为审美的人，因为道德状态只能从审美状态中发展而来，而不能从物质状态中发展而来。"《论语·泰伯》有一句名言："兴于诗，立于礼，成于乐。"孔子认为，"诗"启迪性情，启发心智，使人开始走上人性之道；"礼"使人获得行为规范，具体培育人性，树立人格，取得作为社会群体成员的资格；"乐"则使外在的规范内化为心灵的自觉，达到人性的完成，通过心灵的塑造，形成一种真正自由的人格。

因此，审美主体就是存在于审美活动中的主体，是处于审美状态中的人。它是相对于审美对象而言的，它们是构成审美活动的两个重要元素，它们互相依存，互为条件，无法分离。

三、审美主体与一般观审主体

审美主体与观审主体之间有何区别？这是确立审美主体首先要解决的问题。

审美不同于其他观审，审美主体也不同于其他观审主体。人类的所有活动都从观审开始，观审并不是审美活动所特有。认知观审、利益观审、伦理观审、宗教观审、哲学观审、游戏观审等，都有自身独特的心理活动方式和过程。审美活动的审美与这些观审应当区别开，否则就无法把审美科学同其他科学区别开。前人虽然讨论了美学同其他科学的区别，但是在最基本的起点上，即在"观审"上混淆了审美与其他观审的界限，实际上并没有从根本上认识审美科学，没有真正确立其地位，没有把审美科学从其他科学的缠绕中解脱出来。

首先，看审美与其他观审的区别。根据审美活动的特点可以看出，审美与其他各种观审之间的区别主要是：对象不同、欲求不同、境界不同、创造心理不同、创造结果不同，从而出现认知观审、利益观审、伦理观审、宗教观审、哲学观审等区别。不同需要产生的心理活动不同，自然，观审的性质就不同，诞生的主体也就不一样。审美是在审美欲驱动下，形成审美心境，全心身投入、移情于对象的精神活动。审美主体当然是在自主精神从种种现实活动中超越出来并在自由心境中欣赏一定对象时诞生的。自主精神是在主动的审美需要促动下的审美意识的涌动，有了这种精神，人就作为主动自觉的审美主体欣赏自然景物、艺术作品和生活中的人物事件。有了主动自觉的审美需要，才能进入审美境界，也就是进入审美主体的角色。

其次，从主体精神方面看，审美主体与其他观审主体的主体精神不同。虽然审美的主体精神同其他的主体精神是异质同构的心理结构体，但在构成因素及具体构成方式方面仍有较大差别。审美主体精神结构中，审美冲动是原动力，审美主体精神系统是在审美冲动作用下形成的，其结构序列基本上是：审美冲动（无意识）→审美需要→审美感受与审美情趣→审美理想→审美意象→审美评价→审美理论。审美冲动是人的精神游戏本能。动物的游戏是躯体与大脑的协同游戏，由于早期人类的智能与心理功能的发展，就出现精神游戏与躯体游戏的分化。躯体游戏发展为舞蹈、体育等活动，而精神游戏则发展为审美活动及其他智力活动，包括哲学的抽象思维游戏、认知活动中的知识游戏及其他智力游戏（如下棋、桥牌等）。可见审美冲动乃是生命无意识冲动的表现之一。在审美冲动作用下，产生自觉的审美欲求。有审美欲求，面对审美对象才能产生审美感受等审美意识多种因素。这些因素构成审美意识有机系统，这就是自觉完满的审美活动的精神产物，也就是审美主体的精神。真正自觉的审美主体是有一定文化水平的欣赏者、艺术家和批评家。审美主体之外的那些观审主体也会在观审中形成与审美意识结构近似的各类观审意识系统，而且也都有各自的无意识冲动作原动力，如认知主体精神系统构成为：认知冲动→认知需要→认知情感→认知表象→认知评价→认知理论等，其余主体精神结构可依此类推。可见在不同观审主体那里，主体精神结构相似，但各种构成因素却有质的区别。也就是说，各种冲动原动力不同，各种需要的指向不同，各种观审的感受与情趣不同，形成的心象（有的是意象，有的是表象）不同，理想和期望目的不同，判断的性质不同，形成的理论更是大相径庭。其中有的因素，如情感，表面看起来似乎各类情感没有什么区别，其实，各类感情态度依附于一定的观审印象，又服从于一定的冲动和需要。审美情感依附于审美印象，又受审美冲动和审美欲求支配。认知情感服从于认知冲动和认知需要，其余的利益情感、伦理情感、宗教情感、理智情感也一样，属于一定冲动之中的情感。可见情感不独审美才有，对于不同类的情感应从具体主体出发加以区分。总之要具体分析审美主体精神与其他观审主体精神，找出彼此的同与异，从而确立审美主体的客观地位。

再次，从审美主体和艺术创造主体的同一性方面看，审美创造与其他的观审活动和创造有明显区别。审美主体同时又是创造表现的主体。创造表现，最先是在心理上进行的，因此也可叫做内创造或潜创造，是在内心里通过心理交流系统的铸造而形成审美意象（也可称艺术意象），在作艺术表现时，就通过艺术手段把这意象形诸文字或其他艺术形态。审美创造结果的审美意象，是一个圆整的系统或体系。这个系统在心理上是一种审美集合：即各种因素有机统一而构成的审美创造的整体，它有统一的气氛、和谐的意境与整体性功能。在审美创造主体的心理上显示整体效应，表现在艺术作品中则向艺术欣赏者显示整体功能——审美功能。审美功能指的是整体的审美效应，对于欣赏者来说，就是艺术作品唤起他的审美冲动并产生自觉的审美欲求，使之在审美情感的激动和审美感受的勃发之中，进入艺术境界，在艺术境界里得到间接的多方面的人生体验，感悟人情事理，提高生活理想与审美理想。这整体效应是不能分割的。一定境界里的总气氛、总效应既是通过艺术作品整体构想而体现出来，又是通过欣赏者的整个体验过程——即在欣赏者情感生活与精神生活全过程中体现出的总效果。这效果不能分解为教育、认识、娱乐和益智能、长精神等作用。虽然按传统的分析方法可以分解为这些功能，但这些功能的组合不等于艺术本身的整体功能。那些分解式的文学评论往往是抓了某些因素，忘了艺术境界的整体功能，使艺术成为非艺术。这样做就背离了系统论的原则，也破坏了艺术本身。正是这样的整体功能，使艺术家的审美创造同其他观审者的观审创造区别开来，使审美的艺术同其他宣传说教的艺术区别开来。因为宣传说教的艺术严格说来只是利用某些艺术手段的宣传品，它们的整体功能，或是认知功能（如哲理故事、科教书籍或影视），或是宗教功能（如宗教故事），或是哲学功能（表达某种哲学观念的故事，如庄子讲的故事），或是伦理道德功能（如一些道德说教故事等）以及其他社会功能。而真正属于审美的艺术作品却是表现了作者生活经验、审美意识和审美理想的优美动人的艺术奇葩，如古今中外无数艺术家的优秀作品，都创造了优美动人的审美意象和审美境界，向历代欣赏者显示了艺术的整体功能——审美功能。这样的作品的主人才是审美创造的优秀主体。

　　审美活动不同于其他观审活动，审美主体也不同于其他观审主体。通过以上论述，对这两种活动和两种主体作了区分，这对于澄清美学研究中的混乱状态也许有些作用。由于语言使用中的随意性，人们说到艺术家的审美时，常用观察、观审、观照、欣赏、观看等词语，有的词义同审美较接近，如欣赏、观照等，一般只用于审美意义上，但观察、观审、观看、审视、自审等词还可以用于非审美意义上。因此，用于审美意义上的词应该在懂得审美不同于其他观审这一区别的基础上恰如其分地使用。在美学研究中更应该把审美活动、审美主体、审美理论同别的观审、非审美主体以及非审美理论区别开来，这是科学研究应有的认真态度。

　　整体高度上的审美主体，既超越各类生存关系上的片面主体，又提升各类片面生存主体的生存境界，达到整体完美境界。他不是脱离现实关系的超尘脱俗、遗世独立的人，而是在多种现实关系整体把握基础上塑造的"多种社会关系的总和"或审美意识完满组织而造就的完整主体。人们只有达到这一境界，作为完整关系高度上的审美主体出现时，才能既立足于主体的某一角色位置，又能维护人的整体生存和社会多种关系的协调发展，达到人生整体塑造与社会业绩创造的同时统一展开。

第七章
审美价值论

审美价值是审美问题的核心和关键。价值现象是人类生活的普遍现象，价值问题是人类与生俱来的一个基本问题，价值追求是人类不断进步的动力，审美理想是人类更高价值层次的生命追求的体现，审美价值追求是人类自我超越的需要。在论述审美价值问题之前，我们先对"价值"一词进行简单的梳理。

价值是对人类物质和精神活动中的具有普遍意义的现象和内容的本质概括，是各个领域中各种特殊的、具体形态的价值意义的概括和抽象。价值（Value）在词源学上的本意是"可宝贵、可珍惜、令人喜爱、值得重视的"。它源于古代梵文Wer、Wal（围墙、护栏、掩盖、保护、加固）和拉丁文 *Vallum*（堤）、*Vallo*（用堤护住、加固、保护），取其"对人有维护、保护作用"的含义演化而来。[1] 价值一词首先被运用在经济学中，指商品交换的社会尺度，即交换价值，其货币形式就是价格。一般认为商品交换价值是由它的使用价值决定的。马克思指出，决定商品交换价值的真正尺度，是商品的内在价值，即商品中凝结的人类一般劳动。可以说，人类对自然和社会的各种经验事实，组合在一起，构成了人们对价值意义的观念，形成了人们的价值世界，体现为人们的实用的、道德的、经济的、政治的、文化的、审美的以及其他的一些价值事实组成的价值追求。

在广义上使用的价值一词，则与它在汉语中的原意更为接近，是兼有"好、有用、善、美、宝贵、重要、有意义"等内涵的一个概念。如我们所说"有价值"，就意味着是好的、美的、或善的，有用的或有意义的。因此被广泛使用于哲学、美学和伦理学以及其他社会科学如政治学、法学、历史学、社会学、宗教学、教育学等学科中。19世纪后期，西方哲学家中，尼采、A.迈农、克罗齐等已经将价值学概念引入到哲学领域，加以整体的阐释。20世纪初，德国哲学家哈特曼发表了《价值学大纲》、美国新实在论哲学家R.B.佩里发表了《价值通论》等著作，从而就各学科不同层次和领域中的价值问题进行研究，形成了各自的专门的价值学理论。"价值学"（Axiology）是关于人类生活中价

---

[1] 李德顺主编：《价值学大辞典》，中国人民大学出版社，1995年，第261页。

值及其意识的本质规律和实践方式的科学，是由哲学和各门学科具体科学关于价值研究的综合学科。价值学是关于意义的好或者坏的哲学研究，追问价值或者好与坏的本质与根源，提出各自的观点。因此，价值追问总是伴随着价值判断，表现为肯定或否定。

在审美价值研究领域，18世纪，休谟和康德先后提出了事实判断与价值判断、实然世界与应然世界、事物的因果性与人的目的性的命题，由此产生了"存在与价值"或"事实与价值"的概念。18世纪中期，德国美学家鲍姆嘉通提出了"关于审美价值的科学"，即"美学"。美学（Aesthetics）成为研究人类审美活动各个方面及其普遍规律的科学。他认为人类的心灵活动包括知、情、意三个方面，逻辑学研究的是"知"，伦理学研究的是"意"，而没有研究"情"的学科。因此，1735年，在他的博士论文《诗的哲学默想录》中首先提出建立一门学科去研究"情"，即人的感性活动，并把它命名为"Aesthetic"，意为"感觉、感性的、感性学"。1750年，鲍姆嘉通出版了命名为"Aesthetic"的讨论感性认识的专著，后译为"美学"。鲍姆嘉通的研究不仅是美学诞生的标志，同时意味着美学从一般范畴的研究进入属于价值论的、元理论的研究层次，审美价值研究逐渐占据了美学研究的中心位置。

但是站在主体论的层面，尤其是科学主体论的层面对审美价值进行整体的、统一性的思考，还有待今天的美学家去追问。因为以往的美学价值研究还是被本体论、认识论的美学视野所遮蔽，人的主体精神尚未得到应有的关注。我们强调科学主体论，并以科学主体论思想来建构人的主体性，通过主体性的张扬来凸显人性精神在审美实践中的意义，进行现代科学主体论美学体系的建构，不仅使美学研究获得了现代品格，而且使人的主体精神在审美研究中的意义和地位得于充分显现出来。同时，这个主体也不同于传统的主客二元对立的僵化的主体。它是人的价值得以充分实现的自由、自为、独立的充满创造的活力与感性的激荡的审美主体，因此，审美价值理想的核心也得于确立。

第一节　审美价值的发生

早期的美学家总是要回答"美是什么？"或者"美的本质的问题"，寻找美的事物之所以为美的原因与根据，形成了对美的本质的纷繁复杂的定义。总的来说，首先是客观论，主张美是不依赖（或独立于）人的主观意志而存在的，要么是事物本身的客观属性，如对称、均衡、比例、数的和谐等；要么是上帝、绝对精神的外化的结果。其次是主观论，认为美的根源在于人的主观意识，在于人的心灵。第三是主客观统一论，认为美既不完全依赖于人的经验，也不是客观的。它是主客观之间的审美关系。对美的本质的追问既不是对具体的审美现象、审美对象的考察，也不是对事物的某种具体的审美属性的考察，而是对美的本质的形而上的哲学思考。这一思考当然与人类的审美活动、审美关系的本质有深刻的联系。今天我们不再做"美是什么"的形而上的追问，但这一追问正是我们对美和审美问题研究走向现代美学思考的重要历程。那么现代美学研究的核心是什么？就是审美和审美关系的问题。

人类的审美关系的本质是一种价值关系。美是一种价值的存在。没有价值就无所谓美的存在。人类活动是一种价值活动，存在于人类审美关系的运动之中。因此，只从主体或客体，或从主客体以为的什么地方去寻找美的存在或根源都是不可能的。审美关系的价值本质是人的本质的体现。人在本质上是追求自由并自觉地去行动和创造的动物。因此，美的事物必然是体现了人的自由生命精神的事物。美是一种合乎人类自由本性的价值的实现，是一种体现了人类自由本性的价值事实。如果要对美之所以为美进行回答，那么我们可以说，美是人的最高价值——自由生命的实现。这也是美的最高价值。

马克思主义美学正是从主客相互关系、相互作用方面来理解美的产生和本质问题。强调人在能动的改造世界的实践中去创造和体验美。因而认为美是人的活动及其成果对人的自由的肯定的形式。这正是对美是价值的肯定。美学和价值论之间存在着极为密切而直接的联系。审美价值有其特殊性，同时也是对人类本质的一般性和普遍性的揭示。马克思在《1844年经济学—哲学手稿》中说："动物只依照它所属的物种的尺度和需要来造形，但是人类按照任何物种的尺度来生产并且能够运用内在的尺度到对象身上去，所以人类也依照美的规律来造形。"人是按美的规律来造形。人类的活动是自由自觉的，贯穿着人的自觉性、目的性和自由的特性，体现为人的审美活动的"尺度"。这个"尺度"的本质就是人的自由的价值实现。

审美价值是怎样发生的呢？这首先有赖于主体和主体性的确立。在古希腊哲学家亚里士多德那里，主体与实体同义，相当于实体，指某些属性、性质、状态和作用的承担者。黑格尔以实体为主体，当然他以绝对精神为一切运动变化的主体。近代认识论哲学则把主体与客体相对而言，以主体为人的认识活动的承担者。但是近代哲学家把物质视为一切变化的主体，或以意识或思维为认识活动的主体，都有局限性。马克思从实践出发，来认识主体问题，认为：首先，主体是现实的人，是为现实生活的各种需要、关系和条件所制约的人。其次，作为主体的人不仅是"感性的对象"，而且是感性的活动。费尔巴哈将人理解为肉体和精神统一的感性的对象，但没有涉及实践的作用，主体和人依然是抽象的。主体是感性活动、实践活动的主体，离开人的感性活动，主体的历史能动性、主体活动的丰富性就不能充分体现出来。再次，主体与客体的统一，是人在实践活动中实现的主体客体化和客体主体化，是人在改造环境的同时对自身的改造和发展的双向运动。而非理性与经验、精神和肉体的统一。第四，主体是具有多种具体形式的并随着历史发展而发展的"社会化了的人类"或"人类社会"。具体形式有个人、集体、阶级、民族、社会、人类等。他们体现为不同的层次，既相对独立，又相互包容，并形成主客观关系。主体的对象性活动既是改造自然对象的活动，也是改造自身的过程。在实践过程中，自我意识中的主体和客体，主我和客我也就形成并发展起来。主体方能成为认识的主体，并在对象意识的作用下建立自我意识的主体。自我意识是主体的一种形式，一种特殊表现，而非一般形式。主体性因此才得以确立。主体性是由主体自身的结构、素质和主体独特的实践经验、生活阅历所决定的，通过主体的特殊需要、特定能力和习惯（包括行为习惯、思维习惯、思维定式等）、特定的修养好尚表现出来。它必然会对其活动的结果、创造的产品或作品及其功能产生一定影响。由于主体具有多种存在形式，各种形式的主体也就具有自己的主体性。主体性与主观性不同，但主观性是主体性的一个方面，是主体性的一种具体表现。主体性不是凝固的，一成不变的，而是发展变化的。每一个主体都发展并塑造着自己的主体性，不同的主体审视世界或对象的方位和手段不同，其建构起来的认识形式、艺术形式、认识意义、价值意义也就不同。我们可以从心的方位、物的方位或人的方位，以及关系的方位去审视对象或世界，可以用文学、艺术、美学、科学乃至神学的方式去把握世界。其结果也就大不相同。从美学的方式来认识和把握对象时，因为各自的方位不同，其审美建构也大相径庭。但正因为这样，构成了主体和主体性建构的丰富性、多样性。主体是价值主体，价值是一种主体性事实。在马克思主义的主体论视野下，建构科学的价值主体就成为主体性建构的必然要求。审美价值的发生是主体自觉的体现，是主体性张扬的结果。"审美价值的发生即审美活动中以人性为核心的审美意识的激荡，简言之就是人的性情的活跃，精神生活的满足。审美价值发生的原理，即审美欲求满足的原理，关键是审美对象引起的性情活跃、审美意识运动的原理。"[1] 由此我们看出，在审美活动中，主体性的高扬，即人的审美意识的激荡，审美欲求的满足，是审美价值发生的重要动力。

　　价值论和价值哲学是当代哲学的重要走向。所有的哲学家都要对价值进行统一的思考，寻求其本源性价值。外在的价值思考是对自然、社会、人与人之间的关系的价值进行追问；内在的价值思考要对人自身即自我的价值、人生的价值进行追问。古希腊的哲学家追问的是爱智、知识与真理；道德的价值如柏拉图追问善的本源性价值。中国古代思想家老子追问的是"道"的精神价值；儒家关心的是"仁"，仁者爱人，以爱为核心，并以"礼"建构其价值秩序，以之作为人们的终极价值理想。不同的文化来源于不同的价值观，价值追求的不同形成了不同的价值目的和文化特点。当代文化形成了价值的多元化，经济的价值、文化的价值、商业的价值、宗教的价值、道德的价值以及实用主义的价值、法的价值等，都发挥着价值建构的作用。从文学艺术审美的价值出发，去建构价值论美学，也就成为必然的选择。主体论美学价值学的建构，则是审美价值论建构的重要目的，因为它在审美价值建构中凸现了主体的价值追求和价值理想。

　　在当代价值多元化的背景下，西方现代主义哲学否定有本源性价值，中心价值，从而消解了终极价值关怀。但是，消解主义不能解决人的存在问题，人的价值追求、价值目的的问题。如果人的主体性也被消解了，人的存在的意义，人的生命价值都将面临新

---

[1] 李健夫：《现代美学原理》（修订版），中国社会科学出版社，2002年，第297页。

的拷问。因此，重要的任务不是如何解构主体，而是如何建构科学的属人的体现人的价值和生命意义的审美主体。

在对美学进行追问的时候，赵仲牧先生特别强调进行哲学、美学建构的四个原则，即统一性原则、本原性原则、秩序性原则、价值性原则，并在20世纪80年代以《一种"元价值学"的思考》等系列文章对价值学、美学的命题进行了较为深入的思考。并从物、心、人的角度和三者的关系对价值事实及其意义进行了描述；展开元哲学、元价值学和元美学的思考；对价值事实进行了细致的分梳。他指出："审美对象是由非价值事实构成的，而不是由价值事实或审美价值构成的。……因此，构成审美对象的事实，可能是物理事实、心理事实或者是人文事实。"[1] 价值性原则强调审美活动和审美判断中要对审美对象的各种价值问题进行统一的思考；要对各种价值尤其是本原性价值的发生、发展作统一性思考。那么，审美价值的本原何在呢？审美价值是如何发生的呢？它与人类的其他价值诉求如宗教、道德、知识价值的发生有没有共同的本原呢？审美价值与其他价值的关系何在呢？艺术审美价值有没有独立性？美一定是与真和善相统一的吗？

在康德看来，真、善、美有各自的价值，并且又各自独立。所以用他的《纯粹理性批判》、《判断力批判》、《实践理性批判》分别解决真、善、美的问题。因此提出美是无目的合目的性的美学观，并以此为其本源性的价值建构。审美价值与其他价值的关系是错综复杂的，但审美价值强调人的主体性，强调主体精神的高扬。审美价值与人类的其他价值的本源在于，都是对人的存在的价值进行思索。然而宗教虽然也以人为对象，但宗教关注的是上帝的精神；道德是以神的标准来要求人，所以道德律人；知识为人，理解人，但人只是对象，如它处理的其他自然对象一样。美学则以人为主体进行价值建构，只有在主体的自觉和主体的自由独立的前提下，主体性才得以彰显，审美价值才得以发生。

第二节 审美理想与审美价值追求

人是按美的规律来建构的，这个规律就是人的价值理想的体现。所以人是按美的理想来建构的。人类创造活动的基本方式是物质的生产和精神的生产。任何生产活动都有目的性。美的创造是无目的的合目的性。这个"目的性"就是人性。人性在本质上就是人的自然性的社会化。社会性是人性的进一步的发展和延伸，自然性是人性的基础或重要组成部分，是人性的物的组成的基础，是符合真的特点的部分；社会性则强调善的价

---

[1] 《赵仲牧文集·思维学 元理论 哲学卷》，云南大学出版社，2003年，第215—236页。

值，同时追求实用的价值，强调有用性，强调符合人的现实需要的目的。但过分的社会性往往背离人的自然性，背离善的需要，因此往往又是反自然乃至反人性的。反人性的就是不善的，也是不美的。所以要用"美"的价值诉求来提升真与善的价值魅力，提升善的价值内涵。人要按美的规律来建构，就是按人的自然属性的要求来建构。因此，物质生产和精神生产都是按人的自然性的要求来进行塑造。因此人类的物质生产和精神生产都体现着美的追求。

审美理想的建构是人类活动的重要的特点。但人类在他的早期的活动中，自然性更多是生存的需要，审美的需要往往被生存的需要遮蔽。审美不仅是一种生命冲动，更是一种形式的冲动。形式冲动越强烈，审美需要越突出。人类活动的精神性越突出，形式意义也越显豁，审美价值实现也就越充分。这就是人类的生产活动蕴含的审美价值差异的基础，也是人类的精神生产的活动具有更高的审美价值的原因。由此我们看出，在人类的物质和精神生产中，由于主体性价值的体现不同，其产品或作品的审美价值内涵也不同。因此，人类的创造物又体现出审美价值的不同层次，体现出审美价值高低的区分。

艺术创作与人们的一般生产活动相比，在艺术家进行艺术创造的时候，其价值追求往往体现的更加强烈和集中，其审美理想的表达和实现也就越充分。譬如我们看到甲骨文的时候，首先看到的是文字，是人类的精神文化活动的形式的体现。其次它是远古时代人们宗教生活的体现，是一种占卜活动的风俗的遗存。但它同时也有人的目的性，有人的精神内涵和审美追求的体现。当书法家在今天的审美文化关照下审视这些作品的时候，或者重新在宣纸上书写这些文字的时候，它与占卜无关，与宗教活动无关，与记录某种活动的内容的需要无关。它更多的体现为书法艺术审美的价值。甲骨文的书写的价值在于它的审美价值和审美需要，是审美理想的体现和表达，是对人类艺术精神的一种追怀和向往。因此，艺术家的书写体现的主要是形式美的需要，是人类艺术精神价值表现的需要。这就是人类的精神生产的意义所在，也是为什么在艺术家的创造中，通过形式的追求，如何贴合人性的精神，体现价值理想的重要性。其价值追求表现的越好越充分，其审美理想的实现越全面。

不仅人类的一般生产活动的审美价值内涵不同，不同的艺术家，在表现自我和表现世界的时候，其审美理想的层次也往往是不同的。因为艺术家的主体自觉不同，所以其创作中的审美感知的能力是不同的，其审美表现、审美创造的能力和作品的审美价值也就是不同的。因此，哪怕面对同一对象，往往产生不同的作品。这些作品不仅有艺术水平的差距，更有理想境界的差距。所以同一座黄山，不同的画家看到的是不同的东西，创作出来的作品往往大异其趣；甚至同一位画家，不同时期上黄山，感受也不一样，创作的作品也大不相同。同时，同一个艺术家的同一个作品，在不同的读者进行审美鉴赏的时候，由于读者的审美期待、审美追求、艺术鉴赏能力的不同，也会产生不同的结果。读者的审美理想、审美价值追求往往在对作品的接受和解读中也会显现出来。

不仅如此，审美价值追求还是人的审美理想得以实现的重要保证和动力。人的活动总是包含审美价值追求的。我们筑居于大地上，是按人的目的性展开的，按人的审美需要展开的。居住一开始主要是为了生存的需要，但当人类开始在居住的洞穴中刻画符号，人类就有了更高的目的性、价值性的追求，也就是审美价值追求的需要。今天人们的居住方式，人们的建造和筑居的行为，体现着更丰富的人性内涵和审美内涵。因而同为居住或筑居的行为，现代人的活动体现着更丰富的审美内涵，体现出更高的审美价值和审美理想。

人的价值追求又是多层面的。审美价值是一种精神生活的价值，是人类在物质生活追求基础之上的更高的价值诉求。审美价值诉求的重要性表现在于：第一，它是人类生活本质的体现。物质生活只是人类的基本需要，是价值追求的基本层面；审美价值的诉求是人类的精神需要，是人类生活的最高层面。第二，审美价值的诉求的表现，使人精神上得于充实，生命的意义得以提升，从而解脱物质生活追求和欲望膨胀带来的焦虑，使人的追求获得更加高远的目标。第三，审美价值的追求以精神价值的实现为目的，以文学艺术为载体，在艺术化的生存中使人的精神价值和创造力得到解放，人的自由得以更大的实现，从而使人走出现实的困境，更加心情舒畅地去生活和追求，充分实现自我的价值。第四，审美价值的实现，是人的精神生活完满的体现，是人的价值的完美塑造与实现。人要生活，但更要审美的生活，也就是艺术化的生存，才能充分实现人的生命的意义，彰显人的主体性。文学艺术的创造，思想文化学术的追求，都是人的价值追求的体现，都不同程度地表达着人的主体性。曹丕说"文章乃经国之大业，不朽之盛事"，其所以不朽，就在于其精神价值的实现。这种价值实现，高于现世的荣华富贵，高于现世的奢侈享乐与物质占有。所以人们孜孜以求，努力去实现它。因为物质的追求、现世的荣耀是有限的，精神的追求与价值是无限的。物质的追求往往束缚人，精神的追求则给人以无限的自由。物质的过分沉湎只会使人被奴化，精神的执著追求则使人的精神价值得到更高层面的实现与阐扬。

我们可以看出，艺术化的价值目标把审美价值的实现作为人类价值精神的体现，从而成为人类价值的最高层面。中国历代的仁人志士，舍生取义、杀生成仁，追求的就是生命的自由与独立，是人性完满的又一种体现。这种价值追求体现的是道德价值、人格精神的力量。人格精神的实现，道德价值的完满，是人的审美价值的最高境界。中国传统文化中人的价值完满，还常常指向历史的正义："人生自古谁无死，留取丹心照汗青。"以青史留名为最高的价值实现；西方传统中人的价值完满，则是指向上帝，要返回乐园，进入天堂。所以奥古斯丁说：美是上帝光芒的自然流露。中国人的最高价值追求是建基于现实人生的实践与历史精神的融合上的，亦即李泽厚所谓的实用理性精神。这是几千年历史文化传统和生活方式，人生建构所带来的人生目的论和价值观。儒家讲人生有三不朽：即立德、立言、立功。立言的不朽价值就是一种精神价值；立德的不朽价值则是一种道德的完满；立功则是人生实践层面的建功立业。它们是不同层面的价值理想和价值实现，三者的统一则是人的价值理想的完美的体现。西方人的最高价值理想在历史上则体现为一种宗教精神和宗教价值的追求，所以面向上帝，面向神。随着西方哲学与美学的现代转换，如尼采所说，上帝死了！人们将价值追求返回到人间，即人的完美实现。

艺术化的人的价值追求得以高扬，即使是宗教主题的作品中也回荡着人性的呼唤。

由此，人类的价值追求成为人类审美理想展开的强大的力量。审美价值诉求是一种内在的人的生命冲动，是人的主体精神的自觉。艺术作品是主体的生命冲动和审美冲动的显现。主体的自觉、人的生命冲动的激荡，使作家艺术家的创作获得了强大的生命力。这种生命力的显现，也就是审美价值的实现。但这种价值实现还只是一度审美创造的实现。艺术作品还期待着它的二度审美价值的实现，这就是读者、欣赏者的审美接受与欣赏中的再创造的过程。艺术家的一度审美与欣赏者的二度审美具有延续性。传统的美学研究集中于艺术形式、艺术符号、语言、本文与读者，但对艺术创造和接受中人的主体性关注不够。主体精神的缺失，就是对艺术本体和艺术本体的创造者、接受者的忽略。因此只见树木，不见森林，不能完全洞悉审美价值的来源和审美价值的意义，不能完美的建构审美的价值系统。由此我们说人的主体精神的阐扬，正是文学艺术审美活动的本源性价值的开显。所以我们认为，审美价值的追求与审美主体的张扬正是一切文学艺术活动的动力和意义所在。

第三节　审美价值追求与审美主体的超越和升华

审美价值是审美判断的前提和基础；审美价值的创造离不开主体的生命冲动；审美价值创造是人的价值创造的最高境界，价值创造冲动是人的生命冲动的升华；审美价值创造始终伴随着人的审美价值冲动；审美价值追求是人的生命追求的超越与升华。审美判断或审美评价在某种意义上说就是审美价值判断，审美判断的实现与升华有赖于审美主体的超越与升华。

一、生命冲动是审美价值创造的原动力

文学艺术的创造是人的创造，艺术精神是人的生命精神的体现；艺术作品的审美价值离不开人的价值追求；艺术的审美价值创造离不开人的生命冲动。"人是审美与创造的主体，主体精神贯注于作品就是艺术作品的主体精神。艺术精神也就是人的主体性或人的精神。艺术家的审美创造与广大艺术欣赏者的再创造都贯穿着主体精神。主体精神最深刻的根源就在于生命冲动。"[1] 人是自然之子，也是文明进步的产物。人身上凝集着文化的本性，也体现着自然的根性。动物性的欲望与人的生存的要求是其动物性、物质

---

[1] 李健夫：《现代美学原理》（修订版），中国社会科学出版社，2002年。

性、自然性的体现,并以无意识或集体无意识的形式转化为人的生命冲动,参与到人的一度审美和二度审美创造活动中,成为艺术审美活动与审美价值创造的原动力。这种原动力又被称之为生命本能。

弗洛伊德将这种本能冲动命名为性冲动或力比多;他的学生荣格在《心理学与文学》中进一步揭示了人类文学艺术创作中的集体无意识心理的作用,又称之为原型心理。在弗洛伊德的基础上,进一步加深了原型心理对文学艺术审美创造与审美欣赏的认识。生命冲动在艺术创造中往往表现为个体的行为,但在个体的创造中又体现为人类的集体无意识,是人类的生命精神的整体的体现,是人类共同的生命动能的涌流。人类文化的一切创造活动和创造物:从物质产品到精神产品,从歌到舞,从诗到画,从行为艺术到语言艺术,从具象到抽象,无不以生命冲动为根本动力。

发乎生命冲动的艺术创造是人类早期艺术创造活动的基本形态;同时,人类早期的艺术创造又往往体现为自发的艺术表现。中国文献所载的最早的诗歌之一"候人兮猗!"体现的是大禹的妻子涂山氏之女等待治水的大禹归家的深情,是发乎情性的诗意表白;再如《吕氏春秋》所载"断竹、续竹、飞土、逐肉"的古歌,是狩猎生活中从工具的制作到射中猎物的过程的描述;中国最早的诗歌总集《诗经》中的作品,要么是男女之间爱情的抒写,要么是"饥者歌其食,劳者歌其事"生活的甘苦的描写。所以《毛诗大序》对《诗经》作品艺术创造心理的描述正是如此:"诗者,志之所之也。在心为志,发言为诗。情动于中而形于言,言之不足故嗟叹之,嗟叹之不足故永歌之,永歌之不足,故手之舞之足之蹈之也。"这里的"志"乃意识与无意识的集合,是理性与非理性的交织,是情感与非情感因素的混合,是朦胧的又是可见的。在心为志,发乎语言词句,就是诗歌。是情之所动的结果。然而语言是有限的,不能完全表达心灵的感受,故发而为嗟叹;嗟叹依然不能尽情达意,故形诸歌咏;歌咏依然不能抒泻胸臆,禁不住手之舞之、足之蹈之。这正好展现出生命冲动借艺术什么方式来加以表现抒发和宣泄的强烈的冲动和形诸各种艺术形式而展现的激情。生命冲动之情志通过内感外射,左冲右突,以各种自发的艺术表现找寻自己的表现形式,而艺术创造和审美价值创造的动力也得于形成。正如宋代朱熹在《诗集传序》说:"人生而静,天之性也,感于物而动,性之欲也。夫既有欲矣,则不能无思;既有思矣,则不能无言;既有言矣,则言之所不能尽,而发于咨嗟咏叹之余者,必有自然之音响、节奏而不能已焉。此诗之所以作也。"生而静是天之性,是人的自然的禀赋;感物而动是性之欲,是人的生命的躁动;有欲则有思,有思故有言;语言的言说是有限的,言不尽意,所以发而为咨嗟咏叹;咨嗟咏叹依然不能尽意,所以发而为自然的音响节奏。于是诗出现了,歌出现了,音乐出现了。这就是《乐记》所谓:"凡音之所起,由人心生焉。人心所动,物使之然也。感于物而动,故形于声。声相应,故生变,变成方,谓之音。比音而乐之,及干戚羽旄,谓之乐。"音乐作为人类的古老的艺术形式,其艺术生命价值,正是人的生命冲动的体现。

由上可以见出,人类早期的艺术创作,正是人性之欲的发抒,是生命冲动的结晶。随着人类主体的自觉,人类的艺术创造和审美价值创造进一步走向成熟完善以后,这种生命的原欲的力量往往表现得较为隐蔽，但这种生命精神，往往会作为艺术的原型，更无处不在的贯穿于作家艺术家的创作之中。我们从《红楼梦》的石头原型，情的主题，爱与欲的冲动，色与空的梦幻中都可以看到这种人们意识到和意识不到的生命的强烈的呼唤，是如何推动着作品中人物的命运的。

二、审美价值创造冲动是生命冲动的升华

价值冲动是人的生命冲动的体现。人最基本的生命冲动无非来自食色的物质层面，但食与色的冲动是人的原始欲望的表现，是主体在不自觉的状态走向创造的原始价值诉求。这种价值诉求当然也很重要，但其价值意义往往还处在很低的层面。

价值冲动作为人的生命冲动，是多样丰富的，体现为不同的层面。随着人的主体性的自觉与提升，价值诉求也表现为不同的层面。人的价值创造的本性，具体到审美价值创造的层面，进一步体现为人的超越性，精神性，文化本性，最终发展为对人的审美本性的追求。人的审美本性的诉求，必然转化为强烈的审美价值创造的冲动。而审美价值创造的冲动，正是人的生命冲动的升华。

审美价值冲动是人类审美价值创造的动力所在。没有生命冲动，就没有审美价值冲动；没有审美价值冲动，就没有审美价值的创造，也就没有文学艺术的产生，就无所谓审美活动。人是价值的动物，价值创造是人的本性，也是人的文化根性的体现。人的文化本性使人追求超越性和精神性，追求价值的不朽。于是人走向了审美创造和价值创造，从而使生命的意义获得永恒。

生命冲动来自于人类无意识的广阔世界，它是人的意识的动力来源。在意识力量的层面，因人的自觉，主体的觉醒，这种生命冲动逐渐走出原始性、野蛮性、自发性，从而走向自觉性、指向性、目标性，于是文明化成，价值显现，有了明确的价值目标和价值理想。

生命冲动的自觉性，就是人对自我生命的自觉，意识到生命的价值和意义，并为生命的价值和意义而奋斗乃至抗争。在远古的神话中，就有生命意识自觉的萌芽。如亚当夏娃的故事，夏娃受蛇的引诱，引诱亚当偷吃了禁果，被逐出了乐园。表面上是强调上帝精神的无处不在和不可违抗，实际上，是对人的自觉的颂歌，是对上帝精神的反抗。正是这种反抗，使人类走出了上帝的精神禁锢，获得了永久的自由，开始了人的生活与价值的创造。中国古代精卫填海的故事，讲炎帝少女游于东海，溺而不返，化为精卫鸟，常衔西山之木石以堙于东海，表现出对生命的强烈期盼与对死亡的强烈抗争精神。人类意识到死，就更懂得了生命的价值和意义。生与死是个大问题，是很多艺术家不断追问的主题。哈姆雷特作为莎士比亚的作品中的主人公，正是莎士比亚及其文艺复兴时期人们对生命的觉醒与生命价值追寻的体现，并进而上升为审美价值创造的典型。而在艺术典型的审美价值创造中，人的生命冲动，也因哈姆雷特形象的创造而得于升华。

人的生命意识的觉醒，使人的生命冲动走出盲目性，人的价值追求获得了指向性和目标性。在意识的引导下，走出无意识的黑洞，获得精神的澄明。于是就克服了生命冲动的自然状态和散漫无序的境况，把无序的生命冲动引入有序的创造冲动，从而实现生命冲动的目标化。人类于是开始了对世界的本体与生命的价值和意义的追问。"江畔何人初见月，江月何年初照人。人生代代无穷已，江月年年还相似。"从而叩问宇宙之无穷与生命之短暂，表现出对人生的哲学思考。歌德的《浮士德》则通过浮士德形象的创造，展开人的小宇宙到大宇宙的探索，彰显浮士德不朽的生命探索精神。

　　当然，西方文学艺术中对人的探索，发展到人是宇宙之精华，万物之灵长的地步，人的目的性，价值意义得到极度的扩张乃至膨胀，就走向了它的反面，遮蔽了人的目的性与自然的目的性同一而共生的事实，带来了价值追求与冲动的新的盲目性。现代主义、后现代主义的文学艺术作品正是对人的这种盲目性，人类中心主义的反思中，开拓出崭新的艺术领空，创造出崭新的艺术审美或者审丑的价值意义。

　　当审美价值创造在对丑的审视中展现的时候，人的生命冲动的升华也达到了新的境界。这就是波德莱尔的恶之花与艾略特的荒原的审美价值所在；这就是卡夫卡的城堡、萨特的恶心与加缪的局外人的存在主义世界的价值探索；这就是乔伊斯的尤利西斯与福克纳喧哗与躁动世界的荒诞性的寻思的意义。[1] 西方现代艺术中从凡·高到达利，都在对存在的荒诞性，对存在的荒原感进行思考。甚至在好莱坞的电影中，也对人的生命冲动的越界进行考量和反思。

三、审美价值追求与审美主体的超越与升华

　　审美价值追求是人的生命自觉的体现，人通过审美价值的创造，实现审美主体生命意义的超越，使主体的精神得以升华，主体性因而得以彰显。从文学艺术的创造的角度看，文学艺术的自觉，是人的自觉的体现；文学艺术的自觉，又进一步推动了人的自觉。文学艺术的自觉，使人们进一步追求人生的不朽，并通过艺术审美的创造来实现这个不朽。

　　人是一个短暂的存在者，生命在本质上是一个悲剧的存在，当我们在世的时候，就必然预示着我们的不在世，不在世是我们的本性。庄子所谓大年小年，大寿命小寿命，而彭祖八百年，众人匹之，不亦悲乎！《古诗十九首》中充满对生命短暂的忧思："人生天地间，忽如远行客。""人生寄一世，奄忽若飙尘。""人生忽如寄，寿无金石固。"因此，如何使短暂的存在者获得意义，摆脱无常的戏弄，获得生命的价值？即时寻乐，秉烛夜游，博取地位权势，追求高官厚禄，都不能解救生命的必然消逝的虚妄，走出人生的困境。因此，真正能使短暂的生命获得价值的永恒的，那就是文学艺术的创造，审美

---

[1] 参看刘文孝主编《外国文学的艺术发展史》，云南人民出版社，1998年，第698—781页。

价值的追寻。曹丕在《典论·论文》中说："盖文章经国之大业，不朽之盛事。年寿有时而尽，荣乐止乎其身，二者必至长期，未若文章之无穷。是以古之作者，寄身于翰墨，见意于篇籍，不假良史之辞，不托飞驰之势，而声名自传于后。"因此要贱尺璧而重寸阴，不要营目前之务，遗千载之功而随物迁化，在不必要的俗务中沉沦，才能走出生命的烦与畏，进入澄明的状态。

文章足可荣身，艺术使人永恒。俗世的荣名可宝，但功名富贵不足恃，因为生死荣辱，随着生命的结束就不足道了，但文章可以传之于无穷，从而实现生命价值的永恒。屈原正是通过《离骚》等作品的创作，达到了"与日月兮齐光，与天地兮同寿"的价值永恒。司马迁遭宫刑之辱，发愤著书，写作《史记》，以不世之宏文，述往思来，"究天人之际，通古今之变，成一家之言"，实现了对生命价值的超越与升华。诚如柏拉图《会饮篇》所言：

> 凡是在身体方面生殖力旺盛的人都宁愿接近女人，他们的爱的方式是求生育子女，因此使自己得到不朽。……但是凡是在心灵方面生殖力旺盛的人却不然。世间有些人在心灵方面比在身体方面更富于生殖力，长于孕育心灵所特宜孕育的东西。这是什么呢？它就是思想智慧以及他心灵的美质。一切诗人以及各行技艺中的发明的人都属于这类生育者。……无论是在希腊或在外夷，凡是产生伟大作品和孕育无穷公德的人们也都永远受人爱戴。因为他们留下这样好的心灵子女，后人替他们建筑了许多庙宇馨香祷祝，至于寻常肉体的子女却从来不曾替父母博得这样大的荣誉。[1]

艺术审美价值的创造，如荷马、赫西俄德以及其他的伟大的诗人们，因为他们的作品，不仅自身获得不朽，而且替他们的父母留下不朽的荣名。中国文学的历史上，不仅有司马迁所说的"文王拘而演《周易》，仲尼厄而作《春秋》；孙子膑足，兵法修列；韩非囚秦，《说难》《孤愤》；屈原放逐，乃赋《离骚》"的佳话，而且有许多遭遇人生不幸的文人，皆因文学艺术的创造而获得生命价值的不朽。

第四节　主体的自觉与审美境界的创造

审美价值作为人类的精神生活的重要方面，它的重要性不亚于物质生活，并且是人类生活的更高层次的体现。人不仅是物质性的存在者，更是精神性的存在者。精神生

---

[1]《柏拉图文艺对话集》，朱光潜译，人民文学出版社，1980年，第269—270页。

活是人类生活的重要方面，更是人类进入主体的自觉的更高层次生活的象征。因此，审美价值的追求就成为人类更高境界的生存的体现。进入现代社会，人们更加关注人的精神生活的状况，更加重视审美价值的建构。诗意的生活就是审美的生活的体现。科学主体论美学体系的建立，以人的主体性为视角的审美实践的展开，就是要更好的确立人的主体性，实现人的完美生存。因为人的生存不只是生活或者活着，还需要人的价值包括审美价值的全面实现。只有审美价值的实现，才使人的生活的意义得以进一步完满和丰富。当然，正如我们前面所说：在审美价值系统中，审美价值又是具有不同的层面与层次的，审美价值不同层面与层次的追求与建构又是与主体的自觉相关连的。所以我们要进行审美价值层面乃至审美层次的梳理。

一、主体的自觉的层次与审美价值意义的生成

审美价值追求作为人类生活的最高追求，是人类价值追求的最高理想，是一种理想生存状态的体现。审美价值目标的悬置，可以提升人的生命状态，可以更好的造就理想的人生，使人到达更高的人生境界。冯友兰先生在《新原人》和《中国哲学简史》中反复说："人与其他的动物的不同，在于人做某事时，他了解他在做什么，并且自觉他在做。正是这种觉解，使他对正在做的对于他有了意义。他做各种事，有各种意义，各种意义的合成一个整体，就构成他的人生境界。如此构成各人的人生境界，这是我的说法。不同的人可能做相同的事，但是各人的觉解程度不同，所做的事对于他们也就各有不同的意义。每个人各有自己的人生境界，与其他任何个人的都不完全相同。若是不管这些个人的差异，我们可以把各种不同的人生境界划分为四个概括的等级。从最低的说起，它们是：自然境界，功利境界，道德境界，天地境界。"[1] 由此可见，人的价值目的的建构，是人与其他动物的区别所在；人的觉解不同，人的价值目的不同，其所达到的境界也就不同。主体的自觉程度越高，其人生的境界也就越高。冯友兰先生的人的"觉解"，就是我们所说的主体性，主体的自觉。诚如冯友兰先生所言："中国哲学的传统，它的任务不是增加关于实际的积极的知识，而是提高人的精神境界。"那么，也可以说，中国哲学是一种审美的哲学，以审美价值为最高追求的哲学。所以在冯友兰先生的"天地境界"之上，如果还要悬置一个最高的层面，笔者以为，那就应该是审美境界。审美境界的实现，才是人的最高价值的实现。

从自然境界的层面说，主体的价值诉求尚处在混沌的、不自觉的状态，其行为的意义追求不明显或意义较少。用冯友兰先生的话说："可能只是顺着他的本能或其社会的风俗习惯。就像小孩和原始人那样，他做他所做的事，而并无觉解，或不甚觉解。这样，他所做的事，对于他就没有意义，或意义甚少。"在人类的文学艺术活动中，这种

---

[1] 冯友兰：《中国哲学简史》，北京大学出版社，1996年，第291—293页。

状态的作品往往还是自发的，不由自主的。由于主体性没有确立和凸显，其价值意义也往往不够显豁，犹如璞玉蕴于山中，或有美的潜质，但还有待开发挖掘。

从功利境界的层面说，主体有了一定的自我意识和明确的价值追求，并有选择的去进行价值建构，追求成功，获得功利。其行为的结果或有利于他人和世界，但其目的或动机是利己自利的。当然，"这并不意味着他必然是不道德的人。"但常常因为欲望的遮蔽，成为通向不道德的途径。功利的追求，名缰利锁的羁绊，往往导致主体性的迷失，使人走上不归之路，从而在功利的驱动下丧失精神价值和审美价值追求的自觉性。因此，一个功成名就的人，应当是充分实现了自我价值的人，但并不必然就是一个完美的人。这样的人虽然有一点智慧，或者很"聪明"，但放到更高的层面看也只是小智慧、小聪明！历史上有许多人充分实现了自我的价值，甚至在历史上建立了自己的地位，但因为只停留在功利的层面，其价值实现是有限的。譬如司马迁在《史记·李斯列传》中写的李斯其人，与韩非一起受业于大儒荀卿，是中国历史上法家思想的代表和实践者，是中国历史上第一个真正的封建帝国的开创者秦始皇的丞相，是秦汉政论散文的开创者，是秦朝小篆书法的立则者，才华卓著，影响中国文化数千年，但最后还是以一个悲剧者的形象收场，被腰斩于咸阳市上，被后人耻笑，原因就在于他的境界不高，只停留在功利的层面。李斯出身于楚国上蔡，身份是楚国人，为了实现其功利人生，跑到秦国做了吕不韦的客卿，通过吕不韦获得秦王的重用，但因为水工郑国事件，秦王下了逐客令。逐客已成事实，李斯上《谏逐客书》，使秦王挽回成命。他处处为秦王划策，客观上为秦王统一天下确立了人才政策，但根本目的是为了自己的功利人生的价值目标的实现。所以当真正的人才也是他的师兄的韩非到了秦国，为秦王所倾慕时，他却不顾同门之情，向秦王献计将韩非下了大狱，并剥夺韩非申述的权利，在秦王悔悟前用药酒杀了韩非，以确保自己的地位。秦始皇驾崩，他为了保全自己的利益，不顾始皇对他的恩义，不以公心主持大局，受赵高与胡亥的胁迫，矫诏以杀公子扶苏，不仅断送了自己的身家性命，也断送了秦始皇的一世以至万世政治梦想。为什么李斯会落得如此下场，与他的功利主义人生观有直接的关系。司马迁在《李斯列传》开篇写的一个故事，颇能体现其人生观：李斯少年时去上茅厕，见厕中老鼠惊慌失措，大为感叹：有仓鼠有厕鼠，仓鼠安享饱食，见人不惊；而厕鼠所处环境恶劣，却生活在恐惧之中，见人来就惊慌失措。所以他一生的奋斗，就是为了摆脱厕鼠的命运，成为仓鼠。所以他身得秦王之重用，却始终不过为保住自我的功利谋划；即使成为一人之下万人之上的秦之丞相，但只谋自己的功利，最终也被功利所葬送。所以，道德价值的建构是功利价值建构的重要基础，也是审美价值建构的更高的期盼与保证。这就是为艺术而艺术和为功利而艺术的区别和高下所在。所以西方的美学家强调无目的的合目的性，强调审美创造和审美的非功利性，就是要艺术家和艺术鉴赏家走出功利对文学艺术创造和审美判断、审美价值追求的遮蔽。中国艺术审美中强调诗品与人品、书品与人品、画品与人品等的关系，也就是这个道理所在。

从道德境界的层面说，主体意识到社会的价值目标，意识到个人是社会的一员，是社会这个整体的一部分，并积极参与到社会的共同价值和利益的创造中去，其所作所为或艺术创造不是为了自利与事功，而是像冯友兰先生所说的是为了"正其义不谋其益"。这样的人，就是一个道德的人。古今中外都有这样的被我们称道德精神的榜样人。他们是人类哲学日志上的智者与贤者。这样的人往往有较为强烈的主体性与自觉性，能以公化私，克己奉公，成就较大的功业，但还处在"有为"的状态，还不具备更高远的价值目标和价值超越性。虽至"大醇"而犹存"小疵"，还不是"醇乎醇"的境界。所以冯友兰先生说："道德境界有道德价值，天地境界有超越道德的价值。"用庄子的话说，就是境界虽高，但犹有所待。只有到了无待之境界，才是绝对自由的逍遥的境界，主体性才能完美的显现，审美价值才能充分的实现。这就有待人的哲学境界的追寻。哲学境界的追寻，正是人类审美价值的更高的精神性意义的体现。

从天地境界的层面说，天地境界也就是"哲学境界"。冯友兰先生说："一个人可能了解到超乎社会整体之上，还有一个更大的整体，即宇宙。他不仅是社会的一员，同时还是宇宙的一员。他是社会组织的公民，同时还是孟子所说的'天民'。有这种觉解，他就为宇宙的利益而做各种事。他了解他所做的事的意义，自觉他正在做的事。"这种觉解所构成的人生境界，就是天地境界，也就是冯友兰先生所说的最高境界。这种境界是通过哲学的修养而获得了对宇宙的某些觉解才能达到的境界。哲学使人达于道德境界，以道德的觉解去生活和行动，这种人就是贤人；哲学使人如柏拉图《理想国》所论，从感觉世界的"洞穴"上升到理智的世界从而与宇宙同一；或者如歌德所言，达到天地神人的"四大朴一"，那就是圣人。在中国文化中，圣人是既出世又入世的，他在平常事、平常心中得平常觉，成就不平常的人生意义。他以觉解而入无明的状态，达于庄子所说的无名、无功、无己的境界；神化不测，无极而太极，到达人生的最高境界。在这个境界的人，就是近于审美存在的人。在人生论的意义上，这已是最高的境界。在审美价值的意义上，我们觉得，审美主体的魅力还没有充分实现。主体的觉解与自性的逍遥还没有完全达到。所以，从审美价值论的层面说，哲学境界或天地境界之上，还有高高的"天空"，那就是审美价值层面或谓审美境界。

从审美境界的层面说，审美价值追求是一切价值追求的终点。审美境界的实现是人的主体性最充分的实现和表现；是自性逍遥的澄明；是被存在之光照亮的状态；是人的自由的象征；是佛陀拈花，迦叶微笑的悟境；是虚静状态下的坐忘；是采菊东篱下悠见南山的悠然；是欲辨已忘言的真意闪现；是大音希声，大象无形的不言之美。在这种境界，主体处于空场而在场，超然而自然的状态，从而达到天然的真美。八音同协，笔墨挥洒；超以象外，得其环中；泠然希音，大美毕见。从而达到孔子所谓从心所欲而不逾矩的人生和文学艺术创造的化境与极则。《兰亭序》就是这样成为天下第一行书的，李白就是这样成为不可重复的诗仙的。"众鸟高飞尽，孤云独去闲；相看两不厌，唯有敬亭山。"（李白《敬亭独坐》）一切都空置了，一切都放下了，心灵澄澈了，诗美得境界就显现了。天地有大美而不言，主体在隐遁中因而达到了屈原所说的"与天地兮同寿，与日月兮齐光"的境界。"出位"的主体在鲜明突出的艺术风格以及审美风格的创造、形成与展现中得于更强烈的显现。因此，审美境界的达成，是艺术家在艺术创造中的无目的的合目的性的状态的呈现，是人与天地自然的契合，是人的更完美层面的价值体现，或曰最高的价值实现。这就是文学艺术的独特魅力和审美价值所在。

审美价值冲动是以人的自然本性和价值追求决定为基础的，人的生命冲动因自然本性的作用，而强烈激荡；因社会本性的作用，而追求功利；因审美本性的作用，而力求超越人生的局限性。"人生不满百，常怀千岁忧"，总是力求更好的实现审美价值，使短暂者获得永恒。如何才能实现永恒的存在？修道成仙是虚妄的，长命百岁也不可能，那就是只有从文化上进行构建，实现文学生命的价值永恒。为了这一价值构建，人们总是努力以人类文化充实自我，提高自己的文化适应性和文化创造力，获得更好的生存和发展。化有限为无限，超越自我，超越死亡，在审美价值的完美实现中获得永生。在美学和人生的完整统一中，使人从物境到文境，再到化境到神境，在物我统一中臻于精神不朽的神圣存在。正是这样，人的生命和价值追求的升华体现为不同的层次。人的生命本质和价值本性的层次表现在：人首先为生存而劳作，其实践成果的审美价值尚处于实用层次；人类追求文化本性的价值实现，人的生存是一种文化的生存，而不仅只是一种物质性的存在，所以人的创造总是体现为一种文化的创造。蜜蜂和小鸟的巢穴无论如何精致，它们也只是为了居住而筑居，人的筑居则是人的目的性和文化本性的体现。因此，人类总是要按美的规律来塑形。在文化本性层次上，人类进入了创造的层面，其劳作的成果往往具有一定的审美价值；从人的创造本性的层次说，人类总是力求通过创造性的活动，超越自我的局限，超越已有的文化，实现更高意义上的存在。创新和不甘于平庸，不安于现实是人的创造的本性使然。人在创新中得于自新，得到完美，并释放其强烈的生命冲动，审美价值也因此得以开显出来，在这个层次，审美价值因创造力的释放而达到较高层面；从人的价值本性层次来说，人的创造是一种价值的创造，其创新的核心就是新的价值的催生，通过创新而达新的人与自然的和谐，达到更高的价值实现。艺术家正是如此将人的生命精神，生命冲动在艺术创造中淋漓尽致的加以展现。同样是向日葵，凡·高的印象模糊的黄色颜料的堆积而成的名作《向日葵》，甚至不如一幅普通的摄影爱好者的向日葵的照片那样更像向日葵，但因为其中注入了独特的生命体验，审美体验和自我的价值目标，从而展现了更高的人类精神，获得了超越，体现了丰富的生命情怀和审美价值。因此，人的价值价值本性的实现，使文学艺术创作到达了更高的审美价值，体现了人类的审美本性，是人的文化本性的更高实现，是人的创造本性的完满，也是人的价值本性的根本所在。它使人超越物质的诱惑，欲望的痛苦，文明的阻隔，文化的局限，达到新的沟通和共融，穿越人为的障碍，获得更高的理性的澄明，以美为真，以美储善，在真善美的和谐中合奏出人类最美的音乐，彰显人类生命的本质，体现为人的审美追求和生命价值的圆满！在这个层次，人就成为精神性的存在，成为与自然和谐统一的美的存在。人因而超越空间，超越各自的文化根性，获得不朽，达于人的精神本性的实现，人的精神本性的实现，使人类超越物的羁绊而成为美的存在者。

二、审美主体的自觉与审美境界的建构

在对审美价值层面和不同审美层次的分梳中，我们看出，人的审美境界的建构，是人的主体自觉的产物。审美主体的自觉程度不同，其价值追求也不同，达到的审美层次和审美境界也就不同。因此，审美价值的实现及其层次，决定了审美主体的主体性的实现层次。从艺术创造的角度说，艺术家的主体精神的自觉程度，往往决定着艺术作品审美境界和审美价值的高低。

审美主体是审美活动者、美感体验者。他具有内在的审美需要，具有内在的审美结构和审美能力，并与审美客体构成一定的审美关系。审美主体的主体性表现在，他具有一般主体的规定性之外，还具有其特殊性：其一，审美主体的精神性。审美主体的审美需要和审美体验是精神价值层面的追求，是超然于人的物质价值层面之上的。因此人的审美活动始终是一种精神性活动而不是本能层面或物质性实践层面的活动。其二，审美主体的蕴情性。审美活动是一种情感活动，审美主体是情感活动的主体。审美主体在审美活动中追求的是情感的满足，往往不受理智和意志的支配，因此它常常是非理性的。其三，审美主体的自由本性。审美活动是主体自由的精神和生命价值的体现，是超越了物欲、占有欲和功利之上的自由生命活动，自由的体现是审美主体审美自觉的基础。审美主体栖居于精神生活的领域，具有高度的生命自由，以情感方式建立与对象的审美关系，具有强烈的审美冲动，追寻其审美理想，进行审美关照，从而达到审美理想和审美价值的实现。

审美理想是审美主体在审美实践中形成的审美尺度，它体现为形式意蕴的追求。它与一般的社会理想和观念并不完全一致，它是一种经验性的图示而非抽象的逻辑观念。作为人的社会文化心理结构，它与一定的社会物质生活的条件相关，与社会的功利目的、伦理道德观念、经济基础、社会制度和社会实践要求有间接或直接的关联，但它更体现为人对更高的生存状态的向往和追求，是在理想和想象中完善了的美的范式。艺术家通过艺术形象的创造，提炼其审美经验，将对象加以理想化，展现其生命精神，再现其审美理想，创造艺术意境，构建审美境界，达到人的生命自由的完美体现，并对人们的审美观、审美趣味进行塑造，从而实现审美价值追求。

只有审美主体的自觉才能达到审美理想的实现，只有审美理想的建构才能创化生成审美境界，只有审美境界的达成才能实现人的审美价值追求。艺术境界和审美境界的高低，往往与审美主体的自觉程度有巨大的关系。因此，审美修养的提升和审美主体的自觉成为审美活动中最重要的前提。因为主体的审美尺度不同、审美心理结构不同，其审美追求的层次也必然不同，所达到的审美层面也就不同。王国维的有我之境与无我之境的分野，不仅是艺术修养、审美修养的问题，也是审美主体的自觉问题。艺术修养、审美修养和审美主体的自觉状态不同，其艺术境界、审美境界也就表现为不同的层次。审美主体的自觉还与主体的审美结构、完形期待有重要的关系。

主体的审美结构大致表现为三个层次：即生理（本能）层次、心理（意识）层次、文化层次。生理或本能的层次是由主体的自然性即自然存在物或自然生命体的性质决定的。审美活动作为人的生命活动，离不开人的生命本能，是人的生命本能冲动的体现。在生命本能的活动中，外部环境的刺激与反应，激发了人的情绪，形成了人的感受，获得了快感或不快，由此成为审美活动的基础。审美主体是具有自我意识的存在者，外界事物不只是单纯的刺激物，而是主体意识的对象，是一种对象性存在。所以人的审美活动不仅只是本能的冲突或自然情绪的表达，而是一种有着复杂结构的具体对象性的心理意识活动。其心理层次的复杂微妙带来了审美主体审美活动的丰富性和差异性、多样性，从而使人的审美活动达到不同的或更高的层面。我们还要看到人的文化属性，"文化"是超越自然性的人的属性，是审美主体社会性的体现。审美主体作为社会的存在物，其艺术审美活动必然受到社会文化的制约。在人类的发展历程中，传统、习俗、信仰、价值观念、社会心理等不断沉淀，形成人们的社会心理意识，它以意识或潜意识的形式，对主体的审美心理和审美创造发生或显或隐的作用，由此构成主体内在审美尺度的蕴涵。

不同主体的审美结构和内在审美尺度因各自的审美修养艺术修养不同而各异其趣，但在这个层次的审美活动，基本还是静态的。审美境界的创造，审美价值的实现，还有待于审美创造冲动的激发，有待于更高层次的觉解。正如冯友兰所言："自然境界、功利境界的人，是人现在就是的人；道德境界、天地境界的人，是人应该成为的人。"随着人的觉解的提升，艺术审美价值创造的冲动就更加强烈，最后达于自由自为的境地，从而在生生不已、创化不息的过程中不求美而大美毕现，实现审美境界的创造。

三、审美创造与审美理解过程中审美价值的彰显

审美价值具有精神性，是精神性的价值实现的需要的体现。如前所论，精神层面的活动是人类更高价值目标和价值追求的活动。人类的生存需要物质的生产，但更离不开精神的生产。人的存在离不开物质生活的层面，但仅停留在物质的层面是不够的。因为人类在改造自然的同时也塑造着自我，一个有更高的需要层次和价值实现层次的自我。人的精神性价值需要的冲动使人进入艺术的创造和审美价值创造的层面。

精神生活是人类生活的本质，是人成其为人的标志；精神生活的丰富，可以使人更加充满想象和希望，进行创造和追求；精神生活具有超越性，使人超越物质欲望的痛苦和羁绊，获得更高的价值意义；精神生活的丰富也是人的发展和完美的需要的体现；精神生活的追求带来了人的文化追求，从而成为文学艺术的创造的冲动的动力来源。立德立言，追求生命的不朽价值，正是人类高扬精神价值主体的体现。儒家讲："太上有立德，其次有立功，其次有立言。虽久不废，此之谓不朽。"（《左传·襄公二十四年》）就是儒家价值哲学的体现。儒家强调美善统一，强调要志于道、据于德，还要"游于

艺"。通过艺术和审美的熏陶，提高人们的道德精神，调适人的性情与心理，至于中和之德，建构和谐的人际伦理关系。艺术审美是调适人与人、人与自然、个体与社会的重要手段。人不可能超越现实，更不能超越生死，但人可以积极进入创造，获得价值实现，在现实的立功、立德、立言中去获得永恒的价值实现，使短暂者获得永恒。精神价值的追求使人舍生取义，达于道德境界的追求，这种道德境界的追求，使中国人走向审美，走向天人合一、善美同在的人生境界，并达于审美境界的实现。[1]

　　文学艺术是人类最重要的精神活动的方式，是人类精神文化自觉地体现。在原始时代，人类已经开始进入不自觉的艺术创造，体现出一定的形式美的创造冲动。自然的世界在人的创造中成为人化的自然，成为属人的符合人的本性和需要的自然。人是自然的产物，是自然选择的结果，但人也选择自然，因此人的属性也蕴涵了自然的属性。人类的艺术活动是自觉的、有意识的活动，是以满足审美需要和审美价值追求为目的创造活动。因此，人的实践活动的一切领域，都体现着人的本质力量，并在人化的过程中获得了一些审美内涵，具有一定的审美价值。人的追求是多样而丰富的，不仅追求现实的美，也追求艺术的创造之美。艺术创造是审美创造的重要方面；文学艺术作品是人类的审美精神和审美价值追求的重要载体。在艺术审美创造的过程中，人类的审美价值目标才得以实现。真正的艺术创造，总是包含了审美创造，总是通过具有审美意义的形式传达着人们的审美追求，并通过作品体现其审美价值理想。艺术审美创造中，人获得了独立性，体现着人的自由的本性与觉解，是人的本质意义与力量的体现。因此，审美也获得了独立性，不同于一般物质生产中的审美创造。在物质生产活动中，也有审美因素乃至审美创造，但审美处于从属的地位。文学艺术作品的创作，是人的审美价值实现的重要实现，艺术创造是人的一度审美价值冲动的体现，艺术创造的审美价值实现，还有待读者的参与，通过审美主体的精神活动，获得二度审美创造。在二度审美创造和审美鉴赏中，艺术品成为客体，通过主客双方的互动，特别是主体的观审、品味、体悟，在观审中通过对象的形式所蕴涵的力的结构及运动形成知觉完形；在品味中通过对作品形象的解读体会，实现欣赏者与作品的交融；在体悟中进行深度的思考，领会其中的生命精神，实现作者、作品与欣赏者的精神的交融互渗；在体悟中获得深入的理解，解悟其中的生命精神与哲学境界，获得生命的升华。在这个过程中，作品的审美价值和主体的审美需要方得于达成，通过艺术审美的再创造，艺术的更高价值意义也得于完成。

　　可见，二度审美同样具有重要的意义，同样具有价值创造的功能。在审美理解和审美接受的过程中，主体作为独立的个体，总是将自我的经验、感受、理解以及人生和命运的感悟带入对作品的理解鉴赏分析中去，总是积极将自我与客体或审美对象融为一体，而非科学分析、生物解剖式的处理对象。审美主体往往因为自我的审美情感、审美冲动被激发或触动，引起共鸣，从而进入审美观审与审美理解。譬如张若虚的《春江花

---

[1] 骆锦芳：《诗学批评与文化解读》，云南大学出版社，2002年，第153—173页。

月夜》，这一作品在当时并没有获得理解与接受，其审美价值也没有得到充分的肯定。在今天我们能见到的十种唐人选唐诗的选本中，都没有张若虚的《春江花月夜》；到了宋代，也没有人理解这首诗，在宋人的唐诗选本中，依然没有《春江花月夜》，只是在郭茂倩的《乐府诗集》中，因为它有一个乐府诗的题目而被选入。元代的唐诗选集中依然不见张若虚。而且在唐代的有关文献中，也没有张若虚的记载。张若虚虽然是"吴中四士"之一，与贺知章、张旭齐名，但在他的时代和后来很长的历史中，却籍籍无名。到了明代，在高棅的唐诗选本中，终于选入了《春江花月夜》，但在他的另一个选诗标准更严格的诗歌选本中，又把这首诗砍掉了。直到明末清初的诗学家、诗人、哲学家王夫之，在他的《唐诗选》中，才选进这首诗，并给予了极高的评价，彰显了这首诗所体现的丰富的意义，尤其是其强烈的生命意识、哲学精神。之后王闿运更称其为"孤篇横绝，竟为大家！"从此清代以来的任何唐诗选本，都要选这首诗。到了西南联大时期的闻一多先生，在他的《宫体诗的自赎》中，称其为"诗中的诗，顶峰上的顶峰"，充分挖掘了这首诗的人生意义和哲学精神。在闻一多先生之后，当代的古代文学的大家，如吴小如先生、程千帆先生都对《春江花月夜》进行过精彩的解读。至于对该诗的一般的作品鉴赏分析之作，更是汗牛充栋，如袁行霈先生等都做过多个解读文本。一首诗的艺术魅力、审美意义、审美价值，正是在不同时代的读者的审美理解、审美参与与审美视野融合的过程中，被逐渐地不断地开显出来。可见，二度审美鉴赏，可以更好地挖掘艺术作品的审美价值，实现其审美意义。没有读者的参与，没有审美接受过程的二度创造，再好的作品也往往不能展现其审美价值理性。很多艺术家如凡·高的绘画、李商隐的诗歌，甚至如曹雪芹的《红楼梦》，以及我们熟悉的大观楼长联等，在艺术家生前，因其作品超前性，往往不为世人理解，而在其身后，却获得了极大的认可。陶渊明的田园诗的审美价值，刘勰的《文心雕龙》的理论价值，无不经历这样的命运。难怪刘勰在《文心雕龙·知音》中慨叹："知音其难哉！音实难知，知实难逢，逢其知音，千载其一乎！"[1] 因为艺术鉴赏和审美理解的过程中，接受者鉴赏者的"作用"，即"知音"是不容易的。"音"就是作品所传达的意蕴、情味、意义内涵。但这个"音"并非人人能解。《古诗十九首》中有一首《西北有高楼》就说：

> 西北有高楼，上与浮云齐。交疏结绮窗，阿阁三重阶。上有弦歌声，音响一何悲！谁能为此曲，无乃杞梁妻。清商随风发，中曲正徘徊。一弹再三叹，慷慨有余哀。不惜歌者苦，但伤知音稀。愿为双鸿鹄，奋翅起高飞。

歌者、创作者的审美创造，一定要通过欣赏者的审美理解和接受，才能变为现实；通过接受者的参与与再创造，艺术之美才得以显现。这首先就要求，鉴赏者具有审美

---

[1] 刘勰著，范文澜注：《文心雕龙注》，人民文学出版社，1998年，第713页。

鉴赏能力，能理解作品的原意，也就是要"知"；其次，鉴赏者、接受者还要有审美心胸，能进入作者创造的艺术世界，能与作品和作者共鸣；第三，接受和理解者还要有艺术创造与生发的能力，在对作品的理解和接受中，进入到审美再创造的层面，从而挖掘出作者未必有而作品未必无的审美蕴涵。欣赏者不仅要能通过对作品的解读，体现作者之"志"，还要能得言外之意、味外之味、韵外之致。

最后，在审美观审与品位解读中体现作品的艺术境界、审美境界与生命境界，提升艺术的新的境界与高度，用刘勰《文心雕龙》中的话说，就是"夫缀文者情动而辞发，观文者披文而入情"。审美创造者通过审美情感的酝酿、语言的选择、文学的修辞，由情到辞，由生活到艺术形式，由外物的接触发兴感到审美创造的观象构思，从而完成作品的创造，即一度审美创造。鉴赏者则要披文入情，进入对作品的理解和创造性解读，从而使艺术创造的审美价值得于更充分的传达与显现。因此，如何去理解与接受，刘勰提出了"六观"说，要从文学作品的位体、置辞、通变、事义、奇正、宫商（韵律）等方面去进行文学鉴赏，为我们进行审美理解提供了重要的参考。当然，刘勰还停留在作品中心论的层次，还没有看到审美主体的"作用"，忽视了审美理解中审美主体的独立性、能动性、积极性与创造性，审美主体与审美对象尚处在静态的认识与被认识，理解与被理解的状态，审美主体的觉解与二度审美创造的沟通性和延续性尚未得到充分展现。审美创造与审美理解在审美活动中是缺一不可的，他们不仅互相依存，而且在互动与沟通中达于新的更高、更丰富的审美价值的创化生成。[1]

由此可见，审美价值的生成，离不开作家艺术家的一度审美创造，是艺术家的一度审美与欣赏者的二度审美过程中的主体性沟通的结果。[2] 在一度审美创造的阶段，作家艺术家受到某种启示或触发，将自己的经验与感受，生活积累与人生思考从无意识的、不自觉的、混沌无序的状态经审美观审而赋形，化眼中之竹为心中之竹，心中之竹为纸上之竹，从而创造出艺术形象，通过审美形象的创造展现作家艺术家的心灵境界。一旦艺术家完成这个过程，艺术作品就获得了独立性，作为独立的艺术生命的表现，展现在我们面前。这时，纸上之竹已非心中之竹，它与艺术创造者的心灵境界有同构性但并非完全吻合；纸上之竹更非眼中之竹，因为它从参与了作家艺术家发杂的人生体验，审美感受，体现着作家艺术家的审美理想，同时还受制于艺术家表达的技巧与艺术表现的能力以及生活观、艺术观。所以面对同样的对象，不同的艺术家的艺术创造的结果是不同的，艺术表现的方式和水平也是不同的。同样一次兰亭集会，曲水流觞，临流赋诗，但《兰亭诗》中各人的诗歌体悟和艺术表现的水平不同；王羲之的兰亭诗很一般，但为兰亭联诗所写的《兰亭集序》却成为千古美文，将自己的生活感受、审美情感、人生情趣和哲学感悟进行了充分的表现，"虽无丝竹管弦之盛，一觞一咏，亦足以欣怀！"面对

---

[1] 骆锦芳：《从〈知音论〉看文学接受与审美诠释》，《语文学术》，云南民族出版社，2006年7月，第28页。
[2] 李健夫：《现代美学原理》（修订版），中国社会科学出版社，2002年，第298—310页。

时光的流逝，美好事物的难于把捉，不禁感慨万端："向之所欣，俯仰之间，已为陈迹，犹不能不以之欣怀。"不仅如此，他还以其高超的书法艺术表现水平，创造了流美生动、自然高逸的书法之美，使之成为书法艺术的杰作，被称为古今行书第一，后世更推尊为神品第一。其艺术水平之高，境界之美，以至王羲之自己都想再写一遍，但却不能第二次再写出这样风神俱美的作品。因为艺术创作的情景、艺术家的生命状态已经发生了变化，那种心手相应、神形俱备的创造激情，挥洒自如的状态一去不复返了。同时，艺术家对各种艺术表现手法的运用水平不同，其结果也就不一样。如同样是王羲之，同样面对兰亭集会，但文章与书法都写得独步天下，尤其是书法之美，如"龙跳天门，虎卧凤阁"，成为晋人精神风流的代表，卓绝古今。但诗歌的创作，则只是聊以表达了其时个人的感受而已，并没有表现出特别的创造性。因此，在同样的情境中，同一个艺术家，因其艺术表达方式选择的不同，所达到的艺术表现的境界也往往是不一样的。而对艺术家创造的作品的理解与鉴赏中，对其审美境界的体悟，也往往因时因地，因理解者的情境和鉴赏水平不同而见仁见智。

第八章
审美创造论

　　审美创造论，主要研究人类审美创造的内在规律，并以内在规律为依据，说明审美创造的发生、审美创造的发展史、审美创造与人生意义的实现、审美创造对人类文明发展的推进作用。

　　审美创造是审美活动的高级阶段，是审美经验积累到一定程度的结晶，其典型形态是艺术创造，但它并不局限于艺术创造，艺术创造必须要有物态化的产品，而审美创造可以没有物态化的产品，它比艺术创造要宽泛得多，可以表现为生活审美、自然审美、艺术审美过程中的独特的个体领悟。审美创造不仅是当下审美的质的飞跃，同时也能影响、指导、提升今后的审美活动，它是审美历程中的路标，不仅标示了当下审美活动的高度，同时也开拓了新的审美方向。这表明，审美创造并非是相互孤立的个体领悟，它同时也使审美的历史成为可能，正是它构成了审美活动的网结，使审美活动成为既相互延续又不断变异的历史，并最终形成既纷繁复杂又脉络分明的网络。审美创造开拓了审美活动的新境界，同时也启示了人类生存的新维度，并推动人类历史不断走向未来。

第一节　审美创造的发生

　　过去的美学研究在谈到审美创造的发生问题时往往会分别论述审美创造的历史发生和审美创造的个体发生，这是一种缺乏理论提升的材料堆砌，实际上，审美创造的历史发生与审美创造的个体发生只是从不同的角度论述同一个问题，即审美创造何以能够发生并如何发生的问题。审美创造的历史发生侧重的是审美创造初次发生的动力机制，而审美创造的个体发生侧重的是审美创造再次发生的动力机制，这两个机制实际上只是同一种动力在反复启动而已，研究审美创造的发生不是要去研究这种动力每次启动的具体情境，这种研究是没有穷尽的，而是要研究这一动力究竟是一种什么样的力量，只有这样，我们才能进入审美创造的发生问题本身。

一、审美创造的内涵

"创造"在西方是一个非常具有神圣性的词，因为"创造"不同于普通的"制作"，它最初是指上帝的创世活动，直到文艺复兴之后，人们为了提高艺术家工作的地位，才把"创造"一词用在了艺术领域。可见，艺术创造、审美创造与创世活动具有同等的高度，它不是把已经"存在"的世界"呈现"出来，而是要使世界从无到有的"存在"，因而也是在创世，如果说上帝"创造"了世界，那么审美创造就是对世界的"再造"。因此，审美创造并不是依照现实世界的参照系来反映现实世界，审美创造恰恰是要设定新的参照系，现实世界也要在这一新的参照系中重新赋予意义，我们不能用现实世界来衡量审美创造的意义，而是要用审美创造来衡量现实世界的意义，这就是为什么我们总觉得审美创造不只是给了我们知识而且也给了我们启示的原因。当然，这里所说的世界并不是科学意义上的物质世界，也不仅仅是人的精神世界，而是"现象世界"，即我们通过一切途径所能体验到的世界，因为只有能被体验到的世界才是对我们"存在"的世界，然而，这一体验世界并不是上帝预先设定好的，而是在历史发展过程中逐渐生成的，而审美创造所从事的正是这一生成世界的专职工作。我们所说的"现实世界"其实并不是"客观实在"的，它不可能脱离人的体验而存在，它总是已经融入到了人的体验结构中，格式塔心理学的研究成果已经充分证明了这一点，我们体验任何事物时，总是要预先设定一个图形—背景的结构，也只有在这一结构中，我们才可能体验到"事物"，而不是杂乱无章的混沌，当我们改变这一图形—背景结构时，事物也必然会随之改变。如果把格式塔心理学的这一成果进一步哲学化，我们就可以说，图形—背景结构就是我们体验世界的参照系，只有通过某个参照系，我们才能体验到世界，而当我们调整参照系时，我们所体验到的世界也必将发生变化，也就是说，我们将会体验到一个别样的世界，审美创造对世界的再造正是通过对参照系的调整来实现的。然而，值得注意的是，人并不可能置身世外为世界设定参照系，参照系是人也参与其中共同构成的在世结构，因而，对参照系的调整也就是对人自身的调整，是人在世界之中领悟世界的成果，它本身是一个极为艰难的过程。

审美创造是对世界的再造，是通过参照系的调整提供给我们一个新世界，因而其价值就不再能够通过已经被重组了的现实世界来衡量，它与现实的关系不是简单的虚构与真实的关系，它所提供给我们的也不再是现成的现实世界的知识，审美创造已经对现实世界作了结构性提升，现实世界中的一切必须在这一新世界中被重新评估，两者之间的关系就像类人猿与人的关系，人已经是对类人猿的提升，因而我们不再能用类人猿来解释人类，相反，类人猿的一切已经在人这里获得了新的意义。可见，审美创造论与审美反映论并非是同一问题的不同提法，两者之间具有本质的差别，审美创造不是对现实世界的反映，而是对现实世界的超越，为现实世界树立一个新的标杆，并在这一标杆下重估现实世界中的一切价值。这同时也揭示出世界并非只有一个形态，而是具有无限个形态，世界不是现成的，而是生成的，审美创造也可据此分为两个层次，它既可以设定一个新的参照，呈现一个新的世界，但也可以打破一切参照，彻底揭示世界的生成状态，前一个层次给予我们新的启发，后一个层次让我们彻底觉悟，显然，后一个层次要高于前一个层次，但也是较难达到的一个层次。

二、审美创造的发生机制

审美创造的发生机制主要研究作为日常生活中的常人为什么能够进行审美创造？其进行审美创造的条件和契机是什么？他又是如何实现审美创造的？从这些研究的问题当中，我们也可以发现，所谓审美创造的历史发生和审美创造的个体发生实际上是同一的，回答了这些问题，两者就都得到了解答。

审美创造的发生机制主要可以分为三个环节，即审美创造者的经验重构、审美创造者的天眼洞开和日常经验的整体变形。

1. 生活经验的构成与重构

人在日常生活中，其生活经验、世界图景并不是与生俱来的，也不是由若干碎片机械拼凑起来的，而是根据经验结构组建起来的，没有这一结构，世界图景只能是一片混沌，康德把它称之为"先验图式"，但他认为这一图式是固定的，不能改变的，也没有说明这一图式是如何形成的。马克思运用历史唯物主义方法发现，先验图式实际上是人们在长期的历史实践中积淀下来的，从而发现了先验图式的动态生成结构。与此同时，格式塔心理学也从心理学层面发现，人们的世界图景是在图形—背景的结构中生成的，人们在感知物体时总是已经事先设定了背景。实际上，而这一图形—背景的先天结构正是由文化传统、日常习俗等长期塑造而成，它不是一成不变的，可以随着社会实践的变化、审美活动对日常生活的超越而发生变化。日常生活经验就是当人们处在日常生活境遇中时根据已有的图形—背景结构构成的，人们从儿童时代开始就已经在成人的指导和规约下逐渐形成、调整自己的视阈结构，并根据这一视阈结构来组建自己的日常世界，世界图景也在儿童眼中由混沌逐渐变得清晰起来。这一过程就像拍照时的调焦活动，根据拍摄需要进行相应的焦距调整才能获得清晰的图像，而当拍摄需要发生变化，摄影师就必须重新调整焦距，以便获得另一种不同的清晰图像。同样，审美创造者在日常生活中由于传统和习惯的力量总是已经形成了自己的世界图景和生活经验，总是已经把某些东西当做图形和背景，这是日常生活中的常人所没有意识到的，而审美创造者在深入体验生活、反思生活的过程中逐渐发现了这一世界图景并非铁板一块，他也逐渐意识到原有世界图景的图形、背景并非是理所当然的，在某些新的参照系下它们可以相互转化，可以重新组织，从而模糊地意识到可能形成一个新的世界图景，并为此而进行各种各样新的尝试。因此，审美创造者在体验生活时，他们并不满足于享受日常生活本身带给他的感受，而是在进行艰苦地探索，他们不停地松动甚至打破原有的图形—背景结构，试验各种各样的调焦效果，以便能够发现一个新的世界。从某种意义上说，正是审美创造者对世界的重构活动才使他取得了与上帝对世界的原创活动同等的地位。

2. 审美创造者的天眼洞开

审美创造者在体验生活的过程中不断调整自己的经验结构，而当某个新的世界图景突然呈现在他面前时，他也就获得了一种审美发现，这一发现不是任何日常生活中的常人能够获得的，它是审美创造者长期探索并超越日常生活的"天眼洞开"。因而，审美创造者的"天眼"所发现的绝不只是某种被人们忽视了的日常生活的细微处或深刻处，而是与日常生活异质的另一个新的世界。对于这一新的世界，过去的摹仿说和表现说都不足以说明。摹仿说从西方古希腊时期即已诞生，它认为审美创造只是对现成的日常生活的影射，因而其地位永远不可能超出其日常生活的原型，柏拉图就是这一理论的支持者。后来的亚里士多德对柏拉图的这一理论进行了批判，认为"诗人的职责不在于描述已经发生的事，而在于描述可能发生的事，即按照或然律或必然律可能发生的事"，因而他发现诗比照搬现实的历史包含更大的真理性。这一观点表面看超越了柏拉图的摹仿说，但实际上只是深化了这一理论，并没有从根本上超越这一理论，因为所谓或然律与必然律仍然是现实中的现成的规律，它虽然超越了日常生活中的事件，但却没有超越日常生活本身，即它依然是对此岸世界的摹仿。这一问题被后来的德国学者奥尔巴赫揭示了出来，为了强调审美创造对日常生活的超越性，他提出了西方摹仿论的另一传统，即以《圣经》为代表的对彼岸世界的摹仿传统，然而，彼岸世界虽然超越了日常世界，但它却早已被宗教描绘过了，早就已经在信徒心中存在了，对彼岸世界的摹仿不过是把这一早已现成的世界照搬出来而已，它和柏拉图和亚里士多德的摹仿理论并没有本质的差别。文艺复兴之后，人的主体地位被人发现，人们不再满足于审美创造对客观世界的摹仿理论，转而提出审美创造对主观情感的表现说，例如华兹华斯认为："诗是强烈情感的自然流露。"然而，与其说表现说超越了摹仿说，不如说它改变了摹仿说的摹仿对象，把它从客观世界转向了主观世界，而所谓强烈情感不过是在日常生活中产生的情感，审美创造不过是把人们在日常生活中已经具有的现成情感传达出了而已，正如托尔斯泰所说的，"有意识地把自己体验过的感情传达给别人，而别人为这些感情所感染，也体验到这些感情"。总之，摹仿说和表现说都是把审美创造当做一种传达工具，都认为审美创造只是把日常生活原样复制出来，因而它们在本质上并没有审美不同。

实际上，审美创造之所以在文艺复兴之后能够被用"创造"一词来形容，就已经表明其绝不只是复制，它必须要创造出一个新的世界，即审美世界。审美世界异质与现实世界，它不是对现成世界的复制，而是要重新生成一个新的世界，这一新的世界是在新的参照系下对现实世界的重构，是在新的图形—背景结构中重组现实世界，也是从一个新的视角来重新看待现实世界。因而，审美创造并不只是为我们提供一幅现实世界的复印件，也不只是像放大镜和显微镜那样为我们提供一幅现实生活的细微图景，而是要为我们提供一个新的看待世界的方式，这一新的方式能够为我们展示一个新的世界景象，让我们从中获得一种新的生活意义。同样，审美创造也不是对日常生活中现成情感的复制，而是要提供看待这一情感的新视角，也就是说，审美创造表现的并不是情感，而是情感的调子，即情调。这里有必要作一下说明，审美创造提供的新视角并不只是从不同的侧面在表现同一个世界，世界在新的视角之下必然要发生变形，从而生成出一个具有异质性的新世界，这就过渡到了我们的下一个问题，即日常生活经验在审美创造中的整体变形。

3. 日常经验的整体变形

当审美创造者在审美发现中获得了一个新的参照系时，日常世界必然要在整体上发生形变，从而从日常世界中生成出一个新的世界。由于新的参照系的发现，原有的图形—背景结构被改变，新的生活意义必将呈现出来。因此，审美世界并非与现实世界无关，它就在现实世界之中，但又异质于现实生活，这就是我们为什么在欣赏审美创造的物化形态——艺术时总感觉它表现的现实生活有点变味的原因。实际上，审美创造使用的就是现实生活的材料，它改变的只是现实生活的参照系，以便使其分泌出一种新的意义。

现实世界发生整体变形之后，审美世界也就呈现了出来，而现实世界中原有的一切必将在这一新的审美世界中呈现出新的意义，我们也必将对它们有一种新的看法。举一个我们非常熟悉的诗句来说明这个问题，即"春风又绿江南岸"句，在日常生活中，我们通常认为是春风又到江南岸、春风又过江南岸，但这种在现实生活背景中的春风只是自然界中的一种自然现象，它只能把我们导回到现实之中，我们从中获得的只是我们在现实生活中早已获得的日常生活图景。然而，"春风又绿江南岸"中的春风就不再是日常生活中人们早已习惯了的自然现象，而成了具有创生能力的造物主，正是这一春风绿化了整个江南，整个春天的印象也从习以为常变得生机盎然了。同样，绿也在人们心中获得了新的意义，本来，绿只不过是春天的一种颜色，但这里没有被用作名词，而是用作了动词，这样，绿就不仅仅是一种现成的颜色，而是动态的生成过程，整个春天就在这一"绿"中逐渐呈现了出来，因此，诗句中的春景不是从现实生活中复制而来的现成的春景，而是在作品中通过整体变形现场生成的动态的春景，读者也因此从中获得了一种生命勃发的感触。可见，春风和绿并非是现实生活以外的事物，但通过诗句的整体变形它却获得了一种别样的意义。

第二节 审美创造的文化形态

一、审美文化界说

提到审美文化,自然少不了要先说说什么是文化(culture)。关于"文化"的界定、阐释,古今中外向来众说纷纭。西语中的"文化"源于拉丁文 cultura,原意为耕作、培养、教育、发展、尊重。18世纪德国启蒙主义思想家赫德尔、19世纪英国著名人类学家爱德华·泰勒、20世纪英国文化研究理论家雷蒙·威廉斯、德国哲学家卡西尔、美国文化批评家丹尼斯·贝尔和弗雷德里克·杰姆逊、美国人类学家阿尔弗雷德·克洛依伯和克莱德·克勒克荷恩等对"文化"都作过解释,下过定义。他们或从人种学的角度,或从人类学的层面,或从民族学的范畴,或从社会学的立场,或以后现代的视点及符号学的方法,将"文化"的内涵、外延、性质、类别、构成因素等方面进行了条分缕析的探究和划分。

赫德尔在其《人类历史哲学概要》中认为:首先,文化是一种社会生活模式,它的概念是一个统一的、同质的概念,社会生活的方方面面,人类活动的一言一行都是其中不可或缺的组成部分;第二,文化总是一个民族的文化,而非他族的文化;最后,文化有明确的边界,它作为一个区域的文化,总是与其他区域的文化有着明显的区别。在泰勒的理念中,文化"是一种复杂的整体,包括知识、信仰、艺术、道德、法律、习惯及作为社会成员的人所获得的任何其他能力和习性"。中国古汉语中的"文化",其根本含义为"文治教化",反映了儒家的文化功利主义,其如汉代荀悦所言:"宣文教以彰其化,立武备以秉其威。"

尽管对"文化"的论述如此之多,但给"文化"下一个定义却并非易事,因此,我们认为:文化作为人类社会现象,是一个错综复杂的社会集合体,是历史积淀的产物——人类的实践能力、实践方式和实践结果,既是物质的,又是精神的;既是心理的,又是习俗的。具体涉及价值观念、信仰习俗、群体意识、行为习惯、思维模式、语言运用、心理结构、社会礼仪、生活方式、艺术旨趣,以及与之相关的物质形式、物质产品。总之,如卡西尔在《人论》中所言:凡属人类的符号表意系统的各种实践活动都是文化。文化具有民族性、地域性、时代性、互渗性。不同的民族会有不同的文化背景(民族心理、民族情感、民族信仰);不同的区域会有不同的文化选择(民族心理、民族情感、民族信仰);不同的时代会有不同的文化崇尚(审美情趣、审美理想、审美创造)。然而,不同民族之间、不同区域之间、不同时代之间的文化也并非老死不相往来,文化的交流互渗乃是不同民族、不同时代、不同区域文化相互促进发展的重要因素。

关于"审美",在中国文人的心目中往往是与高雅、神圣、纯粹相连的词语,特指一种不同于现实世界的"第二自然"。通俗地说，就是对美的追求、创造和享受。从本义上来说，就是人的价值的显现过程，人的本质力量得到确证的过程。它追求一种超然于日常平庸人生之上的纯粹精神体验——无功利性，具体包括各类艺术及其富有纯粹精神性内涵的自由情感活动。大约自20世纪90年代初始，随着社会生活日趋审美化的显露，"审美文化"一词在中国美学界频繁出现，并成为美学界关注的问题。其实，审美文化概念早在德国美学家席勒的《美育书简》中就已首现。席勒从自己的现代性启蒙理想和美学思想体系出发，将审美文化列为与道德文化、政治文化相对的一种文化形态，并将其视为实现人类理想文化的基本途径。因为在席勒看来，人在审美文化中把美的形象作为感受对象，并以自由想象的方式与之游戏，从而使人摆脱了对自然物的实在需要，也摆脱了道德或政治原则的强制性，进入想象力对形式的自由游戏状态中。所以，审美文化将会把人类文化带入最高的理想境界之中——审美王国。之后，英国文艺家阿诺德、英国哲学家赫伯特·斯宾塞，以至现当代西方马克思主义美学家阿多诺、克拉考尔、洛文塔尔、布尔迪厄、伊格尔顿等人也对"审美文化"有所论述。西方学者认为"审美文化"研究的一个共同点是，他们往往将审美的研究置于整个文化发展的序列中，其特定历史内涵虽然经历了从乐观主义到悲观主义的现代性视点转换，而其理想原则和精英意识却始终未曾被抛弃。

简言之，审美文化就是人类文化中具有审美属性的行为和成果，既包括纯艺术审美活动（狭义的审美文化），也包括与日常生活相关的一切具有审美因素的审美行为（广义的审美文化）。诸如文学创作、书画创作与谱曲，影展、画展、文物展、时装、广告与装潢，唱歌、跳舞和游戏，还有如美容、美发与美体，插花、品茶与旅游，甚至于饮食衣着、建筑工艺、日常用品、礼仪往来、待人接物等，都包含有丰富的审美文化元素。

二、当代审美文化的基本特征

1.多元化。当代社会是一个思想和思维都极其活跃的一个时期，当代审美文化呈现出多元并存的格局：正文化与亚文化、高雅文化与通俗文化、大众文化与精英文化、主流文化与民间文化、视觉文化与"粉丝"文化、山寨文化与草根文化等，大有百花齐放之景，百家争鸣之势，体现出审美文化的繁荣与昌盛。

2.互融性。当代审美文化的互融性表现在三个方面，其一，文化形态的相互混融。各个层面、各种形态的文化之间，虽然也曾有过或明或暗、或强或弱的争锋与摩擦，但渐渐地趋于和平共处，甚至出现相互借鉴、相互融合、共同繁荣的祥和景象。例如，"红色"谍战影片一改往昔严肃题材的拘谨与刻板，幽默诙谐中不乏搞笑与夸张，如电视剧《潜伏》和《冷箭》即如此。重大政治题材的电影则因搭上了"明星效应"而获得广泛的审美接受。再如《建国大业》、《南京！南京！》等，武打影片中加入了国家民族文化的元素，既牵住了观众的眼球，又提升了影片的品位。又如《神话》、《十月围城》等，也是如此。好莱坞电影《阿凡达》在运用高科技手段的同时，不忘"和平"、"拯救"与"环保"的全球性主题，大创票房"神话"。其二，雅俗共赏。随着各种文化品类的相互融解，"雅与俗"的界限也渐渐淡化、模糊，高雅中飘荡着凡间的烟火，流俗中闪现着神圣的灵光，如城乡"同唱一首歌"，老区军民"心连心"，"二人转"走红全中国，"原生态"唱响"青歌赛，""云南映象"催生文化产业等，在雅文化的俗化，俗文化的雅化中达到了艺术审美新境界。其三，艺术生活化，生活审美化。传统意义上的纯粹审美因素已化入日常生活之中，而日常生活之中的审美影迹也无所不在。例如，吃（饮食文化），讲究色彩美、香料美、滋味美、造型美、生态美；穿（服饰文化），讲究款式美、品牌美、质地美、精致美；住（建筑文化），讲究宽敞美、玲珑美、装潢美、光影美、结构美等，美无处不在。

3.视觉化。丹尼尔·贝尔在《资本主义文化矛盾》中曾声称："当代文化正在变成一种视觉文化。"德波在《景观社会》中也说："在现代生产条件无所不在的社会，生活本身展现为景观（spectacles）的庞大堆聚。直接存在的一切全都转化为一个表象。景观成为主导性的生活模式。"由于"世界被把握为图像"（海德格尔），电影、电视、广告、漫画、网络、杂志等，如安吉拉·默克罗比《后现代主义与大众文化》所言："图像硬是挤进了社会生活的肌理之中，我们怎么看，我们搞什么，在什么地方都有图像出没，甚至在我们为贴单、住房和抚养孩子操心的时候，图像也仍然和我们在一起……广告牌上的广告总是显现出一个不受任何规范约束的图像，令人不快地强加给哪怕是最顽固的过路人。"又如蒋继华在《媚：感性生命的欲望表达》所说的那样，"人们正以视觉化、图像化的方式来认定这个世界的存在，'看'被赋予了一种崭新的意义，那些现象背后的真理、本质、价值等被挤压成一个平面，湮没在浩如烟海的符号世界中。"此外，音乐的视觉化（MTV），电视的"串播"语法（零碎片断的集合），刊物的"拼贴"策略（图配文），画面因此成为"漂浮的能指"，其意义不知"所指"，如黄会林《当代中国大众文化研究》所言："表象掩盖了意义，情感让位于愿望，表演取代了存在，片断取代了整体，并走向虚无化。"

4.世俗化。夏之放《当代中西审美文化研究》中认为，"世俗化已经成了当代审美义化的主要特征"。杨东平《城市季风——北京和上海的文化精神》中说："世俗化的社会学和政治学含义，是指传统社会在走向现代化的过程中，社会生活的理性化过程：曾经驾驭控制社会生活的神圣的、宗教的、政治的和意识形态权威逐渐为现代社会的实效、成就、普遍主义、合理主义等新的准则所取代。其外在的表现如社会生活的逐渐非意识形态化，政治与经济生活和日常生活的疏离，商品经济基本价值的确立等等。"其中，大众文化是当代审美文化世俗化的一个相当重要的因素，它对正统意识形态来说是一支强有力的解构力量，犹如李泽厚《东方·关于文化现状与道德重建的对话》所言："大众文化不考虑文化批判，唱卡拉OK的人根本不去考虑要改变什么东西，这就是对正统体制、对政教合一的中心体制的有效侵蚀和解构。"

三、审美文化的基本形态

审美文化是人类审美活动的综合体现，它作为人类发展的一种高级形式（高级阶段），呈现出丰富多样的形态状貌。从不同的角度来看，审美文化大致可分为：古代审美文化与现代审美文化（时间）；西方审美文化与东方审美文化（空间）；物质审美文化与精神审美文化（性质）；高雅文化与通俗文化（品位）等。立足于当代审美文化的实际情况，在综合各种文化因素的基础上，从文化的创造者和受众所处的社会地位出发，审美文化大致划分为四种形态：主流文化、精英文化、大众文化和民间文化。

1. 主导文化

主导文化（dominant culture），是在各种文化竞争中形成的，具有高度的融合力、较强大的传播力和广泛的认同感，并对社会发展的进程和方向起主导、引领作用的文化形态。其文化产品的外在生活内容往往与社会历史发展的重大变迁相依相随，而其内在精神又常常是与党和国家政府的政治思想路线一脉相通。如新中国文学中的《暴风骤雨》（周立波）、《太阳照在桑干河上》（丁玲）、《小二黑结婚》（赵树理）、《百合花》（茹志鹃）、《雷峰之歌》（贺敬之）、《甘蔗林——青纱帐》（郭小川），还有古华的《芙蓉镇》、蒋子龙的《赤橙黄绿青蓝紫》等，主导文化的精神指向，从各个不同历史时期的生活画面中得到了生动形象的映现。

主导文化的基本特征表现为：

（1）意识形态性。主导文化是特定历史时期、特定社会背景的特定产物，其中渗透着一定时代统治阶级的思想和意识，代表着统治阶级的利益和巩固统治的目的，反映着统治阶级的意识形态观念，其文化产品的思想内容往往与国家的大政方针政策密切关联，如《开国大典》、《建国大业》、《尘埃落定》、《金凤花开》、《亮剑》、《士兵突击》等，均充满了国家统一与民族团结、改革开放与社会发展、国民精神与党风建设等浓烈的主流意识形态色彩。

（2）教化性。儒家文化历来倡导文化艺术的政治教化功能，如"诗言志"说、"美刺"说、"诗教"说、"诗无邪"说、"兴观群怨"说、"中庸""中和"说、"正变"说等，均对文学艺术的教化内蕴做了全面深入、细致的阐释、论证，并因其与统治者和各阶层群体的共同要求愿望相符合而得到了广泛的认同。故此，《诗经》因"思无邪"被奉为传世经典，"文以载道"因合乎"礼化"而被奉为选文圭臬，《岳阳楼记》因合于"乐以天下，忧以天下"的人生境界而被推崇为人格教育的至善范本。当代的"主旋律"、"五个一工程"同样也是为了让公众在感兴中受到"正统"思想的熏陶教育，使改革、反腐、振兴、奉献的思想深入人心。

（3）主导性。由于主导文化是由统治阶级倡导推行的文化，在某种意义上来说，它也代表了社会生活中大多数人的利益和追求，再加上潜意识中"正统"思想观念潜移默化的影响，因此主流文化对广大民众的思想审美意识有着举足轻重的主导作用。主流文化的文化因子虽然在不同的历史时期会有轻重、主次、多少、明暗的不同呈现，但主流文化作为一个国家、一个民族历史积淀的结果，"正统"的意识观念总是会如影随行地影响着人们的思想，滋养着人们的精神，塑造着人们的品格。

（4）时代性。不同的社会，不同的时代，都有着当时当代居于主导地位、产生主要影响的文化主流。中国封建时代的文化主流一直是以儒家学说为先导，西方自中世纪以来的主流文化则以基督教为中心。现阶段，我国正处于社会主义建设的初级阶段，国家提倡的是弘扬传统文化，建设有中国特色的社会主义文化。在主流意识的引领作用下，"红色文化"成为中国当代具有共识性的主流文化。

2. 精英文化

提到精英，总是会让人想到社会生活中的杰出人物，以及有着渊博学识、高远志向和高雅审美趣味的文人知识分子，即所谓"铁肩担道义，妙手著文章"的文化高手。由此思之，精英文化（elite culture）就是指由具备较高文化艺术素养的文化精英阶层所创造的，以表现人类的理想、精神、追求为己任，富有深厚文化内蕴、高尚生命情怀、高雅艺术旨趣的审美文化形态。具体说来，精英文化往往是指那种具有经典性、超越性的审美文化产品，是经过历史淘洗、久经实践检验具有顽强生命力的文化结晶体。诸如古今中外影响深远的文学名著，久负盛誉的艺术珍品，均属此类。

精英文化的基本特征：

（1）启蒙性。启蒙（enlighten），本义为以光芒把事物照亮，引申为使蒙昧者变得有知识教养和理性。"启蒙"往往"包括人们自我意识的唤醒；主体意识的建立；精神难度的开拓；美感、崇高感和羞耻心的培养；感受反应方式以及整个历史地形成的文化心理结构的转换。"[1]从18世纪的欧洲启蒙运动到中国的"五四"运动，鲁迅"救救孩子"的呼唤、呐喊，"治国济世，宣道立德"的精英意识一直是先进知识分子安身立命的行动准则。精英文化性质的艺术作品往往"着重描述对社会乌托邦的憧憬追忆和由乌托邦失落引起的伤感困惑，并且使知识阶层的自我意识——主体——成为艺术作品的中心，这些作品一般都围绕着主体的失落、追寻、迷茫、重建展开，并形成了一整套主体性的文学理论"。（陈刚《大众文化与当代乌托邦》）如屈原的《离骚》、杜甫的《春望》、余秋雨的《文化苦旅》，以及但丁的《神曲》、歌德的《浮士德》、海明威的《老人与海》等等。

（2）理性化。如果说启蒙是精英文化的社会责任感和历史使命感使然，那么，理性化则是精英文化担当"启蒙"的有力思想武器。精英文化不是仅仅满足于当下此刻的感性体验或仅仅以瞬间的快乐为指归，而是重在强调强烈的批判精神和深厚的人文关

---

[1] 高尔泰：《文学的当代意义》，转引自夏之放主编《当代中西审美文化研究》，山东教育出版社，2005年。

怀。理性化与批判性意味着精英文化对社会、历史、宇宙的深刻思考，对社会、人生、现实的深切关注和对社会痼疾、不良现象的积极反思与质疑。其中，有对个体自我灵魂的细腻解剖，如鲁迅的《一件小事》；有对知识分子群体陋习的无情揶揄，如钱锺书的《围城》；还有对封建群儒面目的冷峻鄙视，如吴敬梓的《儒林外史》；有对文化的反思与探寻，如"反思文学"与"寻根文学"；更有对国家、民族前途命运的悲叹与忧愤，古代如杜甫的《春望》与《登高》，现代如沈从文的《箱子岩》与《云南看云》。尤其是在《云南看云》中，沈先生面对国难当头时国民的颓废，不禁忧心如焚："如果一种可怕的实际主义，正在这个社会各组织各阶层间普遍流行，腐蚀我们多数人做人的良心，做人的理想，且在同时把每一个人都有形无形市侩化，社会中优秀分子一部分，所梦想，所希望，也都只是糊口混日子了事，毫无一种较高的情感，更缺少用这种情感去追求一个美丽而伟大的道德原则的勇气时，我们这个民族应当怎么办？"痛心疾首之中饱浸着对国家、对民族、对历史的深切关怀与关注！

（3）个性化。从精英文化的其他特征中不难看出，精英文化的创造者致力于维护和追求一种纯粹的精神价值。《今日先锋》刊首语就曾宣称："先锋源于恐惧——对精神侏儒的恐惧；先锋期求空间——所有物质文明永远不能提供的空间。"与大众文化产品的"集体码字"截然不同，精英文化产品的成熟往往由个人独立亲自"下田蓐秧"，"入地爬格"而就，其间渗透着耕耘者的艰辛和汗水，同时自然而然地融入了创造主体的个性气质和切身体验，有着不可再造、模拟与复制的唯一性和独特性。个性化创造主要体现在：

第一，生活体验的个性化。此即以独到的眼光，独特的视角透视出社会生活的深层意蕴和深刻本质。如鲁迅从"狂人"看出了封建社会的"吃人"本质，沈从文从"箱子岩"发现了国民精神中不思进取的痼疾，贾平凹从"丑石"悟出了平凡中蕴涵的无限与伟大。与独特体验相联系，"主体意识"的强烈张扬也充分体现出优秀文学作品的个性化特征，如新时期作家由于"自我主体意识"觉醒而进行的对"自我""心灵"的烛照与探视，此以苏童、余华等人为代表。

第二，人格品质的个性化。中外文学宝库中，不仅有裴多菲的《自由颂》、雪莱的《西风颂》，也有郑板桥的"咬定青山不放松，立根原在乱崖中。千磨万折还坚劲，任尔颠狂四面风"；徐渭的"半生落魄已成翁，独立书斋啸晚风。笔底明珠无处卖，闲抛闲掷野藤中。"还有许许多多文人雅士的铿锵之语："安能摧眉折腰事权贵，使我不得开心颜"（李白）、"穷且益坚，不坠青云之志"（王勃）、"生当做人杰，死亦为鬼雄"（李清照）、"人生自古谁无死，留取丹心照汗青"（文天祥）等，无不体现出卓然而立的高尚人格品质。

第三，艺术形式的个性化。在精英文化产品中，由于创作是充满个性化的心灵体验，一成不变地套用传统形式很难显示出创造者独特的个性气质与魅力。因此，在学习借鉴的基础上，打造别具一格的体裁样式、创立独树一帜的语言风格、建构耳目一新的结构框架、谋划出奇不意的表达策略，成为文化精英审美的至上追求。

第四，风格的个性化。此类例子不胜枚举，李白的洒脱飘逸，杜甫的沉郁顿挫；苏轼的粗犷豪放，柳永的细腻婉约；鲁迅的犀利尖锐，郭沫若的奔放浪漫；舒婷的典雅端丽，北岛的理性冷峻，都表现出极其鲜明的个性化风格特征。

（4）理想化。"桃花源"不唯是陶渊明的专有私属，也是文化民人的精神活水。精英文化对现实的反思、批判、质疑，不可避免地会产生对理想世界的憧憬与向往。

3. 大众文化

"大众文化"是一个意义纷繁，内涵丰富的概念，在中国人的习惯思维中，它被视为"人民大众的文化"（"大众"，意指无产阶级的广大人民群众），因而具有特殊的意识形态化意味。而作为审美文化学概念的"大众文化"，则有着鲜明的时代特色。当代中国学者提出了自己的观点和看法，试列举下：

（1）陈刚的《大众文化与当代乌托邦》认为：大众文化是在工业社会中产生，以都市大众为其消费对象，通过大众传播媒介传播的无深度的、模式化的、易复制的、按照市场规律批量生产的文化产品。

（2）陈灵强的《多维视野中的大众文化》认为：大众文化是一种伴随着工业化和城市化的出现而兴起的文化。"工业化"与"城市化"决定了大众文化的文化形态、受众、传播方式、运作手段和审美品格。简单来说，大众文化是以大众传播媒介（主要是电子媒介）为手段，按商业规律去运作，旨在使普通市民获得感性愉悦，并融入其生活方式之中的日常文化形态。

（3）陶东风主编的《大众文化教程》认为：大众文化是指随着现代大众社会的兴起而形成的，与当代大工业生产密切相关，以大众传媒为主要传播手段，进行大批量文化生产的当代文化形态。

（4）李陀、杨建平在《失控与无名的文化现实》[1]一文中则认为：大众文化是一个特定的范畴，它主要是指与当代大工业生产密切相关，并且以工业方式大批量生产、复制各类消费文化商品的文化形式。

除以上论述外，作为当代审美文化的主要表现形态的大众文化，又是与当代西方文化密切相关的一个特有概念。在西方不同文化学派的理论中，"大众文化"相当于"mass culture"（群众文化），如德国法兰克福学派的学者认为，"整个工业文化把人类塑造成能够在每个产品中都可进行不断再生产的类型"（英国，多米尼克·斯特里纳蒂《通俗文化理论导论》），对社会群体具有极大控制力的"文化工业"能够把社会中的个人塑造成无个性的分子。因此，"mass culture"在法兰克福学派那里，是个带有批判性的大众文化概念。

在英国文化学者雷蒙·威廉斯的观念中，大众文化又是与"popular culture"（通俗

---

[1] 《天涯》2000年第1期。

文化）同义。"'popular'是从普通百姓而不是欲博取他人好感或追逐权力的人的角度做的认定……'popular culture'指由普通百姓自己创造出来的文化。"（英国，雷蒙·威廉斯《关键词——文化与社会的词汇》）。与法兰克福学派不同，威廉斯是在肯定的、甚至是赞扬的意义上使用"popular culture"这个术语的。对于"popular culture"与"mass culture"的两种倾向，中国学者基于二者在使用中相互交叉渗透的实际情况。

大众文化是随着工业化和城市化的出现而兴起的，在当代大工业生产背景之下产生的，以大众传媒为主要传播手段，以都市大众为主要消费对象，按商业规律进行运作，旨在使普通民众获得感性愉悦的一种审美文化形态。主要表现形式为：畅销书刊、流行音乐、网络文学、叫座影视、时尚杂志、新潮时装、创意广告等。

大众文化的基本特征：

（1）现代性。大众文化是伴随着现代文化工业而出现的，并在商品经济大潮的推动之下而成长的新型文化产物，有着与生俱来的现代品质，通体散发着浓郁的前卫气息，凸显着鲜明夺目的潮上特征。其现代性主要表现为：

第一，观念意识的现代性。由于文化的转型，文化人作为文化创造主体转身一变而成为"两面人"，既具有文化人特有的敏锐与智慧，又具有从商者特备的精明与机巧，并在强烈商品经济意识的武装之下以"文化搭台，经济唱戏"，文化"完全掉进了商品世界之中，是为市场生产的，目标也在市场上。"

第二，生产速度的现代性。缘于经济效益的驱使，文化成果的形成周期大大缩短，文化成果往往不再是自然积淀和水到渠成，也毋须心灵的锻造和熔炼。一部合乎时人口味的流行小说，主创者只需拟定一个大致的故事框架，具体的内容情节则由"创作班子"成员分头编写便可新鲜出笼，可谓"分分钟出炉，秒秒钟新鲜"。文化形成产业，"众人拾柴火焰高"。一场文化盛宴，途经几道流水、摆放几个拼盘，便可体面上桌。詹姆逊在《快感与政治》说："美学生产已经与商品生产普遍结合起来，以最快的周转速度生产永远更新颖的新潮产品（从服饰到飞机），这种经济上的狂热的迫切需要，现在赋予美学创新和实验以一种日益必要的结构作用和地位。"

第三，制作手段的现代性。主要体现为高科技（现代电子技术媒介）的广泛运用。电影技术的发展历程自不必多说，而特技、特效的嵌入，确实令现代人叹为观止，如《超人》、《蝙蝠侠》、《蜘蛛侠》、《功夫熊猫》、《泰坦尼克号》、《2012年》等等。尤其是2010年年初上映的《阿凡达》，其特技效果达到了以假乱真的精密程度，一幅幅立体画面扑面而来，使人产生强烈的"身临其境"之感。3D电影世界为幻想和想象带来了更逼真的影像和更刺激的运动——如同声音、色彩在电影中的出现一样，每一次技术的变革都会带来电影的美学变革。

第四，文化成果的现代性。传统的文化成果更多体现为公益性特质——全民共享，而大众文化领域中的文化制作过程及成果则一反传统呈现出大张旗鼓的商业化面孔。"今天的美学生产已经与商品生产普遍结合起来"（詹姆逊语），文化成果堂而皇之变成了相互交易的商品，生产、流通、消费、营销"一条龙"；"商业化"、"市场化"早已耳熟能详;"包装"、"炒作"、"绯闻"、"排行榜"世人司空见惯;"票房收入"、"点击率"、"收视率"已然妇孺皆知……整个文化领域犹如一个现代化大商场,人潮涌动,熙熙攘攘,人声鼎沸,叫卖吆喝之声充斥于耳。

第五,生产方式的现代性。为了迎合大众的趣味、吸引大众的眼球、掏出大众的腰包、扩大营销的地盘、加速资金的周转、缩短成品的周期,模式化生产成为占领市场盈利得益的最便捷方式,电影可以量型"定做",打制出枪战、警匪、科幻、西部牛仔、言情武打等类型剧片;内容题材可以模仿复制,如继《一封家书》后《祝你平安》、《常回家看看》等"同主题"歌曲的涌现;构思路径可以如法炮制,搅得"穿越"小说风起云涌,如《梦回大清》、《步步惊心》等;"穿越"影视"大闹天宫",碧落黄泉来去自由,过去未来无遮无碍,如《寻秦记》、《回到未来》、《越光宝盒》等。再有"续集"、"翻拍"、"套拍"等制作方式,都显示出现代生产的模式化、批量性、复制特征。

(2)娱乐性。基于大众文化的现代性主体特征,娱乐性则是由其派生出来的附属特征。现代人观念中的安逸享乐观念也渗透在形形色色的文化活动中,文化商要追求商业利益,必然要以娱乐为诱饵,再加上高科技手段的使用,不仅缩小了人际之间的时空距离,同时也给生存于各种压力之下的当代人营造了一个轻松、愉悦、潇洒的精神乌托邦——一个悬浮着各种影视、广告、网络的虚拟空间。世俗生活中的各种文化活动均不由自主地注入了休闲娱乐的成分,传统的小品由于"本山军团"的加入而日益火爆。各种娱乐节目频频亮相于电视屏幕,"幸运五十二"、"快乐大本营"、"非常六加一"、"超级女声"、"星光大道"等,吸引着人们的眼球,松弛着人们的神经。

(3)平民化与日常化。大众文化的"大众"性,决定了文化创造主体及文化接受主体、接受方式的平民化特征。王朔被称为"痞子",盖属于下流平民一类,恰与"码字师傅"的角色身份相吻合;李宇春、王宝强出身也并非名门大户;从"星光大道"走过来的阿宝、李玉刚,也是芸芸众生中的微粒。与平民化相联系,大众文化的"休闲"也从公共的娱乐场所走入千家万户而融入日常的生活环境之中,家庭影院、家庭音乐会、家庭书吧、家庭游戏厅,其乐融融而又温情脉脉。

(4)流行性。大众文化的商品化、市场化决定了它的依附性生命特征。受制于市场经济的指挥棒、受制于民众兴趣的风向标、受制于市场风云的瞬息万变,大众文化的潮头也是起伏不定,时而惠风和畅,时而寒风萧萧,惊险跌宕犹如过山车;80年代的港台歌曲,90年代的校园民谣,崔健的摇滚,周董的"青花瓷"……艺术生命的周期总是那么短暂,青春的花蕾总是那么容易凋萎!

(5)创意性。不可否认,大众文化的商业性特征异常突出,然其为了获取丰厚的经济效益,也会想方设法地创制一些卖点和看点,即崇尚一种由哈佛商学院教授罗布·奥斯汀所提倡的"创意经济"——从"工业制造"向"艺术化创造"的转变,以博得广大受众的青睐。

4. 民间文化

民间文化（folk culture），是指在工业文明以前就已产生的，由社会底层民众自发创造的，具有自娱自乐性质的通俗文化形态。民间文化有着广阔的空间条件和广泛的群众基础，因而内容丰富，形式多样。常见类型主要有：民族史诗、神话传说、民间故事、民间歌谣、戏曲音乐、民间舞蹈、评书说唱、曲艺相声、民间游戏、民间节庆、民间工艺等。以云南为例，藏族的《格萨尔王传》（史诗）、纳西族的《鲁斑鲁饶》（神话传说）、彝族的《阿诗玛》（神话传说），等等，都是人们耳熟能详的民间文学精品。此外，昆明的《猜调》（民歌）、呈贡的《游春》（花灯）、弥渡的《小河淌水》（山歌），丽江的"洞经"（音乐）也是令人百听不厌的美妙音律。云南民间手工艺术同样令人赏心悦目，如腾冲的皮影、建水的陶瓷、剑川的木雕、龙陵的玉雕、滇南的刺绣、个旧的斑铜、鹤庆的银器等，以饱浸泥土芳香的纯朴风韵充实着我们的生活，滋养着我们的精神。

民间文化的基本特征：

（1）原生性。俗话说：一方水土养一方人。民间文化是特定水土上萌生的青青春草，沐浴着纯天净土的雨露和阳光，有着朴质平实的自然表达、纯朴无华的乡土风貌、幽默风趣的本色语言、率性洒脱的表演风格，通体散发着醇香洁净的气息和芬芳，无须"包装"，无须"打造"，清水出芙蓉，天然去雕饰！

（2）群众性。民间文化的参与者（包括创造者与接受者），是社会生活领域中人数众多、影响甚大的一个群体，其文化活动很少受到身份、国籍、时间、空间的限制。寻常百姓、达官显贵、国人海客、平日年节、田间地头，均可成为开展民俗文化活动的快乐演员、如意时光、称心舞台。如"激情广场"、公园歌舞、街头广告，都会吸引大量的路人驻足观赏，甚至情不自禁地手舞足蹈、开怀高歌……

（3）自发性。民间文化的产生源自于创造者生活劳动的需要，源自于心灵精神的渴求。没有被动的驱使，没有无奈的选择。民歌是流自心底深处的甘泉，史诗是发自祖先血脉的根系，神话是生于美好景象的憧憬，工艺是出于心灵手巧的展映。山歌可以开嗓即唱，民谣可以顺心而出，泥人可以信手捏成，剪纸可以刀落影就，根雕可以随物赋形，花样（刺绣）可以任意走线、表演可以乘兴发挥……参与无须邀请，自觉自愿，率性自如，从而使民间文化具有一种自然天成之美。

（4）传承性。民间文化的发生发展、演化变迁，很少采用文字书籍来传递，往往是通过口耳相传、口传心授、言传身教来实现内容的传播和手艺的传承。如此方式，既有保持家族传承风格技艺特性的好处，但也可能因为某些意外因素或时俗变迁导致传统民间文化的流失，如云南昆明的评书艺人、风筝艺人、剪纸艺人、吞口艺人等，其绝活巧技，都已面临着失传消逝的困境，应当加以挖掘、整理和保护。

（5）娱乐性。民间文化是广大民间群众宝贵的精神食粮和精神财富，它生长于民间，又服务、造乐于民间。因此，悲情之歌，对于苦痛的心灵是一种宣泄；欢快之曲，对于甜蜜的生活是一种满足；梦幻之境，对于劳苦的现实是一种安慰；现世光景，对于勤劳的收获是一种享受；吹拉弹唱，对于芸芸众生是一种幸福……无论是呼天抢地，还是纵情高歌，只要天地长存，快乐就将永恒。

（6）通俗化。为了便于表达心中的快慰与伤悲，民间文化的审美取向往往力求生活化与通俗化：贴近生活的原生素材，浅显易懂的生活道理，喜闻乐见的艺术形式，一如既往的套式表演，历久不衰的传统剧目，寓意稳恒的吉祥图像……如此，普通民众不必多花心思便可采撷到民间艺海的美丽花束，从而把生活装点得更加美好。

第三节 审美创造的生存意义

人的生存不同于动物的生存，准确地说，人的生存在中文中应该用"生活"来表达，生存更多地强调物质生命的维持与延续，而生活则不仅包括物质生命的维持与延续，同时也包括精神的享受与陶冶，甚至可以说，生活还更侧重于精神的层面。动物只需延续自己的生命，也永远停留在已有的生存方式上，而人则不满足于自己已有的生存方式，他总是要超越现有的生存方式，追求一种别样的生活，因而我们经常可以听到有人说"我已经厌倦了这种生活"之类的话。在德文中生存（Existenz）就是站出去（Eksistenz），即不断地站到现有的生活之外，超越现有的生活，不断开拓生活的新境界，而人的这种超越性活动最典型的体现就是审美创造。审美创造并不是对现有生活的复制，而是要开发出生活的新维度，从现有的生活中生成出一种新的生活，使生活获得一种新的意义，因而，可以说，审美创造就是本真的生存（Eksistenz）本身。然而，由于本真的生存在日常生活中被文化传统和习惯势力遮蔽了，人的生存沉沦了，这就需要有一种力量能够打破日常生活，恢复生存的本真状态，而这种力量就是审美创造，因而，审美创造又是本真生存的拯救者。由此可见，审美创造既是本真生存本身，又是本真生存的拯救者，这就说明，审美创造并不是生存之外的神秘力量，而就是本真生存在沉沦之时的自救意识，正是它保持着生存的活力。

审美创造是审美活动的高级形态，因而审美创造不同于一般的审美活动，一般的审美活动还带有随意性和随机性的特性，它难以形成具有稳定性和整体性的风格，对生存只有片段性和零散性的解构，其超越现有生活走向更高生活境界的广度和强度都是有限的。审美创造则不同，它不是某个人在某个偶然的时刻对生活的感悟，而是带有持续性和专注性的对生活的长期体悟。在审美创造者那里，不仅每一次的审美创造都力求达到对生活的整体超越，为人们创造出完整的新世界，而且从长远的角度来看，审美创造者由于一直专注于对生活某一新维度的发掘，因而能够不断深入这一新的生活维度，从而使生活境界能够在这一维度上得到持续的提升，并最终超越个体感悟获得一种全人类的价值，特殊的时候甚至能够推动社会的变革，或者成为推动社会变革的辅助力量。另一方面，由于审美创造者长期专注于审美创造，因而其对生活的超越能力要比一般人强得多，受文化传统和日常习俗的束缚也相对较小，这就使得他比一般人更加容易发现生活的新维度，并通过物态化的创造物引领人们进入这一新的维度，感受一种别样的生活。

　　审美活动是一种超越性的生活追求，它是人对看似铁板一块的日常生活缝隙的发现，并试图循此线索超越日常生活的冲动，由于人对这一陌生景象的惊奇，审美活动往往具有巨大的能量。然而，在一般性的审美活动中，审美主体缺少审美的专注性，审美方向容易被分散，审美强度容易被减弱，审美活动的能量往往会在不知不觉中被消耗掉。而审美创造则是带有特定目的并具有某种控制性的审美活动，它善于利用审美活动中产生的巨大能量，并使之逐渐强化，达到一种难以自制的程度，审美创造者往往被这种能量所支配，不由自主地进行审美创造，如有神助，柏拉图称之为诗神附体的迷狂状态，其实也就是人们常说的灵感状态。因此，审美活动中的发现与感触在审美创造者那里通常会弥散、渗透到整体生活之中，成为生活的新维度，并在这一新维度上重组日常生活。其实，审美活动并非专属从事专门的审美创造者，然而，在普通人那里，审美活动只是某一瞬间的闪现，随后便很快消散在了日常生活中，只有在审美创造者那里，审美活动的能力才能被保持住，并强化成一种创作的冲动。普通人只在日常生活的某个瞬间进行审美活动，而审美创造者却能在审美活动中重组整体生活。例如荒诞感，普通人在生活中尤其在现代生活中也会经常感受到荒诞感，并在此基础上对生活进行有限的反思，但随后便觉得自己想入非非而抱之无奈的微笑，审美活动只是再次投入到日常生活中的调节机制，是生活的调味品甚至奢侈品。而审美创造者却不肯轻易放弃灵光一闪的审美活动，他要把它弥散成一种生活情境，并在这一情境中重新审视日常生活，把荒诞视为生活的宿命，这就是我们在《等待戈多》、《变形记》、《城堡》等荒诞派作品中所感受到的东西，在这些作品中，荒诞不是生活的瞬间感受，而就是生活本身，在日常眼光中，我们会觉得它过于夸张，而一旦我们进入作品的世界，就会看到一个完全不同的世界，并觉得我们所做的事情都是笼罩在荒诞之中的，由此对生活的意义进行重新反思。这就是审美创造的巨大力量。

　　审美创造通过长期的专注和艰苦的努力试图创造一个崭新的审美世界，审美世界既不是现实世界的简单复制，也不是以虚构的方式来反映真实世界，而是对现实世界新维度的开发，让世界在这一新维度上重组，从而发掘一种新的生存意义。因而，审美创造必须超越日常观念以及由日常观念引起的对事物的套板反应，以一种新的目光来观察事物，让事物焕发出作为自身存在的光彩。例如，马是我们生活中常见的动物，我们也往往根据日常观念来看待它，把它看做是能够拉车犁地的工具，因而越是健壮有力的马越是能够得到人们的青睐，然而，作为马本身，它的意义是否就是作为人类的劳动工具而存在呢？其生命价值是否能够用对人类的贡献多少来衡量呢？这是在审美创造时必须反思的问题。因而，审美创造总是能够超越人们对马习以为常的反应，审美创造离开"人"的世界，进入马的世界，不再以人的眼光来看待马，而是以马的眼光来看待马,体验它的生活,感受它的情感,这也正是托尔斯泰对待马的态度。据屠格涅夫的回忆,"有一次夏天我跟他(指托尔斯泰——引者)在农村相聚,傍晚在离宅院不远的牧场散步。我们看到一匹老马,疲惫不堪,非常可怜:四条腿弯曲着,骨瘦如柴,老迈和劳累已把它彻底压垮了。它连青草也不吃,只是站在那里甩着尾巴赶糊到身上的苍蝇。我们走到这匹不幸的骟马跟前,托尔斯泰开始抚摩它,嘴里并念叨着一些话,他认为这马有感情并且能思考。我简直听得入神了。他不仅自己体会到这匹老马的不幸,而且也使我触景生情。我忍不住说:'喂,托尔斯泰先生,您一定什么时候也曾经是一匹马。'"

西方人认为,是画家使石头成为石头,其实,使石头成为石头的岂止是画家,它也是整个审美创造的特点。俄国形式主义在谈到艺术创造时说:"要创造一种对事物的特别的感觉,创造它的视觉,而不是它的识别。"[1] 中国禅宗也有与此类似的说法,即认为人生有三重境界:"参禅前,看山是山,看水是水;参禅时,看山不是山,看水不是水;参禅后,看山仍是山,看水仍是水。"这些看似玄奥的话实际上正是对审美创造的生存意义的揭示。参禅前,看山是山,看水是水,说的正是审美创造前,人们处在日常生活之中,眼中的山水只是根据日常观念的"套板反应"自动识别出来的山水,此时我们并没有看到山水本身,眼中的山水只是人们心中山水观念的印证,换句话说,此时的山水还只是由我们的文化传统和日常习俗所塑造出来的山水,是一种固定僵死的习以为常之物;而参禅时,看山不是山,看水不是水,说的是在审美创造中,审美创造者逐渐突破日常生活对山水的套板反应,努力超越文化传统和日常习俗,抛弃固定化的成见,敞开胸怀迎接事物本身;参禅后,看山仍是山,看水仍是水,说的是审美创造者通过审美创造的超越,最终看到了山水本身,此时的山水虽仍是山水,但已不同于日常生活中人们所见的山水,它没有被固定化为"什么",而是作为自身在显现,人们也不再用它来印证心中的山水观念,而是以一种"陌生化"的眼光仔细打量着它,不肯忽视它的每一个细节,我们看到它正以一种崭新的面貌来到眼前,它是如此的新奇,就像是第一次在世界上出现一样。审美创造总是在努力突破生存的日常维度,为我们开掘出一种新的生存维度,我们也能够通过审美创造或对审美创造物的欣赏重新调整生存意义,寻找人生的真谛。

审美创造不仅能够更有力地把日常世界提升为审美世界,同样,它也能够更有力地把日常主体提升为审美主体。普通人处于审美活动的瞬间时固然已经变成审美主体了,但由于其背后强大的日常生活背景往往会很快影响、削弱甚至扭曲这一审美主体,使这一审美主体不够完全,还带有很强的日常色彩。这不仅仅在普通人那里是这样,即使是在那些专门从事创造的审美创造者那里也经常如此,只有进入审美创造的过程之中,他们才能逐渐涤净日常生活的色彩,成为完全的审美主体,这就是为什么很多艺术家在艺

---

[1] 什克洛夫斯基:《艺术作为手法》,《俄苏形式主义文论选》,中国社会科学出版社,1989年,第71页。

术创作过程中往往会感觉到被作品所控制的原因。列夫·托尔斯泰在创作《安娜·卡列尼娜》时，本来是想批判她的不贞，然而在写作过程中，作家却慢慢地同情起她来，站到了她的立场上。普希金在创作中也有过类似的经历，他说："达吉雅娜跟我开了一个多大的玩笑，她竟然嫁人了！我简直怎么也没想到。"[1]这就是作品中人物的思想、情感、行为与作家发生冲突，人物好像活了起来，与作家对抗。实际上，作品中的人物并不能活起来与作家对抗，而是作家自己与自己对抗，是作家自己在不断地自我否定、自我超越。在创作之初，作家的审美主体还不很充分，还带有日常生活的色彩，例如列夫·托尔斯泰还在用日常生活中的道德伦理来看待安娜·卡列尼娜，而随着作家逐渐进入审美创造状态，他越来越专注于审美活动，因而逐渐荡净了日常主体的因素，变成了充分地审美主体，此时他也就必然会改变对安娜·卡列尼娜的看法，把审美的维度不断彻底地贯彻在她身上，而此时对于还误以为自己处在先前状态的作家来说，人物就像是活起来了一样。其实，这恰恰说明了审美创造在无形中净化了审美主体。用人物的性格逻辑来说明这一问题恰恰是日常主体的解释，因为艺术不是把逼真的现实挪移到作品中，仿佛越是符合日常生活中的人物性格逻辑就越是显得作品成功，仿佛我们读完了作品也就是多认识了一个活生生的人而已。实际上，审美创造远非如此简单，好的作品必须能够开发出新的生活维度，并使读者在这一新维度上重新审视生活，因此，作品中的人物并不是按照其日常的性格逻辑在行事，而是按照作者所发现的这一新的生活维度所要求的性格逻辑在行事，其行为并不是其性格的注脚，而必须能够产生某种新的意义，读者阅读作品也不是为了多认识一个活生生的人，而是要获得某种启迪，并借此超越自己的日常生活。

　　审美创造的目的并不仅仅是要创造一部自己或别人喜欢的作品，更重要的是在于通过审美创造超越日常生活，提升自己或他人。创造者和欣赏者从中获得的也不仅仅是日常的快感，而是自我提升的享受，尤其是专门从事审美创造的人更是关注自身的每一步提升，王汶石曾说："人物站起来跟作者发生争执，提醒作者该怎样描写他的那种时刻，正是作者创作中最欢乐、最有灵感的时刻。"[2]这是作者的欢乐，同时也是作者应该有的欢乐，因为争执才说明自己的提升，而这正是创造的目的。审美创造是审美创造者把他在审美活动中的发现贯彻到生活中的行为，也正是在这种贯彻中，审美创造者从不充分的审美主体提升为了充分的审美主体，借用荣格的话说，"不是歌德创造了《浮士德》，而是《浮士德》创造了歌德。"前一个歌德是日常主体或不充分的审美主体，而后一个歌德则是充分的审美主体。如果说，一般的审美活动是对生活零散的、局部的超越，那么，审美创造则试图达到对生活系统性的、整体的超越，它是审美专注和审美执著的结果，这是审美创造的作用，也是审美创造者艰苦工作的价值。

1　参见《世界文学》，1961年第2期，第10页。
2　王汶石：《谈小说创作》，作家出版社，1962年，第65页。

总之，审美创造的目的就是要把审美活动中零散的、瞬间的发现渗透到整体生活之中，并把审美活动中不充分的审美主体提升为充分地审美主体。

第四节　人类文明发展的动力

审美创造不仅对于生存的展开（Ek-sistenz）具有重大意义，同时，它还是人类文明不断发展的巨大动力。所谓人类文明的发展，并不仅仅是物质生活与精神生活的不断丰富，而更主要的是指文明的结构性转换，它不是历史的线性前进，而是发现文明的新维度，并在这一新维度上重组文明。因此，存在着两种文明史观，一种是作为事件的文明史，一种是作为表达的文明史。作为事件的文明史是一种习见的文明史，它由各种文明史事件相加而成，但这种文明史并不具有历史的传承性，因而是离散的文明史，没有统一性的文明史，它不能解决文明史何以可能的问题，而作为表达的文明史才是真正的文明史，它能够使彼此分离的文明史事件统一起来，成为前一种文明史得以可能的基础。作为事件的文明史只是史料的堆积史，是在博物馆中各种史料毫无联系地并置的死的文明史，它只能按照时间顺序或某种人为的分类标准被并置在一起，这种文明史既不能解释文明史的发展动力问题，也不能解释文明史的统一问题。相反，在这种死的文明史之外，还存在着一种活的文明史，这种文明史观不满足于仅仅列出史料的清单，而是要在各种史料之间建立一种内在的联系，使每一个文明史事件不仅是前一个文明史事件的合理展开，同时又是后一个文明史事件得以产生的启示，这样就不仅解决了文明史的发展动力问题，又使文明史的统一成为可能。可见，作为表达的文明史才是真正的文明史，而作为事件的文明史只是呈现了其没有生命的躯壳，对文明史的研究不能仅关注其纯粹外在的丰富性，而是要关注其内在的发生，解决其发展的动力问题。

那么，真正的文明史的发展动力究竟是什么呢？传统的观念认为，是文明史自身的内在发展规律在支配着文明的发展，而文明史自身的内在发展规律又是在物质生产力的内在发展规律基础上形成的，因此，物质生产方式是文明发展的根本动力。这种观念表面上看好像是马克思主义的历史唯物主义，而实际上是黑格尔的客观唯心主义，好像历史在人之外存在着某种冥冥中注定的规律，历史只是这种规律按部就班地展开，而人只是顺从这种展开的历史工具，这和马克思主义的人类实践推动历史发展的观念实在是大相径庭，前者完全抹杀了人的主体性，而后者恰恰是要用人的主体性来解释历史。如果循着马克思主义的思路继续前进，我们就会发现，正是人在文明的发展中起到了关键作用，因而文明史的发展不是与人无关的自在展开，文明史也不是各种事件相继展开的事实，它体现着人的价值追求，正是人在创造着文明，也只有人在推动着文明发展。需要指出的是，所谓人类实践推动着文明发展并不是说人类的所有实践活动都能推动文明的发展，而是只有那些创造性的实践才是推动文明发展的动力，而创造性实践的典范正是人类的审美创造。我们这里要解决的问题是审美创造如何以及怎样推动文明的发展。

前面已经说过，审美创造并不是对现实世界的复制，而是在现实世界中发现一个新的维度，并在这一维度上重组现实世界，审美创造对文明发展的推动作用同样如此，它不是对已有文明的简单延续，而是在已有文明中发现一个新的维度，并通过这一新的维度对已有文明进行结构性转换，实现文明的超越式发展。实际上，所有的文明都不是固定不变的事实，而是体现着人类的价值追求，因而文明并非铁板一块，它必然包含着人类价值追求的多个维度，而现有的文明只是人类价值追求在某个维度上的结构化，其中必然存在着某种空白、某种缝隙、某种图形和背景、上和下、常规与偏离，这就为我们重新组织文明提供了可能。而当我们在一个新的维度上重构文明时，原有的史料并没有变化，我们只是从这些史料内部进行发掘和加工，使之摆脱压在这些史料身上的沉重意义，从而焕发出一种新的意义，因而，审美创造正是通过在一个新的维度上对原有史料的变形来推动文明发展的。

就文明发展的事件本身来说，它们是零散的，个别的，自身也不具有任何意义，因此，当我们面对某个孤立的异域文明因素时我们不能理解它的意义，只有当我们了解它在整个文明中的地位以及它与其他文明因素的关系时才能理解它的意义。可见，史料的意义来源于史料间的组合方式，正是组合方式把它们从个别性中解放出来而获得一种普遍性的意义，而只要改变其组合方式，我们就可以赋予这些史料以新的意义。新的组织方式并不脱离原有的组织方式，而是对原有组织方式中潜在价值维度的实现，因此，过去不是现在的牺牲品，而是现在的生长点，现在也不否定过去的价值，而是在与过去的区分中实现新的价值。可以说，发现一种新的组织方式，就是创造一种新的区分方式，在原有的文明因素间设置一种新的区分方式，原有文明因素的意义就会发生偏移，从而产生出一种新的意义。同样，新的文明因素的产生也必须遵循这一原则，人类不可能首先创造出一个新的文明因素，然后再去寻找它和原有文明因素之间的关系，相反，人们只有首先发现一种新的区分方式，才能创造出一种新的文明因素，因为人类的创造首先要求一种意义。例如，马克思主义只有在与前马克思主义的区分中才能获得一种意义，重要的不是马克思主义者说过什么，而是马克思主义者没有说过什么，马克思主义的意义是在它与前马克思主义的缝隙中显现出来的，只有了解前马克思主义的思想处境，我们才能发现马克思主义的独特意义。同样，马克思主义者也不是在绝对孤立中创立马克思主义的，而是要首先了解前马克思主义的思想处境，发现它们的优点和不足，并针对它们的优点和不足，通过批判继承来言说自己的理论。因此，马克思主义的产生并不能完全否定前马克思主义的理论，阅读马克思主义的著作并不能代替对前马克思主义著作的阅读，我们必须首先了解哲学史，然后才能了解马克思主义。马克思主义的意义并不在于它创立了一套话语体系，而在于它创立了一套与前马克思主义相区别的话语体系，重要的不是理论本身，而是理论间的区分方式。这样，马克思主义在发展历史的同时，自身也必然要处于这一历史之中，它的伟大之处不在于对历史的终结，而在于对历史新维度的发现。

了解了文明的发展方式，现在我们可以探讨文明史何以可能的问题了。文明史不是各种文明因素的外在拼凑，新的文明因素并不完全否定旧的文明因素，它要与旧的文明因素进行对话，并在这种对话中产生新的意义。对文明史的研究不能满足于对各种各样文明事件的发掘与考证，而是要发现新文明对旧文明的结构性转换，旧文明总是在向我们提出问题，而我们通过变形来回答，正是在这种变形中，旧文明与新文明构成了一个整体。新文明已经在旧文明中被预料到，而旧文明也在新文明中获得了再生，因此，文明史不是一个个孤立的事件，而是一个开放的场，是一个不断区分的连续过程，它内在地要求这种连续，因为只有连续才能不断生成新的意义。新文明不断地打破旧文明的原有平衡，并为其设置一种新的平衡，以便从中得到一个新的意义，只有这样，新文明才能为生活在旧文明中的人所理解，并在以后成为需要再次被打破，重新实现平衡，继续产生新文明的传统。为了更直观地说明这一问题，我们以一只苹果的静物画为例，一个画家画了一只苹果，当然他并不是把现实中的苹果搬移到画布上，否则就否定了绘画存在的意义，成了科学的图示，而画家之所以要画出这只苹果，就是要在某个维度上实现苹果的存在，他或者用轮廓线勾勒出这只苹果，或者用色彩渲染出这只苹果，也或者用阴影描绘出这只苹果，总之，它能够作为画家的一幅作品而不只是初学者一幅草稿，它就一定是在某种意义上实现了画家所发现的那只苹果的存在，也就是说，画家一定是在这只苹果中发现了什么，他才一定要把它画出来的，我们可以说，画家发现的正是这只苹果的存在的某种维度，而绘画实现了这一维度，但这一维度并不能穷尽这只苹果存在的所有维度，否则它就终结了关于这只苹果的所有绘画，后来的画家就不需要再画这只苹果了。而后来的画家依然在画着这只苹果，为了避免自己与前人不必要的重复，使自己的绘画在绘画史上具有意义，他就必须首先去了解前人画出的是苹果的存在的何种维度，并有意识地使自己所画出的苹果的存在的维度与前人相区别，从而使自己的绘画获得一种独特性，但这种独特性不能否定前人绘画的独特性，因为这种独特性正是在与前人绘画的区别中获得的，前人绘画的独特性是自己绘画的独特性存在的前提，他的绘画不能代替前人的绘画，同样，他的绘画也是后人绘画所不能代替的。他以某种方式把自己的绘画同前人的绘画区别开来，我们甚至可以说，他所发现的正是这种区别方式，是这种区别方式把这两幅绘画放入了同一个历史中，历史就在这种不断地区别中生成。因此，只有区别方式才能把零散的历史事件构成一种统一的历史，也只有在这个意义上才有历史的发展可言。

同样，审美创造也是通过这种方式推动人类文明发展的，审美创造是对文明新维度的发现，也是对原有文明的维度转换，维度转换促使文明因素进行重组变形，进而获得一个新的意义。中世纪用信仰的维度组建文明，启蒙运动用理性的维度组建文明，于是一切都获得了崭新的意义，但这种新意义是在与信仰维度的区别中获得的，一旦我们遗忘了这一前提，理性维度必然会遗忘自己的限度，泛滥开来，成为一种破坏性的力量，于是要么重新唤起信仰维度，要么寻找一种新的维度来对其进行限定，而这正是后现代发展的两个方向。现代文明发展的教训告诉我们，没有什么可以成为终极性的真理，也没有什么是可以被完全替代的，只有如此，文明才能不断发展。审美创造在悄悄地作为文明发展的动力发挥着它不可替代的作用。

第九章
审美规律论

审美规律，完整地说，就是人类自古至今审美和创造的历史过程中一直起支配作用的内在规律，即审美创造规律。站到人类文明发展的高度上说，它也是人类文明发展的内在规律；即人类生存中科学性与主体性同一实现的规律。从人生现实来看，它内在地、普遍地作用于人们日常生活中的审美创造冲动，所以，也可以说是人类生存与发展的内在规律。这就是马克思说的"美的规律"。[1]它在人们内心里，或在人类的审美创造活动中，表现为"内在的尺度"；而在具体的审美活动中就显现为"审美的眼睛"、"音乐的耳朵"等。而审美的规律，主要可以概括为三个主要方面：审美感受发生与选择的规律、审美经验形成与活动的规律、审美意识形成与运动的规律。

要对审美创造规律作具体理解，必须从人生经验开始入手进行具体研究考察。人生经验作用于审美活动时，它就被组织到审美活动中，成为审美经验；对审美经验做自觉的反思加工，就上升为审美意识（含审美意象、审美意境、审美意识系统和进一步扩展的审美意识体系），用于创造表现。审美是创造的前提或基础，审美中就孕育着创造，即内心创造；有了内在成熟的审美意识，即理想审美形象的孕育成功（胸有成竹），才能进一步外化为物态形象、文学艺术形象或其他物质产品形态。

第一节　从审美规律到美学原理

规律，是内在地作用于自然与社会运行过程中的、人类可以用思维来把握的道理。审美规律，则是内在地潜行于人类整个文明历史的发展过程中的审美与创造的道理。今

---

[1] 马克思：《1844年经济学—哲学手稿》，人民出版社，1979年，第51页。

天将审美规律揭示出来，成为人们自觉意识到并且被思维明确地掌握了的规律，这就是美学思想；进一步以理论形态表达出来，就成为美学原理。其研究行程是：人类生存事实→生存事实整体掌握→审美活动分析→审美经验研究→审美意识建构与运动研究→审美创造活动研究→审美价值研究→美学规律揭示与原理陈述→原理整合与美学原理体系建构。在整个研究过程中集中考察、深入研究的核心规律是：审美感受的规律、审美经验形成与活动的规律、审美意识形成与运动的规律。

一、审美规律的生存基础——审美感受选择规律

人类的生存，是作为有高级意识活动的人类主体的生存；人类生存超越于动物为简单适应自然界而做出有限选择的被动的生存。人类生存活动的特点主要是：在较高级的审美意识指导下，自觉主动展开生存活动；作为能动的审美与创造主体，不断展开审美与创造统一互动的生存活动。正是人类的审美与创造，将人类的生存逐渐推向了越来越高的文明水平。

关于人类生存不同于动物的生存，马克思说，实际创造一个对象世界，改造无机的自然界，这是人作为有意识的类的存在物（亦即这样一种存在物，它把类当做自己的本质来对待，或者说把自己本身当做类的存在物来对待）的自我确证。诚然，动物也进行生产。它也为自己构筑巢穴或居所，如蜜蜂、海狸、蚂蚁等所做的那样。但动物只生产它自己或它的幼仔所直接需要的东西；动物的生产是片面的，而人的生产则是全面的；动物只是在直接的肉体需要的支配下生产，而人则甚至摆脱肉体的需要进行生产，并且只有在它摆脱了这种需要时才真正地进行生产；动物只生产自己本身，而人则在生产整个自然界；动物的产品直接同它的肉体相联系，而人则自由地与自己的产品相对立。动物只是按照它所属的那个物种的尺度和需要来进行塑造，而人则懂得按照任何物种的尺度来进行生产，并且随时随地都能用内在固有的尺度来衡量对象，所以人也按照美的规律来塑造物体。"因此，正是通过对对象世界的改造，人才实际上确证自己是类的存在物。这种生产是他的能动的、类的生活。通过这种生产，自然界才表现为他的创造物和它的现实性。"[1]

马克思这里论述了人类生存的主要实质，可作如下分析：（1）人类的生存是有意识地改造自然界，即在审美意识作用下，对自然展开审美与创造活动；（2）人类生存活动展开为全面的生产活动；（3）人类的生存活动是超越了躯体直接简单需要的具有间接性、目标性和精神价值的生产；（4）人类的生存活动创造了人类的自然世界，而且与自己生产的对象处于对立统一的运动过程中；（5）人类生存活动进一步形成自身内在固有的自由审美创造尺度，并且按照这一自由的尺度创造多种多样的文明事物；

---

[1] 马克思：《1844年经济学—哲学手稿》，人民出版社，1979年，第50—51页。

（6）内在的审美与创造的尺度，就构成了人类不断展开审美与创造的内在依据，这就是美学的规律；（7）人类的生存也因为它的审美与创造活动获得了自身作为人类而存在的确证，创造自然界文明的同时也使自身成为现实的人类自然——不断发展和提高生存境界的人类。马克思的人类生存论述是极为深刻的。

在审美感受经验积累的基础上，人们就能够在感受经验世界中想象设计，制作出更为适合生存感受的精神文明与物质文明事物，满足精神享受和物质消费的需要，促进社会文明发展。不过要强调，不能进行片面的形式主义的唯感官刺激，或者是趣味庸俗低下、对人生没有任何积极作用而会发生消极影响的感受误导。这里说的感官良性满足，是主体感官感受与对象刺激之间多方面的、对象整体与主体的整体上的适合。从美学高度上说，就是现代美学原理指导下、在整体完美设计原则保障下、精神境界较高的审美满足。

当然，在审美感受积累丰富条件下，就可能会有审美意识体系得的形成，在此基础上，人们就会在更为广阔的审美意识世界里，展开更高审美价值的想象和创新设计，创造出具有较高审美价值的事物。

二、审美规律的经验基础——审美经验形成与活动的规律

一般研究者喜欢研究审美心理，往往从各种心理要素入手分析，这就落入了普通心理学的窠臼。实际上，一般人习惯说的审美心理，是审美经验或审美意识在心理上的反应；而所谓审美心理机制，主要就是审美经验或审美意识的内在机制。生存经验结构中，有印象、感受、情感、欲求等因素，其中的感受在接触对象中起主导性作用，那么，就有感受的选择、品味，就有审美经验的发生，多次感受，就有审美经验的积累；如果有意识地去欣赏对象，审美经验进入自觉状态，审美经验就转化为审美意识。审美规律就在这过程中起作用。

审美感受的选择，离不开经验整体的支持。一方面，审美经验中已经有了生存感受的选择，即最佳感受的选择，并逐渐有了初步的审美选择；另一方面，审美经验又不断作用于生活经历中碰到的各种感受，并且适时地做出舒适感或愉快感的选择。可见，审美经验是心理上不断与外界交流、不断滚动积累的展开型的活力结构。丰富的审美经验积累是审美活动的基础。人生审美经验越丰富，人的生存就越趋于完整，人的审美活动也相应趋于完美。孟子说"充实之谓美"，就是肯定生活体验形成丰富的经验，丰富的经验就构成了内在的充实，这不仅可以感到在内心中自审的丰美，而且向外界展开的审美也能近乎完美感受状态。从西方的观点来看，鲍姆嘉通说："美学的对象就是感性认识的完善，这就是美。"[1] 他意识到，审美经验达到丰富完整的状态，就有了自我审视的完

---

[1] 朱光潜：《西方美学史》，人民文学出版社，1979年，第297页。

善美好的感受；也有审视外界对象的充分的审美感受。至于席勒说审美的条件是"人格的完整"和"心灵的优美"，这也是从人生整体来看，人格完整，也就应当具有人生审美经验结构的完整，心灵优美，说的是审美经验积累的优美性质。古今有真知灼见的思想者，都感觉到了审美经验的基础作用。

在审美经验基础上形成审美意识，这对具有审美理想追求和文学艺术创造冲动的人来说是必然的发展趋向和结果；而这也构成进一步提高的审美理解的基础。

三、审美规律的理解性基础——审美意识的形成与运行的规律

审美规律的理解性基础，指的是审美经验在理解的基础上，自然就进入到审美意识组织的内心运动状态；主体通过对审美经验的反思与领悟理解，将审美经验转化为审美意识组织结构。

审美意识是审美理解之后形成的自觉意识结构。审美意识不同于审美经验。在很多人看来，经验就是意识，审美经验就是审美意识。西方的经验主义者认为，艺术就是经验。从表面看似乎有道理；但认真思考一下，就会发现此说太粗疏。世间人生都有经验，但并不能都创造出艺术，都成为艺术家。当生活经验处于自然积累状态时，主体的生活就带有盲目性；当审美经验处于自然积累状态时，观审者只是随意观看，走马观花，略有印象，对具有审美价值的事物往往视而不见，听而不闻。但是，当人们有了自觉意识积累之后，就不是这样。有了生存意识，就会主动自觉地去追求生存的价值和意义；有了审美意识积累，就会主动自觉地去欣赏对象，驻足看花，出神入化；如郑板桥看园中竹子，聚精会神，先看进眼中，进而看到心里，进一步想象酝酿，成为"胸中之竹"，最终显现为"手中之竹"。这里就包含着一个审美理解的提升过程。

1. 审美意识的形成及其体现的审美规律

审美意识的形成，意味着审美的自觉和创造的萌动。在心理上形成审美意识，主体就成为较为自觉的审美主体；他就会自觉地去进行审美活动。当一个人只是随意观看时，他还不是一个自觉的审美主体；当他凝神而饶有兴趣地去观审对象时，他就在组织审美意识投入审美过程。审美主体的确定，关键在于审美意识的形成。内定而后外应，没有内定，就没有外应。在审美之后，主体就会感到胸中的审美意象越来越鲜明，同时审美情感也会涌动起来；这时就会发生自我表现的冲动，能说的就想对别人诉说，会写作的就要写出来，善绘画者就要画出来。审美意识的涌动，就是创造冲动的萌生。审美意识不仅是审美的内心基础，也是文学艺术创造冲动萌生的根源。

审美意识的形成，往往要促进创造意识的组织构思。内心中有了审美意识的积累，如果受到文学艺术作品的启迪，往往会感觉到自己也有一本书可以写。如果审美意识积累深厚，审美情感较为强烈，创造艺术价值的期望比较热心，那么，审美主体就有

可能向创造主体转化。主体就将自己置于一个艺术创造主体的地位上构思作品，按照艺术作品的体制结构要求和艺术性要求，将审美意识体系外化为文学或艺术作品，这样就实现了审美主体向创作主体的转化，审美主体就成为作家、诗人、画家、音乐家等。

审美意识形成，同时也会启动生存自觉意识，明确生存价值方向，主动进行人生形象的塑造。随着审美意识的日益丰富，特别是生活审美意识的丰富，主体会自觉构思自我人生形象，在社会生活中有意识地按照理想中的人生形象标准，塑造自身的理想形象。在人类历史上涌现出很多光辉的生存榜样，他们都是在人生审美意识形成的基础上，自觉地选择形象塑造的标准，终身不倦地塑造自身美好形象。中国历史上最早注意塑造自身形象的是尧舜禹，此后著名的是孔子、孟子、屈原和荀子。他们成为后世志士仁人学习的榜样。他们的形象成为后世人生审美的标准形象，作为最有影响力量的人生审美形象，扎根于民族生存的精神世界，千秋万代影响后世人生。

审美意识形成，还不是审美意识建构的目标。人生过程应该逐渐达到审美意识的成熟。这标志着内心的丰满和充实、人生的成熟和社会文明创造能力的强化。

2. 审美意识成熟形态显示的审美规律

审美意识成熟，支持审美主体展开广泛而较完整的审美和创造设计活动。成熟的审美意识，包含着人与世界在漫长的审美关系中形成的丰富积累和深刻理解的意识体系。当然不是说对整个世界都做审美把握，而是说对社会生活某些领域形成了较完满而成熟的审美把握。人的审美意识成熟的程度，直接规定着审美主体审美能力与水平的高下。楚国宋玉讲的低俗歌曲"下里巴人"和唱者多，高雅歌曲"阳春白雪"和唱者少；就跟音乐审美意识体系的成熟程度直接相关。在生活审美中，文学家往往能发现具有审美价值的创作素材，而普通人则可能视而不见；或者不能发现其审美价值。在自然审美中，生活在优美大自然中的人们往往不能看到自然景象的审美价值，要等到艺术家发现之后，人们受到审美启蒙，才看到自然景象的审美价值。人类文明事物的创造也一样，文学家艺术家们审美意识较为成熟，就能创作出文学艺术作品。但就是文学家艺术家，也有审美意识成熟的程度不同；他们创作出来的作品，价值也有高低不同。在物质产品创造设计中，工匠和艺人们在他们自己设计领域内，审美意识成熟而又技艺高超，自然就会设计并生产出优质产品，否则就只能是模仿或粗制滥造。

审美意识成熟，自然要推动人生走向美育高标准，塑造人生完美形象。人的审美意识不仅为各类文明事物造型，而且也为自身造型。审美意识为人生造型，其目标就是人生的完美塑造，也就是现代美学意义上的"美育"。成熟的审美意识，不仅包含社会生活领域丰富的审美体验和理解，而且也包含着对人生的审美理解和审美评价。具有丰富审美意识的主体，不仅思考怎样完美地做事，同时也思考怎样完美地做人。做事与做人，按科学主体同一论的美学观点看，应该统一起来考虑，达到两方面的同一。即做事也就是做人，做人就是做事；在创造文明事物中创造自己，而创造自己只能在社会文明创造中实现。人生不能离开社会和人群来"独善其身"。这是现代人应该具备的科学主体同一论的生存观。审美意识的成熟标志着人生的成熟。现代美学的"美育"思想就是建立于审美意识体系的完满建构基础之上。

四、审美规律的总结提升

审美规律在审美与创造的事实基础上总结出来，主要是在生活审美、自然审美和艺术审美与创造的事实中总结出来。

人类的生存，基本上就是审美的生存。人们在正常的生活状态里，总要自觉或不自觉地展开他们审美的感官，或多或少地欣赏身边的人物、景物和事件，在欣赏中获得心意的满足，慢慢积累为生活审美经验。人类数百万年的文明探索发展，在人的躯体中，特别是在大脑里逐渐生成了"文化基因"，凭这种基因的自然作用和社会影响，人必然知道自己是人，要过人的生活。当他失去审美生存条件的时候，他就要不满而反抗。人的审美生存，是他的基本权利；应当尊重，而不可轻易去剥夺。文化修养和文学艺术修养较高的思想家艺术家们，按照人的审美本性展开生活审美与自然审美的精神意识，舒心畅神。大量的生活审美与自然审美事实，都转化为文学作品、绘画和音乐等艺术形态流传下来，成为宝贵的精神财富，为今天审美规律的研究与提升，提供了丰富的资料。

古今中外大量文学艺术作品，多方面地表现了审美创造的规律；只要稍作分析就能揭示出来。特别是经典文学著作，如中国屈原、李白、杜甫的诗歌和四大文学名著，西方的荷马史诗、古希腊的三大悲剧家的悲剧、但丁的《神曲》、歌德的《浮士德》、拜伦的诗作、左拉的自然主义小说、托尔斯泰的小说、象征主义文学等，都提供了一定时代较高的审美价值，较为充分地体现了人类审美与创造的规律，既为艺术审美提供了精美的对象，又为生活审美提供了多方面的启示和参照；也为文学艺术创造提供了经典示范。这是极为重要的美学研究基础，因为文学艺术作品中凝聚了作者们的生活审美、艺术审美和自然审美的经验意识。三类审美的内在规律和美学原理就蕴含其中。

审美规律的研究把握，还须参照前人审美研究的思想成果。但必须加以辨析、矫正和总结。前人对人类多领域的审美研究，提供了一些可资借鉴的思想资料，如鲍姆嘉通、康德、歌德、席勒的美学研究，现代心理学角度的美学研究、自然主义的美学研究，特别是马克思和恩格斯对美学的整体思考与提示，为现代美学科学原理的总结提升，为美学原理体系的初步建构，奠定了必要的理论基础。

还要特别强调的是，马克思和恩格斯的思维方法，为美学思维方法的形成提供了极为重要的启示。马克思曾在《1844年经济学—哲学手稿》中指出费尔巴哈的"实证的人本主义和自然主义"的思维模式，这实际上是他认同的思维方法，即人本主义与自然主义统一的方法。后来他在《政治经济学批判导言》中又提出了整体观点的思维，即在思维中形成整体呈现的对象总体——"思维的具体总体"。美学研究同样，即在头脑中形成思维的整体结晶——审美意识体系和美学原理体系[1]。

第二节 美学原理的形成与理论表达

现代美学的科学主体论思维，既追求美学研究的高度科学性，又立足于人类的主体性，并且力求把握科学性与主体性统一的原则，真实地掌握人类生存发展规律。现代美学的思想理论，实现了从整体事实把握到整体性规律提升，再到整体思想理论的转换；始终体现着科学性与主体性统一的思维路线，真实理论话语的具体描述，事实与理解相统一的整体表达。

一、美学原理的形成与表达

为了真实表达美学规律，首先必须使用真实的词语来构成表达的话语；而要坚持美学理论话语的现实性与整体性，就必须对过去美学和哲学中的虚假概念进行坚决清洗，以新的话语体系做出符合事实的亦即整体真实的表达。

真实地表达思想，形成较为科学的理论，这是科学研究和科学思想表达的基础。可是，现在不少研究者只是沿用过去流行的概念来说话，这里必然出现表达上的严重问题，或者就是模仿和重复前人的思想观点，或者就是用陈旧概念表达自己新的思想，而文本中呈现的依然是陈旧观念。这就出现难于言说的困境。

现代美学的思维和表达，力求科学准确（即真实性），这是现代科学或学术研究与语言表达必须注意的基础问题。中国古代思想家荀子就提出过"正名"之论。名不正，即名与事实不符，就说不清道理，或者就是说虚假、错误的话语。现代西方哲学中的分析哲学也提出清洗虚假概念的主张。这可以说是为现代科学思维、科学的思考和科学的语言表达扫清基地并奠定基础的重大工程。现代美学原理体系的思维、思考与理论表达，充分注意到了词语的真实性问题。对于过去虚假的或模糊性很大的人为设定的二元对立概念，如：形式与内容、主观与客观、主体与客体、现象与本质、感性与理性、心与物、意识与世界等，现代美学思维不再沿袭其二元对立的意义，而是在整体事实基础上进行整体思考，使用整体性表达的词语，如：整体人性、整体生存、人生主体、整体对象、整体形象、整体关系、生存体验、生活经验、审美经验、生活意识、审美意识、整体认知、整体理解、整体领悟、整体把握、审美意象、审美意境、作品整体、艺术意

---

[1] 参看李健夫《现代美学原理·序言》（修订版），中国社会科学出版社，2002年。

象、艺术意境、作品意义世界、人生意义世界、审美价值等，这些词语不是空洞概念，它们都是具体存在于外部世界或人们内心世界中的整体事实，也对应于人生世界中的事实。即名副其实，名实相成——循名得实，据实得名，相生相成，确凿无误。今天是讲究科学性和主体性统一的时代，人们思考表达必须注意用词的准确性。

现代美学原理体系表达的话语体系，力求做到与人类生存的整体现实对位。例如，在审美发生原理的研究和描述中，首先按照人类生存的事实指出，人的生存，就是接触外界事物的生存体验活动，体验活动是人的生理、心理与外界事物的相互作用过程。这是人生最基本的活动。活动过程结束，就在大脑中留下体验印痕，这就是生存经验，经验结构中有印象、感觉、感受、情感、欲求、知性、意念等因素。对生存经验的回忆反思，就出现生存意识。在经验或意识积累基础上，就有了人对事物感受的比较与选择，对积极感受的选择积累日益丰富，就形成了审美感受和感受的需求冲动。这就是审美的发生的具体描述。当然，要进一步精确说明，就得作更深层更细致的研究、总结与真实表达。这比过去的笼统模糊的审美心理研究和对审美下定义，更具有人生的现实具体性和真实性。

在准确运用真实词语，真实表达人生事实的基础上，科学主体论美学原理体系的理论陈述，表现了跟以往理论不同的科学性和现实性较强的话语体系。以话语体系为载体，表达了审美与创造的多方面的原理，初步构成了较为科学的美学原理体系。

二、美学原理的整体人生依据

美学原理体系的实质内涵，体现出美学作为人类生存发展学问的主旨。美学原理体系建构以人生为核心，以人文思想体系为理论框架，以人类文明创新发展为主线；力求初步建构一个较为合理的理论体系。

美学作为人类生存发展的学问，首先必须关心人的正常生存问题，以人的正常生存结构为美学原理建构依据。人类生存的总体结构，就像一座楼房的建构。正常人的生存应该是：

第一层，生命基础。这一层次是人生存和发展的自然性基础。首先要有生命，进一步还要有健康的身体，这才能支持人生高楼的建造。但是，不是有了身体就自然具有一切。人们还要以身体为基础，培养和造就生存发展的精神（即立志）。不然，身体再好，也是徒有躯壳而已。

第二层，日常生活。这一层次是社会条件保障下的生命延续。人的日常生活，基本上是社会性的生存。衣食住行用、性爱、婚姻、家庭、娱乐、运动等，都是一个生活正常的人自然也是必然的追求；同时也是社会应当保障的人生的基本生活方面。这一层面表现出人性正当的需求，但又不可过分追求，"过犹不及"，就是指这一层次里的生存适当把握。人性中的物质欲望（如金钱欲、权势欲、酒色财欲）过分膨胀，导致人生出现问题，甚至犯罪，原因就在于没有把握好人性欲求的适度与均衡状态。一切人性欲求，适度就是正常的，过度就是不正常的。过去时代的人常在这一认识上出问题，或者放纵人欲，造成人欲横流，破坏人生与社会秩序；或者压抑人性，残害人生而至社会封闭僵化。现代美学为现代人生提供了自然合理的认识，按照科学性与主体性同一实现的原则，处理好自身与生活对象的内在关系。

第三层，社会事业。人们的日常生活需求的满足，不是自然获得的，而是要靠自身的社会事业或社会职业来实现的。人对社会事业或职业的需求，不仅是为了获得生存的经济来源，更主要的应该是实现生存价值的基本方式和必需条件。没有社会事业，人生就感到无所寄托。当然，社会事业是多领域、多方面和多层面的。古代的社会事业不多，主要是农业、畜牧与手工业，读书也只有当官这条路可走。但是，随着社会的开放发展，社会事业将会越来越多。如果现代美学原理向社会展开广泛应用，它对社会事业的开拓将是无限的。

第四层，科学文化。这一层面虽然更高，但是，层次高不等于它就可以远离人生现实。恰好相反，在现代美学看来，科学文化知识应当是来自现实，又能返回现实。如果不是来自现实又不能回到现实，这绝不是真知。科学性和现实性是一致的。现代美学在这一层面上完成了自身的初步建构，它又要回到人的生命、生活和社会事业之中，指导人们的生存，并不断提升人生境界。

第五层，自由审美。当人们达到一定时代较高的知识境界时，他就能够获得较大的自由度，进入自由王国，展开自由的审美与创造想象。只有在这一高度上审美，才算是审美主体较完整健全的实现。低层次的审美是不充分的，往往是狭隘片面的；对审美对象不能整体把握和整体评价，主体自身也不能充分显现自身的本质。因而只是一般性的观审。只有达到较高的科学知识境界，人才能享受到自身本质在审美中的自由展现时的"神游"快乐，感受到自身完整性实现的自豪、尊严和幸福。席勒说过，只有在人们审美时，人才感觉到自身的完整性。

第六层，文明创造。在自由审美的高度上，人才能自由地将自身的本质对象化，创造出具有时代高度的审美价值。不论是精神产品的创造，还是物质产品的设计制造，才有可能达到文明创造的新水平。过去时代的创造在历史上已经显示出不朽的价值。现代和将来的创造将不断涌现，展现出现代和将来文明发展的新高度和新水平。

第七层，价值实现。这是一定历史高度上的文明创造的成功实现。人们在社会中生存，从小就有价值感萌生，在成长中又逐渐形成社会价值意识，并且向往着越来越高的价值创造和价值实现。但由于个人发展素质和社会生活条件的限制，不少人价值取向出现失误，最终出现价值失望；只有少数意志坚强的人在较高层次上现实生存的价值。

认识了人生的正常结构层次，按照这些层次从整体上研究把握人和关心人，就能做得合理到位。

三、美学原理的人生现实性

　　现代美学原理，作为人类生存与发展的基本原理，它必然要贴近人生现实，特别是符合人生完整实现的基本建构层次，在一定的结构关系中不断充实审美意识体系和提升自身的生存境界。可以说，人类生存发展的始终，就是追求美好生活、越来越完美地实现自身生存的过程。而这一过程，基本上就是逐渐达到上述人生建构层次的完满充分实现。因此美学不能远离人生现实，不能将美学搞成不食人间烟火的神学，或是将它看成放在书斋里空谈的玄学。在人类逐渐走向全面解放和自由审美创造的现代，本属于广大平民的美学，同样要解放出来，回到人间生活中，与平民的生存发展同步并行，成为民众生存发展的密友。现代美学回归平民生存现实，贴近人生完整建构的事实，体现其超前的现实性，这是现代美学的根本特征。

　　现代美学，来自于人生事实，它又要回到生存事实中去，成为人们自觉把握的规律，在人生中发挥它应有的引导作用。

　　现代美学可以提高人性完整性的认识，保障人生的自由舒展的全面提升和价值意义追求。在过去的许多学问中，多半是轻视经验或感性，形成了人类学术的空洞理性主义的强势。虚假的理性主义形成了对人生的高压和扭曲，瓦解了人生整体性，将人变成了失去人性的躯壳和工具。现代美学看到了人性是多样性与整体性统一的结构，既不能压抑人性，也不能放纵人性，更不能片面地理解人性。必须看到人的衣食住行用、性爱、婚姻、娱乐、运动、求知、审美、创造、价值等多方面、多层次的欲求，保持人性欲求的内在整体协调性。只有这样，人生才有自身的完整感，也才会有幸福感。不然，片面生存中的快乐感、幸福感是不完整的，也是不能持久的，因而是不真实的。也就是说，这是不符合人生完整价值意义的感觉。这里要特别强调，不可只强调金钱和权势欲而使之过度膨胀，出现人性的恶性异变。人生的恶变或异化，关键是人性某些物欲因素的片面膨胀，导致生存的全面恶变。例如，一个人如果唯利是图，唯权是求；那么他就可能变成恶魔；只要有利可图，什么坏事都可能去做。现代我们看到的邪恶人生中，最可怕、最危险、最有害的就是这类人。

　　现代美学形成了人生正常成长的观念，保障人的完整塑造和整体发展。人生成长的观念，自古以来就一直不健全。多数人把人生成长看成是读书这一条路。古代的孔丘主张求学，学得好可以成为君子；他的弟子主张"学而优则仕"。但孔子说的"学"根本不是后人偏误理解的读书。可是至今，教育基本上就是读书本、考书本。这对青少年成长极为不利。现代美学提示人们要注意人生的完美发展，就是尊重人性的完整性和人性的自然合理舒展，引导人性走向个性的成熟和价值创新之路，努力造就适合社会历史发展需要的人才，特别是能够推进人类文明进步的杰出人才。因此教育体制、教育方式和教学全过程的每一环节，都应该按照科学性与主体性统一实现的原则，认真设计，逐步改善。教育主体的责任是：一切为了人们合乎生存发展规律的成长与生存的完整实现。

现代美学尊重和培养人的审美个性，使之逐渐达到健全成熟，最终形成完满的创造个性。人都有自然生成的气质，这是以人的整个心身为基础而发展形成的；人们从小就有气质的发展差异，这是一个人所特有的生长特征，美学应当尊重这一气质特征。但是，人生在发展之中，气质个性也要有良师的引导，须在良性环境中逐渐走向个性的成熟，特别是要形成较为成熟的审美个性；以此为基础，才能在创造活动中逐渐形成创造个性。美学引导下的生存目标，主要就是塑造健全的审美创造个性，走向创造的成功与生存价值的较高实现。

现代美学按照人生正常发展、完整实现的生存发展规律，要求社会各方面与人的生存发展需要相适应，改造社会弊端，使之成为合乎人类生存发展的良性环境。社会的变革与发展，总是与人生的合理要求相适应；社会历史的文明进步，也与人生的逐步完整实现同步展开。社会是保障人类生存合理实现的社会，是社会为人生服务，而不是人生被社会压抑。人生对社会承担着历史性责任，那就是推动社会向整体人性化的方向发展。这也就是美学的社会历史责任。

现代美学在科学性与主体性同一实现的原则指导下，引导人类的生存发展顺利走向理想生存目标。按照马克思的观点，未来理想社会应该是，人本主义与自然主义的同一实现，也就是人与自然之间的对立全部消除，人与整个自然社会（世界）达到高度的同一性。这同时也就是人生的完整实现，或者说是完美实现，这是美学的终极目标。

第三节 审美原理的内在尺度作用

美学原理的内在尺度作用，指的是美学原理体系化入主体的意识世界，成为主体审美创造活动的内在基础、内心参照系和内在的表现对象。这一尺度不再是纯粹的理论形态。审美主体形成了较为丰富的审美经验或审美意识之后，又理解了美学原理，原理体系与内心中较为完整的审美经验与审美意识取得了同一性，在此基础上就形成了美学高度上的审美意识体系，这就是审美主体应有的内在的审美尺度。美学原理作为审美与创造的尺度不是空泛的理论，而是具体的思维总体，是理论与经验事实的同一体。当然，人生文化水平、知性高度、审美能力与创造能力各不相同，在审美和创造中自然就表现出内在尺度的高低不同。就算素质接近，审美创造的个性差异，也会表现出不同的审美个性与创造个性。这里强调的是，人们应该尽可能掌握美学原理，并与审美经验相统一，形成较完整的审美意识体系，亦即形成较高层次的内心审美参照系，即内在的审美与创造的尺度。

一、作为人生内在尺度的美学原理

美学原理作为内在尺度在审美与创造中发生作用，不能孤立地看成美学理论的作用。从人类审美创造事实中提升出来的美学原理，与审美经验和审美意识是联系一体的。因此，美学原理作为内在尺度发生作用，也就有审美经验和审美意识支持下的具体形象的参照作用。如果达不到美学原理体系的高度，审美经验作为内在尺度发生作用时，也自有美学潜规律发生隐性作用。

古希腊人说的"人是万物的尺度"，话语比较笼统模糊，其含义可从多方面来解说。马克思用"内在的尺度"一说，主要指的是人类制造的内在尺度，近乎审美与创造的尺度。仅就内心意识来看，人的知识是认识外界事物的尺度，人的审美经验、审美意识与美学原理，是审美的尺度和创造的尺度；不过，在对审美与创造规律把握基础上形成的美学原理体系，是更为自觉、更具有科学性的审美与创造的尺度。人们在日常生活中必然要积累生活经验，在生活经验基础上去认识和欣赏对象，这是经验性的尺度。内心中积累了丰富的审美意识体系，那就具有自觉意识高度上的审美创造尺度。如果进一步掌握审美与创造的原理，那就具有美学高度上的内在尺度的作用。美学原理是审美规律的总结，它与审美经验和审美意识不是分离的，而是渗透于其中的。当审美经验或审美意识作为内在尺度发生作用时，其中也就有潜在的审美规律发生作用。

正常的人生，必然要在生活中积累大量的生活经验和审美经验；而且还要将审美经验提升到审美意识的高度，这就为审美奠定了内在意识的基础。因此，对正常的人生来说，审美创造尺度的形成和发生作用也就是必然的。这里强调正常的人生，是审美创造研究的重要前提。因为人的生长发育与在不同社会环境中的生存，会出现少数生存不正常的现象，古代就有"嗜痂之疾"的怪异口味，今天除了有人生异化反常之外，还有故作怪异的表现。这些情况应看做例外。不过就是这些不正常表现的后面，也有正常心态的压抑和扭曲。对于大多数正常成长发展的人生来说，他们都追求自身审美个性的丰富完善，追求自己理想的审美对象，追求理想审美境界的创造。正因为有这种主导倾向，才有人类的文明发展，也才有人类共同的美好事物创造，如人们的衣食住行用各方面的美好产品的日新月异和不断更新的审美设计。人类审美创造规律规定下的文明发展总趋势，任何个别或少数反常表现都是阻挡不了的。在今天网络中的各种生存表现，无论是低尺度还是怪异反常尺度的表现也是如此。

人生审美尺度有高低层次差异。由于人们受到的生存文化影响层次不同，审美经验和审美意识的积累深厚程度不同，审美规律的把握与美学原理的理解程度不一，就会在审美中，表现出审美尺度的层次差异。主要表现在生活审美、艺术审美和自然审美中，对于审美对象的审美感受和审美理解的深度不同，这又导致审美评价不同。对日常生活的审美，一般人认为很平常的生活，在作家和艺术家那里却往往感到具有审美价值和创造表现为文学艺术作品的艺术价值。这是最明显的差异。在现实生活中，看人看事，经验丰富的人看得深说得准；而少不更事的小孩或经历不丰的年轻人，往往就只看表面，出现审美判断的失误。欣赏文学作品和艺术作品，艺术审美经验丰富的人，更能准确地理解把握作品内涵；而对于大型的伟大作品，则只有少数人能够理解其中深层意义。自然审美的差异也许不够明显，但只要弄清楚什么是自然审美的问题，差异也就自然现出。如中国的自然审美观念中，将梅花、劲竹、兰花、菊花等称为"四君子"，一般不读书识字的人，就不知何以称为"君子"。生活困苦的人，多半追求物质生产的成果，如栽竹子制器物卖钱，栽梅树结出梅子可以食用；对自然物的欣赏就退居次要地位。在衣食有保障、具有文化修养并有人格精神塑造理想的条件下，主体的审美尺度才可能表现出对梅花、竹子、兰花和菊花的赞美。

人生审美尺度还具有完整性的差异。在美学原理高度上形成的审美尺度，具有较高的尺度完整合理性。但是如果达不到这样的高度，人生审美尺度就表现为多种差异。主要是，因审美经验与审美意识结构层次、结构方面的差异而出现意识结构残缺、不够完整和较完整等多种差别。首先，审美经验不完整，导致经验尺度作用下看人生、社会、文学和艺术的偏误；这会造成一个人审美认识中的偏执或偏好。审美经验意识残缺，是内在审美尺度的片面或偏误，在认识和审美中的表现还有多样，如审美中的褊狭注意、片面评价和故意"恶搞"等，这实际上无损于审美对象，而恰好表现了审美者意识的病残。其次，审美经验不够完整的状态，若是主体审美经验积累趋向于完整，情况会好一些；主体能够逐渐在经验教训中自觉完善经验结构，学会较为完整地看人看事、审视文学艺术作品。当然要提高人生的完整性是一生努力的过程。若是审美经验结构不够完整而自以为是，那么审美评价就难免主观武断。第三，审美经验意识比较完整。这可以保障较为完整地掌握审美对象，对于对象做出完整的较为客观的审美评价。特别是对人生和文学艺术作品的审美，不能随便误解一个人和一件作品。人的整体内涵表现为文学艺术作品，人与文（或作品）具有统一性；因此人生审美评价和文艺作品审美评价应当慎重；要求审美主体具有丰厚而较为完整的审美意识作为足够的内在尺度或基础。这种高度上的审美追求，对人生来说就是美育与艺术教育的目标。人生成长过程，主要就是审美意识日益完善的过程，即走向人生成熟的过程；社会与学校对人的教育目标，虽说要培养各类人才，但真正的人才，绝不是片面发展的人，而是意识结构较为完善的人。这当然不是说教育要培养全才。人的才能和经验意识是两回事，不可将它们混为一谈。不过，如果一个人有某一种卓越的才能，也必须拥有较为丰富的审美经验意识；一个人具有丰富完善的审美经验意识，不仅不妨碍他成为某种人才，反而支持他的某种才能在更大空间里发挥更大的多方面效能，成长为巨才。教育过程为什么要强调美育？那就是在审美过程中积累丰富完善的审美意识，在此基础上形成的才能具有更大的展开空间，才可能成为大才，即"杰出人才"。完整性较高的审美意识结构，不仅是内在的审美尺度，更是创新的内在尺度，也是真正人才的内在支撑。

人生审美尺度有价值方向的不同。人生内在审美尺度，由于个体的价值感不同，积累起来的价值意识或价值观念也就各有差异。有的价值追求境界较高，有的则较低，有的偏重于某一层面或某一领域的价值，有的偏向于某一生活方面的价值。一般说来，文明社会对人的价值要求是文明创新的价值方向，学校教育的目标也应该是引导学生形成文明价值意识；文学艺术作品的创造——特别是伟大的文学艺术作品的创造，都以推进人类的文明进步、提高人类生存的价值境界为主旨。如果失去这一正大的价值方向，任何生存和行为都会失去意义。人的内在审美意识体系，一般说都具有正大的价值方向。符合这一方向，人们才会认定为真善美的对象，并做出相应的评价。否则，就可能评价为假恶丑的事物。

人生内在审美尺度具有多方面的作用。审美经验不断增生，审美意识不断积累丰富，也不断强化，作为内在的尺度也就不断提高、不断开展，其中蕴涵的生命能量也就是无限的，其作用也就是强大的。作为内在的审美创造依据，或审美与创造的尺度的作用，主要是对人生指导与塑造的作用，对社会事物的审美、改造与创新作用，对文学艺术作品的审美与创造作用，对文明思想文化与科学知识的开拓作用，对社会历史发展的推动作用等。

二、审视现实的尺度——美学原理的现实应用性

在现实生活中，现代美学原理与生活具有现实对应性；它可以直接应用于现实生活；审视现实，透视现实，分辨美丑，改善人生，变革生活，推进社会。这与古典美学或别的虚假美学根本不同。虚假美学是人为假定的东西，它只会歪曲审美事实、欺骗学子、误导人生。而现代美学则是既出自人类生存整体事实，又适用于人类生存引导。

掌握了美学原理，具备了以美学原理为内在尺度的审美与创造设计水平，那么，美学原理就会通过审美创造的主体在社会现实中爆发出强大的创新力量。但是对美学原理的整体理解把握，是一个伴随着艰苦的生存体验、生存经验意识积累与规律探索的过程。没有这样一个过程，就不可能真正理解美学理论。人们可以凭记忆来记住原理，却不一定理解原理。真正的理解和完整的认知，必须以亲身体验和直接经验为基础。要形成以美学原理体系为内在尺度的审美创造主体，就必须自觉主动地在社会生活中体验、思考、探索、创造，不断提高自身的思维水平和创新能力，成为社会业绩优秀、创造成就突出的主体。

具备美学原理的内在尺度，人就基本上可以作为审美主体，审视评论社会人生现状和多方面的生活现实，大胆批评现实，指出生活中的弊病；不断改进现实，推动社会发展，使之成为越来越有利于人们生存发展的优质生存环境。

具备美学原理的内在尺度，就能够不断审视反省自身，丰富和提高自身多方面的素质；不断追求人生价值意义的实现，完善人格，健全生存，塑造自身美好形象，努力达到人生应有的高尚境界。

具备美学原理内在尺度，可以自觉地展开审美创造的能力，在审美中提高审美透视的能力，既能透视评价生活，又能透视评论人类古今各种社会现象；既能评点当代一般文化艺术，又能欣赏评论高层次的文学艺术作品；既能创造社会文明事物，又可以追求高层次、高价值文明事物的创新，甚至为人类文明发展做出历史性的贡献。

美学原理本于人生，又归于人生。它或者在人身上沉睡，终无作用；或者是在人身上爆发，石破天惊。关键是要自觉掌握原理，自觉主动运用。人是否能够成为真正的人，诀窍在此；人是否能成为社会需要的杰出人才，奥妙在此；人是否能够生存得幸福完满，答案也在这里。人对于美学原理的自觉探索、把握和运用，对于个体生存发展和社会历史的发展，都起到一种内在尺度确定和内在精神支撑的强大作用。

三、创生理想的尺度——审美创造理想的发生依据

在理想高度上，美学理论促使人们主动自觉地追求生存价值意义，不断在审美活动中丰富审美意识，不断塑造审美理想，提高审美理想的境界。要成为完整的自由的审美主体，就必须在观念建构上形成完整的人生目标和理想。

美学原理高度上形成的人生理想，是提升人生境界的重要力量。中国人强调立志，主张"人贵有志"，"有志者事竟成"。立志，实质上就是树立人生远大的理想目标，具体说就是形成悬置于未来的理想生活境界。这样的人生境界设计得越美好，人生努力的过程就越坚定。现代美学原理，非常强调人生理想的审美意识境界的合理创设。它既符合生活理想，也符合审美理想；既适合自身发展的可能性，也符合社会历史发展的需要；所以这种立志，是建立于个体生存与社会人类生存的统一性的基础之上的。这种立志，就是古人说的追求仁义，成为君子或圣人；或志在天下——立下为国家为人类献身的"鸿鹄之志"，也就是"乘长风破万里浪"的远大怀抱或志向。

美学原理高度上形成的理想审美意识，是文学艺术创造与其他各种文明事物创造的重要目标和向导。审美与创造是人类的本性，也是人类生存与发展的基本方式。审美，一般都是在理想的高度上追求更新更美的满足；创造，也是在超越已有事物审美价值的基础上追求更新更美的设计和创制。而理想境界的审美意识，就是支持人们不断提高审美指标、不断创新设计的内在高尺度。人们审美，就是以它作为内在参照的尺度，相当于这一高度就比较满意，低于这一尺度就感到不满意，并批评其中的缺陷。人们的制造或创新行为，也为这一内在尺度所制约。人们的制造不可能高于或跨出这一尺度。一个土木建筑师若未见过洋房，他不可能设计建造好一座钢筋水泥结构的大楼；一个中国的国画家没见过西洋画，也不能作好一幅油画。他们要超越自我，必须把握更高的创造事物，树立更高的理想目标。这几乎是常识的问题，却表明了一个重要的原理：人生应该有高于现实的审美理想境界引导，这才能在生存中发展，在发展中生存。

因此，美学高度的理想审美意识境界的形成，又是人生塑造的内在尺度。这个问题

就是西方学者席勒提出的美育问题。人生塑造主要是靠自己。人自己要做什么人，他会在周围的人当中选择榜样。读书人则会在历史人物中选择楷模。教师教育人，主要作用在于引导，而不在于说教。美育的规律，在于人们自身内心中形成做人的设计，在现代美学高度上设计出理想的生存模型（内在尺度），他就会按照内在的尺度努力塑造自己的形象，最终实现自身较为完美的生存，成为健全的或较完整的人。这样，他就是一个幸福的生存者；不然就是一个有缺憾的人。这里说的完整，是在人生过程中由片面逐渐走向完整；但不是任何时候的行动都要完整，事实上也无法做到这一点。经历片面是必需的，走向完整是必要的。人生的完整发展，关键在于内心理想审美意识的整体导向作用。

　　人生塑造与艺术形象塑造和物质文明创造具有一致性。在美学原理的指导下，人们自觉追求审美与创造的生存发展，随着审美意识的日积月累，审美意识组织达到成熟时，就会产生符合更高理想的审美意识，这时就会出现创造冲动。将内心构思成熟的理想形态的审美意识结构通过艺术表现手段显现出来，这就是各种艺术作品、各种物质产品创生的内在机制，也就是精神文明和物质文明产生与发展的内在规律。当创造主体在创造对象之时，他同时也就在塑造自身；主体自身的塑造也就在文学艺术或物质产品创造中同时实现。

第四节　人类审美创造规律的先导性

　　人类为什么要认识自然界的各种规律？目的在于将自然规律转化为生存意识，自觉主动地顺应或运用各种规律，达到人类生存发展与自然运行的协调统一。至于社会规律，也是自然规律规定下的人类自然的规律。人类必须遵从自然规律，包括人生的自然规律。自觉遵从自然规律，人的生存发展就顺利，社会历史也能顺利发展。人类不能违背自然规律，若有违背，必受自然规律无情惩罚。当今的人生，不少人被惩罚，有的人被惩罚而至死不悟。当今的社会和人类，也在接受着某些惩罚，那主要就是为了眼下的经济利益而破坏大自然，自然灾害频至，这就是自然规律的严厉警告。如果人们掌握了自然规律，就可以预先设计好可行可成之事，兴利除弊，取得自然规律的支持，获得自然规律的奖赏而避免其惩罚。这是人类必须首先要关心的生存发展大义。

一、审美创造规律的内在驱动性

　　人类审美创造的规律，是居于内而显于外的人生规律。它在人的内心里发动，驱使一定主体依照审美理想的要求不断创新，又不断满足；在满足基础上又进一步设计创新。这就是审美规律的驱动性。

审美创造规律的自然驱动性。审美创造规律根源于人的生存结构之中。审美在人生经验基础上发生，人只要积累一定的生存经验，经验结构中的感觉惯性就不可抑制地要感觉对象的刺激，同时，大脑感受性也相应选择最佳的感受，情感相应活动，整个经验结构激荡起来，这就构成了审美冲动的基础。正是这一基础驱使主体感觉对象，寻求刺激的心意满足。经验性的审美满足，往往带有自然随意性，即随意观审，随机随缘，自来自去。这在人们日常生活中非常普遍。审美使人心情激动，使人热心追求，使人产生兴趣、快乐和信心。没有审美，人生就平淡无味，生活失去光彩，生命失去动力，以致心身瘫痪。审美就是人的生存本质所在。

但是，审美的自然冲动并不具有明确的价值方向目标，往往带有盲目性。如果只追求眼前审美满足，往往会导致行动失误，甚至会出现不道德和违法犯罪的行为。仅凭生存经验而发生的审美冲动，不利于人们合理地生存发展。这就需要进一步提高审美的自觉性，主要是把握审美创造的规律，也就是理解把握美学原理体系，将人的审美引向更高的人生境界，指向长远的价值创造目标。因此，人的审美生存，还需要自觉理解把握美学原理来提升到更高的生存价值境界，达到美学高度的审美与创造，这才是美学的生存。

审美创造规律的自觉驱动，标志着文明创造意识的自觉建构与自觉开展。人在早期的生存体验中就萌生了价值感，往后随着体验的日益展开，逐渐形成了价值意识。这是正常人都有的做人的基础。但是在美学原理的引导下，价值意识就会提升到人类性或历史性的高度；这样，主体就会自觉地追求在人类历史的高度上的审美和创造。如恩格斯就认为，他是站到美学和历史的高度去评价文学作品的。在致拉萨尔的信中说："你看我是从美学观点和历史观点，以非常高的、**即最高的**标准来衡量你的作品的。"[1] 这句话的真实完整意义长期以来一直得不到合乎作者本意的解读。因为对真正美学的认识，根本达不到马克思和恩格斯的思想境界；一般人理解的美学不过是"古典美学"，实质上，马克思和恩格斯的哲学观和美学观是现代性的思想体系。用古典哲学美学的观点来看恩格斯的话，当然只会误解和歪曲。只要看一下恩格斯强调"最高的"三个字，就可以看出，恩格斯看来，现代美学的高度是最高的审美评判高度，是与历史高度同一的高度。这一高度绝不是哲学的高度，更不可能是古典哲学的高度；因为在古典哲学观念中，处于历史最高位置、可称最高标准的是哲学，不可能是美学；人们普遍认为，美学低于哲学，从属于哲学，是哲学的附庸。恩格斯的美学观是什么？他们没有足够的时间和精力研究这门最高的学科，但在他们著作的很多地方——特别是在马克思的《1844年经济学—哲学手稿》一书中已经做出提示或暗示。而合理的推论，就应该是科学性与主体性较高程度程度统一以至同一实现的人类生存发展理论，即我们论述的"现代美学原

---

[1] 《马恩列斯论艺术》，人民文学出版社，1981年，第101页。

理",也就是科学主体论美学体系;这一美学原理体系,就是追求科学性与主体性高度同一实现的最高科学思想体系。它高于陈陋的古典哲学与古典美学,也高于正在建构的现代哲学,因此我们提出并多次论证:美学高于哲学。必须具有现代美学原理的引导,人生才可能高度自觉地追求生存价值意义的完满实现。正因为马克思和恩格斯真正领会了人类历史发展中的美学规律,他们也才能够高度自觉地追求人类历史高度上的美学价值意义实现的伟大生存,这也就是**美学高度**与历史高度同一高度上的生存,简言之,就是**美学生存**。在把握美学规律而自觉驱动生存,自觉追求美学价值意义实现这方面,马克思和恩格斯为后人作出了典范。

审美创造规律自觉应用的意义,主要是主体性意义,文明创造意义,人类社会发展意义。人生的自觉是一种生存价值意义整体上的领会与理解,这也就是人生真知。它需要两个方面的同一实现:基础方面,是在丰富的生存体验基础上积累的经验体系,以及进一步在反思中形成的审美意识体系;规律理解把握方面,是在审美经验和审美意识基础上理解美学原理理论体系;最后达到两方面的融汇同一。人生意义逐渐领会的进程,是人生的成长过程,又是人生境界提升的过程,同时又是人生逐渐走向完满实现的历程;当然也是人的知性和智慧渐趋成熟、由生存的自由胜境和自由审美创造走向高层价值实现的人生高峰攀登之路。人生主体性或人类主体性在科学性支持下的崇高屹立,人类文明事物创造的高层价值实现,人类社会历史向完整人道的进步发展,就在人生的自觉追求中不断上升推进。

人生从自然自在的生存到自觉自为的生存,转变的关键也在于审美创造规律的自觉应用。自然自在的生存,是一种被动盲目的生命苟活状态;人只是随便活着,没有活的方向目标,多半是满足于温饱和享乐,得过且过,随遇而安,这就是孔孟批评过的生存:饱食终日,无所用心;群居终日,言不及义;少年不学,长而无能,"老而不死,是为贼"。也就是日常语言中批评的"虽生犹死",酒囊饭袋,行尸走肉之类。古人在生存过程中逐渐明白,人活着不能像动物一样,人生有自己的志向、作用、尊严、地位、价值和意义,于是就有了生存意识的提高和自觉,为人生的价值意义实现而生存。孔丘、孟子、屈原的主体精神就是如此。古今中外一切志士仁人也无非如此。人类的进步思想文化,各种优秀的文学艺术作品,人类的完美教育——即引导性的美育,都是为了人生自觉自为地追求社会历史价值实现,达到人生的高尚幸福境界;而审美创造规律就是达到人生完善和价值意义实现的根本途径。

二、审美创造规律的现实超越性

审美规律不会让人停留于现有水平上,它激荡人生经验和审美意识,不断求新求变,永不满足现状。这就是审美规律的现实超越性。

审美创造规律的超越本性,自然地存在和发生于人的本然的生存体验过程之中。人的自然生存，就是自然规定人必须这样生存的本然事实。正常维持的人生不可能违背这样的生存事实。如人饥饿时就要求食，只要不是饥不择食、没有选择余地，他就必然有所选择，色香味俱全就是首选。如果这一次选择得到基本满足，那么下一次选择就要求更佳化，色泽更美好，香气更宜人，味道更可口。人们在衣食住行用等各类事物的需求基本如此。这是日常生活中的审美超越性。正是这样一种普遍的审美超越追求，促进了社会生产设计的审美创造超越，不断设计出日新月异的产品样式，供人们做个性多样的审美选择。在现今的市场经济大潮中，谁不尊重消费大众的超越性审美选择，谁就要被逐出市场。如此严厉的审美现实，正以不可动摇的事实证明着审美创造规律的超越性，同时也警告着生产设计者和研究者，必须按照广大平民生存的审美创造超越性规律和原则来思考和行事。这一规律进一步展开，又规定着个体生存的不断超越成长，规定着人类生活、社会事业和科学文化的不断超越发展。

审美创造规律推进个体生存的超越，这是人类生存的自然性也是必然性的规律。关键是人的生存必须处于正常态，没有任何异化力量压制或扭曲人的生存。正常生存发展的人必定是走向人生的健全完满，他是走在不断审美创造的超越之路上。而异变或异化的人则是逐渐失去童年的生机活力和全面展开自身的冲动，在强大的异化力量扭曲之下，精神顺势被扭曲变形，成为不断退化的人。但是人类不论遭遇到怎样的迷惘和误导，总有人能够看清超越发展的正道，揭示出人类生存发展的必然规律，使人们看到自身健全实现的希望，在审美创造的不断超越、不断探索、不断上升的生存之路上塑造出自身辉煌的形象。这样，"人"这个词和它指示的实体，就是意义越来越丰满充实的、逐渐达到完整意义的、大自然间最神圣的存在。

审美创造规律促进人类生活的超越。这是人类生活发展的必然规律。人类生活不可能长期停滞不前。尽管人生和人群、社会和人类有时会迷路；但是人类早期的超越性的思想、文化和社会生活，总会启示人们重新跃腾起来。如春秋时代社会处于混乱状态，思想文化不足以引导和拯救社会人生。孔丘等人就纷纷站出来声张尧舜禹留下的生存发展的"大道"。孟子和荀子相继而出，呼声越来越高。在楚国，屈原面临国破家亡的危机，勇敢对抗群小，主张推行尧舜禹的"美政"，富国强兵，拯救民生，在他充满艺术想象的思想表现力和极富个性特色的诗章中，表现了上古中国最强大的审美创造的超越发展精神。他的思想和艺术的探索超越，表现了中国古代文学艺术超越创新和人生思想智慧的提升，特别是表现了独立自主个性支持下的生存发展的超越精神。这已经成为中华民族广大志士仁人共同的精神脊梁。司马迁、陶渊明、李白、李贺、辛弃疾、关汉卿、曹雪芹、鲁迅等人就是典型代表。此外还有许多变革落后现实的政治人物，各种发明创造者，特别是广大平民中的创新追求和各类事物的创造，遵循了审美创造超越发展的规律，为人类社会的文明进步作出了巨大贡献。这就是审美创造规律促进生活超越发展的历史证据。

审美创造规律促动社会事业的不断超越，是在生活超越发展基础上实现的社会结果。人类社会事业多种多样，人生的审美创造超越，必须通过某项事业来实现；社会生活的审美创造超越，必须通过发展每一项或多项事业来实现。但是由于社会制度的封闭，统治思想的专制性，以及人们思想观念的狭隘性，社会事业要真正做到开放超越发展，是很艰难的事。从根本上说，要启动每一个公民的审美创造潜能，但社会思想文化观念的束缚作用也不可低估。当今社会里要促进社会事业的超越发展，必须全面理解现代美学的规律，站到美学的高度来展开美学原理的广泛应用研究，同时又要在现代美学原理指导下广泛展开社会人生、社会生活、社会事业的开放发展研究。

审美创造规律推动科学文化研究和创新超越。现代美学的原理体系来自人类历史提供的整体生存事实，具有较高的科学性和主体性，以及二者同一实现的完整性。现代美学的审美创造超越性规律，不仅作用于社会人生的发展过程，也作用于科学文化的研究发现和各学科的科学体系化的推进过程。按照审美创造的规律来检验现代各学科的思想观点以及当代学术研究现状，人们就会发现，现在各种学科的研究，现代的思想文化的创新发展状况，远远跟不上广大平民生存发展的愿望要求，甚至还起着严重的滞后作用。如果忽视思维方法的研究与合理应用，就不能提高思维的水平，学术研究就会出现随意性，科学性与主体性的统一水平就会降低，学术水平也就不能提高。现代美学原理体系的启示，将会带来各门学科的科学化改造，推进人类生存必需学科的科学化研究，真正繁荣人类生存与发展现实中诞生的学术而清洗虚假学术。

审美创造规律超越的价值指标，是超越发展的方向目标；也是社会历史超越发展的灵魂和精神。人类生存发展的最初冲动，和后来自觉追求合规律性的生存发展，使人们从历史经验中发现并确定了人生的价值方向目标；同时，每一个体的生存发展又被正大的价值方向目标所规定。这一方向目标就是不断审美，不断追求越来越高的审美价值，又不断创造出更高更新的审美价值，这就推进了各种文明事物的超越创造，同时也提高了人类生存的价值，提高了社会历史文明创新的价值水平。人类文明文化与社会历史就是在价值创造的不断超越过程中不断提高不断发展起来的。因此可以说，人类生存发展动势，是审美创造规律的超越性所规定的必然趋向；人类社会的发展和文明进步，是审美创造的价值超越规律的永恒推动。人类的生存，总体上必定是审美创造不断超越发展中的生存；人类的发展，自然就是审美创造的价值超越规律不断发生作用的生存过程。这就是人类真正意义上的生存，以及完整意义上的发展。在现代美学意义世界里，也就是在人类科学主体精神的世界里，人类的生存与发展可以说是等义词语。这是对人生意义的最高理解，也是对人生具体而完整的阐释。

三、审美创造规律的发展引导性

审美规律促使人生不断追求，不断创新，不断改变生存现状，总是在理想的高度上引导人去进行更高更美好的生存设计和创新设计。这就是审美规律的发展引导性。这种引导有不同情况，一种是美学没有作为学科提出，审美创造规律只是潜隐作用于人的审美创造活动，人们自发地追求审美与创造，若有神灵引导；这是人生精神的自然引导。这种情况多半表现为不够自觉的审美创造，往往是机遇促成，自生自灭。一种是前人创造的优秀作品或产品能够使后人获得感悟，前人的创造精神引导后人继续创造；这是具有典范性的作品对后人审美创造精神的感染、唤醒、振奋与引领作用。这多半表现为在前人影响下的"发愤著书"、穷而后工等。但最好的情况是，自觉掌握美学原理体系并用以引导自身的自我塑造与文明事物价值创造。

审美创造规律的自觉把握，引导着生存精神境界的提升。人的生存有多层次，从低层次到高层次，大约可以分为生命活动、物质生活、社会事业活动、科学文化活动、自由审美活动、价值创造活动、美学价值实现与评价活动等。在美学高度上的生存，可以全面提高人生各个层次，达到人生的完整维护和实现。在生命层面上维护躯体健康，才能正常生活，以足够精力从事社会活动，以饱满热情研究科学文化，以强大生命力量支持审美创新活动，努力争取生存的最高价值实现。如果没有实现这样的生存境界提升，人生就不可能完满实现。

掌握应用审美创造规律的自由境界，即美学精神境界。这是具备了丰富健全的审美意识体系之后，又把握了审美创造规律，然后达到的自由创造境界。中国的屈原、李白、曹雪芹基本上可算是接近此境界。西方的荷马、但丁、歌德与席勒、马克思也近乎此境。

美学精神对人生形象塑造具有引导作用。人生的目的可以有各式各样，但"活出人的样子"却几乎是人生的共同目标。但什么是"人的样子"？一般人都会说，但几乎都不能解释。真正像人的样子，就是美学指标上的完美人生形象。塑造人生完美形象，是人生的永恒悬念。

美学精神对社会生活发展具有引导作用。社会生活发展的目标是人生目标的展开形态。理想的人生需要理想的社会来维护或保障。人们都是按照理想的人生来设计社会的结构和改造社会、推进社会发展。只是在贵族统治的社会里，贵族统治阶级按照自己的生存理想，将社会设计为压榨广大平民百姓的专制机器；但平民阶级却要将社会设计改造成为大众平等生存、自由创造发展的民主社会。真正的美学是平民生存发展的最高科学，它自然是平民意志的集中体现，它也自然地引导社会实现平民生存发展的最高意志。

美学精神对社会事业发展具有引导作用。广大民众的共同利益，体现为各项社会事业，社会事业蕴涵着人生的美学精神；但是，需要自觉把握的美学原理体系的明确引导，社会事业发展才能获得较高的文明成就。

美学精神对科学文化发展具有引导作用。人类需要物质文明的发展，也需要科学文化知识引导精神文明的提高，二者互生互动，不可缺一。没有物质文明的支持，文化科学的研究发展也就失去了基础，特别是物质技术和经济条件的支撑。没有文化科学知识的引领和提升，物质产品的创新发展也必定不能提高质量和效能。

美学精神对人类文明发展具有引导作用。人类文明发展的高度标志着人类生存发展的总体水平。野蛮、落后、不文明、文明、高度文明，这是人类社会发展的不同水平层次，其中包含着每个生存者不同文明程度的表现。

四、审美创造规律与大自然的协调性

由于现代美学原理体系严格对应于人类生存发展的自然规律，亦即"科学性与主体性同一实现"的自然合理性；它所表明的是人类自然合理生存的原理，也就是人类与大自然永恒协调发展的生存发展意识。这就意味着：每个人的思想行为所构成的生存过程，必须接受生存发展规律的检验；都应该也是必定要站到大自然法庭上，接受自然法则的严厉审判。功过奖惩的尺度，自在自然规律。

人类生存与发展的全部历史，都是形成于地球大自然的宏阔怀抱。也就是说是大自然的整体生态中孕育了人类社会和人的生存与发展。在大自然生态中形成了社会圈的人类"文化生态"。人类文化生态既受制于自然生态，又具有相对独立性。一方面，它不能独立于大自然之外，不能违背自然规律的严格规定；另一方面，因为人有自己的主观意识，以及主观意识的自由选择和自主行动，它又不同于自然；特别是形成一定的社会，作为社会群体的人类就形成了独立于自然而又与自然发生对立性的"社会生态"。从此，大自然间就形成了最具破坏力量，也最需要控制和不断调整与自然关系的社会生态。社会生态的内在实质是文化生态，文化生态的内质是思想，是人类的主导思想规定着文化生态的性质和发展走向，也规定着社会生态与自然生态的特定关系。由此可见，是人类的思想意识影响到文化生态、社会生态与大自然生态的关系。特别是在社会上占统治地位的阶级或集团的思想，对此具有决定性的影响。

合乎自然规律的现代美学思想，自然是造成科学性与主体性同一的文化生态，进一步造成既与自然生态协调也取得内部协调性的社会生态。这种合乎自然规律的生存法则，就是科学性与主体性的同一实现，以及两方面同一性不断提高的追求。这一法则，既是现代美学原理的核心，也是现代哲学思想的根本依据。当然更为重要的是，它作为人类生存发展的法则古今贯彻，以至将来。

现代人类的生存发展问题，不论是文化生态的问题，还是社会生态的问题，以至社会生态对自然生态的破坏问题，关键在于人类生存发展的指导思想存在问题。这思想是否真正掌握了自然规律并遵循自然规律做出选择决断，是解决文化生态、社会生态与自然生态多重问题的关键所在。面对现代人类生存的危机，人们开出了种种药方。或者舍本求末，如提出保护环境，减少污染，虽然也能暂时治标，却没有涉及根本，不能从根本上解决问题。

审美创造的规律，不仅是人类自身的生存发展规律，也是与大自然整体生态协调平衡地发展运行的规律。在这一自然合理的规律引导下，人类就能够自觉地不断研究人生与自然、社会与自然的统一关系，不断取得与自然的协调统一关系，获得永久性的顺利而成功的生存与发展。这是人生的好运，也是人类的好运。

因此，现代美学，是追求人生以至人类的生存发展越来越美好的大学问。学习美学，就是要面向社会人生实际，从人生的整体事实出发，研究并揭示人们审美创造的规律，上升为理论形态的、可以整体把握的美学原理，用以指导人生，审视社会人生万象，批判丑恶现象，改善生存现实，创造美好事物，推进人类文明的发展。这样，人生才会越来越美好，国家民族的生存发展与社会历史的发展也才有无限美好的前景。美学所指示的，就是人类的无限未来的生存发展之路。每一个生存者，都有责任看清生存发展之路，这既是对自己负责，也是对人类负责。只有自觉自主地负起大自然赋予的责任，人才是自然之子，也才算是人。

最后，我们还得强调：马克思说过，自然界是人类生存的无机躯体[1]。而在今天，我们要更加强调：大自然就是人类生存发展全过程的有机躯体。人类永远只能在大自然的母体中孕育和生存发展。人类不能破坏这个母体，破坏母体的任何部位，都是对人类生存本身的破坏。这是现代美学在"科学性与主体性同一实现"思维方法基础上的最新最高的整体认识，不妨说这也就是传达大自然对人类生存一种警示。

---

[1] 马克思：《1844年经济学—哲学手稿》，人民出版社，1979年，第49页。

第十章
审美发展论

审美发展论，旨在研究人类审美活动以内在审美意识为根本依据的发展本性，它内在地作用于人生、社会和历史的发展，就是人生发展的审美本质，社会历史发展的美学本质；审美本性或本质具有未来开展的无限性，而美学发展也相应具有永久的超越性。

第一节 审美的发展本性

审美是具有发展性的活动。其发展性，首先指审美意识的发展形成过程；其次指审美活动展开的内在的审美心理的交流运动，即内感外射的审美过程；最后指对审美主体的发展与建构过程。这也是审美活动本身有层次差别，不同情景中会发生日常的随意审美、艺术家的自觉审美和批评家的理性审美三大层次。

一、审美意识的发展过程

理解人们的审美活动、审美心理活动、主体性和审美主体的塑造，关键在于弄清审美意识组织系统发展过程，这是美学和文艺学研究的核心问题。美学研究的核心应该是审美意识组织，这是毋庸置疑的。美学问题主要是艺术问题、审美问题、创造问题，还有美学史的问题等，这都是由一个审美意识的核心轴辐射，由辐射和流动而形成的辐射流变带（辐射过程）而构成。艺术是审美意识组织的内感外射过程，美学史实质上是审美意识组织本身的研究史，也包括艺术效应史。

我们把酷爱艺术到进行艺术创作的一个心理过程分成审美意识系统形成的前后两个

时期大体上分为两个阶段，即审美意识的无序阶段和有序阶段（系统化阶段）。审美意识的无序阶段是意识发生发展时期，是半意识和无意识的经验积累时期。这一时期是不自觉的、混沌无序的、自然而然的生活经验和审美经验的无意识储存，多半可归结为命运和机遇的赐予。其次是艺术家自己的爱好与勤奋学习。审美经验的积累阶段，也就是审美意识的混沌无序时期。审美意识的有序阶段是审美意识系统形成时期，是自觉的、有序的、组织化与条理化的时期，是从生活经验和审美经验演化为审美意识系统的质变阶段。

1. 审美情趣是审美活动的催化剂，审美理想是审美活动的目标

审美意识是贯穿始终的重要因素。审美意识发生，体现于日常生活经验在主体自由心态中经审美反思而审美化的过程之中，主要包括对生活经验的超越和自由心境的出现，审美欲的释放，审美反思中的感受与理解，从不自觉到自觉意识、从混沌状态到澄明有序状态、从生活经验转化为审美意识系统。我们知道，审美主体的审美反映过程是一种漫长而复杂的心路历程。艺术家们从孩提时代开始认识生活及各种事物，在积累的生活经验基础上，接受周围人物的影响和各类艺术的影响，逐渐学会对人、物和自然的初步审美，学会对各种艺术的粗浅欣赏，不断积累审美经验，形成审美趣味、审美理想，以至形成系统的审美意识。这样，审美创造主体才有可能创造出艺术作品。审美反映的过程就是审美意识趋向于艺术作品的过程。审美意识发展，主要包括无数次再审美的意识积累（意识量的充实）、审美心境的形成及作用、审美理解的作用、审美心理力场中心理力的集合作用、三类审美意识在内心中的地位和相互作用、理想审美意识的形成、审美意识语言在艺术表现中的决定性作用、理想审美意识对人生内在尺度的规定性等。

审美意识的强化，主要是意识组织强化、审美理解的强化、理想审美意识语言（内心形态）的强化、心理能力的强化（力场强化），最后是审美意识系统的强化和创造冲动的强化。审美意识的强化发展，实质上是主体自身智能的强化发展。这也是主体走向自我存在、价值实现和自身完整塑造的历程，是感性生活与理性生活充分实现而达到自由审美创造境界的升华之路。主体审美意识的完整也就是主体自我的完整。只有作为完满的人去审美或创造才具有审美的完整性和创造的完美性。

2. 审美体验发展到审美意识是审美活动深化的过程。审美体验接近"美感"

审美意识总的来说，可以分为三大形态：生活审美意识、艺术审美意识、理想审美意识。生活审美意识是审美主体心理世界里的审美意识建构的基础和主体部分。生活审美意识发展为艺术审美意识，在促成理想审美意识中是整体呈现的并不是分开的，共同作用产生理想审美意识，生活意识是艺术审美意识发生的根据。艺术审美意识，在欣赏者那里虽是从艺术作品的审美中获得的审美意识，在艺术家那里则是以生活审美意识为主体的审美意识的艺术表现，他们可以从艺术家具有独特性的艺术作品中看出生活审美意识的一贯主体地位。生活的发展与艺术的发展是两大平行的流程，生活按照自身的必然性不可阻挡地向前发展，它又通过艺术家的心灵作用，转化为生活审美意识，审美意识进一步在心灵和艺术能力作用下，外化为艺术存在。艺术作品在流传中，一方面以其艺术审美意识影响于人，另一方面又唤醒人们的生活经验和审美经验，使之自觉化，上升为生活审美意识，并在艺术观念的规范之下，接受艺术审美意识的启迪，创生出理想审美意识，外化为文学和艺术作品。如此一代代连续影响、推进，就形成了艺术发展流程。当生活审美意识与艺术审美意识相互撞击时，心理上就会打开第三种空间，出现审美理想与生活理想的新创境界，这里称为理想审美意识。这种意识既不同于生活审美意识的真实性，又不同于艺术审美意识的间接性，它自身具有一种特点，即创造性和理想性。但丁《神曲》的所体现的创造性和理想性是在其理想审美意识的感召下逐步体现的。可以说，理想审美意识（或艺术作品）是审美意识发展的目标。理想审美意识，是一种创造性的超越生活审美意识和艺术审美意识的新生意识，是艺术独创的直接心理依据。理想审美意识的产生，既植根于生活审美意识，又参照模拟艺术审美意识。艺术审美意识在生活审美意识中播下了种子，通过在艺术创造力推动下，按现实的可能性与必然性构想出来的、符合艺术家理想的审美境界；它既是生活审美意识的延伸与提高，又是艺术审美理想诱导下的产物。

审美意识的发生、发展、强化的过程是一个动态的运动过程。审美意识的形成更不是静止不变的，对于艺术家来说，审美意识外化为艺术作品也是不断发展的。创造，不过是审美的继续，是审美意识的外化（物化、符号化），是审美设计通过物质手段而做出社会化的物态显现。显现出来的对象依然是审美的事物，或者是以审美形态导入实用过程的事物。

二、审美活动的心理交流发展运动

现代美学必须以人的审美创造活动为对象。审美活动，本质上就是审美心理活动。这种心理活动不是孤立的人本身的"心动"，而是心理上庞大的意识体系与外界信息交流互渗并不断建构意识，推向表现或创造的极为复杂的心理运动过程。

1. 审美活动不是认知活动，审美和认知是有区别的，二者是认识和把握世界的两种方式

张世英等学者认为，审美意识不是认识，美学不是认识论。人的审美心理倾向于对生活的感性把握，而认知心理倾向于对生活的理性把握。感性把握与理性把握的统一，就出现了对生活的整体把握。对象的整体与人的整体都预先在艺术家的心灵中熔铸一体，这就是继混沌无序的审美经验之后出现的定向有序的审美意识系统。这是一个由感性指向理性、超越现实感性与理性的在心灵中独立运动的体系。

人类长期以来形成的心理机能就是吐纳机能。吐与纳两方面是统一而又相互推进，不断展开不断升级的。纳的方面，主要是接受外界的刺激或信息；吐的方面，主要是注意、选择、评价、意识投射、改造加工（或创造表现，亦即实践）等。这两个方面："纳"是接受客观因素，是"吐"的外部条件；"吐"是主观心理能力和心理上意识的表现。这种内感外射原理把客观作用和主观作用统一为一个心理运动过系统，既强调以"纳"为认识基础和意识形成的第一性条件，又看到"吐"为心理能力和意识的能动的反作用，这样，就符合马克思主义辩证唯物论，也是切合心理事实的。审美主体心理上构成的生活意识和审美意识，是一个不断与外界交流、不断运动、扩展、强化和创造表现的系统。它通过心理的吐纳机能的鼓动而不断沟通心理世界与客观世界，构成一个不断运转的心理交流系统。这个系统总是遵循着恒定的运动规律，即内感外射原理，在外界不断变化的条件下，自适应、自组织、自完善和自表现。人在审美活动中要形成一个暂时处于审美紧张状态的心理交流系统，这个审美的心理交流系统自然就是依审美的内感外射原理而运动。这个系统运动的外在条件是审美对象，内在依据是心理上积累的审美经验或处于更高层次的审美意识、审美趣味和审美理想，还有在审美过程中逐渐提高的审美能力或审美素养。这两个方面的交互激发、推进，就构成了审美心理交流系统及其内感外射的运动过程。

从审美关系方面看，人与对象之间的审美关系就是这种内感外射的动力结构起推进作用的。审美意识及心理机能（或能力）不是静止在心中的死水，而是不时运动、激荡、翻腾的意识之流。它在外界生活的作用下自发展、自组织、自完善，又在艺术作品影响下形成的艺术参照系中自调整，形成审美意识系统和心理力场。

审美意识在审美活动中发生的内感外射运动方式，是审美的基本活动方式。内感外射的心理交流运动是审美活动的基本原理。它为意识的积累与丰富敞开交流门户，为生活意识先审美意识跃迁奠定心理基础并最终将主体精神推向主动自由的审美反思高度，实现意识的跃迁（突变），创生出审美意识系统这一有序结构。内感外射是一种心理动力，它使审美意识成为开放而且不断吐纳的能动机体。

2. 审美活动的目标是审美价值的实现，审美价值又是以主体精神为基础

审美价值的发生即审美活动中以人性为核心的审美意识的激荡，简言之就是人的性情的活跃，精神生活的满足。审美价值是一种精神生活的价值。人的精神生活是人类生活的内在方面，它的重要性不亚于物质生活。人类精神生活的价值在文学艺术传统中构成一种定向的主流，这就是文学艺术中贯彻古今的主体精神。这一价值流程已成为定势，内合自然人性，外合社会发展规律，规定着历代志士仁人的生命意识流向，为人类的价值选择提供历史性的参照，在历史发展长河中冲击邪恶，抵御逆流，催醒人性，激发生命强力，鼓动创新，促成发展，涌向无限未来的永恒正义和真善美理想目标。

艺术本体不是向人显露出来的可以直观到的材料，而是隐藏在材料后面的人类生命冲动与主体精神涌动的潜流，即"以有限的事物显现无限"。从艺术家的一度审美创造和欣赏者的二度审美与再创造过程透视艺术本体，揭示其潜在的主体精神。艺术家在艺术创造全过程中的一度审美，是艺术作品审美价值的自我实现，欣赏者二度审美则是艺术作品审美价值的社会实现。艺术审美价值的自我实现是社会实现的基础和前提，又是在艺术家个别人身上的初步的社会实现；而艺术审美价值的社会实现又是自我实现的延伸与扩展，是无数欣赏者的审美价值自我实现的总和。前者扩展为后者，后者又包括前者，构成一个前向运动的放射形的价值实现的可能性。

艺术中的主体精神一旦确立，它就具有独立自足的存在发展的定性。它被艺术所表现，被审美者所接受，表面看来是一种被动的创造物，实际上，它在文化传统中高视独步，控制着时代精神的走向和变迁，支配着艺术家的审美创造心灵，也影响着无数欣赏者的心理，总之是控制和贯穿着社会的审美创造心理。它是一种潜在的精神力量，也是一种由无意识、集体无意识和文化艺术意识等层面综合而成的社会心理力量。在审美过程中，审美、创造、表现是一体性行为。初期审美是自发性行为，后来在自我意识过程中成为自觉行为；初期审美需要是自发性需要，后来在自我意识中成为自觉需要。艺术家以生命热血灌注的艺术作品的主体精神沟通了艺术家和读者的心灵，一度审美与二度审美循环推进运动的无限过程都贯穿着这主体精神。艺术是主体精神的产物，主体精神又因艺术而得以进入不朽的审美流程，成为艺术表现的主要内涵和人类文化史中的精神传统。

三、审美主体的发展与建构

审美，是人类作为自觉主体向世界展开的一种具有深刻人性根底和文化内涵的心理交流活动；是主体全心身投入、组织内心审美意识、发动身体各部相关感官神经与对象进行信息交流并最终形成新的审美意识结构的整体性的心理活动。审美的性质是审美娱乐而不是科学认知，本质上是主体的内心创造过程，也是主体的自造，为自身的强化、智慧能力的提高、审美与创造能力的提高奠定心理基础。

生活审美、艺术审美、自然审美是审美活动的三大类型，它们是动态互动发展的，三者不存在谁高谁低的问题。只有进行审美活动时人才是审美的主体，审美主体诞生于人的审美活动之中。审美反思活动也有审美主体存在。什么是审美及其条件？审美具有心理活动的共同性。首先，审美活动要面对一定的观照对象，并在审美观照中形成具有鲜明特征的独特印象。其次，对象刺激引起审美欲求，在审美欲驱动之下，心灵活跃起来，发生审美意识的内感外射活动。第三，借助于想象幻想，进入审美境界，实现神与象游。第四，审美活动伴随着心理创造和艺术表现冲动。

人的审美需要，在审美活动中推动着审美心理交流系统的内感外射运动，并在这活动中产生心理上的结晶体——审美意识。审美意识作为一个独立的意识板块又使人进入更为自觉的审美活动与创造活动；从而使人成为审美创造的主体，并且也相应地有了审美创造的主体性。心理不断与外界交流，其动力在于人的需要意识，其核心中介则是生活意识。审美的内感外射，则是审美意识起核心作用。人类在这种心理交流运动中形成主体性。主体意识在心理交流中形成和强化，这又规定着人的主体性；主体意识性质不同，人的主体性也就不同，人也就属于不同的主体。主体意识不断追求创造表现，就出现了创造冲动，这是人类永恒的冲动。

审美主体的总体发展过程是从生活主体到审美创造主体，再到文化主体。三个阶段是审美活动中主体的不同发展状态。生活意识向审美意识的跃迁，是主体站在自审的高度，以自觉主动自由的"新我"审视未自觉的"原我"，实现"新我"与"原我"的对话，进行心理内部的交流，以"新我"为核心的内感外射运动。问题的关键在于"新我"（审美主体）是怎样形成的。因为"新我"的诞生意味着自我超越的实现、审美心态的形成和审美意识的产生。这是跃迁的起步，引起突变的契机。审美意识系统一旦形成，它就在心理上独立自主地运动，主体就由生活的主体上升为审美的主体。审美主体超越经验主体，也就超越了现实，二者拉开了距离。

"审美主体"概念是科学主体论思想体系中的理论核心，而审美的主体性又是审美主体形成的基础。主体性，一般被理解为：人的自我意识，然后，才是某个方面的主体的意识，最后发展为个体和群体的主体。主体性的核心是心理交流系统的意识中介机构。"主体性是审美与创造的根本的动力系统，而文化主体又直接支持着审美创造主体的自由创造精神。""世界创造人，人又创造世界；物质可转化为精神，精神又可转化为物质。其间的动力就是人的主观能动性，亦即主体性。"[1]这就是说"主体性"应该是物质与精神的统一，这样才能形成完整的"主体性"，促成人的完整的生存状态。

主体性的正面或负面影响。主体性是人推动自身和社会生活前进的人生动力系统。主体性总体上都归属于一个心理事实，即上文说到的心理交流系统。心理交流系统的内感外射运动，以某种意识集团为中介，又指向一定的对象，在这一特定关系上，人就是这方面的主体，也就显示着这一方面的主体性。可见，研究主体和主体性的关键，在于考察心理交流系统中促动内感外射运动的中介意识，弄清意识集团的构成、功能及其指向。人的原始需要鼓动心理交流系统的叶纳运动，交流运动在心理上结晶为生活经验与社会需要意识，需要意识又进一步将心理交流系统的网络辐射到更广大的社会空间里，形成更为广泛而多样的社会需要，同时也展开多样化的满足需要的创造活动。自然需要与不断展开的社会需要是人的心理动力和生命的活力所在，也是人的主体性实质或依据所在。人的需要作为人的主体性的实质或核心，是以整个生活经验的意识集团的系统运动方式，即以心理交流系统的运动方式实现其整体功能的。如人的生命本能冲动过程在人的自我反思中自觉化，形成生命意识，生命价值需要就成为争取生命价值的意识核心和动力，控制着生命活动中心理交流系统的内感外射运动，从而确定生命主体及其主体

---

[1] 李健夫：《现代美学原理》（修订版），中国社会科学出版社，2002年，第214页。

性。人的生活需要满足过程，在心理上经过反思，形成自觉的生活需要意识，又以生活需要意识为核心和动力，控制生活过程中的心理交流系统的内感外射运动，从而使人成为自觉生活的主体并且具有生活的主体性。在审美活动中，审美主体的审美意识水平的不断提高决定了审美的发展本性。

社会发展又需要人付出巨大的牺牲作为代价，片面的主体因片面而得以深化发展，深化发展的结果不是个体主体的整体性的肯定，而是对个体的否定，对人类集体主体性的多方面的提高，从而达到共同主体的整体性的肯定。这就在新的综合趋势上对人提出新的要求：现代文明的人类必须自觉意识到社会历史的需要，同时也应使社会历史需要成为自身的自觉需要——将自身主体建设在更高程度上复归到整体上，使自身成为具有多方面主体意识、多重主体性的多样而又统一的新主体。这是对个体主体性由整体性的否定再到整体性的肯定过程，也是主体性的上升和主体重建的历史过程。

审美主体发展到文化主体。人的主体性是文化主体发生发展的根基，而文化主体又是审美主体的依托，没有文化主体就不能建构完满的审美主体。人是什么？人是文化主体。生命冲动至价值冲动的升华，是由人的文化本性和价值追求本性决定的。人的生命是文化生命，它在发展中必然要以人类文化充实自我，提高自身的文化适应性，否则它就难以生存和发展。而人一旦具有了生存的文化，他就力求超越已有文化，表现自身文化的优势特点，将有限的生命转化为无限的文化产品，以不朽价值的追求抵御衰老和死亡的压力，补偿生命的局限、生活的缺憾和价值的空白，让人生获得安慰，灵魂得到寄托，生命得以延伸。到此，美学落脚到人生价值的完美实现，作为人学的美学在最高的目标上回到了人本身，而人作为最高的价值实现者也达到美学的高指标；这样，美学和人生作为完满统一融合的整体达到了最高的神圣境界。如果将人生分为不同层次，那么就是从最低物境到文境，再到化境（审美创造中的物我化一），最后达到神境（精神不朽之境）。这里体现出一个价值上升和生命升华的过程。这种升华并非外力所致，而是人的生命本性的自然升腾、必然趋向。

总之，人类"审美"的展开，是植根于人的生存现实与人生发展状况的基础之上。没有审美需要和审美欲求，未形成审美意识组织，审美主体在审美活动中缺乏"内感外射"的审美交流能力就不能维持审美活动的持续进行，或者未形成审美的主体性的人也不能发展成真正的审美主体。所以，"审美"的进行是由多种因素共同作用的结果。当然，形成审美意识组织，拥有审美的心理交流机能，形成稳定的审美主体性，是实现人生审美化和审美化的人生的基础。这也是进行审美鉴赏活动与审美创造活动的必备条件。

第二节 人生发展的审美本质

人生的审美化冲动来自人的内在需要,主体的心理机能为主体性存在提供动力机制,人的主体性是文化主体发生发展的根基,而文化主体又是审美主体的依托,为建构完满的审美主体提供基础,从而在审美化生存中求得现实人生的完满与人生的幸福实现。

一、审美冲动

在人与自我的关系上,弗洛伊德等精神病学家和心理分析学家揭示了人的潜在生命欲望。弗洛伊德引入"力比多"(Libido)概念,认为"力比多"类似饥饿,它标志着一种力量,伴随这种力量表现出一种性的欲望,人类才一代代得以遗传下来。其弟子荣格提出集体无意识,认为是"由各种遗传力量形成的一定的心理倾向"[1],认为"集体无意识不能被认为是一种自在的实体;它仅仅是一种潜能,这种潜能以特殊形式的记忆表象,从原始时代一直传递给我们,或者以大脑的解剖学上的结构遗传给我们。没有天赋的观念,但是却有观念的天赋的可能性"[2]。荣格认为集体无意识是更深层的无意识,是一种遗传的力量。由此我们可以推断出人身上是具有原始力量的。人身上的每一种器官都具有潜在的欲望存在,眼有"色"欲,口有"食"欲,鼻有"嗅"欲,耳有"声"欲等,还有认知欲,审美欲,创造欲等,这些欲望存在表现为人与世界关系中的主体心理需要。

需要,既是人类发展进程的原始起点和原动力,又是文明创造的目的和归宿。人身上自体保存的需要与社会性需要统一为一个心理系统,多种需要构成需要意识集团,需要意识集团成为人们行动的内在动力——内驱力。多种需要构成并发生驱动作用正是这种内驱力驱动着人的心理活动与躯体活动,创造了人的主体性,确立了人在自然和社会之中的主体地位。

二、主体心理机能与人的主体性形成

人的需要是一种讲求方式、通过间接手段达到目的的意识。这需要意识就成为心理上感知外界对象并对之发出欲念、展开目的、寻求活动方式的意识核心和内在动力,

---

[1] 荣格:《心理学与文学》,三联书店,1987年,第137页。
[2] 同上书,第120页。

也就是心理交流系统的核心机构和动力机构。其运动情况大致如下：需要（欲求）——情感——想象对象的情况及获得方式（包括工具加工与使用、征服对象的过程等）——在实践中感知、感受并获得经验——需要得到满足，想象与创造被证实，情感态度稳定化，意向也更为明确——在进一步实践中获得丰富经验，形成生活意识和理性意识——产生自觉的需要与生活理想，形成以需要为核心的意识集团……在这循环上升运动过程中，需要意识总是处于核心的地位。在需要意识推动下，心理上不断感受外界，又不断发生外射；在感受中不断丰富提高需要意识，扩大意识集团，同时又发出更有效的多方面的外射。如此循环发展，造成了复杂的心理发展史和多向多维的社会发展史。

  人类在需要的推动下展开了创造的历史，创造又带来了生活的不断更新和日益丰富多彩，需要不断扩大，这又促进了创造的更高发展和多样化。以需要意识为核心的心理交流系统，不断将内感外射的心理结晶推向外界（现实化），对自然的想象掌握不断转化为实际掌握；想象掌握与实际掌握相互推进，前者是后者的心理基础，后者又是前者的外化结果。想象掌握一旦被证实，就会受到激发，在更高程度上想象设计，这又带来更高程度的实际掌握。心理过程转化为外在现实，外在现实又不断转化为心理过程，心理交流系统支配着由物到心又由心到物的大运转，内感外射运动规律自始至终贯彻其间。至此，可以看出人类创造活动的内在机制，从而描绘出创造心理与实际活动的相互作用过程，显示人类主体性的内在依据——主体心理机能。创造心理与创造活动交织在一起，它们共同构成了心理交流系统。就是这种创造活动使人类满足了需要又扩大了需要，从而使多方面探索、利用与开发大自然和革新社会的活动不断向纵横方向展开，经过数百万年奋斗，创造了辉煌的人类文明。心理交流系统则是内在地支配着这历史的全程。这一历史过程也就是人类主体性逐渐强化和逐渐展开的过程。人作为自然主体、社会主体和历史主体就在这一过程中确立；而心理交流系统就是主体确立的根本依据。

  主体性是人推动自身和社会生活前进的人生动力系统。

  对于人的主体性，可在它的多种联系上与多元位置上作如实的描述。在多种联系上，可以从主体之间看，又可从主客体之间看；可以从心理上看，又可以从外在事实（行为等）上看；可以从自然方面看，又可以从社会方面看；可以从现实横面上看，又可以从历史发展纵向来看；可以从文化方面看，又可以从物质方面看。在多元位置上考察主体性，可以看出多元主体的主体性。主体的单元至少有需要的主体、生活的主体、实践的主体、认知的主体、伦理的主体、经济的主体、政治的主体、宗教的主体、审美的主体，创造的主体等。在此个别主体的基础上形成集体性主体与历史主体。

  主体性总体上归属于心理交流系统这个心理事实，以某种意识集团作为中介，指向一定的对象，在这一特定关系上，人就是这方面的主体，也就显示着这一方面的主体性。主体是基于心理交流系统的核心意识的内感外射运动而形成的。其中的核心意识及其指向性的交流运动是决定主体性质的根本依据。主体性的实质或根据就是主体意识及其运动方式。以审美意识为中介发生审美的心理交流运动，人就是审美主体。人的审美需要在审美活动中推动着审美心理交流系统的内感外射运动，并在这活动中产生心理上的结晶体——审美意识，审美意识作为一个独立的意识板块又使人进入更为自觉的审美活动与创造活动；从而使人成为审美创造的主体，并且也相应地有了审美创造的主体性。

三、主体异常与现代主体重建

由于社会权利和社会规范总是力求以一定的模式约束众人，特别是社会惰性因素对人心理的影响，往往造成主体变异和主体性异常的现象。

主体异常，是主体在不正常环境中发生异变的结果。主要是主体的神化、奴化、伪化、散化。主体性异常从心理交流系统的核心意识及其内感外射运动方面看，主要有以下异常：（1）感受机能老化。（2）外射机能弱化。（3）心理交流系统封闭化。（4）心理交流功能丧失。（5）主体意识萎缩、丧失或从未形成过。

主体裂变、异变引起现代人的自我反思。他们从主体性的反思中意识到，主体精神的被压抑被割裂状态，以及人民普遍体验着的自我破碎感、人性萎缩感、身心非我感，心理上的多面冲突、灵魂的动乱不安使人充满困惑，于是出现寻找自我、探索自我、复归自然本性的人生要求。

主体再造，或主体重建，是在科学性与主体性同一发展的基础上，在物质需要与精神需要不断统一的运动过程中展开自我塑造。完满健全的人生主体，应该是人本主义理想与自然主义理想的统一体，是多面主体的完满统一。健全的主体、强大的主体性以旺盛的心理交流机能和健全的主体意识为根本依据，主体的重建与完满实现也以此为依据。一方面他享有现代物质文明与精神文明，另一方面他又享有自然的自身；一方面他感到社会与自我的和谐，另一方面又感到自我自然需要的完满。主体因社会而完满，社会也因主体而和美。个别主体可以随自己的意愿全面发展为多样主体，而且个别主体也与集体性主体、历史主体取得了一致性，主体随时感到他自身的人生真正实现了自身，他不仅是自然自我的主体，也是社会的主体和历史的主体。这样，主体重建就达到了较完美的境界。

四、主体的文化本质与人生建构层次

人的主体性是文化主体发生发展的根基，而文化主体又是审美主体的依托，没有文化主体就不能建构完满的审美主体。

文化主体的诞生与文化起源是同一过程，有同样的心理依据和外界条件。文化主体诞生于洞穴生活方式的选择和这种生活方式的运动过程，人类文化或文明也一样起源于这一过程。洞穴生活方式以其整体功能带来人类的大发展，孕育了人类的早期文明。

穴居人类初步改造利用大自然时，就发生了文化创造活动，人类就以文化主体的姿态出现在原始大自然间。进入新的有序结构的早期人类，心理交流系统运动的定势开始形成。这一开放系统向广大的世界不断展开它的创造领域，创造活动定势形成，文化主体也就在他自己的创造活动中逐渐确立和巩固了他的主体地位。文化主体的确立完成了人这个概念的基本内涵。

人是什么？人是文化主体。名词的"人"是一个无限伸展的概念，现实的人是代代相承对未来冲击的文化生命，这种文化生命具体于每一个体的人生建构，而人生建构的本质层面是文化层面。

人生如多层楼，第一层为日常生活层，是满足物质需求、维持生命和正常生存的层次，包括人的衣、食、住、行、用、恋爱、婚姻、家庭、娱乐、运动等；满足物质需求，只有物质生活自由，还没有文化上的自由。第二层是追求知识文化、社会活动能力，追求有所作为，即社会文化层；刚进入文化必然王国时没有文化自由，文化丰富，才智卓越，才可达到文化自由王国，成为自由的人。第三层是自由审美层，无物质之忧，无文化困惑，就有了自由的审美。第四层是价值创造层，是在追求较高审美价值的目标引导下的卓越创造，如但丁、歌德、曹雪芹的创造。第五层是价值实现层、即创造成功，产生审美价值感。第六层是价值延伸层，生命转化为价值，打破时空界限，向无限未来展开。

人生怎样开拓更高层次的发展道路？这需要考虑人生的发展和精神生活的丰满、充实、健全，变其愚、弱、野为智、强、文；更其盲目混沌为清醒自觉澄明，易其混世态度为主动去存在、去创造、去争取人生光荣和价值；从根本上改变其生存状态，知道忧国忧民忧身，改变自我命运，追求业绩，净化人性，瞻望真理，坚持正义，创造生命的价值和意义。

文化生活方面有两个基本形态，一是感性的精神生活，一是理性的精神生活。人生的审美化与人的感性精神生活密切相关。感性精神生活一般是以头脑中的具体形象为基础的精神活动，一般的回忆、想象、文学艺术创造与欣赏，主要是这种具体感性的精神活动。这一活动由于是感性的，就带有复杂性、现实具体性。这一生活形态是古老的，也是现实人生的，自古以来人们就不断扩展这一生活的天地，传下来大量的神话、传说、史诗或其他文学艺术样式，只不过在今天有了更高的发展。这一精神生活在意识中是多因混成的，包括形象、具体思想、生活感受和情感、审美感受和审美情感、人性欲求需要、愿望、理想、个人无意识和集体无意识等，人们很难对它作出科学分析和整体把握。而人类大量的现实的精神生活恰恰是因为有它而充分、鲜活，价值意义重大无比。

没有人的主体性，人不可能成为自觉的文化主体；而没有丰富的完整组织的感性文化系统（内在的审美意识系统），人不能成为完整的人；没有人完整的文化本质，他也就不可能作为一个完整的审美主体对世界投出审美的目光，不是完整的人，就没有审美的内在眼睛，就往往是片面观审，当然也就不能作为一个健全的创造主体创造完美的事物。但是文化主体的塑造是一个漫长的过程。人类用数百万年的历史塑造出今天的文化主体，而今天的每一文化主体又在历史文化的基础上以毕生的努力塑造自我的文化主体形象。以这一塑造为基础，人生才可能超越一般文化，进一步在美学指标上为自身、为社会文化事物创造优美卓越的形象。人作为万物的尺度、审美的尺度、创造的尺度，实质上就是一种文化的尺度，尤其是不断超越已有文化而指向高指标的更高文化创造的活的文化尺度。

五、审美主体确立与人生的完满实现

审美发生于人感性生活与理性生活的充分自由，而审美主体诞生于人的自主精神从种种现实活动中超越出来并在自由心境中欣赏一定对象时。此时主体充满人情的温暖，对人生世事的积极进取精神，关心社会、追求事业、争取生存价值的理想追求，此时在主体身上活跃着整个主体精神和生活经验，主体享受着主动、自由和完整全面的人的生活，此时他感受到自我人生的完满幸福存在。

一个人的"存在"在于他在反思中看清了自己的生存状态并向否定存在的力量作出大胆的反抗。他怎么才能成为一个清醒的有力的反抗者，这又取决于他对自己生命、生活和价值的意识。这里有几个层次的问题要解：第一，人的"此在"是何状态？如果从客观时空上看，"此在"不过是被过去和未来挤压的一个无限薄的薄片，用时间无法表明它的长短，只能在空间上说明"此在"是向未来推进的个体。因此，企图从时间上说明"此在"是徒劳无益的，也无法对"此在"作定性解释，因为任何定性定态的解释都会被"此在"意义的不定性、不定态所击毁。但是，第二，我们为什么又可以说我们存在着呢？我们凭什么说自己存在着？这就是"我"的意识表达。意识跟在感觉后面，感觉又跟在眼下世界后面。感觉捕捉到自我与世界的形影，意识又保留下自我与世界的形影，像录像带记录了形影一样。意识所表达的"我存在着"，就是依据它保留的记录，即意识本身的内涵。这一内涵是一定的整体，包括像、欲、情、感受、观念等。如果意识达到感性生活的充分实现、理性生活的自由高度与审美创造活动的自由展开，那么，"我存在着"就是一种完美的存在了。第三，由以上可知，人的生命在世界中共同构成一个人境系统（或称"情境"），即"我的世界"，人的血肉之躯凭他的全心身去感觉"我的世界"，世界不断前行，眼下世界消失，留下感觉。感觉被头脑接纳，就构成经验，经验积累下来，又被头脑组织为意识。人生行进于不断消失的世界，感官却能把消逝的世界部分纳入头脑，从而思考自己的过去，把握眼下的世界，这是人的意识活动，即心理交流运动，此即人的本质所在。第四，当人在审美中感受到自我整体与世界整体的完美与和谐时，他会说"真美呀！"这就是他自我完美的表现。浮士德临终时说"你真美呀，请停留一下！"就是人生实现完美存在时审美意识的表达。这时的人是达到最高的完整的存在境界，其实质是人的审美意识组织建构达到了完美的状态，这时审美意识的表达，除了完美的创造追求走向实现外，就是存在状态的最佳时机出现，于是有了至美的感受和相应的语言表达。

人生的完整性取决于审美意识系统的完整性。一个审美意识系统完整的人，才能凭自身的完整性在审美中感受到对象的丰富而完整的意义，无论面对生活、自然还是艺术，他都能从对象中看到自身的完整性并且也通过对象表现自身的完整性。当然，一个片面发展的不完整或病态的人，他也相应地只能从对象中看到自身的片面、不完整或病态，同时也通过对象表现自身的片面、不完整或病态。人与对象是在一种对等的关系上对话的，人自身尺度的水平规定着他看对象的能力水平和创造所能达到的水平。因而人应该不断提高自身的尺度，即丰富完善自我的审美意识系统。

第三节　社会发展的美学本质

人性需要作用人生发展追求审美创造，个体理想审美意识汇聚出历史性理想社会标准。人类历史性理想社会标准透视着中西方共同的社会发展指向，潜藏着人类社会发展的美学本质。

人性需要是一个系统，由低层到高层主要有：生命健康与安全需要、温饱需要、财富需要、情爱与婚姻家庭需要、社交与友谊需要、群体与荣誉需要、认知需要、智能和文化提高的需要、人道和伦理的需要、政治地位与道义的需要、人生有为和价值实现的需要、社会名望的需要、通过审美创造而表现自我价值的需要、超越前人的创新需要、生命价值不朽的需要。这些需要构成了人性系统，自然地在人心理上萌生，自然地也是必然地作用于人生发展全程。

在人性需要作用下，人生追求越来越完美的生存，个体生命在个人与人类、主体与世界的相互作用关系中得到提升，在追求完美生存的过程中人们构建了一个个理想的生活境界，人们这种"建设一个他自己的世界，建设一个'理想'的世界的力量"[1]，使人们"把不可能的东西当作仿佛是可能的东西那样来处理"[2]。在主体与世界的对象化关系中，人们在头脑中构建一个与个人生存理想世界相对应的理想生活状态。因为对理想生活的建构与追求，是一种普遍存在于人类历史上的现象，人类对理想的建构包括对理想社会境界的建构，是"人的存在论"意义上的一个基本事实，而社会理想境界，是"人的存在论"意义上的一种存在物，人类追求和建构理想社会的活动是人类生存活动中一个基本事实。人类就是按照这种头脑中的理想社会形态来建构、创造社会生活。马

---

[1] 卡西尔：《人论》，上海译文出版社，1985年，第76页。
[2] 同上，第77页。

克思说:"劳动过程结束时得到的结果,在这个过程开始时就已经在劳动者的表象中存在着,即已经观念地存在着"[1],也就是说理想并非处于人的当下生活,而恰恰是构成人的当下生活的一个必须要素。从人类社会的历史上来看,人类对理想社会的追求一直没有间断过,对理想社会的向往不仅是人们改造社会的精神动力,而且由此形成的观念也是指导人们从事各种社会活动的价值坐标。

社会理想是社会特定群体追求未来社会发展目标所作的观念性预设。它既是理想提出者希望改造现实社会存在缺陷的思想反映,又是他们对未来美好社会制度所描绘的远景蓝图。进步的社会理想,对社会发展具有促进作用,并能成为一定群体共同奋斗的力量源泉

用科学主体论美学方法反观人类历史性理想社会标准,可透视出当代社会理想审美标准。

美学应该成为科学的人学,美学要达到科学需回到人本身。苏格拉底说"认识你自己",当人的意识清醒地看到他自身时,能发现人身上潜藏着的深奥原理,以整体思维方法对人这个历史主体作系统完整的研究,需解决人的存在与发展的问题。人的存在与发展是二而一的问题,人的存在即是发展中的存在,人的发展也就是人的现实存在,无存在无以发展,无发展即不存在。人的"存在"的活的现实是意识的交流,以意识为心理主体内涵构成的心理交流系统的运转,是关于人存在与发展的哲学的本体,也是人生存在与发展的本性。研究社会的发展需先探讨个人的存在状态,因为人生完整性与社会相应完整是同步实现的。

一、人的健全完整与社会的健全完整同步实现

意识的交流决定主体的"存在"现实。片面状态的意识往往规定着人的片面存在。日常生存意识交流活动为主的意识交流运动形成生存主体;经济意识为主展开的心理交流系统形成经济主体;政治意识为主展开的心理交流系统形成政治主体存在;以科学政治意识为主展开心理交流系统形成科学主体或认知主体;依此类推,以伦理意识、宗教意识为主展开的心理交流系统活动形成伦理主体或宗教主体存在。

人的发展按人的本性来说是力求达到整体存在。一个人克服了自己的片面性,具有生活主体的丰满,也有政治、经济、科学、论理、宗教等多种文化知识的丰富性,那他就攀越到更高的人生层面,超越感性生存和一般文化(一定时代的文化水准),达到自由的精神境界,他就作为一个较完整的人观照世界,感到世界的美好与丑恶,从而进一步创造更美好的事物。这样,主体就形成了较完整的审美意识,他的心理交流系统就

---

[1] 《马克思恩格斯全集》第23卷,第202页。

指向更新更美好的事物的创造，他就是一个审美与创造的主体。他在生存中追求美满生存，在生活中追求完整的生活，在经济活动中追求合乎人道的经济关系和利国利民的经济业绩，若从政则追求政治活动的"美政"：美化民众生活境界，改善民众生活状态，引导民众达到幸福境地。他不论从事什么活动，总是站到一个自由完整的高度审视自己的事业，力求把自己的事业提升到一个超越前人的完美程度，这就是审美创造。这样的主体就是完整的存在。

在人性需要与人类共同需要的主体性价值尺度要求下，人身上潜藏着的美学按人性发展的必然性总是随时提醒主体追求一定的美学指标；而人的发展本性又总是自然或自觉地为自己设立高出于现实的美学指标（美满的未来图景），这就出现美学指标引领下的人生追求与超越。一般说，人的认知本性冲动发生于婴儿视听感受初期，文化冲动发生于模仿言语初期，此后便步入一定文化生态，由熟悉日常文化发展到读书识字，了解传统文化，再到进入先进文化，达到文化的自由境界和文化本质的自觉，从而进入人生的更高阶段，追求自我完整实现。这就达到人内心的高度充实，在认知过程的文化冲动的初期，人们就凭本能自然发生同情或怜悯之心，这是人道本性的开端。此后随着意识的深化，文化的升华，就有了人道思想的逐渐成熟，达到文明的高度，追求博爱、正义、平等、民主，维护人权，为人类正义事业而献身，这就是主体人道本性的升华超越；其指标是达到美好本性或"美心"。这其中，也自然产生正义本性或正义冲动，即为民主、正义而献身的冲动，达到崇高的升华之路。同时，人在现实中增长了智慧才干，求有用于他人、社会和人类，这是人的求用本性使然。求用本性，又联系着人的求知本性、文化本性和人道本性，这些都是人的社会本性。社会学本性的展示，就出现人的求名本性、审美创造本性、超越本性、不朽本性和完整本性。这样，人的本性超越就进入越来越高的层次。

个体人生完整是这个社会相应完整的基础，马克思说"每个人的自由发展是一切人的自由发展的条件"[1]，个体对理想社会的追求构成人类追求理想社会的历史性长河。随着人类追求主体完整性的意识活动展开，人类的本性超越进入越来越高的层次，在现实社会中构成一种超强的人文性引导，成为追求完整的社会存在形态的强大力量，力求在现实的基础上向理想靠拢，进而改造现实，再创设出更理想的人类社会形态。即理想社会指标具有历史性的超越，是一个由现实到理想再到现实的发展环节，也就是上一代人理想的实现，启迪了后人更高的境界，并创造出更高的现实，现当代人在历史性超越的前提下实现人类主体的现实性超越。进而在现代人类追求人生完整性的同时同一性地实现现代社会的相应完整。

---

[1] 《马克思恩格斯选集》第2版第1卷，第294页。

二、审美理想与社会的全面和谐

中国儒家的理想社会，其政治哲学美学的理想核心是致中和，即建构人际和谐下的和谐社会。在《礼记·礼运》篇中记有孔子关于"大同"社会的著名论述：

> 大道之行也，天下为公。选贤与能，讲信修睦。故人不独亲其亲，不独子其子，使老有所终，壮有所用，幼有所长，矜寡孤独废疾者，皆有所养。男有分，女有归。货恶其弃于地也，不必藏于己；力恶其不出于身也，不必为己。是故，谋闭而不兴，盗窃乱贼而不作，故外户而不闭。是谓大同。[1]

它包括如下几点含义。其一，倡导"天下为公"，既鼓励人们献身于公共事业，又向往没有私有财产的社会制度。所谓"货恶其弃于地也，不必藏于己；力恶其不出于身也，不必为己"，就是没有私有财产的体现。其二，强调"选贤与能"。主张用"任人唯贤"代替"任人唯亲"，破除奴隶制的世袭制。其三，主张"讲信修睦"。建立高尚的人际关系：人与人相互交往，既讲究诚实守信，又强调长久和睦共处。其四，主张改造奴隶制的以血缘关系为纽带的"亲亲"传统，推行"不独亲其亲，不独子其子"的新观念，由"亲亲"扩大到"亲其所非亲"、"子其所非子"。孟子所谓"老吾老以及人之老，幼吾幼以及人之幼"盖同此意。其五，强调完善社会保障系统，使"老有所终，壮有所用，幼有所长，矜寡孤独废疾者皆有所养"。其六，主张"男有分，女有归"。男子应有职分；女子应当有所归依。其七，向往没有欺诈、没有刑事犯罪发生的太平盛世。这个盛世"谋闭而不兴"，无人动脑子搞阴谋诡计；"盗窃乱贼而不作"，没有偷盗、抢窃等刑事犯罪现象发生；"外户而不闭"，人们不用关门也不担心犯罪分子入室偷盗。

古希腊前苏格拉底时期形成了开放性的人性文化意识体系。古希腊是西方文明的发源地，"在希腊哲学的多种多样的形式中，差不多可以找到以后各种观点的胚胎、萌芽"[2]。在人类史前文化中，神话起着解释系统的作用。它是史前人类的"哲学"、"美学"或"科学"，是以神话的形态来解释各种自然现象、人际关系、审美关系等。神话在史前人类中，构成一种独立的实体性文化，其中蕴涵着民族的哲学、艺术、美学、宗教、风俗、习惯及整个价值体系的起源。对古希腊文化合理的抽象化后可透视出古希腊的美学框架及理想社会审美意识体系。

这一理想社会审美意识体系由正价值领域和负价值领域构成。正价值领域是人性的正常健全，追求正义、崇高、光明、民主、人文，是真善美统一的世界。负价值领域是人的异化，构成邪恶、黑暗、专制、反人文的野蛮世界，是假丑恶的人间地狱。正负价

---

[1]《礼记》，辽宁教育出版社，2000年，第75页。
[2]《马克思恩格斯全集》第20卷，人民出版社，2003年，第286页。

值领域由不同的层面构成。正价值领域是由生命意识层、日常生活意识层、民主社会关系意识、科学文化意识、自由实现意识、创新设计意识与价值追求、价值实现、时代价值、历史价值意识等逐层上升的意识层面构成。负价值领域由反生命、非正常生活、专制社会、宗教神学与专制文化欺骗、取消创新与破坏性活动、取消价值与产生负价值等逐层下降的意识层面构成。

这一理想社会意识体系在古希腊民主制时代实现,理论框架从前苏格拉底时期的毕达哥拉斯、赫拉克利特、德谟克利特和苏格拉底的美学思想中透视出来,在神话体系、荷马史诗及悲剧作品中有具体思想体现。

1. 生命意识与人生审美

古希腊人的生命与自然和融一体,在自然中不断强化、锻炼,用奥林匹亚运动方式保障人身体的健康健美,追求人自身生命的美学指标。从希腊艺术中表现出来的人的形象可以看出希腊人仿佛就是大自然的活的镜子,大自然的千百万种力量和感情巧妙、协调地暗示在人的身上,人的天性仿佛就是大自然的最高艺术,大自然在人身上追求着最高效果,同时还把神性压缩到人的身体里,寓于人的天性中,与天性中的各种感觉协调。希腊人敢把人按照自然把他创造成的那种光辉形象表现出来,希腊人走的这条路是:"艺术不仅按照我们人类的年龄、感觉、爱好和冲动以最高贵的形象(提供给我们)去表现出一种清楚可见的……人类的形而上学,而且,在它满腔感情、精心细致地表现这些现象的时候,它作为第二个造物者,默默地向我们叫道:'人呵;瞧瞧这面镜子吧!你这一族类应该是、而且能够是这个样子。'自然就是在这面镜子里显示自己的:尊严和单纯,充满了感情和爱。所以说,神性就显现在你的形象内,它不可能显现出别的样子。"[1] 希腊艺术对人类的认识、尊敬和热爱,都体现在具体的人身上,"艺术奠定了人类的形象化的范畴"[2]。如果生命意识走向反面,人的形象便出现异化,"男女两性到了今天,在服装上几乎失去了自然的姿态;手脚已经成了我们的累赘;那种安详宁静的内心感情根本不知道如何表现自己"[3],"倘使我们人类有一天竟堕落到连人类的这种内在的力量和优美,连我们的存在的崇高的标志都认不出的时候,呵,自然,那你就把你那已经堕落的、最高贵的创造物的形象粉碎了吧,或者让它自己破裂粉碎吧!"[4]

---

[1] 赫尔德:《论希腊艺术》,刘小枫主编《人类困境中的审美精神——哲学、诗人论美文选》,东方出版中心,1994年,第8页。

[2] 同上。

[3] 同上书,第12页。

[4] 同上书,第10—11页。

2. 日常生活意识与生活审美

古希腊地域开放。它的范围要比当今位于巴尔干半岛最南端的希腊共和国的范围大得多。古希腊以巴尔干半岛、爱琴海诸岛和小亚细亚沿岸为中心，包括到北非、西亚和意大利半岛南部和西西里岛的整个地中海地区，及其在进入阶级社会后建立的一系列奴隶占有制国家。在希腊本土，没有宽广的平原，也没有浩瀚的大江，这里山脉纵横，河道交叉，土地贫瘠，不适于农耕。但它与海洋紧密联系，养成了古希腊人"两栖类式的生活，使他们能够随心所欲地凌波往来，无异于陆上行走"[1]。这种近海的地理环境，不仅造就了古希腊人勇敢、探求与多思的民族性格，而且非常有利于他们通商航海和吸收他国文化的成果。古希腊航海发达，贸易、工商业发展，人们的衣食住行用得到很好的保障，人权没有受到任何干预，人性全面展开，形成开放系统。而《荷马史诗》第一次对人类的生存进行哲理性反思，强调人类要用理性来把握感性，人的感性欲望冲动由理性控制，使人的日常生活更合情合理。

3. 社会关系意识与审美关系

在前面两层的和美状态下，古希腊的经济发展，政府发给贫困者生活经费、形成民主性的工商业经济。文化、艺术各方面也随之发展，古希腊悲剧唤醒人民严肃的民主追求。而且当时古希腊所建立的城邦国家小国寡民，具有明显自治性质，实施"主权在民"与"轮番执政"。每个公民在一定程度上保持着自我意识的个人生活的权利，全体希腊人之间又是团结性质的，"一种精神上的并且是越来越紧密的团结：宗教、语言、制度、风尚、观念、情感，全部都趋向于这种团结"[2]，形成统一而开放的民主政治模式。这是一种和美的民主社会关系。毕达哥拉斯说："人有了好的灵魂便是幸福的"，"美德乃是一种和谐"，"友谊就是一种和谐的平等"[3]。在古希腊，人的内在和谐与人际关系的和谐统一实现。朗吉弩斯认为民主制度是伟大天才的好保姆，有无卓越的文才一般是与民主制度的盛衰相联系的。而"任何奴隶状态，不论它如何合理，都可以比作心灵的铁笼，人人的监狱"[4]。有了民主制度的保障，人的生命自然健美，日常生活和谐美满，社会关系民主、自由、平等。如果人类社会走向反面的负价值领域，形成专制社会，那么，前两层中人类的生活也将无法得到保障，是反生命与非正常生活的。

4. 科学文化意识与科学主体

恩格斯说："如果理论自然科学想要追溯自己今天的一般原理发生和发展的历史，

---

[1] 张广智：《西方史学史》，复旦大学出版社，2005年，第2页。
[2] 同上书，第4页。
[3] 李健夫：《美学思想发展主流》，中国社会科学出版社，2004年，第24页。
[4] 朗吉弩斯：《论崇高》，孟庆枢主编《西方文论选》，高等教育出版社，2003年。

它也不得不回到希腊人那里去。"[1] 普罗米修斯将智慧、知识、畜牧、农耕、造船、航海、锻造、计算、书写、医术等传授给人类，被马克思称为"哲学日历中最高尚的圣者"。可见，我们今天有的科学在古希腊几乎都有了，今天各门学科的根基在古希腊。后来，人类进入专制社会，出现了宗教神学，是专制文化欺骗。

5. 自由实现意识与审美超越

有了前面四层的正价值保障，人性全面展开，实现了人的完整、健全。人们在各个领域进行创新设计，追求价值，使得古希腊民主制时期社会生产力发展，文学、艺术和自然科学出现了空前的繁荣。而在负价值领域中，则是取消创新，进行破坏性活动，这是人的异化劳动。爱因斯坦获悉原子轰炸后说过，如果他早知道这一切会发生，他宁可去做补鞋匠。人的健全同时要有一个健全的社会体系，人本与科学相结合，才能使创造的完整性得到保障，"也就是走向彻底的科学性与追求无限发展的系统人本思想的统一"[2]。

6. 创造意识与审美创造

有了物质的保障，精神的充实完整，人们的创造自然就会进入灵与肉的和谐统一，在科学文化的指导下，创造是人的本性。人在创造中得到自由、快感与幸福。德谟克利特认为要追求人完整意义上的创造是审美创造，强调审美价值，肯定人的审美创造的神圣，"永远发明某种美的东西，是一个神圣心灵的标志"[3]。强调创造要靠神圣心灵，需要内心意识结构的完整，"荷马，赋有一种神圣的天才，曾作成了惊人的一大堆各色各样的诗"[4]。"一位诗人以热情并在神圣的灵感之下所作成的一切诗句，当然是美的。"[5] 苏格拉底强调审美创造主体塑造的重要性，"主张不应'只注重金钱名位，而不注重智慧、真理和改进你的心灵'，不要'把没有价值的东西看成是有价值的'，'而首先并且主要地要注意到心灵的最大程度的改善'"[6]。指出创造主体的社会责任："我是神特意赐给本邦的一只牛虻，雅典像一匹硕大又喂养得很好的马，日趋懒惰，需要刺激。神让我到这里来履行牛虻的职责，整天到处叮着你们，激励、劝说、批评每一个人……"[7]

---

[1] 《马克思恩格斯全集》第20卷，页286页。
[2] 李健夫：《现代美学原理》，第6页。
[3] 李健夫：《美学思想发展主流》，第27页。
[4] 同上。
[5] 同上。
[6] 同上书，第29页。
[7] 范明生：《西方美学通史》第1卷，上海文艺出版社，1999年，第207页。

7. 价值实现意识与审美价值

"智者普罗太戈拉提出'人是万物的尺度'的名言，在希腊世界得到了广泛的传播，有力地冲击着那些视传统的宗教、道德、法律为神圣不可侵犯的陈腐观念。苏格拉底和他的弟子们所反复探讨的正是人世间的问题。哲学上这种蔑视旧传统、研究人世、探讨现实社会的风气，也日益渗透到当前文化领域的其他部门中。"[1]美学是真正的人学，是人生完美健全设计与实现的学问。在古希腊"人类童年的健全发展得到了典型体现并成为人性自然发展、社会生活充分展开的范式，在很多方面为人类未来的发展提供了指标和参照"[2]，"古希腊生活方式本质上是人性文化，与今天的人性文化是一致的，因而其生活方式也就是现代方式，是现代人可参照的生活范式。……今天人生价值觉醒，人们要求回归自然完美，重新塑造自我，恰与古希腊的生活方式相照应，美学指标又回到了古希腊民主制时代的标度。这部千年循环复归的历史恰恰完成了人类自身塑造的一段漫长历程，完成了人类自身美学指标的一段探索道路"[3]。

近代资产阶级领导下的反封建、反专制主义的革命中，提出"民主"、"自由"、"平等"的口号，马克思的"人的全面发展"，这些追求实质上也就是人们为他们心目中的理想社会而设计的一些基本指标。

正义与幸福的生活境界是人类社会生存与发展过程中的核心价值指标。"正义是社会体制的第一美德"[4]，社会正义是一系列社会理想价值的总称，它同其他社会理想价值不是并列的关系而是包含与被包含的关系。社会正义原则包含自由原则、公正原则与法治原则，换言之，社会的正义性要通过社会的自由、公正与法治原则的施行，才能具体地落实与体现出来。追求正义这一社会核心价值指标的实现，将人类社会带入和平，幸福的全面和谐境界。

人类生存是一个不断产生危机与克服危机的矛盾过程，社会文明发展程度越高，人类生存的矛盾就显示得越深，然后就要解决这一矛盾，使文明水平取得更深更高的发展。科学性与主体性如何统一协调问题，也许是人类最后面对和必须解决的一大生存危机问题，也可能是最难解除的危机；需要人们达到较高的思维水平，以科学主体同一发展的思维方法来思考和处理好生存问题，才能逐渐降低这一危机的危害。重整自然人性而回归和谐的整体结构，重整科学主体而回归完满健全的生存与发展，这是人类生存的幸福完美之路。科学性人文性统一的社会发展导引是中西方共同的社会发展指向，即社会发展的美学本质。

---

[1] 张广智：《西方史学史》，第5—6页。
[2] 李健夫：《美学思想发展主流》，第23页。
[3] 同上书，第30—31页。
[4] 罗尔斯：《正义论》，上海译文出版社，1990年，第3页。

第四节　不断超越发展的美学

万物都是在不断运动发展中，对于理论思想，我们必须秉持一种开放的态度，因为任何理论都是一定时代背景下产生的，离开了特定的背景就会被超越发展。我们认为，美学的超越性主要体现在三个方面：美学与审美理论主体；永远超越的科学人学；美学高于哲学。

一、美学与审美理论主体

美学是关于美和审美的学科，美学学科的建立，是人的主体，特别是审美主体自觉的体现。美学研究从本体论开始，走向认识论，实践论，一般主体论的模式，科学主体论是对人类关于美学和审美认识的新的发展与超越。

审美科学是在审美理论出现之后才逐渐形成的，审美科学独立是关于确立审美主体的理论。审美主体理论是依据审美主体的审美创造与艺术活动而建立的理论，它不是混淆与非审美主体的道德理论、认知理论、哲学理论与宗教理论等。审美科学是关于审美主体的科学，它的诞生意味着审美理论主体的诞生。对审美理论有贡献的审美理论主体诞生于审美科学自觉的时代，是在理论主体意识到这一与其他学问不相同的研究领域的存在，并对它进行探讨之后才可能诞生的。审美科学基本上就是关于审美主体的理论，是一门主体性极强的科学。

最早对审美主体意识有所发现的是鲍姆嘉通。他发现有一个与理性世界并存的感性世界，人们都在理性世界里竞高下，却轻视这一感性世界的研究，因此他认为应该有一门"感性学"来研究人的世界。这就是审美理论的自觉，也意味着这一理论主体的诞生。他的感性学意识到感性世界与审美和艺术的密切关系，只有从感性世界去探索才能说明审美与艺术。当然感性学不是停留于感性世界的描述，它也要上升到理性世界——它不是哲学的理性，而是审美科学的理性。后来，康德从审美角度去探讨审美的特点，使审美科学找到了研究的核心问题，审美科学的对象更为明确化了。但他没有真正解决审美的特征或性质问题，主要是缺少心理分析和系统观点，这样就带来了所谓"纯粹美"、"依存美"的错误提法，他没有看到审美功能是意识系统的整体功能，理性分析方法不仅损坏了对象整体，也破坏了他的思维的整体性或整合意向。席勒从审美主体建设方面论述了"感性冲动"、"理性冲动"和"游戏冲动"，他的思想具有极强的主体性。这三位审美理论的自觉主体分别从这门科学的主体方面（席勒）、对象方面（康德）与研究领域方面（鲍姆嘉通）作了奠基性的建设工作，使之成为一种审美主体的理论。他们是第一代审美理论主体。他的思想对康德、谢林、黑格尔等德国古典美学家发生过重大影响。

我们应从人类主体意识的角度反思审美科学发展史，提高审美主体意识的自觉性，在研究审美活动、审美主体的基础上建立独立自足的审美科学。人类主体诞生于主体意识形成过程中，审美主体则诞生于审美主体意识的形成过程中。审美主体和审美理论主体意义的确定，对于美学科学化、人类审美意识自觉化和人类生活目标化（具有明确的价值追求）具有决定性意义。但无论现实人生如何千差万别，人的本性总是要自觉不自觉地追求人生的完整，在满足感性生活的基础上追求理性生活，力求达到自由王国，然后进入审美与创造的价值王国，在人的价值顶峰上观审自我的完整实现与创造对象的完美形象，在最高的生存体验中获得永恒的光荣、灵魂的最佳归宿——精神的不朽之家。这时，"真美呀"，这一意识表达就获得了人类语音中最丰满、最崇高、最完美的意义。审美理论主体建构了美学理论，也促使美学流派纷呈。

二、永远超越的科学人学

人学是关于人的存在、本质及其产生、运动、发展、变化规律的新兴科学。人学首先以人自身为研究对象，并将人纳入自然界和宇宙之中予以通观。人是肉体和精神的物质辩证统一体。在研究实质上，人学，是横跨社会学、心理学、人类学的边缘学科，是对人类的社会属性、生理、心理属性和综合特点及其发生、发展变化规律，进行综合研究的科学。

美学、文学等学科属于人学已经是一个理论事实。美学从人的生活现实中来，最终还要回到人生现实。美学应该成为科学的人学，现代美学努力冲出旧哲学和旧美学的樊篱。它为了达到科学，首先必须回到人本身，人本身就是科学的本源。但这里不是解读人这个多因素的混沌整体，而只是指出人自身具有多类科学的内涵，并在此基础上揭示其美学和诗学这一本质方面。既然人是无法创制的最自然最合理的存在，那么人的健康生命本身就体现着最科学的方法、方式和原理。既然人类的发展、社会文化及历史都是人在自身的发展过程中创造的，那么，现代完整的人身上就综合着多门人文学科：哲学、美学、伦理学、政治学、诗学等。因此，作为科学人学的美学就是不断揭示人的科学整体又不断超越这一整体的科学。回顾人类历史，人类的整个文明发展史就是不断审美创造、超越的历史。美学规律一直隐蔽地作用着历史发展过程。要从哲学与美学的角度研究超越问题，而不是停留于现象，这里要探讨的是对超越哲学的超越，美学方法论的超越，科学主体论美学的超越。

首先，从超越意识到超越哲学。

超越的意识，是人性不知满足而带来的与人生发展、社会生存的意识。它贯彻到人生和生活的方方面面。超越哲学萌芽于古代生活。最有代表性的是古希腊，由于其生活的开放性、民主化，超越观念因此就在其生活中得到典型体现。在古希腊的戏剧中，如《普罗米修斯》、《俄狄浦斯王》中都表现着人性净化、超越而至崇高的观念；在赫拉克利特的哲学思想中更是贯彻了超越观念，其中强调人要超越动物性，追求人的文明、审美与创造，努力争取追求永恒的光荣。但丁的《神曲》、歌德的《浮士德》、拜伦的诗作和革命行动、马克思的探索精神和人类发展追求，都贯彻着超越哲学。19世纪中期，尼采建立超人哲学，这是超越哲学的诞生。尼采在研究古希腊前苏格拉底时期的文化中受到启示，看到那时的思想文化充满了人自身开放发展的豪情和竞赛精神，看到了人的强大生命力的展示和人生发展的超越，于是提出"强力意志"的观点并在此基础上形成超人哲学的理论。但尼采未能分析人的多方面欲求和多种生活开拓、发生多种价值取向；也没有分析超人的超越内涵、价值指向等，提法笼统。

那么，我们对过去的超越哲学作怎样的科学超越呢？

首先，科学主体论美学的超越。

人类的超越是建立于人性追求的基础之上的。人性系统中每一因素都有寻求满足和超越的趋向，最后是人性系统的超越和完整化，达到人的整体超越。过去的超越观往往局限于人性的片面追求来考虑，结果出现超越的困惑，如人是知足好还是不知足好，就是无法解决的矛盾。人的超越，是人性系统力求完整实现的超越，即作为一个完整的人的超越，而不是片面的人的超越，一个片面的人企图超越，最终是片面发展，只会带来自身的严重分裂和畸形发展。审美创造达到崇高境界，这就是歌德塑造的完满发展了的浮士德。

科学主体论的哲学、美学和人文学，集合使用现代科学方法，形成整体思维方法，对人这个历史性主体作系统完整的研究，得出主要的哲学结论、美学原理和人文学主旨。特别是集中解决人的存在与发展问题。人的存在与发展是二而一的问题，即人的存在即是发展中的存在，人的发展也就是人的现实存在；无存在无以发展，无发展即不存在，这又构成人的存在形态——超越。

中国古代哲学的儒道释三家学说均以"内在超越"为特征，它们的价值正是把"人"看成具有超越自我和世俗限制能力的主体，它要求人们向内，以实现"超凡入圣"的理想。人的意识的超越性，在于它总是超越"存在"而创造"意义"，从而使人"生活"在自己所创造的"意义世界"之中。"超越"其实是一种不满足现状，追求生活意义的一种活动。人类的"超越意识"引领人类实现自我超越！

其次，美学方法的超越。

美学方法要超越一般认识论的抽象方法、判断与推理方法。美学要提炼出这一审美反映与创造的方法，同时也提炼出一套审美创造的逻辑方法，即审美需要——具体形象——整体形象或系统（含形象关系与过程）——具体思想和领悟理解——审美价值整体实现。这里体现的逻辑是人的审美本性运行并走向创造的逻辑，也是主体追求自身的完整性与对象完整性过程中的互相完成和共同实现的逻辑；这不同于离开主体而片面追求掌握对象某方面本质的逻辑。其次，美学要超越现有的各种方法论，在主体与对象之间建立一种整体的联系，即达到主体与对象化共同完整实现的高度，形成一种历史、科学、美学三方面高度的统一方法，即科学主体论的整体方法。这种方法一方面承认主体意识的自动组织，另一方面又强调自觉主体对主体意识的自觉组织，并以组织原理代替组合论。

最后，无限超越的科学主体论美学。

由于美学回到主体，美学就与主体获得了同一性，同时也就取得了与主体生存发展相统一的超越的无限性。人本身就自然潜藏着一部美学，人的超越本性诞生出美学的必然性和规律。这部"潜美学"按人性发展的必然性总是随时提醒主体追求一定的美学指标；而人的发展本性又总是自然地或自觉地为自己设立高出于现实的美学指标（美满的未来图景），这就出现美学指标引领下的人生追求与超越，这就是美学对主体的超越性所在，也即主体发展中的美学超越性。超越，是主体存在与发展的现实状态，也即主体的美学状态、诗意状态、价值状态或意义状态；超越，必定是美学指标下的发展；否则便是倒退、堕落或毁灭。自觉主体的美学超越性，则是在美学科学引导下自觉组织审美意识，形成坚强的审美意识组织机体，活跃心理交流系统，指向一定创造目标，促进人生的不断超越发展。美学作为自觉的科学，它的责任就是引导主体自觉地追求崇高的美学指标；具体说就是加强组织审美意识，又由强化的审美意识组织进一步组织统领人的全部生命力量，有效投入新的审美创造活动；再组织新的审美意识，投入更新的审美创造，达到新的超越，这便是组织强化了的具有强大超越能量的主体。

关于主体发展中的美学超越性，显然就有两种最基本的意义，一是历史性超越，一是现实性超越。科学主体论美学的历史性超越，追求人类发展的正确价值方向和最高美学指标，是人类发展的正大方向和历史主流。纵观人类发展的整个文明史，生产力的步步发展，发现发明创造的不断涌现，生活领域的不断扩大和丰富多彩，生活方式的不断更新，社会制度的发展变化，科学技术、物质文明、思想文化和文学艺术的创新发展，无不在追求人类生活的完美指标；而且美学指标是在不断创新基础上不断提高的。这就是美学的历史超越性。但是这种历史超越性不是历史自动的行为，而是一代代主体的不断超越构成的历史发展状态。

在现实到理想再到现实的发展环节上，具体主体从已有现实出发去认识世界，达到自由高度，这时他就出现了审美创造的自出心境，设计创造更美好的事物（理想），并化理想为现实。这就带来了社会和历史的超越发展。作为超越的美学，最终又得深入地研究主体的现实性超越问题，因为任何历史性超越都是通过每个主体的现实性超越来实现的。现实性超越指追求人生的健全发展和人生价值完美实现。两方面意义又是互渗统一的，现实性超越不可能脱离人类已有文化而实现；历史性超越又以现实性超越为基础，逐渐上升，达到越来越高的文明程度。

三、美学对哲学的超越与升华

一般认为，要在哲学的基础上建构美学。科学主体论美学认为，美学完全可以先于哲学完成科学原理体系的建构。

首先，美学的人生整体现实性高于哲学。在现实生活中，美学与人生具有直接现实的与整体的联系。美学对人类生活的作用领先于哲学，或者先行于哲学；就是说美学的现实性与整体性高于哲学。这在日常生活中可以看到，审美观念已经成为引导人在多种现实关系上的生存与发展的向导。

美学要求研究者站到历史的高度，对人类生存整体事实做"具体总体"的把握；而"具体总体"的把握，不是直接依赖于已有哲学，而是依赖于科学性与主体性统一的整体思维对人类审美创造内在事实的掌握，即深入到审美意识的具体分析研究中，对审美意识的形成、结构、运动和创造表现做深层次多方面的考察与整体的把握。美学与人类生存的整体现实具有直接对应关系。作为贴近人类生存事实的美学，它就植根于人生，生发于人生，也能回到人生实事之中。在美学研究的方法和美学的思想观念等方面，马克思与恩格斯已经做出初步的提示，只要在整体掌握马克思思想体系的历史内涵基础上进一步理解其启示，就能够抓住美学研究的主线，即人类生存趋于健全完整的内在尺度和人类全部文明发展的内在规律。在综合比较东西方社会历史、人们生存现实和思想文化的基础上，更容易达到人类整体生存的美学原理的研究与把握；从而超越东方与西方，特别是超越西方现代科学主义与人本主义两大思潮分裂的片面性，达到美学与历史的同一高度（恩格斯认为这是最高的思维审视高度），以自觉的方法论意识探索研究并形成科学的整体的方法——"科学主体论方法"，进而逐渐完成科学主体论美学与哲学原理体系的建构。

美学科学原理既然来自于人类历史的整体事实和过去合理文化的整和，那么，美学就可以先于哲学完成自己的科学化。这种情况下，自然就会出现美学先行于哲学、高出于哲学、完整于哲学的情况。

其次，美学的理论层次高于哲学。在理论世界里，美学的理论层次高于哲学。一是美学价值或审美创新的价值，高于哲学一般意义上的认知价值。认知只是基础，审美创造才是目的。二是美学理论的完整性高于哲学。美学理论体系的构成，理论在现实中的应用，都要在一般认识的基础上追求较高的完满性。三是美学的思维方法比哲学方法要求更高。四是美学高于哲学是美学规律高于哲学道理。这是人类历史发展的内在事实。五是美学是对哲学的超越，因为人们不仅要认识世界，更重要的是改造世界。

最后，美学思维方法的整体性要求高于哲学。在思维方法方面，美学思维方法的整体性要求高于、严于哲学。因为美学要求完整地掌握对象，才能对审美对象作出较为完满、公正与全面的评价（如对一定人生个体、对艺术作品和艺术形象的评价），并且进一步设计完满的创造。美学原理的研究也就必须以此为目标，对审美主体、审美创造对象和审美整体关系等，作为整体的事实进行整体的研究并且达到整体把握。这样，美学就必须采用科学性与整体性较高的思维方法来展开研究活动。这种思维方法就是基于科学与主体同一性而展开思维的方法，即科学主体论方法。这一方法的形成与应用，又进一步带动了哲学研究思维方法的大突破。美学思维的科学主体论方法以及美学科学原理体系的形成，必然要在新方法带动下进行哲学的科学化提升和体系的整体建构。作为基本完成了自身原理体系建构的美学，在特定的历史高度上，或迟或早必然要引起哲学思维、各种人文社会学科以至自然科学思维在方法论上的转变和学科观念的变化。当然，为了美学理论基础的研究与构筑，也必须进行哲学科学原理的研究并且完成哲学科学原理体系的建构。在我们的美学原理体系中已经潜藏着一个哲学原理体系。

参考文献

《宗白华全集》，安徽教育出版社，1994年。
李健夫：《美学思想发展主流》，中国社会科学出版社，1998年。
李健夫：《现代美学原理》（修订版），中国社会科学出版社，2002年。
唐钺：《西方心理学史大纲》，北京大学出版社，1994年。
冯友兰：《中国哲学简史》，北京大学出版社，1996年。
赵仲牧：《赵仲牧文集》，云南大学出版社，2001年。
〔美〕乔纳森·卡勒：《结构主义诗学》，中国社会科学出版社，1991年。
〔英〕H. A. 梅内尔著：《审美价值的本性》，商务印书馆，2001年。
〔美〕H. G. 布洛克：《美学新解》，辽宁人民出版社，1987年。
〔美〕帕森斯、布洛克：《美学与艺术教育》，四川人民出版社，1998年。
陈望衡：《环境美学》，武汉大学出版社，2007年。
《西方美学家论美和美感》，商务印书馆，1982年。
徐复观：《中国艺术精神》，春风文艺出版社，1987年。
刘成纪：《物象美学》，郑州大学出版社，2002年。
席勒：《审美教育书简》，北京大学出版社，1985年。
叶廷芳：《现代审美意识的觉醒》，华夏出版社，1995年。
叶朗主编：《现代美学体系》，北京大学出版社，1999年。
骆锦芳：《诗学批评与文化解读》，云南大学出版社，2002年。
朱光潜：《朱光潜美学文集》，上海文艺出版社，1992年。
李辉、骆锦芳等著：《唐诗艺术与审美》，云南人民出版社，2009年。
立普斯著，朱光潜译：《论移情的作用》，人民文学出版社，1964年。
朱光潜：《文艺心理学》，安徽教育出版社，1996年。
朱志荣：《中国审美理论》，北京大学出版社，2005年。
《马克思恩格斯选集》第1卷，人民出版社，1995年。
《马克思恩格斯全集》第42卷，人民出版社，2005年。

庄锡昌等编：《多维视野中的文化理论》，浙江人民出版社，1987年。
《唐五代画论》，湖南美术出版社，1997年。
王国维：《宋元戏曲史》，华东师范大学出版社，1996年。
蒋孔阳、朱立元主编：《西方美学通史》，上海文艺出版社，1999年。
李醒尘：《西方美学史教程》，北京大学出版社，1994年。
朱立元主编：《美学》（修订版），高等教育出版社，2006年。
童庆炳、程正民主编：《文艺心理学教程》，高等教育出版社，2001年。
滕守尧：《审美心理描述》，四川人民出版社，1998年。
杨辛、甘霖：《美学原理新编》，北京大学出版社，1996年。
张法：《美学导论》，中国人民大学出版社，1999年。
刘叔成、夏之放等：《美学基本原理》，上海人民出版社，1987年。
童庆炳：《艺术创作与审美心理》，百花文艺出版社，1992年。
王一川：《审美体验论》，百花文艺出版社，1992年。
杜东枝主编：《美·艺术·审美——实践美学原理》，云南大学出版社，1990年。

编后语

教材是大学教学质量的保证，教材的编写是为教学服务的，同时也是师资队伍建设的重要手段。教材编写是大事，也是难事，更是要负责任的义事。正是带着这种对自己、对教育负责的心愿，向社会奉献这本美学教学经验和科研成果结晶出来的《美学原理教程》。

自改革开放以来，国内美学研究的著作层出不穷。很多学者对中西美学思想进行了有益的探索，对推进美学研究的深入，建立马克思主义的美学理论和进行多元的美学思考作出了各自的贡献。但从教材编写的角度看，20世纪中国美学界编写的教材难免大同小异，基本上是对西方古典美学的移植和延伸。进入21世纪，出现了面向21世纪的系列教材。这些教材大都想摆脱古典模式或上一世纪的陈旧观点，借鉴西方现代思想成果，同时也表达了自己的见解，试图进行新的理论建构。但是，由于缺乏统一的思考和系统的、辩证的对美学或审美问题的梳理，更没有建立科学的主体意识，各家的研究基本上较少对美学命题进行系统而深入的回应，许多教材不能形成有机的体系，不免有拼凑感和夹生感。再者，学习"美学"这样一门好听的课程，在学习之后，如果没有带来理论认识的深入，思维水平的提高，审美价值的自觉，反而陷入重重迷雾，对人生有何益处也不易捉摸到，这似乎有悖于审美教育的目的。基于上述原因，我们根据自己数十年的教学积累，特别是依据我们在云南省省级精品课程"美学原理"建设过程中积累的教学经验，组织同行编写了这本美学教材。

在长期的美学研究和教学实践中，以李健夫教授为代表的云南师大美学研究群体，围绕科学主体论美学的建构，进行了较为深入的思考与探索，致力于现代美学理论体系的建构，在学术界产生了较大的影响。在此基础上，汇集同仁，进一步对这一命题进行思考和探索，深化对科学主体论美学的认识和理解，更好的打造美学研究的学术团队，为美学学科的建设作出应有的贡献。

编写这本教材的目的，不是为了跟别人攀比，也没有否定别人的意思，只是为了对自己面对的学生负责，能够凭良知说话，经过一番教学，对学生的成长有所帮助。特别是思想的启蒙，对大学生来说极为重要。应该让他们多少把握一些审美与创造的发生发展规律，具有一双慧眼来看社会、看人生，在将来的社会活动中能够正确选择，在塑造好自身形象的同时，也尽可能对社会和人类文明的创造作出一定贡献。最好是能够成为像钱学森先生所期望的杰出人才。这便是作为教育工作者的我们的心愿和大学教育的责任。为此，我们的教材也应该成为培养杰出人才的教材。这是我们责任心的表达与努力，至于效果如何，尚需接受实践的检验，并准备以后不断努力加以改进。

该教材是由骆锦芳、李健夫、樊华负责申报的云南省十二五规划教材，在申报过程中得到了云南师大教务处刘超群同志和云南师大相关专家以及云南省教材编审委员会的支持。刘超群老师为本教材的规划和出版做了许多工作。

这本《美学原理教程》的出版是集体劳动的成果。编写过程基本上是传统方式，由主编撰写提纲，分出章节，经集体讨论通过之后，分头撰写。各位同仁的编写分工情况如下：

李健夫	导论部分
樊　华	第一章　审美发生论
曹静漪	第二章　审美意识论
刘连杰	第三章　生活审美论
徐晋莉	第四章　艺术审美论
何　颖	第五章　自然审美论
禹志云	第六章　审美主体论
骆锦芳、和向朝	第七章　审美价值论
刘丽辉、刘连杰	第八章　审美创造论
李健夫	第九章　审美规律论
李鹏辉、季汝甜	第十章　审美发展论

全书撰写之前，由李健夫教授拟写了各章节纲要目录，骆锦芳教授组织进行了集体讨论，参与的各位同仁自愿选择编写章节，在科学主体论美学观的统领下，围绕问题进行研究，并分头撰写相关章节。书稿汇总后，在主编审稿的基础上，由李健夫、骆锦芳、樊华进行了统稿，最后由骆锦芳对全书进行了进一步的调整，并对相关章节进行了一定的修改润色。

由于我们的水平有限，加之撰写过程中有的章节并没有完全按写作纲要的要求去做，理论阐释的系统性，理论认识的深度不同，写作者各自的审美见解不同，话语表达方式不同，难免各是其所是，美其所美，歧异和错误也就在所难免。但作为美学学科建设的实践，作为我们美学研究团队的一次合作，一次"审美实践"和"主体性张扬"，却有着独特的意义。希望美学界同仁不吝赐教，以便在以后再版时进一步修正和充实完善。唯此，才可能使我们的认识不断进步，也才可能使这部教材具有生命力。

同时我们要感谢北京大学出版社的大力支持，他们在本教材出版过程中提出了宝贵的修改意见，使本教材得以进一步完善。

还要感谢云南师范大学教务处和云南省教材规划委员会对本教材出版的鼎力支持。没有他们的资助，本教材的出版是不可能的。

编　者

2011年1月1日